GEORG SCHMIDT SJ
KIRCHE UND ÖFFENTLICHKEIT

FRANKFURTER THEOLOGISCHE STUDIEN
Im Auftrag der Professoren
der Philosophisch-Theologischen Hochschule Sankt Georgen
Theologische Fakultät, Frankfurt am Main
herausgegeben von
JOHANNES BEUTLER, ERHARD KUNZ, KLAUS SCHATZ

57. Band

GEORG SCHMIDT SJ
KIRCHE UND ÖFFENTLICHKEIT

VERLAG JOSEF KNECHT · FRANKFURT AM MAIN

GEORG SCHMIDT SJ

KIRCHE UND ÖFFENTLICHKEIT

Der Öffentlichkeitsauftrag der katholischen Kirche nach den Dokumenten des Zweiten Vaticanums und dem Codex Iuris Canonici

Dissertation zur Erlangung der Doktorwürde
der Theologischen Fakultät
der Universität Freiburg, Schweiz
eingereicht von

Georg Schmidt SJ
Frankfurt am Main
1995

VERLAG JOSEF KNECHT · FRANKFURT AM MAIN
1998

Die Deutsche Bibliothek – CIP-Einheitsaufnahme

Georg Schmidt:
Kirche und Öffentlichkeit. Der Öffentlichkeitsauftrag der katholischen Kirche nach den Dokumenten des Zweiten Vaticanums und dem Codex Iuris Canonici. – Frankfurt am Main: Knecht, 1998
(Frankfurter theologische Studien; Bd. 57)
Zugl.: Freiburg/Schweiz, Univ., Diss., 1995
ISBN 3-7820-0797-2

Satz: Hermann Stolte, St. Georgen/Frankfurt am Main
Gedruckt auf alterungsbeständigem Papier
Druck und Bindung: WB-Druck GmbH, Rieden
ISBN 3-7820-0797-2

Inhaltsverzeichnis

Abkürzungsverzeichnis

1. Allgemeine Abkürzungen und Zeichen

a. a. O.	am angeführten Ort
Abs.	Absatz
allg.	allgemein
Anm.	Anmerkung
Art.	Artikel
AT	Altes Testament
Aufl.	Auflage
Ausg.	Ausgabe
Bd.	Band
bes.	besonders
betr.	betreffen
bez.	bezeichnet
BGB	Bürgerliches Gesetzbuch
BRD	Bundesrepublik Deutschland
bzw.	beziehungsweise
ca.	circa
can.	Canon
cann.	Canones
CIC	Codex Juris Canonici
CIC / 1983	Codex Juris Canonici von 1983
CSSR	Tschechoslowakische Sozialistische Sowjetrepublik
DBK	Deutsche Bischofskonferenz
DDR	Deutsche Demokratische Republik
ders.	derselbe
d. h.	das heißt
d. i.	das ist
ebd.	ebenda
EG	Europäische Gemeinschaft
Einl.	Einleitung
EKD	Evangelische Kirche Deutschlands
evang.	evangelisch

evtl.	eventuell
f.	folgend(er)
ff.	und folgende Seiten / Spalten / Zeilen oder Jahre
Fn.	Fußnote
FS	Festschrift
GG	Bonner Grundgesetz
ggf.	gegebenenfalls
Hdb.	Handbuch
Hl.	Heilig
hrsg.	herausgegeben
i. d. F.	in der Fassung
i. J.	im Jahre
insg.	insgesamt
Inst.	Institut
i. V. m.	in Verbindung mit
Jg.	Jahrgang
Jh.	Jahrhundert
joh.	johanneisch
jüd.	jüdisch
Kap.	Kapitel
kath.	katholisch
KR	Kirchenrecht
LEF	Lex Ecclesiae Fundamentalis (Entwurf)
lk.	lukanisch
luth.	lutherisch
MA	Mittelalter
m. a. W.	mit anderen Worten
m. E.	meines Erachtens
m. w.	mit weiteren
mk.	markinisch
n.	Nummer (beim CIC)
Nr.	Nummer (bei anderen Werken)
Nachdr.	Nachdruck
Nachw.	Nachweis
NT	Neues Testament

ÖRK	Ökumenischer Rat der Kirchen	Univ.	Universität
orth.	orthodox	unv.	unverändert
Prof.	Professor	urspr.	ursprünglich
rd.	rund	UdSSR	Union der Sozialistischen Sowjetrepubliken
ref.	reformiert	USA	Vereinigte Staaten von Amerika
Reg.	Register	usw.	und so weiter
resp.	respektive	u. U.	unter Umständen
RK	Reichskonkordat	V.	Vers
röm.	römisch	v. a.	vor allem
russ.	russisch	Vat.	Vaticanum
S.	Seite	Verf.	Verfasser
s.	siehe	verf.	verfaßt
Schr.	Schriften	Veröff.	Veröffentlichung
s. u.	siehe unten	veröff.	veröffentlicht
s. o.	siehe oben	versch.	verschieden
Slg.	Sammlung	Verz.	Verzeichnis
sog.	sogenannt	vgl.	vergleiche
Sp.	Spalte	viell.	vielleicht
span.	spanisch	vollst.	vollständig
spez.	speziell	VR	Volksrepublik
SR	Sozialistische Republik	Wiss.	Wissenschaft(en)
St.	Sankt	wiss.	wissenschaftlich
Theol.	Theologie	wörtl.	wörtlich
theol.	theologisch	Z.	Zeile
Tl(e).	Teil(e)	z.	zum, zur
u. a.	unter anderem	z. B.	zum Beispiel
u. ä.	und ähnliche(s)	Zf.	Ziffer
Übers.	Übersetzung	Zshg.	Zusammenhang
übers.	übersetzt	z. T.	zum Teil
übertr.	übertragen	zus.	zusammen
UN	United Nations	z. Z.	zur Zeit
unbek.	unbekannt		

2. Die Dokumente des Zweiten Vatikanischen Konzils

AA Apostolicam actuositatem, Dekret über das Laienapostolat vom 18. November 1965.
AG Ad gentes, Dekret über die Missionstätigkeit der Kirche vom 7. Dezember 1965.
CD Christus Dominus, Dekret über die Hirtenaufgabe der Bischöfe in der Kirche vom 28. Oktober 1965.
DH Dignitatis humanae, Erklärung über die Religionsfreiheit vom 7. Dezember 1965.
DV Dei verbum, Dogmatische Konstitution über die göttliche Offenbarung vom 18. November 1965.
GE Gravissimum educationis, Erklärung über die christliche Erziehung vom 28. Oktober 1965.
GS Gaudium et spes, Pastorale Konstitution über die Kirche in der Welt von heute vom 7. Dezember 1965.
IM Inter mirifica, Dekret über die sozialen Kommunikationsmittel vom 4. Dezember 1963.
LG Lumen gentium, Dogmatische Konstitution über die Kirche vom 21. November 1964.
NA Nostra aetate, Erklärung über das Verhältnis der Kirche zu den nichtchristlichen Religionen vom 28. Oktober 1965.
OE Orientalium Ecclesiarum, Dekret über die katholischen Ostkirchen vom 21. November 1964.
OT Optatam totius, Dekret über die Ausbildung der Priester vom 28. Oktober 1965.
PC Perfectae caritatis, Dekret über die zeitgemäße Erneuerung des Ordenslebens vom 28. Oktober 1965.
PO Presbyterorum ordinis, Dekret über Dienst und Leben der Priester vom 7. Dezember 1965.
SC Sacrosanctum Concilium, Konstitution über die heilige Liturgie vom 4. Dezember 1963.
UR Unitatis redintegratio, Dekret über den Ökumenismus vom 21. November 1964.

3. Zeitschriften, Serien, Quellenwerke, Handbücher

AAS Acta Apostolicae Sedis. Rom 1909ff.
AKathKR Archiv für Katholisches Kirchenrecht, (Innsbruck) Mainz 1857ff.
Aymans–Mörsdorf W. Aymans / K. Mörsdorf: Kanonisches Recht. Lehrbuch aufgrund des Codex Juris Canonici. Paderborn–München–Wien 1991.
Her-Korr Herder-Korrespondenz. Freiburg i. Br. 1946ff.

HSKR	Handbuch des Staatskirchenrechts der Bundesrepublik Deutschland, hrsg. von E. Friesenhahn und U. Scheuner i. V. m. J. Listl, 2 Bände. Berlin 1974–1975.
JZ	Juristenzeitung.
LThK	Lexikon für Theologie und Kirche, 2. Aufl., hrsg. von J. Höfer und K. Rahner, 10 Bände und Reg.-Band. Freiburg i. Br. 1957–1967.
LThK-E	LThK-Ergänzungsbände. Das Zweite Vatikanische Konzil. Dokumente und Kommentare, hrsg. von S. Brechter u. a., 3 Bände. Freiburg i. Br. 1966–1968.
MySal	Mysterium Salutis. Grundriß heilsgeschichtlicher Dogmatik, hrsg. von J. Feiner und M. Löhrer, 5 Bände. Einsiedeln 1965–1976, Erg.-Band 1981.
ÖAKR	Österreichisches Archiv für Kirchenrecht. Wien 1950ff.
RGG	Die Religion in Geschichte und Gegenwart. 3. Aufl. 1956–1962. Reg.-Band 1965.
ThPQ	Theologisch-praktische Quartalsschrift. Linz a. D. 1848ff.
ThQ	Theologische Quartalsschrift. Tübingen 1819ff., Stuttgart 1946ff., München 1969ff.
TRE	Theologische Realenzyklopädie, hrsg. von G. Krause / G. Müller. Berlin – New York 1976ff.
TThZ	Trierer Theologische Zeitschrift (bis 1944: Pastor Bonus). Trier 1888ff.
ZEvKR	Zeitschrift für Evangelisches Kirchenrecht. Tübingen 1951ff.

4. Biblische Bücher

4.1 Altes Testament

Gen	Genesis (1 Mose)
Ex	Exodus (2 Mose)
Lev	Leviticus (3 Mose)
Num	Numeri (4 Mose)
Dtn	Deuteronomium (5 Mose)
Jos	Buch Josua
Ri	Buch Richter
Rut	Buch Rut
1 Sam	1. Buch Samuel
2 Sam	2. Buch Samuel
1 Kön	1. Buch Könige
2 Kön	2. Buch Könige
1 Chr	1. Buch der Chronik (Paralipomenon)
2 Chr	2. Buch der Chronik (Paralipomenon)
Esra	Buch Esra (1 Esra)
Neh	Buch Nehemia (2 Esra)
Tob	Buch Tobit (Tobias)
Jdt	Buch Judit
Est	Buch Ester
1 Makk	1. Buch der Makkabäer
2 Makk	2. Buch der Makkabäer
Ijob	Buch Ijob (Hiob)
Ps	Die Psalmen

Spr	Buch der Sprichwörter (Sprüche Salomos)	Hos	Buch Hosea (Osee)
		Joel	Buch Joel
Koh	Buch Kohelet (Prediger Salomo, Ecclesiastes)	Am	Buch Amos
		Obd	Buch Obadja
Hld	Das Hohelied	Jona	Buch Jona
Weish	Buch der Weisheit	Mi	Buch Micha (Michäas)
Sir	Buch Jesus Sirach (Ecclesiasticus)	Nah	Buch Nahum
		Hab	Buch Habakuk
Jes	Buch Jesaja	Zef	Buch Zefanja
Jer	Buch Jeremia	Hag	Buch Haggai (Aggäus)
Klgl	Klagelieder des Jeremia	Sach	Buch Sacharja (Zacharias)
Bar	Buch Baruch		
Ez	Buch Ezechiel (Hesekiel)	Mal	Buch Maleachi (Malachias)
Dan	Buch Daniel		

4.2 Neues Testament

Mt	Evangelium nach Matthäus	2 Thess	2. Brief an die Thessalonicher
Mk	Evangelium nach Markus	1 Tim	1. Brief an Timotheus
Lk	Evangelium nach Lukas	2 Tim	2. Brief an Timotheus
Joh	Evangelium nach Johannes	Tit	Brief an Titus
		Phlm	Brief an Philemon
Apg	Apostelgeschichte	Hebr	Brief an die Hebräer
Röm	Brief an die Römer	Jak	Brief des Jakobus
1 Kor	1. Brief an die Korinther	1 Petr	1. Petrusbrief
2 Kor	2. Brief an die Korinther	2 Petr	2. Petrusbrief
Gal	Brief an die Galater	1 Joh	1. Johannesbrief
Eph	Brief an die Epheser	2 Joh	2. Johannesbrief
Phil	Brief an die Philipper	3 Joh	3. Johannesbrief
Kol	Brief an die Kolosser	Jud	Brief des Judas
1 Thess	1. Brief an die Thessalonicher	Offb	Offenbarung des Johannes

Vorwort

Die vorliegende Untersuchung wurde im Wintersemester 1995 / 96 von der katholisch-theologischen Fakultät der Universität Fribourg / Schweiz als Dissertation angenommen. Sie trägt den Titel: »Der Öffentlichkeitsauftrag der katholischen Kirche nach den Dokumenten des zweiten Vaticanums und dem Codex Juris Canonici«. Für den Druck wurde der Text aufgrund der Aktualität der Themenstellung inhaltlich und stilistisch weitgehend überarbeitet und gestrafft.

Die Anregung zu dem Thema der Arbeit verdanke ich Herrn Prof. Dr. Joseph Listl SJ, Direktor des »Instituts für Staatskirchenrecht der Diözesen Deutschlands« in Bonn, Lennestr. 15. Die wesentlichen Vorarbeiten zu dieser Untersuchung entstanden zwischen 1992 und 1995. Für die Begleitung meiner Arbeit, für stetige Gesprächsbereitschaft und für vielfältige Anregungen sowie für Unterstützung und Ermutigung, das eigene Konzept konsequent zu verfolgen und zu entfalten, bin ich meinem Doktorvater, Prof. Dr. Pier-Virginio Aimone, Ordinarius für Kirchenrecht an der katholisch-theologischen Fakultät in Fribourg, sehr dankbar.

Weitere wertvolle Hinweise für die Gestaltung der Arbeit verdanke ich Herrn Prof. Dr. Joseph Sayer / Fribourg. Prof. Dr. Aimone und Prof. Joseph Sayer ermöglichten mir den Abschluß der Dissertation an der Fribourger theologischen Fakultät und übernahmen die Gutachten.

Für die sehr sorgfältige und gewissenhafte Korrektur des Manuskripts bin ich Herrn Prof. Dr. Peter Knauer SJ, Professor für Fundamentaltheologie an der Philosophisch-Theologischen Hochschule St.Georgen / Frankfurt a. M., zu tiefem Dank verpflichtet. Ihm verdanke ich auch manchen wertvollen inhaltlichen und auch stilistischen Hinweis für die Gestaltung des Druckmanuskriptes. Prof. Dr. Johannes Beutler SJ / Frankfurt a. M. schulde ich besonderen Dank für die Unterstützung der Veröffentlichung und die Aufnahme der vorliegenden Arbeit in die Reihe der »Frankfurter Theologischen Studien« sowie für die technische Betreuung des Druckmanuskripts. Herrn Hermann Stolte danke ich für die weitgehende Betreuung des Layouts der Arbeit.

An dieser Stelle möchte ich auch der Norddeutschen Provinz der Gesellschaft Jesu und insbesondere ihrem Provinzial, P. Götz Werner SJ, ausdrücklich dafür danken, daß mir durch großzügige Freistellung und finanzielle Unterstützung der Abschluß der Doktorarbeit ermöglicht wurde.

Schließlich danke ich ausdrücklich einigen meiner Mitstudenten an der Hochschule St.Georgen in Frankfurt a. M., die mir durch vielfältige Hilfen und Anregungen bei der Fertigstellung meiner Arbeit geholfen haben und so mir manche Last abgenommen haben. Erwähnen möchte ich hier besonders P. Francisco Ruiz Perez SJ, P. Jerzy Kochanowicz SJ und P. Homero Fuentes SJ.

Berlin, im Mai 1998 P. Georg Schmidt SJ

1. Zielsetzung und Methode der Arbeit

Ein kurzer Überblick über neuere Tendenzen und Diskussionen in der Theologie zeigt, daß der Begriff »Öffentlichkeit« bzw. »Öffentlichkcitsauftrag« jedenfalls nicht zu den häufig verwendeten, wichtigen Begriffen moderner Theologie, beispielsweise der Ekklesiologie oder Fundamentaltheologie, gehört. Dies kann und darf man konstatieren, auch wenn natürlich jede grobe und überblickhafte Orientierung notwendig lückenhaft ist und bleibt. Öffentlichkeit stellt auch keine bedeutende Konstante in den gängigen Lehrbüchern des Kirchenrechts dar. Selbst in der kirchlichen Sozialethik oder in der Moraltheologie ist sie keine Kategorie, die eine wesentliche Rolle in der theologischen oder auch der interdisziplinären Diskussion spielt.

Der Begriff der Öffentlichkeit erscheint generell eher von der Jurisprudenz, und hier natürlich vornehmlich von der Staats- und Verfassungslehre besetzt zu sein, und ansonsten hauptsächlich in den Politik- und Sozialwissenschaften eine feste und anerkannte Größe darzustellen.

So erscheint es vielleicht verwunderlich, daß der Begriff »Öffentlichkeitsauftrag« hier zum Hauptthema einer theologischen Untersuchung gewählt worden ist. Sie verfolgt das Ziel, das korporative, gesellschaftlich relevante Tun der Kirche aus sozialethischer und kirchenrechtlicher Perspektive zu erörtern und in exemplarischen Bereichen darzustellen. Es besteht durchaus ein Bedarf, sich dem neueren kirchlichen Selbstverständnis mehr von seiner praktischen, handlungs-orientierten Dimension her anzunähern und hier wichtige Aspekte herauszustellen. Es ist nämlich nicht zu leugnen, daß der neuerdings ekklesiologisch sehr zentrale Begriff der communio – ebenso übrigens wie der Volk-Gottes-Begriff! – spezifische Grenzen aufweist. Er kann im Grunde nur primär die ontologische und verfassungsmäßige Seite der Kirche angemessen wiedergeben. Für den Bereich der zentralen Inhalte und der Zielvorgaben für die kirchliche Handlungsorientierung ist er kein tauglicher Maßstab.

Der Begriff »Öffentlichkeitsauftrag« kann sich auf eine bedeutsame theologische Tradition berufen, nämlich auf die Theologie der Bekennenden Kirche, die sich in der beginnenden Konfrontation mit dem NS-Staat hiermit programmatisch gegen die Entkonfessionalisierungspolitik der Nationalsozialisten zur Wehr setzte. Die kirchliche Reklamierung eines eigenen Öffentlichkeitsauftrages bedeutete nicht nur eine Kampfansage gegen jegliche Form eines totalen Staates. Sie enthielt auch die Formulierung eines konstitutiven gesellschaftlichen Freiraumes für die kirchliche Betätigung, sei es auf dem Felde der Verkündigung, der Diakonie oder des ethischen Urteiles. Der Raum der Öffentlichkeit bezeichnet einen unverzichtbaren Freiheitsraum für die Verkündigung des Evangeliums in Wort und Sakrament, in Gottesdienst und kirchlicher Liebestätigkeit.

Es geht der Kirche hierbei vor allem um die Öffentlichkeit der Frohen Botschaft, und damit um die Öffentlichmachung ihrer Zukunftshoffnung. Das Lebens-, Hoffnungs- und Sinnpotential des christlichen Glaubens hat aus sich selbst heraus Anspruch darauf, allen Menschen verkündet zu werden. Es enthält aber immer auch ein gesellschaftskritisches Moment, insofern sich die Kirche nach ihrem Auftrag als Anwalt der Marginalisierten und Ausgegrenzten verstehen muß, nämlich derjenigen, denen Lebens- und Entfaltungschancen vorenthalten werden. Gerechtigkeit und Solidarität sind fundamentale Bestandteile des gesellschaftlichen Gemeinwohls, die als Grundwerte vor dem Egoismus einzelner und der rigorosen Durchsetzung von Gruppen- und Verbandsinteressen geschützt werden müssen.

Religions- und kulturgeschichtlich lassen sich übrigens Vorbilder für wesentliche Elemente und Inhalte eines Öffentlichkeitsauftrags finden. Im alten Israel waren es die Propheten, im antiken Griechenland und später zur Zeit des Hellenismus Philosophen, weise Männer, die sich in ihrer Tätigkeit als stimulierendes und gesellschaftskritisches Element, modern gesprochen als Anwälte der Gerechtigkeit und des Gemeinwohls verstanden.

So kann Sokrates als Vorbild einer ehrlichen, konstruktiven Gesellschaftskritik gelten, die den Dingen und den Fragen des Lebens auf den Grund geht und sich nicht mit einer rein tradierten, nicht reflektierten Lebenseinstellung und der Gültigkeit bloßer Konventionen zufriedengibt. Auch die Glaubensverkündigung bedarf wie das unermüdliche öffentliche Fragen und Diskutieren des griechischen Weisen Sokrates der unbedingten Sehnsucht nach dem Guten, der Gerechtigkeit im Leben, die von einem letzten sittlichen Ernst und von der Hoffnung auf ein seliges Leben nach dem Tode angetrieben wird.

Das Wachhalten des Bewußtseins für Werte in der menschlichen Gesellschaft und die Verteidigung gewachsener menschlicher Traditionen und kultureller Lebensformen kann sich ebenfalls auf antike Vorläufer berufen. So waren die Vestalinnen, die das Feuer im Tempel auf dem Kapitol bewachten und nährten, in der römischen Welt ein starkes, aussagekräftiges Symbol für die Notwendigkeit der Wahrung gesellschaftlicher Grundwerte. In der Zeichenhaftigkeit seiner Botschaft ist hiermit das Gleichnis von den klugen Jungfrauen der Bibel vergleichbar, die das Öl in ihren Lampen bewahrten und damit für die Stunde der Ankunft des Bräutigams gerüstet waren (vgl. Lk 12,35–40).

Der Mut zum offenen und ernsten Wort gegenüber einem Staat und gesellschaftlichen Verantwortungsträgern, die ihre ethische und soziale Verantwortung gegenüber der Bevölkerung vernachlässigen, hat ebenfalls eine lange kulturgeschichtliche Tradition. Man denke an die scharfe Kritik des Propheten Amos an der Unterdrükkung der Armen in Samaria (Am 2,6–7; 4,1–3) und an Rechtsbeugung und Bestechung (Am 5,7–12). Als Konsequenz seiner offenen Worte wird Amos allerdings ausgewiesen, denn seine Worte »sind unerträglich für das Land« (Am 7,10). Zudem distanziert sich die Priesterschaft des Landes von ihm, er wird als Aufrührer beim König angezeigt und Amazja, der Priester von Bet-El verkündet ihm die Entscheidung des Klerus: »In Bet-El darfst du nicht mehr als Prophet reden; denn das hier ist ein Heiligtum des Königs und ein Reichstempel« (Am 7,13).

Der kirchliche Öffentlichkeitsauftrag ist somit gerade nicht von staatlicher Gewalt abgeleitet. Es ist ein Mandat, das in der Tradition der Propheten und aufgrund des Missionsbefehles Jesu Christi und des universalen Heilswillens Gottes in jedweder gesellschaftlichen und historischen Situation zu erfüllen ist. Dies gilt unabhängig davon, ob es dem jeweiligen Staat oder der jeweiligen Gesellschaft gelegen oder ungelegen kommt, ob kirchliches Tun gebilligt und gefördert oder reglementiert, bekämpft oder verfolgt wird. Das ist das Vermächtnis, das der Kirche im 2. Timotheusbrief anvertraut worden ist:

> »Ich beschwöre dich bei Gott und bei Christus Jesus, dem kommenden Richter der Lebenden und der Toten, bei seinem Erscheinen und bei seinem Reich: Verkünde das Wort, tritt dafür ein, ob man es hören will oder nicht; weise zurecht, tadle, ermahne, in unermüdlicher und geduldiger Belehrung. Denn es wird eine Zeit kommen, in der man die gesunde Lehre nicht erträgt, sondern sich nach eigenen Wünschen immer neue Lehrer sucht, die den Ohren schmeicheln; und man wird der Wahrheit nicht mehr Gehör schenken, sondern sich Fabeleien zuwenden. Du aber sei in allem nüchtern, ertrage das Leiden, verkünde das Evangelium, erfülle treu Deinen Dienst!« (2 Tim 4, 2–5)

Die Kirche hat ein gesellschaftliches Amt, das sie verpflichtet, ihr Schweigen zu brechen und ihre Stimme dort zu erheben, wo Schwache und Wehrlose in der Gesellschaft benachteiligt werden und ethnische oder religiöse Minderheiten ihrer Rechte beraubt werden. Sie muß darum der Versuchung widerstehen, sich lediglich als neutrale Instanz zu verstehen, die im kirchlichen Binnenraum nur seelsorglich-liturgisch wirkt, gesellschaftlich unkritisch bleibt und so nur die jeweilige Herrschaftspraxis der Machteliten legitimiert.[1]

Ihr Öffentlichkeitsauftrag verpflichtet die Kirche auch, sich gegen falsche gesellschaftliche Freiheitsvorstellungen zur Wehr zu setzen, die, angetrieben von universalen Machbarkeitsvorstellungen, die Grenzen von Menschenwürde und Personenrechten verletzen und die Natur ausbeuten. Es geht im Öffentlichkeitsauftrag der Kirche gegenüber Staat und Gesellschaft nicht darum, einen von staatlicher Reglementierung freien Raum für eine rein kirchlich institutionelle oder verbandliche Selbstentfaltung zu reklamieren. Die Kirche will sich nicht – und darf es nach dem ihr mit dem Evangelium anvertrauten Vermächtnis auch nicht! – mit dem gesellschaftlichen Prestige einer öffentlichen Ordnungs- und Hoheitsmacht zufriedengeben. Sie soll vielmehr Zeugin des universalen Heilswillens Gottes zu sein, und so bleibend im Tun der einzelnen Christen und in ihrem korporativen Handeln für andere da sein. Sie trägt so die Verantwortung für die bleibende gesellschaftliche Gestalt der »irdisch-geschichtlichen Existenzform Jesu Christi«.[2]

---

1 W. HUBER, Kirche und Öffentlichkeit, Habilitation Heidelberg 1972, Stuttgart 1973, spricht in diesem Zusammenhang davon, daß ein kirchlicher Rückzug in einen »ausgegrenzten Bereich religiösen und individuellen Lebens« der christlichen Grundüberzeugung widerspricht, daß Gott die Herrschaft über *alle* menschlichen Lebensbereiche gebührt (vgl. S. 572).

2 Vgl. dazu die Gedanken W. HUBERS, a. a. O., S. 644–645, der hier vom stellvertretenden Dienst der Kirche am Heil der Welt als Ganzer spricht.

Theologisch gesehen bedeutet dieser Ansatz eine Entscheidung für ein primär handlungsorientiertes Selbstverständnis, das auf den gesellschaftlichen Entwicklungs- und Transformationsprozeß Einfluß zu nehmen versucht. Die soziale und humane Sinn- und Werthaftigkeit des kirchlichen Tuns wird durch die Ausübung des Öffentlichkeitsauftrages auch in den gesellschaftlichen und humanwissenschaftlich orientierten säkularen Bereich der Gesellschaft transportiert.

Andererseits ist der Begriff des Öffentlichkeitsauftrages gesellschaftlich hinreichend offen und neutral, sodaß er auf unterschiedliche gesellschaftliche und historische Situationen, in denen sich Kirche und kirchliches Leben jeweils realisiert, anwendbar bleibt. Er bleibt zugeschnitten auf den Bereich des gesellschaftlich relevanten Tuns der Kirche und beansprucht nicht, das Wesen der Kirche als solcher widerzuspiegeln.

Der sittliche Grundgehalt, der dem Öffentlichkeitsbegriff aufgrund seiner Zuordnung zum Gemeinwohl und zum Gemeinwesen als der Uridee des Staates anhaftet, kann von der Kirche gerade für den Inhalt und das Ziel ihres gesellschaftlichen Auftrages mit Recht reklamiert werden. Denn dieser Auftrag bezweckt insbesondere in seiner diakonischen und ethischen Dimension die Förderung des universalen gesellschaftlichen Gemeinwohles.[3] Wobei hier zwischen einem öffentlichen Auftrag und einem öffentlichen Status bzw. staatlich gewährten Privilegien für die Kirche sorgsam unterschieden werden muß, gerade im Interesse der Authentizität und Glaubwürdigkeit kirchlicher Tätigkeit.

Schließlich versucht die Entfaltung des Begriffs des Öffentlichkeitsauftrages als eine handlungstheoretische Maxime kirchlichen Selbstverständnisses auf eine Kritik am akademischen theologischen Betrieb zu antworten. Huber artikuliert diese Kritik, wenn er bemerkt, daß sich die wissenschaftliche Theologie mitunter in zu großer Distanz zu den praktischen Problemen des öffentlichen Handelns der Kirche befindet. Oft lassen sich taugliche Ansätze und Handlungsorientierungen für die kirchlich Verantwortlichen eher aus dem Bereich kirchlicher Lehrdokumente und Denkschriften zu gesellschaftlichen Problemen entnehmen[4].

Die vorliegende Arbeit stützt sich auf zwei Hauptmaterien, die sowohl methodisch wie erkenntnisspezifisch markante Unterschiede aufweisen, sich in ihrer unterschiedlichen Konturierung aber auch wechselseitig ergänzen und so zum Gesamtbild kirchlichen Handelns in der Öffentlichkeit beitragen.

Das sind zum einen die universalkirchlichen Lehrdokumente, insbesondere die Dokumente des Zweiten Vatikanischen Konzils und hier exemplarisch die Pastoralkonstitution »Gaudium et spes«, die für den kirchlichen Öffentlichkeitsauftrag und seine gesellschaftliche Aktualisierung einen wichtigen Meilenstein bedeuten. Zum andern sind es die Weichenstellungen des neuen Kirchenrechts, des Codex Juris

3 Vgl. dazu W. HUBER, a. a. O., S. 16 (Fn. 27) unter Bezug auf Grundgedanken Hegels; vgl. auch S. 17ff.

4 Vgl. dazu W. HUBER, a. a. O., S. 550ff.

Canonici von 1983, der versucht hat, die entscheidenden dogmatischen, ekklesiologischen und pastoralen Akzente und Neuorientierungen des Zweiten Vaticanums aufzugreifen.[5]

Die lehramtlichen Dokumente des Zweiten Vaticanums, und hier insbesondere die Pastoralkonstitution, wollen die neue Öffnung der katholischen Kirche gegenüber der Welt und den Geist des Dialoges und des Respektes vor den echten menschlichen und religiösen Werten verdeutlichen, die sich in der heutigen geistigen Welt und ihrer Kultur finden lassen. Ausgehend von einem historisch und pastoral geprägten methodischen Ansatz beziehen sie in exemplarischer Weise auch wichtige Erkenntnisse der Humanwissenschaften in ihre systematische, programmatische und aktualisierende Sicht der Dinge mit ein. Ihre Hauptperspektive gilt dem kirchlichen Weltauftrag, der Tätigkeit ad extra, und die jeweiligen Analysen des gesellschaftlichen und historischen Befundes sind human- und problemorientiert. Die Erkenntnisgewinnung kirchlicher Lehrdokumente seit dem Zweiten Vaticanum ist stärker als früher empirisch geprägt, mehr am sozialen und humanen Kontext orientiert, und vermeidet damit eher scholastisch-lehrhafte Formen der Darstellung, die früher nicht selten in kirchlichen Lehrdokumenten zu finden waren.

Demgegenüber ordnet das Kirchenrecht die kirchliche Tätigkeit primär ad intra, es enthält die institutionellen Regelungen, die intern die Zuweisung von Verantwortungs- und Leitungskompetenzen beinhalten. Es ist damit der Regelungsort der hierarchischen und synodalen Zuständigkeit, der jeweiligen Abgrenzung der verschiedenen Kompetenzbereiche der kirchlichen Organe auf universal- und teilkirchlicher Ebene. Zugleich ist das Kirchenrecht der Bereich der verbindlichen Normierungen der kirchlichen Inhalte, der Grundwerte und Ordnungsideen der kirchlichen Gemeinschaft und ihrer ontologischen und theologischen Grundlagen, und somit die Verfassungsurkunde der Kirche als gesellschaftlich aktiver Glaubens- und Überzeugungsgemeinschaft. Das Kirchenrecht ist immer auch kirchliches Dienst- und Verfassungsrecht, das systematisch-regulativ vorgeht und funktional orientiert bleibt.

Der kirchliche Öffentlichkeitsauftrag definiert sich also an der Schnittstelle von kirchlicher aktueller Programmatik und sozialer Analyse, von religiös-theologisch interpretiertem gesellschaftlich-humanem Kontext einerseits und der überlieferten Tradition des kirchlichen Glaubensgutes und seiner historisch geprägten liturgischen, bekenntnismäßigen, sozial-diakonischen und ethisch-pastoralen Handlungsformen andererseits.

Die vorliegende Arbeit will als Versuch einer solchen Zusammenschau gesehen werden.

---

5 Vgl. dazu die Vorrede von Papst Johannes Paul II. »Sacrae disciplinae leges«, in: CODEX JURIS CANONICI: Codex des kanonischen Rechts. Lateinisch - deutsche Ausgabe, Kevelaer 1984, S. XXXIX.

Der Öffentlichkeitsauftrag als *Ordnungsidee* kirchlichen inhaltlichen *Selbstverständnisses* und kirchlicher *Tätigkeit*

Glaubensverkündigung zum *Heil* der *Seelen*:

»Der Mensch lebt nicht vom Brot allein …«

- Ungenügen rein *innerweltlicher Sinngebung*
- Heil als *Verheißung ewigen seligen* Lebens im Gegensatz zur *Gebrochenheit* und *Todverfallenheit* menschlicher *weltlicher* Existenz

Proklamation *des universalen Heilswillens* Gottes in der *communio*:

»Geht hin in alle Welt und verkündet das Evangelium allen Geschöpfen …«

- Gemeinschaft der Glaubenden als Gemeinschaft der aus der Welt Herausgerufenen (Ekklesia)

MARTYRIA

Kirchlicher Öffentlichkeitsauftrag
(nach can. 747 I und II CIC)
Christliches Menschenbild

Kirchliche *Lebensdeutungs-* und *Sinngebungskompetenz*:
- Theologie / Anthropologie

»Ich bin der Weg, die Wahrheit und das Leben …«

- Primat der Gottes- und Nächstenliebe
- Auslegung und Aktualisierung des Glaubensgutes
- ethische Urteilskompetenz in menschlichen Dingen

Maßstäbe christlicher *Handlungsorientierung: »Anwalt der Armen«*

»Was ihr dem geringsten meiner Brüder tut …«

- Not lindern
- Hilflosen beistehen
- sich für Arme und Ausgegrenzte einsetzen
- Widerstand gegen Ungerechtigkeit

DIAKONIA

Feier des *Glaubens* als *erinnerndes Vergegenwärtigen* des immerwährenden *Opfers* Christi: Eucharistie

»Tut dies zu meinem Gedächtnis …«

- Heilshandeln Gottes in Wort und Sakrament
- Bekenntnis des Glaubens als Antwort des Menschen auf das Heilsangebot Gottes

Weg des Glaubens im Alltag *schuldverhafteter* menschlicher *Existenz*: »Im KREUZ ist HEIL«

»Aber nicht mein, sondern dein Wille soll geschehen …«

- Gekreuzigte und doch siegende Liebe als göttliche Antwort auf menschliche Sünde
- Kreuz als Ertragen eigenen und fremden Leidens (Nachfolge)

LEITURGIA

Kirchlicher Öffentlichkeitsauftrag als *feldorientiert–methodisches* Prinzip kirchlicher Tätigkeit

Kirchliche Handlungsfelder und ihre Trägerschaft:		
SOZIALETHIK	DIAKONIE	PASTORAL
problemorientiert	pragmatisch–aktualisierend	im soziokulturellen Kontext verankert
– Kirchl. Dokumente und Stellungnahmen – Humane Sozialordnung – empirische Absicherung von Sachaussagen – »Zeichen der Zeit«	– Offen für Hilfesuchende über konfessionelle und soziale Schranken hinweg – Tätige Liebe	– Pfarrseelsorge (Territorialprinzip) – Kategoriale Seelsorge (z.B. Hochschule / Gefängnis / Krankenhaus)

Kirchlicher Öffentlichkeitsauftrag
(nach den Konzilsdokumenten [Vaticanum II] und dem neuen Kirchenrecht)

Hierarchische Träger des Öffentlichkeitsauftrags (Rechts- und Organisationsstruktur): – Papst – Bischofskonferenz – Einzelbischöfe	Sonstige Träger des Öffentlichkeitsauftrags: – kirchl. Verbände – kirchl. Gemeinschaften (Orden, Säkularinstitute) – kirchl. Schulen und Universitäten

KIRCHENRECHT als kirchliches Dienst- und Verfassungsrecht:
systematisch — regulativ — Ordnung kirchlicher Zuständigkeiten und Aufgabenfelder
Kirchliche Grundordnung (Verbindlichkeit) – Kirche als Glaubensgemeinschaft (Bekenntnis) – Kirche als Wert- und Rechtsgemeinschaft – Kirche als Tätigkeitsgemeinschaft – Rechtsstatus von Einzelnen und Gruppen
Kirchliche Kompetenzen und Aufgaben – universalkirchl. Ebene / teilkirchl.Ebene

2. Zum Begriff der Öffentlichkeit und des Öffentlichkeitsauftrages

2.1 Die Relevanz des Öffentlichkeitsbegriffs für das Verständnis eines kirchlichen Öffentlichkeitsauftrages

Die Inanspruchnahme eines Öffentlichkeitsauftrages seitens der Kirche setzt ein Verständnis von Öffentlichkeit voraus, in der sich das spezifische kirchliche Handeln und Wirken entfalten kann. Der Wesenskern und die innere Begründung des kirchlichen Öffentlichkeitsauftrages lassen sich somit leichter erschließen, wenn die den Öffentlichkeitsbegriff konstituierenden Elemente aufgedeckt werden.

Ein erster alltagssprachlich orientierter Zugang zum Begriff »Öffentlichkeit« ergibt, daß er im Sinne von tatsächlich bekannt oder wenigstens der Kenntnis aller offenstehend oder auch im Sinne von allgemein zugänglich verwendet wird. Ein Gegenbegriff zur »Öffentlichkeit« in diesem weiten Sinne ist privat. Allerdings hilft diese Feststellung bei der weiteren Konturierung und Abgrenzung des Begriffsfeldes nicht weiter, da beide Begriffe sich gegenseitig ergänzen und man aus dem logischen Zirkel »öffentlich heißt nichtprivat« und »privat meint nichtöffentlich« nicht herauskommt.[6]

Im engeren politischen und sozialen Sinne verwandt, meint Öffentlichkeit »die Sphäre der Kritik, der Kontrolle und der Entscheidungsfindung, die allen am sozialen Geschehen und politischen Handlungszusammenhang im Gemeinwesen Beteiligten offensteht und die so die Legitimität entsprechender Handlungen – und Entscheidungsprozesse – begründen kann«.[7] Öffentlichkeit bedeutet damit die Zugänglichkeit politischer Entscheidungsräume für Kritik und Kontrolle auch derjenigen Bürger, die in den exekutiven, legislativen oder judikativen Handlungsräumen und ihren spezifischen Handlungsmechanismen nicht aktiv beteiligt sind.[8]

Das Prinzip der Öffentlichkeit ist damit ein unabdingbares Element demokratischer Staatsformen, das die Transparenz der politischen und gesellschaftlichen Entscheidungsprozesse gewährleisten soll. In ihm drückt sich, historisch betrachtet, eine wesentliche Kategorie bürgerlich-liberalen Selbstverständnisses aus, das entscheidend durch die Menschenrechtsidee und die Emanzipation des Bürgertums seit dem 18. Jahrhundert geprägt wurde.[9]

Generell ist der Öffentlichkeitsbegriff heute durch eine gestiegene Bedeutungsvielfalt gekennzeichnet. Er umfaßt die Momente der Transparenz und Kontrollierbarkeit, somit des Bestehens von allgemeinen Informations- und Aufklärungsrechten, von Partizipations- und Mitbestimmungsmöglichkeiten in allen Bereichen des

---

6 Vgl. dazu G. SCHEFFLER, Staat und Kirche, Die Stellung der Kirche im Staat nach dem Grundgesetz, 2. Aufl., Hamburg – Frankfurt 1973, S. 193ff.

7 Vgl. hierzu BROCKHAUS ENZYKLOPÄDIE, Art. »Öffentlichkeit«, Band 16, 19. Aufl., Mannheim 1991, S. 124, Nr. 1.

8 Vgl. BROCKHAUS ENZYKLOPÄDIE, Band 16, a. a. O., S. 124.

9 Vgl. BROCKHAUS ENZYKLOPÄDIE, Band 16, a. a. O., S. 124.

gemeinsamen gesellschaftlichen Interesses.[10] Die genannten Definitionen umfassen sowohl die empirisch-soziologischen Aspekte des Öffentlichkeitsbegriffes als auch seine sozialordnungspolitische Komponente, die zusätzliche rechtliche Relevanz für die Gesellschaft enthält. Der Öffentlichkeitsbegriff ist so einer der maßgebenden Faktoren des Selbstverständnisses und der verbindlichen Lebensordnung einer Gesellschaft.

Wolfgang Huber definiert den Begriff der Öffentlichkeit als dimensionalen, nicht sektoralen Basisbegriff für die von ihm dann später vorgenommene Verhältnisbestimmung von Kirche und Öffentlichkeit folgendermaßen: »Der Begriff der Öffentlichkeit bezeichnet diejenige Dimension aller gesellschaftlichen Institutionen und Lebensvollzüge, in der die gemeinsamen Interessen und Bedürfnisse, Rechte und Pflichten der Glieder einer Gesellschaft betroffen sind«.[11] Er unterscheidet verschiedene Schichten des Öffentlichkeitsbegriffes, die der Gesamtgesellschaft als eigentlichem Adressaten zugeordnet sind. Sie beziehen sich teils auf inhaltliche Aspekte (gesellschaftliche Bedürfnisse), teils auf Formen von Kommunikation und Konfliktlösung (Interessenkonflikte, Öffentlichkeitsarbeit) oder auf den Bereich gesellschaftlicher und staatlicher Verantwortung (öffentliches Amt). Die Herstellung von Öffentlichkeit dient der Erhöhung der Partizipationschancen der Mitglieder des Gemeinwesens und generell der Rationalisierung gesellschaftlicher Konfliktmechanismen und politischer Herrschaftsformen.[12]

Ganz ähnliche Ergebnisse hat die Diskussion des Öffentlichkeitsbegriffs in der juristischen Perspektive der Staatsrechtslehre hervorgebracht. Es sei hier exemplarisch ein Entwurf dargestellt, der den Bereich der gesellschaftlichen Interessen und Bedürfnisse in staatsrechtlicher Perspektive beleuchtet.

Der staatsrechtlich-konstitutive Gehalt des Öffentlichkeitsbegriffes wird in folgender Definition Schefflers konkretisiert: »Öffentlich ist das, was der andauernden und erkennbaren Verwirklichung des im Staat geeinten und verfaßten Volkes unter Ausrichtung an einer Ordnungsidee dient, verantwortend hierfür gegenüber dem Ganzen einsteht und von diesem hierin einmal konstitutiv anerkannt worden ist«.[13]

Bei der näheren Entfaltung des materiellen Gehaltes dieser Definition nennt Scheffler vier Konstanten, die den von ihm definierten Begriffsinhalt maßgeblich prägen: Integration, Ordnungsidee, Verantwortlichkeit und staatliche Anerkennung.[14] Das Stichwort »Integration« bezieht sich auf den gesamtgesellschaftlichen Charakter des Bereiches der Öffentlichkeit und die Notwendigkeit der integrativen Funktion des öffentlichen Handelns für die einzelnen Schichten und Gruppen der Gesellschaft. Es bezieht sich auf deren spezifische Interessen und Bedürfnisse, will

---

10 So die Definition V. DREHSENS, Art. »Öffentlichkeit«, in: WÖRTERBUCH DES CHRISTENTUMS, ders., u. a. (Hrsg.), Gütersloh – Zürich 1988, S. 894.

11 Vgl. dazu HUBER, a. a. O., S. 45.

12 Vgl. HUBER, a. a. O., S. 46–47.

13 Vgl. SCHEFFLER, a. a. O., S. 210.

14 Vgl. SCHEFFLER, a. a. O., S. 204.

also dem Partikularismus und der ihm innewohnenden Gefahr für den gesellschaftlichen Grundkonsens und der von ihm getragenen gemeinsamen Gesellschaftsordnung entgegenwirken.[15] Integration ist in diesem Verständnis nur möglich aus einer allgemeinen, gültigen, zielgebenden, wertenden und orientierenden Grundordnung heraus. Diese will im pluralen Kontext der neben dieser Grundordnung existierenden, partikulären Ordnungsvorstellungen der verschiedenen die Gesellschaft prägenden Kräfte kommunikativ und konsensbildend wirken. Sie vollzieht sich in der modernen repräsentativen Demokratie strukturell in der politischen Tätigkeit der Volksvertreter in den Parlamenten und im allgemeinen politischen Diskurs der gesellschaftlichen Gruppen und Verbände, der hauptsächlich über die modernen Massenmedien kanalisiert wird.

Die zweite Konstante der Definition Schefflers stellen die die Grundordnung prägenden Ordnungsideen dar, die im Sollensbereich, in den das gemeinsame gesellschaftliche Leben prägenden und verbindenden Wertvorstellungen verwurzelt sind und so den ethischen Grundkonsens des Volkes markieren. Eine Ordnungsidee ist ein Prinzip, das mit einem gesamtgesellschaftlichen Geltungsanspruch verbunden ist und das allgemeine Lebensbereiche deutet und strukturierend zusammenfaßt (z. B. Rechtsstaatsprinzip, Verfassungsstaatsprinzip, Sozialstaatsprinzip, gesellschaftliches Gemeinwohl). Sie wird durch die Anerkennung des verfaßten Staatsvolkes zum legitimen und tragenden Fundament staatlicher Grundordnung.[16]

Die Berücksichtigung der Belange des Ganzen, die sich in den verfassungsgestaltenden Ordnungsideen des Gemeinwohls und der Sicht des Staates als politischem Organ der Gesellschaft als Gemeinwesen manifestieren, und die notwendige Sorge für wichtige Teilbereiche verlangen aus der Sicht der Ordnungsideen heraus ein koordiniertes System von Verantwortlichkeiten. Nur so können die Postulate der Grundordnung auch tatsächlich verwirklicht werden. Die zweite Konstante Schefflers führt also logisch hin zur dritten Konstante, der Verantwortlichkeit. Eine bloß intendierte, gleichsam nur auf dem Papier stehende Verantwortlichkeit genügt damit nicht zur Verwirklichung des Sollensanspruchs der Ordnungsideen. Es müssen vielmehr konkrete Personen – innerhalb und außerhalb von Institutionen und ihren Hierarchien – für diese Ideen einstehen.[17] Verantwortlichkeit wird prinzipiell vom Volk als Träger der Staatsgewalt verliehen bzw. von den von ihm gewählten, also zur Delegation von Staatsgewalt autorisierten Volksvertretern und ist so selbst delegierte Staatsmacht. Die Kontrolle von Verantwortungsträgern obliegt daher dem gesamten Volk als originärem Träger der Staatsgewalt bzw. seinen autorisierten und hierzu legitimierten Vertretern.

Hiermit sind wir schon bei der vierten Konstante Schefflers angelangt, der staatlichen Anerkennung als konstitutivem Element von Öffentlichkeit. Sie ist Konse-

---

15 Vgl. dazu SCHEFFLER, a. a. O., S. 205–206.

16 Vgl. SCHEFFLER, a. a. O., S.207.

17 Vgl. dazu SCHEFFLER, a. a. O., S. 208.

quenz aus der verantwortlichen Ausübung ordnungspolitischer Vorstellungen für die allgemeinen Lebensbereiche der Gesellschaft. Der Staat kann in seinen autorisierten Verantwortungsträgern dem Wirken gesellschaftlicher Verbände wegen ihrer Verdienste um die Verwirklichung der Grundordnung und der sie tragenden Prinzipien besondere Verbindlichkeit verleihen.[18] Diese besondere Rechtsqualität eines gesellschaftlichen Verbandes manifestiert sich in einem besonderen Öffentlichkeitsstatus, der sich vom rein empirisch-soziologisch meßbaren öffentlichen Handeln anderer statusmäßig privatrechtlich klassifizierter, gesellschaftlicher Gruppen abhebt.

Die staatliche Anerkennung als affirmativer Akt gegenüber einem gesellschaftlichen Verband ist meist der Abschluß eines ordnungspolitischen Prüfungsprozesses. Dieser mißt Selbstverständnis und Tätigkeit gesellschaftlicher Kräfte am materiellen staatsrechtlichen Öffentlichkeitsbegriff und somit an ihrer Identifikation bzw. Nähe zu den prägenden Konstanten dieses Begriffes. Er unterscheidet sich als konstitutiver Rechtsakt, der die Befugnis zu hoheitlichem Handeln verleiht, von der bloß deklaratorischen Klassifizierung einer Tätigkeit als öffentlich kraft ihres empirisch wahrnehmbaren Öffentlichkeitscharakters.[19]

Aus soziologischer Sicht muß allerdings eine wichtige Korrektur an dieser Definition Schefflers vorgenommen werden. Sie berücksichtigt den neuzeitlichen Strukturwandel der Gesellschaft noch zu wenig und geht noch zu stark von einer bestehenden Dominanz staatlicher ordnungspolitischer Vorstellungen im Raume der Öffentlichkeit der Gesamtgesellschaft aus. Wie N. Luhmann durch seine wegweisenden systemtheoretischen Erwägungen gezeigt hat, ist der Staat nur noch ein Untersystem des gesamtgesellschaftlichen Systems. Er ist damit der Gesellschaft im Raum der Öffentlichkeit nicht mehr als Hoheitsmacht übergeordnet, sondern nur noch ein Funktionsträger der Gesamtgesellschaft als Trägerin auch des politischen Gemeinwesens.[20] Aufgrund des faktischen Nebeneinanders der verschiedenen gesellschaftlichen Untersysteme wie des Staates, der Parteien, Gewerkschaften, Unternehmensverbände, gesellschaftlicher Interessengruppen und auch Kirchen und Wohlfahrtsverbände gibt es soziologisch gesehen eine Vielfalt partikularer Öffentlichkeiten. Sie müssen ihren Raum in der gesamtgesellschaftlichen Öffentlichkeit, die ja die partikularen Ordnungsmuster übergreift und im Konfliktfall auch sprengt, erst noch suchen und behaupten. Faktisch nehmen in der heutigen kommunikativen Ausgangssituation der Gesamtgesellschaft die Massenmedien, und hierbei in herausgehobener Weise die Fernsehanstalten, die Rolle von wichtigen Schaltstellen der Kommunikations- und Diskussionsprozesse in der gesamtgesellschaftlichen Öffentlichkeit ein. Die verschiedenen bestehenden Untersysteme der Gesellschaft können

---

18 Siehe dazu SCHEFFLER, a. a. O., S. 209.

19 Zu dieser Problematik vgl. SCHEFFLER, a. a. O., S. 209.

20 Vgl. dazu N. LUHMANN, Grundrechte als Institution, S. 12ff; DERS., Soziologische Aufklärung, S. 154ff; vgl. auch HUBER, a. a. O., S. 23ff.

sich den Zugang zur gesamtgesellschaftlichen Öffentlichkeit praktisch nur noch dadurch verschaffen, daß sie tatsächlich - auch durch ihre institutionellen Repräsentanten - in den Medien präsent sind. Die Massenmedien, und hier in besonders markanter Weise das Fernsehen, kanalisieren die verschiedenen Prozesse der gesamtgesellschaftlichen Öffentlichkeit. Sie bilden das privilegierte Forum, auf dem sich das gesellschaftliche Publikum artikuliert, das heute entscheidend durch das Zusammenspiel der gesellschaftlichen Institutionen und Verbände gebildet wird. Öffentlichkeit ist dabei heute, wie W. Huber hervorhebt, tendenziell immer Weltöffentlichkeit und sprengt damit immer wieder den vorgegebenen sozialen und kommunikativen Rahmen gesellschaftlicher Untersysteme.[21] Die mediale Öffentlichkeit spiegelt dabei aber auch die faktische Machtsituation innerhalb der Gesellschaft wider, die trotz eines formell bestehenden Pluralismus gerade zur Verschärfung bestehender Machtungleichgewichte zwischen den gesellschaftlichen Gruppen und Verbänden beitragen kann. Insofern führt die mediale Stabilisierung von Machtpositionen geradezu zu einem »Darwinismus der Gruppengesellschaft«, die andere, hergebrachte Formen von Öffentlichkeit völlig verdrängt und ihres gesellschaftlichen Einflusses beraubt.[22] Dem demokratischen und ethischen Grundanliegen von Öffentlichkeit, die ja Partizipationschancen bieten bzw. erhalten soll, dient es nicht, wenn gesellschaftliche Eliten auch in den Medien dominieren.[23]

Aufgrund des gesellschaftlichen Strukturwandels und der Herausbildung neuer gesellschaftlicher Subsysteme (z. B. Bürgerinitiativen, studentische Initiativen) haben sich stärker partizipationsorientierte Vorstellungen von Öffentlichkeit herausgebildet. Sie haben der staatlich definierten und ordnungspolitisch dominierten Vorstellung von Öffentlichkeit als kritischen Gegenbegriff den Begriff der »Gegenöffentlichkeit« entgegengesetzt.[24] Sie verstehen sich dabei als Vertreter kritischer gesellschaftlicher Strukturprinzipien, die gegen mögliche oder tatsächliche staatliche Domestizierung und Manipulierung gesellschaftlicher Kreise unter dem Vorwand ordnungspolitischer Sachzwänge kämpfen wollen. Man will damit gesellschaftlichen Randgruppen seine Stimme leihen, die ansonsten in den öffentlichen Meinungsbildungs- und Entscheidungsprozessen keine Rolle spielen würden.[25]

Der Raum der Öffentlichkeit als Forum für Kritik und Kontrolle gerade auch an herrschenden politischen Ordnungsideen und Wertvorstellungen kann nämlich in einer Weise reglementiert sein, daß Kritik in bestimmten Themenbereichen tabuisiert wird oder kritische Gruppen ausgegrenzt werden.

Ein gutes Beispiel hierfür läßt sich in der Verfolgung und Ausgrenzung der Friedensbewegung in der ehemaligen DDR finden, die sich als kritische Gegen-

---

21 Vgl. dazu W. HUBER, a. a. O., S. 28.

22 Vgl. hierzu auch W. HUBER, S. 30, der in diesem Zusammenhang von der Verfestigung der Herrschaft gesellschaftlicher Eliten spricht.

23 Vgl. dazu HUBER, a. a. O., S. 30.

24 Vgl. dazu DREHSEN, Art. »Öffentlichkeit«, a. a. O., S. 895.

25 Vgl. dazu DREHSEN, Art. »Öffentlichkeit«, a. a. O., S. 895.

öffentlichkeit zu der offiziellen, streng reglementierten Öffentlichkeitsarbeit, ihren repräsentativen Medien und auch zur Politik der sog. Blockparteien verstand. Das Forum, das die evangelische Kirche diesen Kräften bieten konnte, zeigte wiederum die Grenzen staatlicher Reglementierungspolitik, die über die Organe der Staatssicherheit und über Kontakte zur Kirche versucht wurde, auf. Die staatliche Ordnungspolitik konnte sich hier nicht durchsetzen und blieb letztlich erfolglos.

Hierzu zählen auch staatliche oder gesellschaftliche Versuche, die Kirche in ihrer Tätigkeit auf den spirituellen Bereich und auf Fragen der persönlichen Sinnfindung und Identitätsstiftung zu beschränken. Man würde sie so auf den Status einer nur im privaten Bereich relevanten Sinnagentur reduzieren. Dies wurde mitunter mit dem Argument begründet, die Kirche habe sich auf ihre Hauptaufgabe, die Seelsorge am Menschen als Hilfe zur individuellen Kontingenzbewältigung, besonders in der Situation einer fundamentalen Grenzerfahrung wie Krankheit und Tod, zu beschränken.[26]

Das Beispiel der Sozialistischen Einheitspartei in der früheren DDR zeigt, wie gesellschaftliche Kräfte mit ursprünglich unterschiedlichen politischen Wertvorstellungen und Zielsetzungen im Sinne der herrschenden Ordnungs- und Wertvorstellungen des Sozialismus vereinnahmt wurden. Sie traten fortan in geschlossener Weise als Vertreter der dominanten staatlichen Ideologie auf. Die Instrumentalisierung von gesellschaftlichen und kirchlichen Gruppen für staatliche Ordnungs- und Wertvorstellungen, auch für wichtige Teilbereiche der Politik, gab es zudem in der CSSR (staatlich kontrollierte Priestervereinigung »Pacem in terris«) bzw. gibt es noch in der sog. Patriotischen Kirche in der VR China, die sich auf staatlichen Druck hin hierarchisch von Rom getrennt hat.

Ein sich auf tragende Werte berufender Grundkonsens des Staatsvolkes erfordert demgegenüber, daß alle Herrschaftsausübung an eine kritische Öffentlichkeit zurückgebunden wird und den Grundbedingungen der Rationalität und Partizipation unterliegt.[27]

2.2 Zum Begriffsinhalt und zur Begriffsgeschichte des kirchlichen Öffentlichkeitsauftrages

Der Begriff des Öffentlichkeitsauftrages entstammt der evangelischen Theologie und ist geistlich grundgelegt im Öffentlichkeitsanspruch des Evangeliums (Mt 28,18). Christus, der Herr der Kirche, erhebt den Anspruch auf Öffentlichkeit für sein Evangelium und verleiht den Aposteln die unbeschränkte Vollmacht zur Verkündigung.[28] Hieraus folgt für die Kirche der Öffentlichkeitsauftrag, der ursprünglich

---

26 Vgl. hierzu K. KOCH, Öffentlichkeitsauftrag oder Globalprivatisierung der Kirchen?, in: Schweizerische Kirchenzeitung, 7. September 1995 (Nr. 36), S. 496, mit Blick auf die Initiativen zur Trennung von Kirche und Staat in der Schweiz.

27 So zutreffend DREHSEN, Art. »Öffentlichkeit«, a. a. O., S. 895.

28 So K. SCHLAICH, Der Öffentlichkeitsauftrag der Kirchen, in: HSKR, Band 2, Berlin 1975,

den unverzichtbaren Freiheitsraum der Kirche zur Verkündigung des Evangeliums in Wort und Sakrament an die gesamte Öffentlichkeit bezeichnet.[29]

Der Begriff »Öffentlichkeitsauftrag« stammt aus der Zeit des Kirchenkampfes im NS-Staat und beinhaltet nicht nur eine Manifestation des eigenen Selbstverständnisses, sondern formuliert eine rechtliche Forderung an den Staat, die aus der Sicht der Kirche für ihr eigenes Wirken und Dasein wesentlich konstitutiv ist.[30] Die Kirche reklamiert damit für sich eine eigene, nicht aus der staatlichen Gewalt abgeleitete Weltverantwortung, die ein gesellschaftliches Wächteramt zur Einhaltung der Grenzen der Staatsmacht beinhaltet.[31] Gegenüber dem totalitären Anspruch des NS-Staates betonte die evangelische Kirche in den Beschlüssen der Bekenntnissynode der Altpreußischen Union ihren Auftrag, »Christus dem ganzen Volk öffentlich zu bezeugen« und protestierte dagegen, »aus der Öffentlichkeit der Welt in einen Winkel privater Frömmigkeit abgedrängt zu werden«. Die Kirche dürfe ihrerseits nicht in einer »Flucht aus der Öffentlichkeit und in sektenhafter Abschließung den Herrschaftsanspruch Jesu Christi in Gericht und Gnade gegenüber den großen Fragen politischen und völkischen Geschehens wie Krieg, Recht und Wirtschaft« verraten.[32]

Schon früher hatte sich die evangelische Kirche dem Monopolanspruch des Staates auf religiös-weltanschaulichem Gebiet, der später in der Politik der sog. Entkonfessionalisierung des öffentlichen Lebens gipfelte, in der Barmer Theologischen Erklärung ihrer Bekenntnissynode vom 31.5.1934 entschieden entgegengestellt und in ihrer zweiten These »Gottes kräftigen Anspruch auf unser ganzes Leben« betont. Sie fährt fort: »[...] durch ihn widerfährt uns frohe Befreiung aus den gottlosen Bindungen dieser Welt zu freiem, dankbarem Dienst an seinen Geschöpfen. Wir verwerfen die falsche Lehre, als gebe es Bereiche unseres Lebens, in denen wir nicht Jesus Christus, sondern anderen Herren zu eigen wären.«[33]

Es geht hier im Kern um die Öffentlichkeit des Wortes Gottes in klarer Kenntnis der politischen Wirkung der Predigt des Evangeliums, auf die die Kirche nicht verzichten kann, will sie sich nicht selbst untreu werden, nicht um die Forderung nach staatlicher Garantie öffentlicher Tätigkeitsfelder für die Kirche.[34]

Die katholische Kirche hatte schon einige Generationen früher die Freiheit ihrer Verkündigung gegen staatliche Reglementierung und Einflußnahme verteidigen müssen und war aus dem Kulturkampf letztlich innerlich gestärkt hervorgegangen. Sie hatte ihrerseits der Sache, nicht der Redeweise nach durch ihr öffentliches,

---

S. 231.

29 Vgl. SCHLAICH, a. a. O., S. 233.

30 Vgl. dazu SCHEFFLER, a. a. O., S. 214.

31 Vgl. dazu SCHEFFLER, a. a. O., S. 212–213 mit weiteren Nachweisen.

32 Nähere Angaben hierzu bei SCHLAICH, a. a. O., S. 233.

33 Zitiert nach: EVANGELISCHES SOZIALLEXIKON: F. Karrenberg (Hrsg.), Art. »Barmer theologische Erklärung«, 4. Aufl., Stuttgart 1963, Sp. 137ff.

34 So auch SCHLAICH, a. a. O., S. 233.

politisches Reden und Handeln bereits einen Öffentlichkeitsauftrag wahrgenommen, insbesondere durch die von ihr reklamierte potestas indirecta ihres Lehramtes und die Öffentlichkeitsarbeit der Laienbewegung des Verbandskatholizismus. Maßgebliche, prägende Gestalten waren hier der Gründer der katholischen Gesellenvereine, Kolping, und Bischof Ketteler durch sein Engagement in der sozialen Frage.[35]

Während die katholische Kirche durch den Kulturkampf und seine Folgen in eine stärkere Distanz zum Staat geraten war, war die evangelische Kirche im 19. Jahrhundert infolge der staatlichen Ausübung der Kirchenhoheit und das Staatskirchentum nicht zu einer unabhängigen Standortbestimmung in ihrem Verhältnis zu Staat und Öffentlichkeit gekommen. Erst der Kampf des NS-Staates gegen die Kirchen führte sie zur notwendigen Besinnung auf das Proprium ihres Wesens und Auftrages und zur Definition eines eigenen Standortes im Verhältnis zu Staat und Gesellschaft.

Der Begriff des Öffentlichkeitsauftrages wurde in der Nachkriegszeit wiederaufgenommen und diente nun der Beschreibung des inhaltlich neuen, partnerschaftlich-kooperativ geprägten Verhältnisses zwischen Staat und Kirche, das nun in dem sich rasch entfaltenden System staatlicher Kirchenverträge seinen Ausdruck fand.[36] Er erscheint als sog. »Loccumer Formel« erstmals in der Präambel des Niedersächsischen Kirchenvertrages vom 19.3.1955, in der betont wird, daß der Vertrag abgeschlossen wurde »in Übereinstimmung über den Öffentlichkeitsauftrag der Kirchen und ihre Eigenständigkeit«.[37] Diese Formel findet sich dann auch in den Kirchenverträgen von Schleswig-Holstein (1957), Hessen (1960) und Rheinland-Pfalz (1962). Sie wird 1970 erstmals auch von der katholischen Kirche ausdrücklich adoptiert und damit als dem eigenen Selbstverständnis entsprechend anerkannt und in den Briefen des Regierenden Bürgermeisters von Berlin vom 2.7.1970 an die beiden Kirchen kirchenvertraglich fixiert.[38]

Die Kirchenverträge der Nachkriegszeit sind Ausdruck der neuen staatlichen Anerkennung des öffentlichen Wirkens der Kirchen, das nicht nur zugelassen und ernst genommen, sondern staatlicherseits in Anspruch genommen und gefördert wird. Der Staat verzichtet in seiner Verhältnisbestimmung zu den Kirchen ausdrücklich auf eine eigene Begriffsbildung und die damit verbundene exklusiv-eigenständige Interpretation kirchlichen Lebens und kirchlicher Tätigkeit. Die staatliche Übernahme der kirchlichen Terminologie in den Kirchenverträgen stellte für die Kirchen nach der schmerzlichen Erfahrung des Kirchenkampfes im NS-Staat eine wichtige Anerkennung ihres gewachsenen Selbstverständnisses dar.

Abgesehen von dieser historischen Rechtfertigung liegt die materielle Bedeutung der staatlichen Anerkennung des kirchlichen Öffentlichkeitsauftrages darin, daß der Staat hiermit in konstitutiver Weise zu erkennen gibt, daß die den kirchlichen Öf-

---

35 Siehe hierzu SCHEFFLER, a. a. O., S. 211, sowie SCHLAICH, a. a. O., Fn. 4, S. 232.

36 Näheres hierzu bei SCHLAICH, a. a. O., S. 231.

37 Vgl. SCHLAICH, a. a. O., S. 231.

38 Vgl. dazu SCHLAICH, a. a. O., S. 231, Fn. 2 mit weiteren Nachweisen.

fentlichkeitsstatus rechtfertigenden Voraussetzungen nach wie vor gegeben sind und die Kirchen somit verantwortliche Repräsentanten grundlegender und tragender gesellschaftlicher Werte und Überzeugungen sind.

Der Staat eröffnet hiermit den Kirchen nicht grundsätzlich neue Tätigkeitsfelder, sondern erklärt sich mit ihrem Verständnis und der Weise der Ausübung ihres Weltauftrages solidarisch und einverstanden.

Die Loccumer Formel wurde in ihrer rechtlichen Bedeutung für das Staatskirchenrecht bald als normativ für das gesamte Staat-Kirche-Verhältnis angesehen. Denn sie beschreibt die wesensmäßige Tätigkeit der Kirchen, bietet so eine Legitimation für ihren besonderen Status nichtstaatlicher, eigenständiger Öffentlichkeit und verleiht damit den Kirchen einen »besonderen Rang innerhalb der öffentlichen Ordnung des Gemeinwesens«.[39] R. Smend hatte schon 1951 in einem richtungweisenden Aufsatz »Staat und Kirche nach dem Bonner Grundgesetz« den inhaltlichen Rahmen des Begriffs des Öffentlichkeitsauftrages weitgehend vorgezeichnet: »Öffentlich ist das, was in die den modernen Staat rechtfertigende Fülle seines Sinns [...] und damit zugleich in den Bereich irgendwelchen bestimmenden oder doch billigenden Anteils des Volkes an diesem Sinngehalt gehört, damit auch von Rechts wegen einen bestimmten Geltungsanspruch hat«.[40] Auf katholischer Seite hatte U. Scheuner in seiner Würdigung des Kirchenvertrages von Loccum betont, daß der Staat durch die Anerkennung des Öffentlichkeitsauftrages der Kirchen diese als besondere und wichtige Faktoren des öffentlichen Lebens anerkannt habe. Der Terminus »Öffentlichkeitsauftrag« hebt die Andersartigkeit der Kirche, ihres Wesens und ihrer Tätigkeit hervor, die sie von gesellschaftlichen Interessengruppen und politischen Zweckverbänden unterscheidet und zu einem Gegenüber des Staats macht.[41] Das neue freundschaftlich-kooperative Verhältnis von Staat und Kirche läßt sich nach Scheuner am besten durch den Begriff der Partnerschaft charakterisieren. Er bringt die konzeptionelle Nähe wie auch die gegenseitige Unabhängigkeit zum Ausdruck und läßt Raum für eine eigenständige Interpretation und Ausfüllung ihres gesellschaftlichen Auftrages für beide Vertragspartner.[42]

Eine kritischere Beurteilung hat der Loccumer Kirchenvertrag durch W. Huber erfahren. Nach seiner Auffassung trat hiermit an die Stelle der nationalsozialistischen Totalisierung der Staatsmacht nunmehr die paternalistische Überordnung von Staat und Kirche über die Gesellschaft. Hiermit wurde der gesellschaftliche Charakter der Kirche als Verband mit eigenen spezifischen Interessen negiert.[43] Die Er-

---

39 Vgl. dazu W. CONRAD, Der Öffentlichkeitsauftrag der Kirche, Göttingen 1964, S. 63ff.; R. SMEND, Der Niedersächsische Staatskirchenvertrag und das heutige deutsche Staatskirchenrecht, in: JZ 1956, S. 50, 52.

40 Vgl. hierzu R. SMEND, Staat und Kirche nach dem Bonner Grundgesetz, in: ZEvKR 1 (1951), S. 13.

41 Vgl. hierzu U. SCHEUNERS Darlegungen in dem Aufsatz »Die staatskirchenrechtliche Tragweite des Kirchenvertrages von Kloster Loccum«, in: ZEvKR 6 (1957 / 58), S. 21–23.

42 SCHEUNER, a. a. O., S. 21–23.

43 Vgl. W. HUBER, Kirche und Öffentlichkeit. Habilitation Heidelberg 1972. Stuttgart 1973, S. 576;

füllung des diakonischen und gesellschaftssolidarischen Auftrages der Kirche setzt, so Huber, gerade ein gewisses unaufgebbares Maß kritischer Distanz der Kirche zu den Institutionen Staat und Gesellschaft voraus. Die Loccumer Formel sei insofern gerade ein später Ausläufer der konstantinischen Tradition des Staat-Kirche-Verhältnisses, indem sie die legitimierende und stabilisierende Funktion der Kirche für die staatliche Herrschaft ausdrücklich betont.[44]

Durch den Hinweis Smends auf das gesellschaftlich notwendige Wertefundament war eine wichtige Geltungsgrundlage für den kirchlichen Öffentlichkeitsauftrag benannt worden, nämlich die Verwurzelung der Bedeutung der Kirchen in der Bevölkerung als wichtige Träger gesellschaftlicher Grundwerte.

Zugleich barg aber die staatliche Anerkennung und Privilegierung der kirchlichen Tätigkeit in ihrer Verbindung mit der stärkeren Anbindung an staatliche Interessen die Gefahr in sich, daß die Kirche die prinzipielle Eigenständigkeit ihres Auftrages, der sich wesentlich nicht im Weltdienst erschöpft, nicht von dieser Welt ist, gefährden könnte. Konnte der weltliche Staat überhaupt in Kirchenverträgen das innere, geistliche Wesen und Selbstverständnis der Kirche erfassen? War dieses nicht dem Zugriff des Rechtsbereiches überhaupt unzugänglich, weil es letztlich im transzendenten, menschlich unverfügbaren Bereich verwurzelt ist? Indem man kirchlicherseits diese Frage bejahte, konnte man dennoch guten Gewissens Kirchenverträge abschließen, in dem Bewußtsein, daß hier nur der immanente, gesellschaftlich relevante Bereich kirchlichen Wesens Regelungen erfuhr, der von der staatlich-verfassungsrechtlichen Terminologie der Grundwerte und Grundprinzipien wie Menschenwürde, Gewissensfreiheit, Gemeinwohl, Prinzip des sozialen Rechtsstaats erfaßt werden konnte.

Die Kirchen nehmen ihrerseits in den Verträgen mit dem Staat ihre gesellschaftliche Verantwortung wahr und reagieren damit auf die staatliche Aufwertung ihres Wirkens. Dieses kann nunmehr von anderen gesellschaftlichen Kräften nicht einfach in die Grauzone soziologischer Phänomenbildung abgeschoben werden, die für den Kern gesellschaftlichen Selbstverständnisses irrelevant ist. Im übrigen kann das öffentliche Wirken der Kirchen sich schon dadurch legitimieren, daß durch Verkündigung und authentisches Leben der spirituellen, sozialen und sittlichen Grundsätze des Christentums einer Trivialisierung und Brutalisierung der Gesellschaft, einem Sinken des ethischen Grundwasserspiegels entgegengewirkt wird.

Konkret gibt es vielfältige Ausdrucksformen der Öffentlichkeit des kirchlichen Lebens, die mitunter als Zwischenformen in ihrer Abstufung und Differenzierung bis hin zum Bereich des Privaten im einzelnen nicht leicht eindeutig zugeordnet werden können: Gemeindegesprächskreise, öffentlicher Predigtgottesdienst, die

---

an anderer Stelle (S. 39) spricht Huber auch von einer »Dyarchie von Staat und Kirche« als den beiden herausgehobenen gesellschaftlichen Ordnungsmächten.

44 Vgl. HUBER, a. a. O., S. 516, 518–519, 521 mit eingehender Begründung.

Tätigkeit organisierter gemeindlicher Altenpflege bis hin zu kirchlichen Rundfunkandachten und bischöflichen Hirtenschreiben.[45]

Wenngleich die Kirchenverträge zunächst einen wichtigen Durchbruch im Verständnis des Öffentlichkeitsbegriffes brachten und klarstellten, daß auch rechtlich gesehen der öffentliche Bereich nicht mehr notwendig staatlich ist, sondern es nunmehr eine eigenständige nichtstaatliche, kirchliche Öffentlichkeit gibt, so brachte die spätere Entwicklung eine Pluralisierung der Trägerschaft öffentlichen Lebens mit sich. Mit der Reklamierung eines Öffentlichkeitsauftrages durch gesellschaftliche Gruppierungen wie die beruflichen Interessenverbände und der faktischen staatlichen Anerkennung ihrer gewachsenen Öffentlichkeitsbedeutung verlor der kirchliche Öffentlichkeitsauftrag zunehmend seinen Charakter als exklusive staatliche Aufgabenaufwertung.[46]

Hiermit war natürlich bald auch die Frage nach der Legitimation des privilegierten Status der Kirchen als Körperschaften des öffentlichen Rechtes verbunden. Manchem erschien dieser Status als überflüssiges, geschichtlich überholtes Relikt früherer Zeiten. Der besondere rechtliche Schutz des kirchlichen Eigenlebens behält aber auch in einer pluralen Gesellschaftsform seinen spezifischen Sinn. Die Kirchen haben als universal ausgerichtete gesellschaftliche Korporationen ein strukturell bleibendes Interesse am ganzen Menschen in all seinen Bezügen menschlicher, sozialer, beruflicher und kultureller Art. Hierin unterscheiden sie sich deutlich von anderen gesellschaftlichen Gruppierungen, die von ihrem Selbstverständnis her Vertreter partikulärer Interessen sind.

Die staatliche Anerkennung ihrer Öffentlichkeitsarbeit entbindet die Kirchen aber keineswegs von der Notwendigkeit, vor dem Hintergrund des pluralen Kontextes der Gesellschaft tatsächlich überzeugend zu wirken, da sie wie auch die anderen Verantwortungsträger der Gesellschaft sich der allgemeinen Kritik stellen müssen. Zudem bedeutet der zunehmende Mitgliederschwund in den beiden Großkirchen einen Verlust ihrer soziologischen Basis in der Bevölkerung, der auf die Dauer die Gefahr beinhaltet, daß die soziale Anerkennung der kirchlichen Gemeinwohlverantwortung in der Allgemeinheit an Plausibilität verliert.

Die Identifizierung mit staatstragenden Werten und Ordnungsideen, die in der Verfassung ihren rechtlichen Niederschlag gefunden haben, muß aber durch Mitgliederverlust nicht leiden; diese Tatsache allein würde auch die Legitimität des öffentlichen Status nicht beeinträchtigen. Im übrigen gilt der Grundsatz, daß der Staat eine einmal als öffentlich anerkannte und qualifizierte Angelegenheit nicht ohne das Vorliegen wichtiger Gründe in den privatrechtlichen Bereich verweisen kann, da er sich seinerseits mit der Gewährung des Öffentlichkeitsstatus mit den statusbildenden Werten und Ordnungsideen des betreffenden gesellschaftlichen

---

45 Vgl. hierzu SCHLAICHS Hinweis (a. a. O., S. 239–240), daß der Öffentlichkeitsbegriff insgesamt noch zu wenig klare, unverwechselbare Konturen aufweist.

46 Vgl. zu dieser Problematik SCHLAICH, a. a. O., S. 238ff.

Verbandes teilweise identifiziert hat.[47] Ein Entzug des Öffentlichkeitsstatus bei weiterhin gegebenem Vorliegen seiner materiellrechtlichen Voraussetzungen wäre daher als Angriff des Staates auf eigene Grundwerte und Grundideen anzusehen und würde als solcher die Glaubwürdigkeit des eigenen staatlichen Handelns untergraben.

Die staatliche Garantie des kirchlichen Öffentlichkeitsauftrags beinhaltet den Schutz eines substantiellen Kernbestandes öffentlicher Wirksamkeit der Kirchen, wenngleich dieser in seinem konkreten Umfang im Einzelfall nicht immer exakt definiert werden kann.[48] Zum kirchlichen »Existenzminimum« unter öffentlichem Aspekt gehört es aber notwendig, daß der Staat kirchliche Lebensäußerungen räumlich nicht auf den Bereich der Kirchengebäude beschränkt. Er darf auch berufliche und ausbildungsmäßige Benachteiligungen von Christen nicht zulassen und keine staatliche Ideologie aufbauen, mit der sich die Staatsbürger zwangsweise identifizieren müssen.[49] Dies beinhaltet nicht nur die Respektierung der gewachsenen traditionellen Sozialformen der Kirche wie der kirchlichen Verbände, sondern auch den gesamten Bereich ihrer Verkündigungstätigkeit. Auch hier ist dem Staat der wertende und regulierende Eingriff grundsätzlich verwehrt, so daß er gehalten ist, die kirchlichen Manifestationen in diesem Bereich nicht in den Raum des Privaten zu verbannen, wenn die Staatsbürger im Sinne ihrer verfaßten Grundordnung der Auffassung sind, daß dieser Bereich Öffentlichkeitscharakter genießen soll.[50]

Andererseits kann der Staat ein durch gesamtgesellschaftliche Erfordernisse begründetes besonderes Interesse an der öffentlichen Tätigkeit der Kirche haben, das sich durch besondere Erwartungen in spezifischen Bereichen kundtun kann. Deshalb kann er die Kirchen in Bezug auf ihren Öffentlichkeitsauftrag in besonderer Weise in die Pflicht nehmen (z. B. Grundwertediskussion). So gibt es durchaus heute aktuelle gesamtgesellschaftliche Postulate, die auch ein Maßstab für die Ausübung des kirchlichen Öffentlichkeitsauftrags sein können.

Zu diesen Elementen einer guten gesellschaftlichen Ordnung, zu der die Kirche ihren Beitrag leisten kann, zählt Schlaich die Sorge um den Menschen als Ganzen. Dies beinhaltet die Schaffung von Oasen einer nicht am Leistungszwang orientierten menschlichen Gemeinschaft, die stärkere Entfaltung des emanzipatorischen und gesellschaftskritischen Potentials des Evangeliums in der Gesellschaft und schließlich die aktive Teilnahme der Kirche am gesamtgesellschaftlichen Dialog in einer gemeinwohlorientierten, nicht auf ein unmittelbares verbandliches Eigeninteresse fixierten Haltung.[51] Die Gesellschaft bedarf immer wieder des Korrektivs einer vom Staat unabhängigen, distanziert urteilenden Instanz und ihres moralischen

---

47 Vgl. SCHEFFLER, a. a. O., S. 210, Fn. 98 mit weiteren Nachweisen.

48 So SCHLAICH, a. a. O., S. 263.

49 Vgl. hierzu das plastische Bild von SCHLAICH, a. a. O., S. 262, der hervorhebt, daß es dem Staat verboten ist, »die Kirchen einzumauern«.

50 So SCHLAICH, a. a. O., S. 263.

51 Vgl. SCHLAICH a. a. O., S. 268–269.

Impetus, um auf die je neu drohenden Gefahren für den Bestand von Menschenwürde und Humanität rechtzeitig und angemessen reagieren zu können.

2.3 Das Wesen des kirchlichen Öffentlichkeitsauftrages nach dem eigenen theologischen Selbstverständnis

2.3.1 Allgemeines

Der Verkündigungsauftrag, den die Apostel nach dem Zeugnis der Evangelien von Jesus Christus empfangen haben (vgl. Mk 16,15; Mt 28,19f; Lk 24,47; Joh 20,21; Apg 1,8), gab ihnen die Pflicht und das moralische Recht, die christliche Botschaft in der Öffentlichkeit zu verbreiten. Die Apostel wußten sich aufgrund des erhaltenen Missionsauftrages gesandt, die Botschaft von der unbedingten Zuwendung Gottes, von seinem umfassenden Heilswillen, allen Menschen zu verkünden. Es gehörte daher zum Wesen der apostolischen Glaubensgemeinschaft, die allmählich mit der Herausbildung des Presbyter- und Episkopenamtes die Strukturen der späteren Kirche annahm, daß sie zugleich apostolisch und missionarisch war[52]. Die vorgefundene menschliche Unheilssituation sollte durch die Taufe, die Glaubensverkündigung in der Reich-Gottes-Predigt und die damit verbundene christliche Erziehung zu den Geboten Gottes und zur Förderung der Gerechtigkeit und Sittlichkeit unter den Menschen, die in der Bergpredigt Jesu ihren zusammenfassenden Ausdruck gefunden hatte, überwunden werden.

Die Öffentlichkeit der Kirche ist die Öffentlichkeit der Universalität des Heilswillens Gottes. Sie orientiert sich nicht am Ziel einer öffentlichen Bedeutung oder einem guten Image der Kirche, da gerade die kompromißlose und freimütige Verkündigung des Evangeliums die Kirche in die Abgeschiedenheit der Katakomben führen kann. Dies bringt eine treffende Formulierung Thielickes zum Ausdruck: »Wir haben nicht zu fragen, ob wir die Öffentlichkeit meistern können, sondern wir haben der Tatsache zu gehorchen, daß der Meister öffentlich ist.«[53]

W. Huber betont in ähnlicher Weise, daß der kirchliche Öffentlichkeitsauftrag als Dienst am Öffentlichkeitsanspruch des Evangeliums zu verstehen ist. Jeglicher kirchlicher Öffentlichkeitswille und jede Form kirchlicher Selbstentfaltung und des Strebens nach Macht- und Einflußpositionen in der Gesellschaft muß sich daher am Maßstab der theologischen Kritik des Evangeliums messen lassen.[54] Huber formuliert zwei wesentliche Kriterien für das öffentliche Handeln der Kirche. Es ist erstens Dienst am Öffentlichkeitsanspruch des Evangeliums. Kern allen öffentlichen

52 Vgl. hierzu Ohm, Art. »Mission«, III F: »Kath. Mission«, in: Religion in Geschichte und Gegenwart, Hans von Campenhausen u. a. (Hrsg.), Band 4, 3. Aufl., Tübingen 1960, Sp. 996.

53 H. Thielicke, Kirche und Öffentlichkeit. Tübingen 1947, S. 22; vgl. im übrigen dazu Schlaich, a. a. O., S. 242.

54 Vgl. Huber, a. a. O., S. 620–621, mit dem wichtigen Hinweis, daß »Kirche nicht zu einer öffentlichen Wirksamkeit um ihrer selbst willen berechtigt ist« (S. 621).

Handelns der Kirche ist deshalb die Öffentlichkeit der kirchlichen Verkündigung. Zweitens ist das öffentliche Handeln der Kirche diakonisches Handeln. Es ist in der Nachfolge Jesu geprägt von der Grundausrichtung der Kirche, in ihrem Dasein und ihrem Tun sich für andere Menschen einzusetzen, für sie in ihren Sorgen und Nöten dazusein und so Zeugin für den Dienst der Versöhnung Gottes mit den Menschen zu sein.[55] Man muß hier ergänzend hinzufügen, daß der kirchliche Dienst an der Versöhnung nicht ohne ethisches Urteil auskommen kann. Die Kirche muß sich entsprechend ihrer prophetischen Tradition das Recht vorbehalten, über menschliche Verhaltensweisen, politische und gesellschaftliche Programme und Vorstellungen zu urteilen. Dies geschieht aus der Sorge um menschliche Grundwerte und Grundrechte wie die Freiheit des Glaubens und der religiösen Betätigung. Diese notwendige kirchliche ethische Urteilskompetenz ist eine unverzichtbare Voraussetzung gesellschaftlicher Diakonie.[56]

Kirchenrechtlich ratifiziert can. 747 § 1 CIC / 1983 dieses theologische Selbstverständnis. Er bringt zum Ausdruck, daß der Verkündigungsauftrag ein »ius nativum« der Kirche ist, das ihr unabhängig von staatlicher Kenntnisnahme, Anerkennung oder Verleihung zukommt. Es steht der Kirche kraft ihrer Stiftung durch Christus zu:

> »Christus der Herr hat der Kirche das Glaubensgut anvertraut, damit sie unter dem Beistand des Heiligen Geistes die geoffenbarte Wahrheit heilig bewahrt, tiefer erforscht und treu verkündigt und auslegt; daher ist es ihre Pflicht und ihr angeborenes Recht, auch unter Einsatz der ihr eigenen sozialen Kommunikationsmittel, unabhängig von jeder menschlichen Gewalt, allen Völkern das Evangelium zu verkündigen.«

Der Kirche ist die Bewahrung des Glaubensgutes von ihrem Stifter exklusiv anvertraut worden, das aufgrund seines Charakters als Offenbarungswahrheit eine besondere Dignität und als Heilswahrheit einen unbedingten Anspruch auf Publizität hat. Es bedarf aber auch des besonderen kirchlichen Schutzes, z. B. vor Profanierung.

Im insoweit zentralen Kanon 113 § 1 CIC wird die Kirche daher als »persona moralis« definiert, d. h. als Sozialverband mit vorpositivrechtlich gültiger Rechtsqualität:

> »Die katholische Kirche und der Apostolische Stuhl haben aufgrund göttlicher Anordnung den Charakter einer moralischen Person.«

Die Kirche selbst und ihr Auftrag sind damit kraft ihres in ihrer Stiftung begründeten Wesens staatlicher Verfügungsgewalt entzogen. Gleichzeitig reklamiert can. 747 § 1 i. V. m. 113 § 1 CIC einen Bereich freien Wirkens und eigengesetzlichen Handelns für die Kirche, in Kenntnis und in Abgrenzung von dem Bereich staatlicher Hoheitsgewalt und Ordnungsmacht.[57]

---

55 Vgl. dazu HUBER, a. a. O., S. 622f.

56 HUBER, a. a. O., S. 624, spricht in diesem Zusammenhang treffend von einer nicht sektoralen, sondern »qualitativen Begrenzung staatlicher Macht« durch den kirchlichen Öffentlichkeitsauftrag.

57 Vgl. hierzu G. GÖBEL, Das Verhältnis von Kirche und Staat nach dem neuen CIC / 1983, Staatskirchenrechtliche Abhandlungen, Band 21, Berlin 1993, S. 119.

2.3.2 Zur Eigenart des kirchlichen Öffentlichkeitsauftrages

Das christliche Verkündigungsgeschehen vollzog sich schon von Anfang an in der Öffentlichkeit. Es drängt nach allumfassender Verbreitung, weil die christliche Religion sich nicht mehr als spezifische Religion eines Volkes oder einer menschlichen Rasse versteht. Christus hat alle sprachlichen, ethnischen und kulturellen Trennwände zwischen den Menschen niedergerissen (vgl. Eph 2,14–16), wie das Pfingstereignis und die Pfingstpredigt des Petrus (vgl. Apg 2,1–47) exemplarisch verdeutlichen. Dieser christliche Öffentlichkeitsauftrag enthält als Berufung zu einem neuen Leben in Christus den Anspruch an die Welt, »sich zu bekehren, sich erretten zu lassen aus diesem verdorbenen Geschlecht« (Apg 2,40). Dies beinhaltet, auf alle Arten reiner Selbstbehauptung zugunsten der Anerkennung der eigenen Erlösungsbedürftigkeit zu verzichten.

Glaube an Gott und christliche Werke in und vor der Welt gehören untrennbar zusammen. Sie sind zwei Seiten derselben Medaille des kirchlichen Öffentlichkeitsauftrages. Dieser zum Wesen der Kirche gehörige Öffentlichkeitsauftrag bedient sich in der Beurteilung der Welt zweier unterschiedlicher Wertmaßstäbe. Zum einen ist dies der prophetisch-kritische Maßstab, wonach das Evangelium wie ein zweischneidiges Schwert Gerichtswort ist und der Welt zu Bewußtsein bringt, »was Sünde, was Gerechtigkeit, was Gericht ist« (Joh 16,8). Zum zweiten ist es der priesterlich-solidarische Wertmaßstab, der den christlichen Versöhnungsauftrag realisieren will und im Wissen um das Wirken der Gnade Gottes in der Welt das Elend der Notleidenden lindern hilft. Diesen spricht Jesus in den Seligpreisungen der Bergpredigt eine neue, von Gott geschenkte Würde zu, die in diametralem Gegensatz zu den geltenden gesellschaftlichen Beurteilungskriterien und zu den geltenden sozialen Verhältnissen steht (vgl. Lk 6,20–31). Weil Gott in Christus die Welt mit sich selber versöhnte (2 Kor 5,19), können Menschen sich mit Gott versöhnen lassen (2 Kor 5,20) und nach der christlichen Weisung leben. Biblisch gesehen kommt die priesterlich-solidarische Beurteilung als originäre Sicht Jesu plastisch zum Ausdruck in der Erzählung vom barmherzigen Samariter (Lk 10,25–37) und in den Gleichnissen vom Guten Hirten (Joh 10,11–21) und vom verlorenen Sohn bzw. barmherzigen Vater (Lk 15,11–32).

Christliche Existenz ist in der Konsequenz der Ausübung der ethischen Urteilskompetenz daher notwendig politische Existenz. Dabei lassen sich aus der Bibel nicht unmittelbar politische Entscheidungen und Handlungsoptionen in konkreten Fragen ableiten, sondern es muß ein oft mühsamer Weg der Vermittlung beschritten werden.

Can. 747 § 2 CIC / 1983 sagt, daß es der Kirche zukomme, immer und überall die sittlichen Grundsätze auch über die soziale Ordnung zu verkünden wie auch über menschliche Dinge jeglicher Art zu urteilen, insoweit die Grundrechte der menschlichen Person oder das Heil der Seelen dies erfordern. Dieser Kanon hat keine inhaltliche Entsprechung im früheren Codex von 1917 und stellt damit eine rechtliche Neuerung dar.[58]

Damit wird auch kirchenrechtlich die Idee der Menschenrechte in den Raum des kirchlichen Selbstverständnisses überführt. Dabei sind hier die »iura fundamentalia« nicht im profanen, individualrechtlich geprägten Menschenrechtsverständnis gemeint, wie aus den Grundrechtekatalogen des neuen Kirchenrechts erhellt, auf die später einzugehen sein wird. Durch can. 747 § 2 CIC hat die katholische Kirche ihren Welt- und Öffentlichkeitsauftrag damit neu formuliert und Gedankengut des Zweiten Vaticanums kodifiziert. Inhaltlich entspricht can. 747 § 2 CIC beinahe wörtlich der einschlägigen Konzilsaussage aus Art. 76 der Pastoralkonstitution. Die weltweite Zunahme von Krisen, Hunger und Kriegen führt immer häufiger dazu, daß die Kirche zum Schutz der Menschen, ihrer Würde und ihrer bedrohten Rechte bereit sein muß, notfalls den unvermeidlichen Konflikt mit divergierenden Auffassungen staatlicher Verantwortungsträger in Treue zur Wahrheit ihrer Botschaft und ihres Auftrages einzugehen.[59]

2.3.3 Staat und Kirche

Der kirchliche Öffentlichkeitsauftrag vollzieht sich immer in einem politischen Umfeld und einem Gemeinwesen, das seine eigenen Gesetze auch für den Bereich der Öffentlichkeit hat. Politische und gesellschaftliche Entwicklungen beeinflussen sich gegenseitig, und dies bedeutet, daß das Evangelium von jeder Generation der Kirche in einer spezifischen Weise verkündigt und praktisch gelebt wird. Kirche und Gesellschaft und auch Kirche und Staat stehen damit in ihren geschichtlich gewachsenen Formen und Tätigkeitsbereichen in einem »gegenseitigen Bedingungsverhältnis«, das Elemente des Absorbierens wie des Zurückweisens von Einflüssen und Ideen der jeweils anderen Seite kennt.[60]

So sind maßgebliche christliche Prinzipien und Grundwerte wie Menschenwürde, Freiheit, Solidarität, Gerechtigkeit und Gemeinwohl heute Allgemeingut der Gesellschaft, Inhalt des Staatsrechts als Ausdruck ihres wesenhaften Selbstverständnisses geworden, ohne daß damit ihr ursprünglicher Bezug allgemein bewußt geworden wäre. Weil aber die genannten Prinzipien nicht mehr als exklusiv christlich von der Kirche beansprucht werden können, wäre es erst recht falsch, zur Wahrung und Sicherung des eigenen Selbstverständnisses nunmehr in einer Art »Profilneurose« nach neuen christlichen Prinzipien zu suchen und diese der Gesellschaft besonders zu verkünden.[61] Der spezifische Dienst der Kirche könnte eher in der unvoreinge-

58 Vgl. dazu GÖBEL, a. a. O., S. 134.

59 Vgl. dazu J. LISTL, Staat und Kirche in den Aussagen des Zweiten Vatikanischen Konzils, in: J. Isensee, W. Rüfner, i. V. m. W. Rees (Hrsg.), Kirche im freiheitlichen Staat, Band 2 / 2, Schriften zum Staatskirchenrecht und Kirchenrecht, Berlin 1996, S. 968–988, (S. 986).

60 So BÖCKLE in: Mysterium Salutis, Band 5 (1976), S. 111.

61 So die realistische Sicht von SCHLAICH, a. a. O., S. 250.

nommenen Situationsanalyse, in der Hilfe zur Befreiung von Interessenszwängen und im radikalen Ernstnehmen des Humanums bestehen.[62]

Das Verhältnis zwischen Staat und Kirche wird natürlich auch von der kirchlichen Sichtweise und von ihrem Verständnis des eigenen Öffentlichkeitsauftrages her bestimmt, insbesondere was die jeweilige Deutung der gesellschaftlichen Situation betrifft. Die biblische ethische Beurteilung des Staates und seiner Autorität ist von zwei Polen her bestimmt; der positive Pol befindet sich im 13. Kapitel des Römerbriefes, der negative im 13. Kapitel der Offenbarung des Johannes. Beide biblischen Aussagen, der Hinweis auf die göttliche Einsetzung der staatlichen Autorität und die Folgerung hieraus, daß sie deswegen die Dienerin Gottes für das Gute ist (Röm 13,4), ebenso wie die Feststellung, daß die staatliche Autorität pervertiert werden kann zu einem totalitären System, das einem anmaßenden, Lästerungen ausstoßenden Tier gleicht, das göttliche Verehrung beansprucht (Off 13,1–8), müssen zusammengesehen werden. Keine Aussage kann isoliert für sich Alleingültigkeit beanspruchen, vielmehr muß jede in ihrem Inhalt und in ihrer Grenze sozusagen auf der Folie der anderen Aussage betrachtet werden.

Die staatliche Autorität und ihr Herrschaftsanspruch hat darum für den Christen und die Kirche immer nur begrenzte Gültigkeit, da Röm 13 zusammen mit Mk 12,17 gesehen werden muß: »So gebt dem Kaiser, was dem Kaiser gehört, und Gott, was Gott gehört!« W. Huber folgert hieraus konsequent, daß Jesus damit jeder Vergöttlichung des Staates und seiner Institutionen und tragenden Ideen eine Absage erteilt, da dem Staat nicht mehr (aber auch nicht weniger!) gegeben werden darf, als ihm gebührt, insbesondere nicht das, was der Mensch Gott allein schuldet. Dies bedeutet andererseits auch eine Absage an anarchische Denkmodelle.[63] Ausgeschlossen sind damit aus christlicher Sicht jeder Führerkult oder politische Personenkult ebenso wie alle politischen und weltlichen Allmachtsansprüche von Einheitsparteien und Bewegungen.

Die Wahrung des Rechtsstaatsprinzips, der Gewaltenteilung und der Volkssouveränität und die Garantie der Menschenwürde und der Menschenrechte, die konstitutive Bindung aller Staatsgewalt an das Gemeinwohl als vorstaatliches, universal gültiges Ethos (vgl. dazu Art. 1 Abs. 3 und Art. 20 GG), entsprechen der qualitativen Begrenzung staatlicher Macht durch das Evangelium.

Ohne Zweifel gerät die Kirche, die ihrer Botschaft treu bleibt, in einem totalitären Staat aufgrund des Absolutheitsanspruches seiner Ideologie in einen Gegensatz zu diesem Staat, der schon aufgrund seines Selbstverständnisses als Inhaber eines Monopols auf Lenkung und Sinndeutung aller Lebensbereiche keine unabhängige gesellschaftliche Institution neben sich dulden kann und will.

In dieser Extremsituation kann die Kirche nur in einem distanzierten Verhältnis zum Staat ihren eigentlichen Auftrag zum Schutz der religiösen Freiheiten und der

---

62 So SCHLAICH, a. a. O., S. 250–251.

63 HUBER, a. a. O., S. 624.

Menschenrechte der Staatsbürger wahrnehmen. Gegenüber dem weltanschaulich neutralen Staat in einer pluralistischen Gesellschaft ist mehr Kooperation möglich, da Staat wie Kirche ein Grundinteresse am Erhalt und an der Vertiefung wichtiger Grundwerte haben, die in der christlichen Tradition verwurzelt sind (Menschenrechte, Sozialstaatsprinzip, Gemeinwohlverantwortung).

In der Erklärung über die Religionsfreiheit »Dignitatis humanae« hat die Kirche essentielle personale Rechte formuliert, die gerade im Verhältnis zum Staat von hoher Bedeutung sind.[64] Das ist zunächst das in der menschlichen Personwürde wurzelnde Recht auf religiöse Freiheit, für das die Kirche die gesellschaftliche Anerkennung als bürgerliches Recht fordert (Art. 2 und 3 DH). Es folgt das elterliche Erziehungsrecht, wobei das Recht auf religiöse Erziehung und auf freie Wahl der Schule besonders betont wird (Art. 5 DH). Schließlich wird die Verpflichtung des Staates zum Schutz der unveräußerlichen Menschenrechte, die den primären inhaltlichen Kern des gesellschaftlichen Gemeinwohls ausmachen, betont (Art. 6 S. 1 und 2 DH):

> »Das Gemeinwohl der Gesellschaft [...] besteht besonders in der Wahrung der Rechte und Pflichten der menschlichen Person. Der Schutz und die Förderung der unverletzlichen Menschenrechte gehört wesenhaft zu den Pflichten einer jeden staatlichen Gewalt.«

Schließlich betont das Konzil noch, daß es zur Aufgabe der Staatsgewalt gehört, die Gleichheit der Bürger vor dem Gesetz zu garantieren, die ebenfalls zum Grundbestand des Gemeinwohls gehört, und jede gesellschaftliche Diskriminierung, auch aus religiösen Gründen, zu unterbinden (Art. 6 Abs. 4 DH).

2.3.4 Kirche und Kultur

Die Kirche hat in ihrem Öffentlichkeitsauftrag auch eine kulturelle Funktion wahrzunehmen, da sie durch ihre Tätigkeit direkt und indirekt die geistigen Strömungen und Wertvorstellungen der Bevölkerung mitbeeinflußt. Sie nimmt so am gesamtgesellschaftlichen Diskurs teil und kann gesellschaftliche Lebensäußerungen beeinflussen und Traditionen ausprägen.

Der Begriff »Kultur« im politischen und sozialen Sinne meint hier die Gesamtheit der typischen Lebensformen einer Bevölkerung einschließlich der sie tragenden Geistesverfassung, insbesondere der herrschenden Wertvorstellungen.[65] Er umfaßt sowohl die praktisch-materiellen wie auch die geistigen »Handlungsbereiche, in denen der Mensch auf Dauer angelegte und den kollektiven Sinnzusammenhang gestaltende Produkte, Produktionsformen, Lebensstile, Verhaltensweisen und Leit-

---

64 Vgl. hierzu Pavan, in: LThK Ergänzungsband: Das Zweite Vatikanische Konzil. Konstitutionen, Dekrete und Erklärungen, Lateinisch und Deutsch, Kommentare. H. Brechter, B. Häring u. a. (Hrsg.), 2. Aufl., Freiburg - Basel - Wien 1966–1968, DH, S. 712.

65 Vgl. hierzu Brockhaus Enzyklopädie, Art. »Kultur«, Band 10, 17. Aufl. Mannheim 1971, S. 733, mit Berufung auf eine Definition von W. Mühlmann.

vorstellungen hervorzubringen vermag (Traditionen, Brauchtum)«.[66] Kulturelle Lebensformen sind in der Geschichte der Menschheit raumgebunden, sodaß sich nach den verschiedenen Kulturgebieten der Erde global eine Vielfalt kultureller Erscheinungen herausgebildet hat. Der verwandte Begriff der Zivilisation bezieht sich im Unterschied zum Kulturbegriff stärker auf die technisch-materiellen Grundlagen einer geistig-ideengeschichtlich verstandenen Kultur. Eine scharfe Trennung beider Begriffe im Sinne des »Materiellen« als Inbegriffs der Zivilisation und des »Geistigen« als Inbegriffs der Kultur ist nicht durchführbar, da auch die materiellen Schöpfungen menschlicher Zivilisation als sinnvolle, geisterfüllte Objektivationen kulturelle Bedeutung haben.[67]

Der Öffentlichkeitsauftrag beinhaltet für die Kirche nicht nur, daß ihre Verkündigung als geistige Tätigkeit sich in kulturellen Formen vollzieht, die vom jeweiligen Lebensraum geprägt sind, sondern er ist auch der Ausdruck des kirchlichen Anspruchs gegenüber der Welt. Dieser Anspruch wird vom Zweiten Vaticanum in programmatischer Weise schon im ersten Artikel der Kirchenkonstitution »Lumen Gentium« formuliert:

> »Christus ist das Licht der Völker. Darum ist es der dringende Wunsch dieser im Heiligen Geist versammelten Heiligen Synode, alle Menschen durch seine Herrlichkeit, die auf dem Antlitz der Kirche widerscheint, zu erleuchten, indem sie das Evangelium allen Geschöpfen verkündet (vgl. Mk 16,15). Die Kirche ist ja in Christus gleichsam das Sakrament, das heißt Zeichen und Werkzeug für die innigste Vereinigung mit Gott wie für die Einheit der ganzen Menschheit. Deshalb möchte sie das Thema der vorausgehenden Konzilien fortführen, ihr Wesen und ihre universale Sendung ihren Gläubigen und aller Welt eingehender erklären. Die gegenwärtigen Zeitverhältnisse geben dieser Aufgabe der Kirche eine besondere Dringlichkeit, daß nämlich alle Menschen, die heute durch vielfältige soziale, technische und kulturelle Bande enger miteinander verbunden sind, auch die volle Einheit in Christus erlangen.«

Die Zeichen der Zeit weisen – nicht nur nach der Auffassung der Kirche – in die Richtung einer zusammenwachsenden Menschheit. Dabei vertraut die Kirche über die rein humanen Einigungsmöglichkeiten der Menschen auf die darüber hinausgehende Kraft ihrer religiösen Botschaft, um ihren spezifischen Beitrag zur Vollendung der Einheit der Menschen zu leisten.[68] Hierzu ist die Kirche als universale Glaubensgemeinschaft, die nicht einer bestimmten ethnischen oder sozialen Gruppe verpflichtet ist, prinzipiell geeignet. Allerdings muß sie sich wegen der bestehenden globalen kulturellen Vielfalt immer neu bemühen, ihre Botschaft in das jeweilige kulturelle Milieu, in dem sie öffentlich wirkt, zu integrieren. Denn das Evangelium

---

66 Vgl. Brockhaus Enzyklopädie, Art. »Kultur«, Band 12, 19. Aufl., Mannheim 1990, S. 580.

67 Vgl. ebd. mit dem Hinweis, daß der Begriff »Zivilisation« stärker von der Fortschrittsidee geprägt ist.

68 Vgl. Grillmeier, in: LThK Ergänzungsband, LG, S. 158.

muß, um gehört und verstanden zu werden, in seiner Bedeutung für den menschlichen Alltag immer im Kontext der jeweiligen Kultur erschlossen werden.[69]

Der kirchliche Öffentlichkeitsauftrag wird sich in einer agrarischen Lebenskultur in anderen Formen vollziehen als in einer industriellen Stadtkultur. Er wird in einer autoritär regierten Gesellschaft andere Ausdrucksmöglichkeiten suchen als in einem demokratisch-pluralistisch geprägten Milieu. Die Kirche kann in einem totalitären Staat einen Schutzraum bieten für Gruppen, die mit der herrschenden Staatsideologie nicht konform gehen können. In einer pluralistischen Gesellschaft entfällt regelmäßig die Notwendigkeit einer solchen besonderen Schutzfunktion der Kirche, die eine besondere Verantwortung enthält. Wo eine plurale Meinungskultur die Öffentlichkeit einer Gesellschaft prägt, wird auch unausgesprochen erwartet, daß die Kirche ihr gesellschaftliches Mandat wie andere Verbände wahrnimmt. Dies bedeutet, daß sie dem Diskurs mit anderen gesellschaftlichen Kräften und Verbänden nicht aus dem Wege geht, sondern ihn in partnerschaftlich-gleichberechtigter Offenheit führt.[70]

2.4 Das Verständnis des kirchlichen Öffentlichkeitsauftrages nach den Texten des Zweiten Vaticanums

2.4.1 Öffentlichkeit und soziale Kommunikationsmittel im Konzilsdekret »Inter mirifica« vom 4.12.1963

Das Zweite Vatikanische Konzil markiert einen Wendepunkt im Verhältnis von katholischer Kirche und Öffentlichkeit. So finden wir hier erstmals in der Geschichte der Kirche eine Stellungnahme zu dem neuen gesellschaftlichen Phänomen der Massenkommunikationsmittel. Diese Stellungnahme war allein aufgrund der faktischen Bedeutung der sozialen Kommunikationsmittel, die sie zumindest in den modernen Industriegesellschaften zu einem unübersehbaren gesellschaftlichen Machtfaktor hat werden lassen, prinzipiell kaum umgänglich. Denn, wie insbesondere die gesellschaftliche Entwicklung nach dem Konzil gezeigt hat, ist kirchliche Öffentlichkeitsarbeit ohne Zuhilfenahme moderner Massenkommunikationsmittel nicht mehr denkbar.

Die sozialen Kommunikationsmittel sind geeignete Transportmittel und Multiplikationsfaktoren für Botschaften jeglicher Art. In ihrer instrumentalen Funktion können sie je nach dem Inhalt und der Art und Weise der Präsentation der durch sie vermittelten Botschaften beim Adressaten unterschiedliche Wirkungen hervorrufen. Ohne im näheren auf die spezifische Problematik der Wirkungsweise der Massenmedien einzugehen, nimmt die Kirche sie wegen ihrer grundsätzlichen Eignung und

69 Vgl. dazu Drehsen, Art. »Öffentlichkeit«, a. a. O., S. 894–896.
70 So Drehsen, Art. »Öffentlichkeit«, a. a. O., S. 896.

ihrer hervorragenden Öffentlichkeitswirkung auch als Instrumente zur Verkündigung in Anspruch, wie IM 3 dokumentiert:

»Die Kirche hat also ein ursprüngliches Recht darauf, jedes dieser sozialen Kommunikationsmittel zu benutzen und zu besitzen, soweit es für die christliche Erziehung und ihr Wirken am Heile der Seelen notwendig und nützlich ist.«

Man geht also davon aus, daß die sozialen Kommunikationsmittel besonders im Bereich der christlichen Erziehung von Bedeutung sind und sinnvoll eingesetzt werden können, aber auch im pastoralen Bereich. Die besondere Aufgabe der Laien im Bereich der Medien, besonders bei der Gestaltung geeigneter Programme, wird hervorgehoben (IM 3).

Das Konzil erkennt ein allgemeines Recht auf öffentlich zugängliche, umfassende und rechtzeitige Information an. Die im Medienbereich Tätigen werden an ihre Wahrheitspflicht erinnert, sowohl bei der Beschaffung wie auch bei der Weitergabe der Information. Dabei wird besonders hervorgehoben, daß auch die Form der Berichterstattung Persönlichkeitsrecht und Menschenwürde verletzen kann (IM 5). In der Sorge um die Beachtung der immanenten Grenzen der Informationsfreiheit durch den Schutz der menschlichen Privat- und Intimsphäre sieht das Konzil eine besonders wichtige Aufgabe für die in der Medienarbeit tätigen Laien (vgl. IM 3, letzter Satz). Die Jahre und Jahrzehnte nach dem Konzil haben gezeigt, daß die zitierte Feststellung von »Inter mirifica« eher noch an Aktualität gewonnen hat. Denn ein mit reißerischen Mitteln arbeitender sog. »Enthüllungsjournalismus«, der sich vielfach in den Schlagzeilen der Boulevardpresse manifestiert, beruft sich zur Rechtfertigung seiner Arbeitweise gern auf vorgebliche oder tatsächliche Bedürfnisse der Bevölkerung.[71] Die dahinter stehenden kommerziellen Interessen führen oft zu einem Kampf um Marktanteile und Prozentpunkte in der Zuschauergunst. Das Konzil deutet an, daß eine spezielle Akzentsetzung bei der Weitergabe von Informationen den »sittlichen Wert« einer Mitteilung »verändern oder völlig umkehren kann« (IM 4). Die Suggestivkraft der Form der Berichterstattung mancher Medien übt oft eine eigene Wirkung aus, deren Eindruckskraft sich mancher Benutzer kaum entziehen kann (IM 4).

Leider enthält das Dekret keine Hinweise zu dem wichtigen Bereich der innerkirchlichen Information und Kommunikation.[72] Dieses Thema lag zwar nicht in der Zielrichtung des Dekretes, das seine Adressaten in der allgemeinen interessierten Öffentlichkeit und in den Medienvertretern außerhalb der Kirche gesehen hat. Die Garantie eines legitimen Informationsrechtes auch hinsichtlich innerkirchlicher Vorgänge wäre aber als Stärkung des Partizipationsgedankens in der Kirche konsequent gewesen.[73]

---

71 Vgl. dazu SCHMIDTHÜS, in: LThK Ergänzungsband, IM, S. 120.

72 Dies ist auch nach Auffassung von SCHMIDTHÜS, in: LThK Ergänzungsband, a. a. O., S. 122, ein Manko.

73 Vgl. dazu SCHMIDTHÜS, in: LThK Ergänzungsband, S. 121; auch O. ROEGELE, Ein vorkonziliarer Konzilstext, in: J. Chr. Hampe (Hrsg.), Die Autorität der Freiheit. Gegenwart des Konzils

Ein weiterer wichtiger Punkt, der den kirchlichen Öffentlichkeitsauftrag betrifft, ist das Verhältnis von Kirche und Kunst, das in den Nrn. 6 und 7 des Dekretes angesprochen ist. Das Dekret betont den Vorrang der Ethik gegenüber der Ästhetik, da dic Sittenordnung als die die gesamte menschliche Natur umfassende Wertordnung alle übrigen menschlichen Ordnungen überragt (so IM 6). Kunst bleibt somit auch dort, wo sie den Adressaten herausfordert und zu einer Antwort provozieren will, an die Geltung des Sittengesetzes gebunden. Vernachlässigt oder ignoriert sie diese ihre innere ethische Bindung zugunsten von ästhetischen und dramatischen Effekten, so läuft sie Gefahr, den jeder echten Kunst innewohnenden Wert zu verdunkeln. So führt beispielsweise die pädagogisch motivierte Darstellung des sittlich Bösen dann nicht zur besseren Erkenntnis und Begründung humaner Werte (Nr. 7 des Dekrets), wenn das Thema nicht mit der notwendigen Sensibilität behandelt wird.

Kritiker haben an diesen Ausführungen eine die Sachfragen unzulässig vereinfachende Darstellung des komplexen Verhältnisses von Kunst, Ästhetik und Ethik bemängelt und tendenziell dem Konzil eine zu stark moralisierende Haltung gegenüber der Kunst vorgeworfen. Ein solcher Zugang zur Kunst läßt nicht genügend Raum für die Würdigung der schöpferischen Persönlichkeit des Künstlers und des Eigenwertes des Kunstwerkes.[74] Da auch das Problem der Freiheit der Kunst zu holzschnittartig ethisch-naturrechtlich betrachtet wurde, konnte sich das Dekret zu wenig mit dem spezifischen Selbstverständnis und dem durchaus moralisch verstandenen Anspruch gerade auch der zeitgenössischen Kunst auseinandersetzen. Die Intention gerade moderner Künstler, verfestigte Konventionen und Verhaltensweisen der bürgerlichen Gesellschaft in ihrer Inhumanität zu entlarven und zu einem emanzipatorischen gesellschaftlichen Ethos beizutragen, geriet darum zu wenig ins Blickfeld des Konzils.[75]

An den Ausführungen des Dekretes zur Ethik des Informationssektors wurde kritisiert, daß nicht genügend deutlich zwischen den Quellen der jeweiligen Informationen und ihren Weitergebern unterschieden wurde. Grundlegende ethische Probleme im Informationsbereich wie Wahrheits- und Vollständigkeitspflicht, die das Dekret anspricht, liegen weniger in der Sphäre derjenigen, die die Informationen weitergeben, als vielmehr im Verantwortungsbereich derjenigen, die die Quelle der Information darstellen. Das Konzil habe daher eines der fundamentalen Probleme heutiger Publizistik, nämlich das Quellenproblem, in seiner tatsächlichen Brisanz gar nicht erkannt.[76] In der Tat liegen hier deutliche Schwächen des Dekretes. Es bleibt festzuhalten, daß die Kirche hier erstmals in einem amtlichen Dokument einen positiven Zugang zu den sozialen Kommunikationsmitteln zu beschreiten

---

und Zukunft der Kirche im ökumenischen Disput, Band 3, München 1967, S. 353–354.

74 Vgl. dazu Näheres bei ROEGELE, a. a. O., S. 352, Anm. 1.

75 Vgl. hierzu SCHMIDTHÜS, in: LThK Ergänzungsband, a. a. O., S. 122–123.

76 Vgl. dazu die Hinweise bei ROEGELE, a. a. O., S. 352 f.

versucht und sich bemüht, diese auch in ihrem Eigenwert und in ihrer Eigenart zu verstehen und zu würdigen. Das Dekret erhebt keinesfalls einen Anspruch auf fundierte wissenschaftliche Behandlung des hochkomplizierten, übrigens auch fachwissenschaftlich noch keinesfalls erschöpfend erforschten Problemkomplexes der Massenmedien.[77]

Die Kirche versteht sich im Geist von »Inter mirifica« aber noch als Heilsanstalt, d. h. als autoritative Institution nicht nur zur Verwaltung der kirchlichen Heilsmittel, sondern auch zum Schutze der Gläubigen vor den ihnen in der Welt drohenden Gefahren. Das Dekret ist daher – im Unterschied zu späteren Konzilsdokumenten – von einem paternalistischen Grundzug geprägt. Hiernach stellt der Klerus die eigentliche Kirche dar, und der Kommunikations- und Entscheidungsprozeß kann durch ein innerkirchliches Gefälle vom Klerus zu den Laien hin charakterisiert werden. Insofern bleibt das Dekret hinter dem Konzil zurück, da es wesentliche Aussagen, die das Konzil zum Thema »Kirche« und »Kirche und Welt« bis zum Abstimmungsdatum entwickelt hatte, nicht mehr berücksichtigt hat.[78]

Seit dem II. Vatikanischen Konzil wurden das Thema der Medien, ihre Verantwortung und ihre Aufgabe in der Gesellschaft, kirchlicherseits verstärkt aufgegriffen; die Kirche bemüht sich um einen Dialog mit den in der Medienarbeit Tätigen.[79] Besonders betont wurden das Recht auf Information und der Dienst am Gemeinwohl, denen die Medienarbeit verpflichtet ist und die schon »Inter mirifica« nachdrücklich herausstellte.[80] Kommunikation muß Ausdruck von Menschlichkeit und Solidarität bleiben, wenn sie einen bleibenden Dienst an der menschlichen Kultur leisten will.

Zuletzt hat sich die Kirche mit dem Themenbereich der Werbung in den Kommunikationsmedien befaßt und hierbei die Notwendigkeit des Schutzes ethischer Prinzipien wie der Wahrheit in der Werbung, der Würde der menschlichen Person und der sozialen Verantwortung betont.[81]

---

77 Dies hebt mit Recht ROEGELE, a. a. O., S. 349, hervor.

78 Bemühungen um eine grundsätzliche Neudiskussion und Neufassung des Schemas scheiterten an der Geschäftsordnung des Konzils; vgl. hierzu die näheren Angaben bei K. RAHNER / , H. VORGRIMLER, Kleines Konzilskompendium, 21. Aufl., Freiburg 1989, S. 91–92.

79 Besonders in den Botschaften Papst Pauls VI. und Papst Johannes Pauls II. anläßlich des jährlichen Welttages der sozialen Kommunikationsmittel. Zu erwähnen sind hier auch die Pastoralinstruktion »Communio et Progressio« der Päpstlichen Kommission für die Sozialen Kommunikationsmittel, in: AAS LXIII (1971) 593–656 und die Pastoralinstruktion »Aetatis novae« des Päpstlichen Rates für die Sozialen Kommunikationsmittel, Vatikanstadt 1992.

80 Vgl. LThK Ergänzungsband, IM, Nr. 11 und 12.

81 Vgl. PÄPSTLICHER RAT FÜR DIE SOZIALEN KOMMUNIKATIONSMITTEL, Ethik in der Werbung, Arbeitshilfe Nr. 135 der Deutschen Bischofskonferenz, Bonn 1997, S. 16–20.

2.4.2 Menschenbild und Öffentlichkeitsauftrag in der Sicht der Pastoralkonstitution »Gaudium et Spes« vom 7.12.1965

Die Pastoralkonstitution des Zweiten Vaticanums ist ein außergewöhnliches kirchliches Dokument, weil sie sich auch ausdrücklich nicht nur an Christen, sondern an alle Menschen ihrer Zeit wendet und damit einen neuen kirchlichen Lehrstil praktiziert, der in der Geschichte früherer Konzilsdokumente ohne Parallele ist.[82] Dies mußte sich wesentlich auf die Sprache und Gesamtgestaltung des Textes bis in einzelne Formulierungen hinein auswirken.

Der Konzilstext behandelt wichtige Menschheitsprobleme, wie die allgemeinen Fragen nach Sinn und Ziel menschlicher Existenz und nach den Grundbedingungen menschlichen Zusammenlebens. Man stellt sich aber auch konkrete Fragen wie die nach dem Sinn und Wert und den Problemen menschlicher Arbeit, der Sicherung des bedrohten Friedens in der Welt und des Überlebens der Menschheit angesichts weltweit herrschender Unterernährung und Hungers, Seuchen und Krankheiten. Dies geschieht in großer Dialogbereitschaft, grundsätzlich positiver Weltsicht und in dem Bewußtsein, nicht im Besitz fertiger Antworten zu sein.[83]

Es ist ein moderner, großflächig angelegter Versuch einer Gesamtdeutung der Kultur und Zivilisation der Gegenwart im Lichte des Evangeliums. Die Kirche will sich der Universalität ihres Heilsauftrages im Dienste der gesamten Menschheit und ihrer Stellung in der modernen Welt neu bewußt werden. Sie will so ihren Auftrag, als Sauerteig für das geschichtliche Reifen und Wachsen des Reiches Gottes in der Welt zu dienen, verwirklichen. Der von der Kirche hiermit angestrebte Dialog mit der Welt beabsichtigt einerseits die Fragen aufzunehmen, die die heutige Welt an die Kirche richtet. Andererseits möchte man mit einer kulturellen Weltinterpretation dem modernen Glauben ein neues tragfähiges humanes Fundament geben. Die weltlichen Phänomene und Entwicklungen, die signa temporis, sollen auf die in ihnen verborgen anwesenden Heilskräfte und Heilszeichen, die signa salutis, hin betrachtet und beleuchtet werden. Dies hat zur Folge, daß das Dokument stärker den gemeinsamen menschlichen Grund betont, auf dem Kirche und Welt stehen, in seiner Sprache mehr auf den allgemeinen menschlichen Erfahrungshintergrund rekurriert und so weitgehend auf eine philosophische oder theologische Fachsprache verzichtet.[84]

Die verdichtete Darstellung und Interpretation menschlicher Grunderfahrungen und zeitgenössischer geschichtlicher Entwicklungen im christlichen Kontext will eine Hilfestellung sein, die die Kirche im Bewußtsein gemeinsamer Verantwortung

---

82 So die Gesamtwürdigung von G. Baum, Der Mensch in seiner Welt, in: J. Chr. Hampe (Hrsg.), Die Autorität der Freiheit. Gegenwart des Konzils und Zukunft der Kirche im ökumenischen Disput, Band 3, München 1967, S. 68.

83 So Baum, a. a. O., S. 68.

84 Vgl. dazu Baum, a. a. O., S. 69.

der Menschheit bei der Lösung der Weltprobleme anbietet. Dies verdeutlicht das Dokument wie folgt:

»Es geht um die Rettung der menschlichen Person, es geht um den rechten Aufbau der menschlichen Gesellschaft. [...] Gleichzeitig wächst die Überzeugung, daß die Menschheit nicht nur ihre Herrschaft über die Schöpfung immer weiter verstärken kann und muß, sondern daß es auch ihre Aufgabe ist, eine politische, soziale und wirtschaftliche Ordnung zu schaffen, die immer besser im Dienste der Menschen steht und die dem einzelnen wie den Gruppen dazu hilft, die ihnen eigene Würde zu behaupten und zu entfalten.« (vgl. GS 3,9)

Das Dokument betont in der anthropologischen Grundlegung seiner Analyse der gegenwärtigen Weltsituation die Personalität, die essentielle Werthaftigkeit und Würde des Menschen, die vom christlichen Glauben her in der Schöpfung und Gottebenbildlichkeit begründet ist (vgl. hierzu besonders die Nrn. 12–14 der Konstitution).

Personalität ist aber nicht einfach identisch mit Individualität, sondern beinhaltet auch, daß der Mensch von seinem Wesen her auf Beziehung und Gemeinschaft angelegt ist, daß also Personalität und Relationalität im Menschen untrennbar verbunden sind.

Die hiermit angesprochene soziale Dimension menschlichen Lebens, die durch die gestiegene Mobilität der modernen Zivilisation und das globale Netz von Kommunikationsmitteln ungeahnte neue Möglichkeiten erhalten hat, drückt sich in dem Bewußtsein des stärkeren Zusammenwachsens der Völker zu der einen Menschheit aus. Die Pastoralkonstitution nennt dieses Phänomen den »wachsenden Leib der Menschheitsfamilie« (GS 39). Daß die steigende Vergesellschaftung, die Verstärkung der Verbindungen und der Kommunikationsmöglichkeiten unter den Menschen es ermöglicht, Rechte und Würde der Person besser zu schützen, zeigt den wesenhaften Bezug von Person und Gemeinschaft. Dies wird vom Konzil in GS 25 besonders hervorgehoben, in dem davon gesprochen wird, daß der Vorgang des Zusammenwachsens der Menschheit grundsätzlich positiv zu beurteilen ist:

»Obschon dieser Vorgang, den man als Sozialisation (socializatio) bezeichnet, gewiß nicht ohne Gefahren ist, bringt er doch viele Vorteile für die Festigung und Förderung der Eigenschaften der menschlichen Person und für den Schutz ihrer Rechte mit sich.«

Wichtig erscheint aber, daß »Sozialisation« im Kontext des Konzilsdokumentes nicht mit Vergemeinschaftung wiedergegeben werden kann, weil dieser Begriff eine weitere zusätzliche soziale Qualität einer Gruppe beinhaltet, die durch gestiegene Mobilität und verstärkten Einsatz von Kommunikationsmitteln nicht ohne weiteres herstellbar ist.

Anthropologisch gesehen wird die Dialektik von individueller Grundlegung menschlicher Personhaftigkeit und ihrer Bewahrung und ihrem Schutz in bleibendem relationalen Sozialbezug somit im Konzilstext aufrechterhalten. Dies beinhaltet eine klare Absage an individualistische und auch kollektivistische Menschenbilder und die von ihnen geprägten Staatsformen.

Baum nimmt die Verfasser der Pastoralkonstitution gegen den Vorwurf eines optimistisch-deterministischen Geschichtsbildes (»Teilhardismus«) in Schutz, das die Realität menschlicher Freiheit, die immer auch Freiheit zum Bösen, zum Destruktiven und Zerstörerischen ist, nicht ernst genug nimmt.[85] Obwohl das Dokument die Dynamik des Weltgeschehens positiv sieht und ein klares Ja zur Schöpfung in ihrer ganzen geschichtlichen Gewordenheit ausspricht, bleibt deutlich, daß die Pastoralkonstitution den menschlichen Fortschritt nicht mit dem Wachsen des Reiches Gottes gleichsetzt.[86]

In den eben genannten Elementen der grundsätzlich optimistischen Weltsicht der Konstitution finden sich allerdings Anklänge an das Teilhardsche Geschichtsbild, die von Spülbeck hervorgehoben worden sind, der in diesem Zusammenhang von wichtigen Konstanten des Teilhardschen Systems spricht. Spülbeck weist darauf hin, daß sich der Teilhardsche Gedanke der Dynamik der Weltentwicklung hin zu immer größerer Komplexität, die auch innerhalb der Menschen- und Völkergemeinschaft waltet, in den Nrn. 5 und 6 der Konstitution wiederfindet.[87]

Ähnlichkeiten mit der Teilhardschen Konzeption weist auch die Formulierung der Konstitution auf, die in Nr. 10 von Jesus Christus als »Schlüssel, Mittelpunkt und Ziel der ganzen Menschheitsgeschichte« spricht. Noch deutlicher erscheint die Ähnlichkeit in Nr. 45, wenn es heißt, daß Christus »Ziel der Menschengeschichte, der Punkt, auf den hin alle Bestrebungen der Geschichte und der Kultur konvergieren, der Mittelpunkt der Menschheit, die Freude aller Herzen und die Erfüllung ihrer Sehnsüchte« ist.[88]

Daecke weist insgesamt zu Recht darauf hin, daß die Pastoralkonstitution nur teilweise eine Nähe zur denkerischen Konzeption Teilhards aufweist. Man hat seine dynamische Konzeption und Deutung der Weltgeschichte aufgegriffen, weil man sich eindeutig von früheren theologischen Erkenntnismodellen (Natur-Übernatur-Schema) lösen wollte. Die sprachliche und konzeptionelle Nähe zu Teilhard de Chardin läßt sich mit der Prägung des Schemas durch die theologischen Experten der Universität Löwen bzw. durch die intensive Mitarbeit französischer Theologen erklären.[89] Zentrale Kernbegriffe der Konzeption Teilhards sind aber von der Pastoralkonstitution bewußt nicht aufgenommen worden. Zu nennen sind hier die theologisch heiklen Termini der Theogenese bzw. der Christogenese, die von Teil-

---

85 Baum, a. a. O., S. 86; vgl. hierzu auch Auer, in: LThK Ergänzungsband, GS, S. 392, der einen Überblick über die Diskussionen in der Konzilsaula gibt.

86 Vgl. dazu Auer, in: LThK Ergänzungsband, a. a. O., S. 394.

87 Vgl. Braun, a. a. O., S. 86–97, besonders S. 86–87 und 90–91.

88 Vgl. hierzu O. Spülbeck, Teilhard de Chardin und die Pastoralkonstitution, in: J. Chr. Hampe (Hrsg.), Die Autorität der Freiheit. Gegenwart des Konzils und Zukunft der Kirche im ökumenischen Disput, Band 3, München 1967, S. 92.

89 Vgl. dazu S. Daecke, Das Ja und das Nein des Konzils zu Teilhard, in: J. Chr. Hampe (Hrsg.), Die Autorität der Freiheit. Gegenwart des Konzils und Zukunft der Kirche im ökumenischen Disput, Band 3, München 1967, S. 103–105, auch Spülbeck, a. a. O., S. 87.

hard in seiner Gesamtkonzeption des Werdens von Welt als Kosmogenese geprägt wurden. Dies gilt ebenso für die starke christologische Akzentverschiebung vom Alpha und Omega der Weltgeschichte hin zum reinen Punkt Omega. Christus erscheint so gerade nicht als der von Anbeginn an vollendet Seiende, sondern wird – historisch gesehen – als der im Werden Befindliche verstanden.[90]

Es ist daher durchaus zutreffend, wenn Kommentatoren bemerken, daß die Konstitution die Teilhardsche Geschichtstheologie nur in dem Bereich aufgegriffen hat, in dem sie Aussagen über den Menschen und die Welt macht, also nur im anthropologischen und soziologischen Vorfeld, nicht aber im – umstrittenen – christologischen Kernbereich.[91]

Die Pastoralkonstitution ist ein besonders wichtiges Dokument des kirchlichen Selbstverständnisses im Hinblick auf den Weltauftrag der Kirche. Ihre grundsätzlich weltbejahende empirisch-anthropozentrische Perspektive, die sich wohltuend vom Stil früherer Lehrdokumente abhob, stellte für manche Väter geradezu das Modell des kirchlichen Zukunftsverständnisses dar, das »gelobte Land des Konzils«.[92] Die Weltperspektive der Konstitution ist daher nicht skeptisch-distanziert, sondern engagiert-mitfühlend, wobei man die Gefahr der Distanzlosigkeit durch eine zu weit gehende Anpassung durchaus gesehen hat. Der bleibenden Aufgabe der Auseinandersetzung mit der Welt hat sich das Konzil gestellt durch seine Art der geistlich-theologischen Deutung wichtiger Zeitphänomene, dies aber in einer gegenüber früher deutlich behutsameren Form, die beispielsweise auf die Verwendung einer Fachsprache weitgehend verzichtet hat.[93] Die Anthropologie der Pastoralkonstitution hat aber auch ernsthafte Kritik erfahren. So läßt das durchgehend positive dynamisch-geschichtliche Weltverständnis die Frage eher offen, woher die tiefgreifenden Störungen im Weltgeschehen und seinem Entwicklungsprozeß herkommen. Das Gewicht des alltäglich für den Menschen zu erfahrenden Bösen, des Leides, der Krankheit und des Todes scheint in der dynamisch-evolutiven Betrachtungsweise der Konstitution nicht genügend Beachtung zu finden. Es scheint auf den Stellenwert von Wachstumskrisen im positiven Werdeprozeß der Welt geschrumpft zu sein.[94] Die Notwendigkeit der Erlösung des Menschen durch das Kreuzesopfer Christi ist in der Tat in einer eher dynamischen, evolutiven Anthropologie schwieriger zu verdeutlichen. Dies ist aber möglich, wenn das evolutive Schema gerade auch in seinem Bezug auf die religiös-ethische Entwicklung des Menschen im Lichte der Botschaft des Evangeliums interpretiert wird. Dann ist der Mensch nicht

---

90 DAECKE, a. a. O., spricht hier pointiert von der Vorstellung eines historischen Zukunftsgottes bei Teilhard.

91 Vgl. hierzu DAECKE, a. a. O., S. 106.

92 So H. H. SCHREY, Konzil und evangelische Ethik, in: J. Chr. Hampe (Hrsg.), Die Autorität der Freiheit. Gegenwart des Konzils und Zukunft der Kirche im ökumenischen Disput, Band 3, München 1967, S. 120.

93 Dies betont SCHREY, a. a. O., S. 121.

94 Vgl. SCHREY, a. a. O., S. 123.

notwendig Gefangener eines geschlossenen evolutionistisch-deterministischen Systems, sondern in der Tiefe seiner personalen Existenz mit Gottes Hilfe zur freien Entscheidung prinzipiell fähig. Er ist damit auch zur freien Annahme des frei geschenkten Kreuzesopfers Christi fähig, das in seiner Freiheit wiederum Gnadengeschenk Gottes ist. Die vielfältigen Determinismen der Welt, die den freien Blick des Menschen auf seinen Schöpfer in unheimlicher Weise wie durch ein Gitter behindern können, können wie bei einem Teufelskreis nur von außen, also von einer ihrerseits nicht den Gesetzen der Determination unterliegenden Macht wirksam durchbrochen werden.[95]

In der Darstellung eines konkreten Aspcktes des christlichen Menschenbildes hat die Konstitution aber in der Tat zu Recht Kritik erfahren, nämlich in ihrer Lehre über das Gewissen (vgl. dazu Nr. 16 der Konstitution). Die Verfasser scheinen in Nr. 16 ein existierendes »apriorisches Gewissen« zu beschreiben. Sie legen dadurch die Auffassung nahe, daß der Mensch allein aufgrund des gehörten Anrufes dieser seiner inneren Instanz ungehindert durch psychologische und soziokulturelle Faktoren in der Lage sei, sich frei für das Gute zu entscheiden. Ratzinger legt hier den Finger in die Wunde, wenn er nüchtern konstatiert, daß hier ein vorkritischer Gewissensbegriff verwendet wird, in dem grundlegende Erkenntnisse nicht nur der Philosophie, sondern auch der Psychologie noch nicht verarbeitet sind. Von diesem Ansatzpunkt der Konstitution her leuchtet auch nicht ein, wieso das Gewissen irren oder blind werden kann, wenn in seiner Stimme für den Menschen unmittelbar einleuchtend evident Gottes Anruf zu vernehmen ist.[96]

Es müssen hier die neueren Erkenntnisse von Medizinern, Verhaltensforschern und Psychologen ernstgenommen werden. Hiernach gibt es psychische Dispositionen, die oft milieuinduziert sind, sich aber in bestehenden Kommunikationsstrukturen als Mentalitäten verbreiten können. Auf diese menschlichen Prädispositionen zielen oft Überzeugungssysteme und Argumentationsformen von Gruppenideologien ab. Dennoch ist es vom Standpunkt der Theologie wie der Philosophie richtig, den Menschen nicht primär von seinen – auch genetisch bedingten – Dispositionen her zu verstehen. Er ist in der Lage, sich auch gegenüber diesen Prädisponierungen, wie auch gegenüber seinen Veranlagungen und Trieben, frei zu verhalten. Theologische Anthropologie und Ethik interpretiert den Menschen also von seinem Freiraum her, wonach er fähig ist, zu eigenen oder fremden Veranlagungen und Mentalitäten kritisch Stellung zu beziehen, von ihnen also nicht biologisch oder psychologisch irreversibel determiniert ist.[97]

---

95 Vgl. hierzu RATZINGER, in: LThK Ergänzungsband, GS, S. 329–330.

96 Vgl. RATZINGER, in: LThK Ergänzungsband, a. a. O., S. 329.

97 Hierzu A. RETHMANN, Asyl und Migration – Ethik für eine neue Politik in Deutschland. Schriften des Instituts für christliche Sozialwissenschaften, Band 33, Münster 1995, S.113–114, mit Bezug auf das konkrete Phänomen der Fremdenfeindlichkeit.

Wenn man nun von vornherein die faktische Gebrochenheit dieser sittlichen Instanz im Menschen in Betracht zieht, die durch die vielfältigen negativen milieubedingten und biologischen Prädispositionen für den real lebenden Menschen lebenskulturell mitgegeben ist, so erscheint das irrende und auch das verblendete Gewissen systematisch nicht mehr wie ein vermeidbarer Betriebsunfall. Es ist nicht nur eine Überforderung des faktischen menschlichen Gewissens, wenn es wie ein gleichbleibend gut funktionierendes inneres sittliches Auge als Ort natürlicher, im Grunde ungetrübter Offenbarung beschrieben wird. Es bleibt in dieser Perspektive systematisch kein Raum mehr für die Erhellung dieses sittlichen Auges durch die ausdrückliche, geschichtliche Offenbarung Gottes im Hören auf sein Wort, seine Gebote und Weisungen.[98] Die so bereits in der Beschreibung des realen menschlichen Gewissens notwendige Betonung der erkenntnismäßigen Verschattung des Gewissens hätte den Blick geweitet für die dem menschlichen Geist anhaftende Krise gegenüber der Werterkenntnis. Eine realistischere anthropologische Sicht hätte den unverantwortlichen erkenntnistheoretischen Optimismus vermieden, den GS 16 erkennen läßt:

> »Durch die Treue zum Gewissen sind die Christen mit den übrigen Menschen verbunden im Suchen nach der Wahrheit und zur wahrheitsgemäßen Lösung all der vielen moralischen Probleme, die im Leben der einzelnen wie im gesellschaftlichen Zusammenleben entstehen [...] Je mehr also das rechte Gewissen sich durchsetzt, desto mehr lassen die Personen und Gruppen von der blinden Willkür ab und suchen sich nach den objektiven Normen der Sittlichkeit zu richten.«

Hier scheint – besonders im letzten Satz – ein unreflektierter Glaube an eine »ethische Evolution« der Menschheit durchzukommen. Dieser Glaube kann seinerseits kaum noch mit der Freiheit des Menschen, die auch Freiheit zum Bösen ist, harmonisiert werden. Im übrigen bringt die Formulierung, daß das »rechte Gewissen sich durchsetzt«, das Heilshandeln Gottes am Menschen in seinem göttlichen Gnadenangebot nicht richtig zum Ausdruck. Sie legt tendenziell die Vorstellung einer ziemlich ungebrochenen naturrechtlichen Wirkweise des Gewissens nahe, als könne der Mensch mit seiner Hilfe gleichsam aus eigener Kraft den Weg zum Heil finden.[99]

Derselbe zu unkritische ethisch-erkenntnistheoretische Optimismus erscheint in der Konstitution auch in Nr. 17, wenn es heißt:

> »[...] Die wahre Freiheit aber ist ein erhabenes Kennzeichen des Bildes Gottes im Menschen: Gott wollte nämlich den Menschen in der Hand seines Entschlusses lassen (Jesus Sirach 15,14), so daß er seinen Schöpfer aus eigenem Entschluß suche und frei zur vollen und seligen Vollendung in Einheit mit Gott gelange. Die Würde des Menschen verlangt daher, daß er in bewußter und freier Wahl handle, das heißt personal, von innen her bewegt und geführt und nicht unter blindem inneren Drang oder unter bloßem äußeren

98 So die fundierte Kritik von SCHREY, a. a. O., S. 123–125.

99 Zu dieser Problematik vgl. AUER, in: LThK Ergänzungsband, GS, S. 394, sowie SCHREY, a. a. O., S. 124–125, der hier pointiert von einem biblisch nicht begründeten »planetarischen Humanismus« spricht.

> Zwang. Eine solche Würde erwirbt der Mensch, wenn er sich aus aller Knechtschaft der Leidenschaften befreit und sein Ziel in freier Wahl des Guten verfolgt sowie sich die geeigneten Hilfsmittel wirksam und in angestrengtem Bemühen verschafft. Die Freiheit des Menschen, die durch die Sünde verwundet ist, kann nur mit Hilfe der Gnade Gottes die Hinordnung auf Gott zur vollen Wirksamkeit bringen.«

Ratzinger ist zuzustimmen, wenn er darauf hinweist, daß die christologischen Wurzeln dieses Textes, die in der neutestamentlichen Freiheitslehre liegen (vgl. Röm 7,7–25; Röm 8), in der endgültigen Textfassung für den Leser nicht mehr erkennbar sind. Statt dessen wird mit dem Jesus-Sirach-Zitat nur auf bestimmte Vertreter der alttestamentlichen Weisheitslehre ausdrücklich rekurriert.[100] Es scheint den Verfassern bei der Erörterung des Freiheitsbegriffes auf den Spuren einer natürlichen Ethik mehr um die Herausarbeitung des menschlich erreichbaren Grades sittlicher Gutheit zu gehen als um die Herausstellung der fundamentalen Befreiung des Menschen aus seiner existentiellen Unfreiheit durch die Erlösungstat Christi. Letztere ist durch die paulinische Theologie des Römerbriefs (vgl. Röm 7,7–25) in einer so unmißverständlichen Weise entwickelt worden, daß seitdem menschliche Würde und menschliche Freiheit unabhängig vom Heilshandeln Gottes nicht mehr als etwas angesehen werden können, was der Mensch allein von sich aus besitzt.[101] In den hier zitierten Passagen der Pastoralkonstitution erscheint aber die der neutestamentlichen Christologie und Soteriologie zugrundeliegende innere Gebrochenheit und Zwiespältigkeit des Menschen in nur sehr schwachen, die humanen Voraussetzungen der paulinischen Lehre nivellierenden Andeutungen. Es wird von der Verwundetheit der Freiheit des Menschen durch die Sünde gesprochen, die die volle Wirksamkeit seiner religiösen Hinordnung auf Gott behindere. Dem christlichen Menschenbild wurde hier ohne Not die fundamentale neutestamentlich-christologische Basis entzogen und so der irreführende Eindruck erweckt, als könne man ein christliches Menschenbild allein von einer rein naturrechtlich-rational dominierten Ethik begründen.[102] Die Defizite des genannten Artikels der Pastoralkonstitution liegen aber auch in einem zu engen Freiheitsbegriff, der die menschliche Freiheit sehr stark aus der spezifischen Perspektive der Wahlfreiheit betrachtet.[103]

In einer abschließenden Gesamtbewertung der Pastoralkonstitution ist aber trotz der aufgewiesenen theologisch-anthropologischen Defizite festzuhalten, daß »Gaudium et Spes« einen Meilenstein auf dem Wege der katholischen Kirche nicht nur aus der Sackgasse eines Konfessionalismus, sondern auch eines auf die Grenzen der Christenheit beschränkten Denkens darstellt. Die universale dialogbereite Ausrichtung ist besonders als Stärkung des ökumenischen Denkens in der Theologie zu

---

100 RATZINGER, in: LThK Ergänzungsband, a. a. O., S. 331–332.

101 Vgl. hierzu SCHREY, a. a. O., S. 125; RATZINGER, in: LThK Ergänzungsband, a. a. O., S.331–332.

102 So das Urteil von SCHREY, a. a. O., S. 126.

103 So RATZINGER, in: LThK Ergänzungsband, a. a. O., S. 332, der hier teilweise Anklänge an die stoische Ethik sieht.

würdigen und ist in der Tat als Durchbruch eines neuen Denkens im Katholizismus anzusehen.[104]

2.4.3 Der kirchliche Öffentlichkeitsauftrag gegenüber den nichtchristlichen Religionen in der Sicht der Erklärung »Nostra aetate« vom 28.10.65 und des Missionsdekretes »Ad gentes« vom 7.12.65

Öffentliche Verkündigung und öffentliches Wirken der Kirche vollziehen sich naturgemäß nicht auf einem religiös neutralen Boden, sondern in einer immer schon religiös vorgeprägten menschlichen Kultur und Gesellschaft, zu der auch die Realität der Existenz anderer, nichtchristlicher Religionen gehört. Diese menschliche Grundbefindlichkeit, die zu seiner religiösen Geschichte gehört, wird in der Erklärung »Nostra aetate« mit folgenden Worten charakterisiert:

> »Von den ältesten Zeiten bis zu unseren Tagen findet sich bei den verschiedenen Völkern eine gewisse Wahrnehmung jener verborgenen Macht, die dem Laufe der Welt und den Ereignissen des menschlichen Lebens gegenwärtig ist, und nicht selten findet sich auch die Anerkenntnis einer höchsten Gottheit (agnitio Summi Numinis) oder sogar eines Vaters. Diese Wahrnehmung und Anerkenntnis durchtränkt ihr Leben mit einem tiefen religiösen Sinn.« (NA 2,1)

Zum ersten Mal in der Geschichte der katholischen Kirche spricht hier die höchste Kirchenversammlung des ökumenischen Konzils mit Anerkennung vom tastenden Suchen der Menschheit nach dem Absoluten und würdigt das Wahre und Heilige in anderen Religionen als Werk des einen, lebendigen und in der Geschichte wirkenden Gottes.[105] Die Kirche versucht hiermit also, die wechselseitige Beziehung zu den andern Religionen von ihrer Seite aus neu zu interpretieren. Die nichtchristlichen Völker werden jetzt nicht mehr nur als Adressaten der christlichen Missionspredigt angesehen, es werden vielmehr die Voraussetzungen für den Dialog mit prinzipiell gleichberechtigten Partnern bereitet, indem die Tür zum Gespräch im Geiste des Respektes und der Suche nach einem tieferen Verständnis weiter geöffnet wird.[106]

Der gesamte Text von »Nostra aetate« ist ein Bekenntnis zur Gegenwart Gottes in der Geschichte aller Menschen und Völker. Die großen Weltreligionen werden in positiver Weise eingeordnet, und ihre Leistungen für die religiöse und humane Entwicklung der Menschheit werden gewürdigt.

Das weitaus längste Kapitel von »Nostra aetate« (NA 4) ist dem Judentum gewidmet. Aufgrund der langen und leidvollen Geschichte des alttestamentlichen Gottes-

---

104 So die positive Gesamtwürdigung von SCHREY, a. a. O., S. 127.

105 Vgl. hierzu OESTERREICHER, in: LThK Ergänzungsband, Einleitung zu NA, S. 406.

106 Vgl. hierzu J. CHR. HAMPE, Das Konzil und die Juden, in: ders. (Hrsg.), Die Autorität der Freiheit. Gegenwart des Konzils und Zukunft der Kirche im ökumenischen Disput, Band 3, München 1967, S. 483–485.

volkes im Verhältnis zum Christentum war gerade dieser Teil der Erklärung mit großer Spannung erwartet worden, natürlich auch wegen der politischen Implikationen, die die Erklärung des Konzils notwendig haben würde. Es mußte vor allem dem Vorwurf eines zumindest latent noch in christlichen Kreisen vorhandenen Antijudaismus durch eine klare und unzweideutige Stellungnahme wirksam begegnet werden.

Der vorliegende Text der Erklärung zum Verhältnis der Kirche zur jüdischen Religion ist ein Zeugnis für den innerkirchlichen Prozeß der Erneuerung, der sich in dieser Frage auf dem Konzil selbst vollzog. Oesterreicher sagt darüber, daß es sich nicht um ein bequemes Dokument handelt, sondern um eines, das im Dienste der Versöhnung sich der Herausforderung stellt, eine jahrhundertelang verwurzelte Mentalität, die von einer grundlegenden Verkennung des Judentums geprägt war, zu ändern.[107] So heißt es in NA 4:

> »Im Bewußtsein des Erbes, das sie mit den Juden gemeinsam hat, beklagt die Kirche, die alle Verfolgungen gegen irgendwelche Menschen verwirft (quae omnes persecutiones in quosvis homines reprobat), nicht aus politischen Gründen, sondern auf Antrieb der religiösen Liebe des Evangeliums alle Haßausbrüche, Verfolgungen und Manifestationen des Antisemitismus, die sich zu irgendeiner Zeit und von irgendjemandem gegen die Juden gerichtet haben.«

Das Konzil würdigt, indem es der paulinischen Argumentation von Röm 9–11 folgt, den jüdischen Glauben als Wurzel des guten Ölbaums und die prägenden jüdischen Glaubensgestalten als Präfigurationen des christlichen Glaubens. Es bekennt, daß alle Christgläubigen als Söhne Abrahams dem Glauben nach (Gal 3,7) in der Berufung der Patriarchen eingeschlossen sind und daß in der Exoduserfahrung Israels das Heil der Kirche geheimnisvoll vorgebildet ist. Es betont das jüdische Proprium, das erwählte Volk zu sein, und dessen Konkretisierung in Bund, Gesetz, Gottesdienst und Verheißungen (unter Bezug auf Röm 9,4–5 und 11,28–29). Es hebt die jüdische Abstammung Jesu und der Apostel, der »Grundfesten und Säulen der Kirche«, und der meisten Jünger als der ersten Generation christlicher Glaubenszeugen hervor.

Aus politischen Gründen, aber auch aus Rücksichtnahme auf das differenzierte Geflecht der interreligiösen Beziehungen der Kirche wurde die Einzigartigkeit der Beziehung der Kirche zum Judentum nicht in einer eigenen Erklärung hervorgehoben, obwohl dieser Wunsch ausdrücklich während des Konzils geäußert wurde.[108] Ein explizites Schuldbekenntnis, ein Eingeständnis früher geübter Intoleranz durch das lange Mitschleppen alter antijüdischer Aussagen (man denke nur an die Fürbitten der alten Karfreitagsliturgie!) hat das Konzil nicht abgelegt. Dies wurde in jüdischen Kreisen mit Recht bedauert.[109]

---

107 Vgl. dazu LThK Ergänzungsband, a. a. O., S. 477–478.

108 Vgl. den Hinweis auf ein entsprechendes Votum von Bischof Elchinger bei OESTERREICHER, in: LThK Ergänzungsband, a. a. O., S. 494.

109 Vgl. hierzu den Beitrag von Rabbiner J. SOETENDORP, Eine jüdische Antwort, in: J. Chr. Hampe

Die Kirche würdigt auch die Gottsuche und Gottesverehrung, den gemeinschaftsbildenden und sinnstiftenden Charakter der anderen Weltreligionen, nennt hierbei Hinduismus und Buddhismus (Kap. 2) und Islam (Kap. 3) ausdrücklich und spricht in Kap. 2 vom wegweisenden Charakter auch der übrigen Weltreligionen. Trotz mancher Abweichungen in Lehre und Leben lehnt die katholische Kirche »nichts von alledem ab, was in diesen Religionen wahr und heilig ist«, und räumt ein, daß diese »nicht selten einen Strahl jener Wahrheit erkennen lassen, die alle Menschen erleuchtet« (Kap. 2).

Wenngleich der Absolutheitsanspruch, die Exklusivität der Erlösung in und durch Christus vom Konzil nicht aufgegeben wird, ist er doch in eher moderater Weise in Kap. 2 der Erklärung zum Ausdruck gekommen:

> »Unablässig aber verkündet sie (sc. die Kirche) und muß sie verkündigen Christus, der ist ›der Weg, die Wahrheit und das Leben‹ (Jo 14,6), in dem die Menschen die Fülle des religiösen Lebens finden, in dem Gott alles mit sich versöhnt hat (vgl. 2 Kor 5,18–19).«

Im Verhältnis zum Islam (Kap. 3) würdigt die Erklärung den Glauben der Muslim an den allmächtigen und barmherzigen Schöpfergott, der sich den Menschen offenbart hat, die Berufung auf Abraham und seinen Glauben, die Verehrung Jesu als Propheten und die Verehrung der Jungfrau Maria und erwähnt anerkennend den ethischen und aszetischen Ernst der islamischen Religion. Abschließend ruft das Konzil zum Bemühen um gegenseitiges Verständnis auf und ermahnt alle, die Gedanken an die alten Feindseligkeiten im christlich-islamischen Verhältnis ruhen zu lassen.

Rahner sieht nach der theologischen Gesamtaussage des Konzils zu den nichtchristlichen Religionen die Möglichkeit der christlichen Anerkennung einer nichtchristlichen Religion als legitime Religion, die nicht nur Elemente natürlicher Gotteserkenntnis, sondern auch übernatürlich-gnadenhafte Momente beinhalte.[110] Die geschichtliche Tatsache der Dauerhaftigkeit und Pluralität von Religionen sei Manifestation des allgemeinen Heilswillens Gottes, den das Konzil in »Nostra aetate« durch die Würdigung und Anerkennung der großen anderen Weltreligionen wie Judentum, Islam, Hinduismus und Buddhismus theoretisch und praktisch als auch gegenüber diesen bestehend anerkannt habe.[111] Ausdrücklich spricht die Erklärung übrigens vom universalen göttlichen Heilswillen in programmatischer Weise in NA 1:

> »Seine Vorsehung, die Bezeugung seiner Güte und seine Heilsratschlüsse erstrecken sich auf alle Menschen.«

(Hrsg.), Die Autorität der Freiheit. Gegenwart des Konzils und Zukunft der Kirche im ökumenischen Disput, Band 3, München 1967, S. 513–515.

110 K. RAHNER, Christentum und nichtchristliche Religionen, in: J. Chr. Hampe (Hrsg.), Die Autorität der Freiheit. Gegenwart des Konzils und Zukunft der Kirche im ökumenischen Disput, Band 3, München 1967, S. 570.

111 RAHNER, a. a. O., S. 570–571.

Das neugewonnene kirchliche Selbstverständnis, das sich in der Erklärung »Nostra aetate« findet, mußte auch Rückwirkungen auf das kirchliche Verständnis der Missionstätigkeit haben. Es wurden neue Möglichkeiten des Dialoges mit anderen Religionen eröffnet. Dies führte zu einer neuen Interpretation des Missionsauftrages, der mit einer stärkeren Hochschätzung des Eigenwertes einheimischer Kulturen verbunden war. Mission wurde nun nicht mehr einfach unkritisch mit dem Import westlicher Zivilisation, die häufig zur Schädigung gewachsener einheimischer Kultur führte, gleichgesetzt.[112]

Mission sollte in Zukunft in gleichberechtigter Zusammenarbeit der Völker geschehen, nicht mehr in der Weise der Subordination angeblich unterentwickelter bzw. weniger zivilisierter Völker unter die sog. entwickelten Völker. Unterschwellig schwang in der hergebrachten Vorstellung von Mission noch die Vorstellung einer höheren geistigen Reife der entwickelten Völker in moralisch-wertender Weise mit. Das Konzil sah dagegen die befreiende Kraft des Evangeliums darin, daß es die »verborgenen Anlagen« eines Volkes freisetze und es dazu befähige, zu einem besseren und tieferen Selbstverständnis insbesondere auch der eigenen traditionellen Kultur zu gelangen.[113]

Da die nichtchristlichen Religionen durch »Nostra aetate« offensichtlich aufgewertet wurden, stellte sich auch die Frage, wie christliche Missionstätigkeit für die Zukunft begründet werden könne, in neuer Dringlichkeit. Im Missionsdekret »Ad gentes« wird das neue Selbstverständnis, die innere Begründung des Missionsauftrages im Rückbezug auf die dogmatischen Aussagen der Kirchenkonstitution »Lumen Gentium« gewonnen. Hier wird die Kirche als »universale salutis sacramentum«, als allumfassendes Heilssakrament bezeichnet (AG 1 unter Bezug auf LG 48). Weiter heißt es in AG 1:

> »So müht sie sich gemäß dem innersten Anspruch ihrer eigenen Katholizität und im Gehorsam gegen den Auftrag ihres Stifters (Mk 16,15), das Evangelium allen Menschen zu verkünden.«

Das universale Ziel der kirchlichen Missionstätigkeit scheint wenige Sätze später auf, indem in der »gegenwärtigen Weltlage« die »verstärkte Dringlichkeit« der Berufung der Kirche herausgestellt wird, »dem Heil und der Erneuerung aller Kreatur zu dienen, damit alles in Christus zusammengefaßt werde und in ihm die Menschen eine einzige Familie und ein einziges Gottesvolk bilden« (AG 1,2).

Dies betont die Kontinuität der Kirche zum Werk der Apostel. Die Aufgabe ihrer Nachfolger ist es, diesem Werk Dauerhaftigkeit zu verleihen, dem Wort Gottes

---

112 Vgl. dazu HAMPE, Autorität der Freiheit, Band 3, S. 523.

113 Vgl. hierzu die Stellungnahme Erzbischof B. GANTINS (Benin) – mit Bezugnahme auf eine Predigt Papst Pauls VI. anläßlich der Heiligsprechung afrikanischer Märtyrer – vor dem Konzil, in: ders., Kirche und pluralistische Welt, Konzilsintervention des Erzbischofs von Cotonou vom 9.11.1964, in: J. Chr. Hampe (Hrsg.), Die Autorität der Freiheit. Gegenwart des Konzils und Zukunft der Kirche im ökumenischen Disput, Band 3, München 1967, S. 524.

Bahn zu verschaffen, damit die Herrschaft Gottes auf der ganzen Erde aufgerichtet werde (so AG 1,1, letzter Satz).

Der Begriff der »Mission« wird dann in AG 6 definiert:

»Gemeinhin heißen ›Missionen‹ die speziellen Unternehmungen, wodurch die von der Kirche gesandten Boten des Evangeliums (evangelii praecones) in die ganze Welt ziehen und die Aufgabe wahrnehmen, bei den Völkern oder Gruppen, die noch nicht an Christus glauben, das Evangelium zu predigen und die Kirche selbst einzupflanzen.«

Missionar in diesem Begriff ist nicht nur der ausländische Priester, sondern der hier verwandte Terminus »Evangelii praecones« ist offen auch für Nichtpriester, Ordensleute, auch für Nichtkleriker, Laien und Katechisten, auch für Nichttheologen, für Männer wie auch für Frauen.[114] Er bezieht sich also auf die Erstverkündigung des Evangeliums im Gegensatz zum Begriff der Evangelisation. Dieser meint in der katholischen Terminologie die erneute Verkündigung der frohen Botschaft in den Ländern und Gebieten, in denen die christliche Prägung und Verwurzelung der Bevölkerung im Laufe der Zeit nachgelassen hat. Terminologisch konsequent sagt das Missionsdekret deshalb auch nichts zum Phänomen der Säkularisierung traditionell christlicher Länder. Dies wird teilweise mit dem Hinweis auf die Aussage des Dekretes, daß die Kirche ihrem Wesen nach missionarisch ist (AG 2,1), als Mangel des Dekrets angesehen. Das Konzil hätte hier einen umfassenderen Missionsbegriff verwenden müssen, der auch für die säkularisierten christlichen Länder Anwendung finden könnte.[115]

Der Missionsbegriff von »Ad gentes« stellt eine gelungene Synthese aus zwei verschiedenen Verständnissen von Mission dar, die jeweils eines der genannten Elemente (Evangeliumspredigt oder Kirchenpflanzung) exklusiv und dominant ins Zentrum ihrer Definition stellen.[116] Allerdings ist in beiden Konzeptionen von Mission der Missionar vom Missionsland her gesehen ein Ausländer, der aus fernen Ländern kommt. Dies klingt auch noch in der Definition von Nr. 6 von »Ad gentes« an, wenngleich im späteren Teil von Nr. 6 deutlich wird, daß der Begriff der »Kirchenpflanzung« (plantatio ecclesiae) nicht eurozentrisch-okzidentalistisch, im Sinne eines starren kirchlich-kulturellen Einheitsmodells für die gesamte Weltkirche, gemeint ist:

»So sollen aus dem Samen des Gotteswortes überall auf der Welt ausreichend eingerichtete einheimische Teilkirchen heranwachsen, die mit eigener Kraft und Reife begabt sind. Sie sollen eine eigene Hierarchie in Einheit mit dem gläubigen Volk sowie die zum vollen Vollzug christlichen Lebens gehörigen Mittel in einer der eigenen Art gemäßen Weise besitzen und so ihren Teil zum Wohl der Gesamtkirche beitragen.«

---

114 Vgl. dazu BRECHTER, in: LThK Ergänzungsband, AG, S. 18.

115 Vgl. M. LINZ, Alte Formeln oder neue Erkenntnis, in: J. Chr. Hampe (Hrsg.), Die Autorität der Freiheit. Gegenwart des Konzils und Zukunft der Kirche im ökumenischen Disput, Band 3, München 1967, S. 561–562.

116 So das Urteil von BRECHTER, in: LThK Ergänzungsband, a. a. O., S. 35.

Die einheimischen Kirchen sind in diesem Modell nicht bloße Objekte der Missionstätigkeit, sondern selbst handelnde Subjekte in der Gemeinschaft der Gesamtkirche. Zusammenfassend kann man festhalten, daß das neue kirchliche Selbstverständnis als Volk Gottes und Heilssakrament in der Welt und für die Welt in »Nostra aetate« wie auch in »Ad gentes« seinen klaren Ausdruck gefunden hat.

2.4.4 Öffentlichkeitsauftrag der Kirche und menschliche Gewissensfreiheit in der Erklärung »Dignitatis humanae« vom 7.12.1965 über die Religionsfreiheit

Mit seiner Erklärung über die Religionsfreiheit wendet sich das Konzil über den Kreis der Gläubigen hinaus an die ganze interessierte Welt, was ganz im Sinn der neuen Selbstvergewisserung der Kirche im kulturellen Kontext der modernen Welt liegt. Daß das Thema der Religions- und Gewissensfreiheit in der Kirche nunmehr in so positiver und befreiender anthropologischer Sichtweise behandelt werden würde, ist ein dem Geist des Konzils am meisten entsprechendes Ergebnis. Daß gerade an diesem Punkte ein Durchbruch in der kirchlichen Lehre sich ereignen würde und die Kirche sich weltweit als Anwalt der Gewissens- und Religionsfreiheit verstehen würde, kam für die Beobachter des kirchlichen Lebens nicht überraschend. Zwar hatte noch die Enzyklika »Quanta cura« Pius IX. vom 8.12.1864 die Idee der Gewissensfreiheit scharf abgelehnt. Der Schritt des Konzils über den eigenen konfessionellen Binnenraum hinaus, die Öffnung der Kirche zur Welt hin, war aber durch die Tätigkeit vieler Theologen schon lange vorbereitet worden.

Die Entstehungsgeschichte der Konzilserklärung zeigt, daß das Konzil ursprünglich nur beabsichtigte, über das Thema der Religionsfreiheit im Rahmen einer Erklärung über das Kirche-Staat-Verhältnis zu sprechen.[117] Der ursprüngliche Entwurf, der als Kapitel IX des Schemas der geplanten Konstitution »De Ecclesia« von der Theologischen Kommission des Konzils vorgelegt wurde, spiegelte noch die früher vertretene Lehrauffassung der Kirche über die Religionsfreiheit wieder. Wenn sich beinahe alle Bürger eines Staates zur katholischen Religion als der wahren Religion bekennen, so ist aufgrund dieser Tatsache auch der Staat verpflichtet, sich zu dieser Religion zu bekennen und sich zum katholischen Staat zu erklären. Das kirchliche Lehrideal war also nicht der weltanschaulich neutrale Staat, sondern der katholische Konfessionsstaat.[118] Die konfessionelle Prägung des Staates bringt es dann mit sich, daß Anhänger anderer Religionen keinen Rechtsanspruch auf freie Religionsausübung haben. Sie müssen sich gemäß dem Grundsatz, daß nur die Wahrheit das plenum ius genießt, nicht dagegen der Irrtum, mit einem Status der Tolerierung begnügen. Dieser Status wird vom Staat aus Gründen des Gemeinwohls, insbesondere des gesellschaftlichen Friedens und im Hinblick auf die öffent-

---

117 Vgl. hierzu Pavan, in: LThK Ergänzungsband, Einleitung zu Dignitatis Humanae (DH), S. 704.
118 Vgl. Pavan, in: LThK Ergänzungsband, a. a. O., S. 704.

liche Sicherheit und Ordnung garantiert.[119] Andererseits reklamierte die traditionelle kirchliche Lehre über die Religionsfreiheit in denjenigen Ländern, in denen die katholische Kirche kaum zahlenmäßige Bedeutung besaß, kraft Naturrechts vom Staat die Garantie der Religionsfreiheit für die katholische Religion wegen ihrer besonderen Dignität als wahre Religion.

Gegen diese hergebrachte kirchliche Lehrauffassung formierte sich schon in der Vorbereitungsphase des Konzils und auch zu Beginn der Konzilsberatungen eine entschiedene Opposition. Man sprach davon, daß so nur Ressentiments und antikatholische Affekte bei den Andersgläubigen erzeugt würden und das ökumenische Klima vergiftet werde. Der vorbereitete Entwurf der Kommission über die Religionsfreiheit mußte als Folge dieser Kontroverse zurückgezogen werden, um die Diskussion nicht übermäßig zu belasten.[120]

Im übrigen lag bereits zur letzten Sitzung der vorbereitenden Zentralkommission im Juni 1962 ein weiterer Entwurf vor, der von dem Sekretariat für die Einheit der Christen stammte, das von Papst Johannes XXIII. mit der Bearbeitung beauftragt worden war. Er trug den Titel »Über die Religionsfreiheit« und wurde vor der Kommission von Kardinal Bea verteidigt. Mit dem Hinweis auf die personale Würde und die Gewissensfreiheit aller Menschen legte das Einheitssekretariat den Finger auf eine Schwachstelle der vorkonziliaren kirchlichen Doktrin. Sie hatte das Problem der Religionsfreiheit von einem zu einseitig staatsrechtlich geprägten Ansatz zu lösen versucht. Diese Lehre ließ nicht genügend Spielraum für die individualrechtlich relevante, subjektiv-personale Bedeutung der Frage der Religionsfreiheit. Die Feststellung, daß der Irrtum nicht das volle Recht genießen kann, erfaßt nicht die personale Problematik und die Würde des konkreten, irrenden Menschen, die er durch seinen Irrtum nicht verlieren kann.[121]

Ausgangspunkt und Fundament des Gedankengangs von »Dignitatis humanae« ist die Würde der menschlichen Person und die geschichtliche Tatsache ihrer immer mehr gewachsenen Bedeutung für das gesamte menschliche Zusammenleben. Das gegenüber früher deutlich gestiegene Bewußtsein des Menschen für seine persönliche Freiheit und Eigenverantwortung führt dazu, daß er empfindlich reagiert auf jede allzu starke Einengung und Beschränkung dieser seiner Freiheit durch äußere Zwänge. Dies zeigt sich besonders in seinem innersten persönlichen Kernbereich, der wesentlich das Religiöse umfaßt. Diese unleugbare geschichtliche Entwicklung kommt in den programmatischen Anfangssätzen von »Dignitatis humanae« klar zum Ausdruck:

---

119 So die Zusammenfassung der traditionellen Lehre bei PAVAN, in: LThK Ergänzungsband, a. a. O., S. 704.

120 Vgl. zu dieser Problematik PAVAN, in: LThK Ergänzungsband, a. a. O., S. 705.

121 Dies hatte Papst Johannes XXIII. in der Enzyklika »Pacem in terris« (Nr. 158) vom 11.4.1963 bereits konstatiert (vgl. die offizielle deutsche Übersetzung in der Herder Korrespondenz 17 (1962 / 63), S. 476–491).

> »Die Würde der menschlichen Person kommt den Menschen unserer Zeit von Tag zu Tag mehr zu Bewußtsein, und es wächst die Zahl derer, die den Anspruch erheben, daß die Menschen bei ihrem Tun ihr eigenes Urteil und eine verantwortliche Freiheit besitzen und davon Gebrauch machen sollen, nicht unter Zwang, sondern vom Bewußtsein der Pflicht geleitet. In gleicher Weise fordern sie eine rechtliche Einschränkung der öffentlichen Gewalt, damit die Grenzen einer ehrenhaften Freiheit der Person und auch der Gesellschaftsformen nicht zu eng umschrieben werden. Diese Forderung nach Freiheit in der menschlichen Gesellschaft bezieht sich besonders auf die geistigen Werte des Menschen und am meisten auf das, was zur freien Übung der Religion in der Gesellschaft gehört.«

Andererseits wollte man dem möglichen Vorwurf des Indifferentismus und Relativismus, der bei einer zu einseitigen Betonung des Rechtes auf individuelle religiöse Freiheit leicht entstehen könnte, von vornherein in überzeugender Weise begegnen. So bekennt sich die Kirche in »Dignitatis humanae« gleich in derselben Nr. 1 zu ihrer bleibenden Sendung, die Wahrheit Gottes im Heilsweg Christi zu verkünden und die einzige wahre Religion zu bezeugen, die »ihre konkrete Existenzform in der katholischen, apostolischen Kirche« (Hanc unicam veram Religionem subsistere credimus in catholica et apostolica Ecclesia) hat.

Die katholische Lehre über die einzig wahre Religion bleibt in dieser Konzilsaussage in ihrer Substanz ungeschmälert erhalten, aber die objektive Seite dieser Lehre über die Wahrheit wird ergänzt durch die subjektive Seite, nämlich die Bindungswirkung für das Gewissen des konkreten einzelnen Menschen. Daß die Wahrheit den Menschen im Gewissen nur insoweit verpflichtet, als sie ihm innerlich aufleuchtet, bringt zum Ausdruck, daß der Mensch zwar sittlich verpflichtet ist, die erkannte Wahrheit anzunehmen und zu bewahren, daß er ethisch verbindlichen Zugang zu dieser Wahrheit aber nur auf dem Wege über sein Gewissen erlangt.[122] Im Text der Erklärung kommt dies in Nr. 1,3 folgendermaßen zum Ausdruck:

> »In gleicher Weise bekennt sich das Konzil dazu, daß diese Pflichten die Menschen in ihrem Gewissen berühren und binden, und anders erhebt die Wahrheit nicht Anspruch als kraft der Wahrheit selbst, die sanft und zugleich stark den Geist durchdringt.«

In Nr. 2 erfolgt die eigentliche Definition der Religionsfreiheit sowie die Beschreibung ihres Gegenstandes und ihres Fundamentes. Religionsfreiheit wird beschrieben als Recht auf Freiheit von allen Formen äußeren Zwanges (von seiten einzelner Personen, der Gesellschaft wie auch des Staates) sowie jeglicher menschlicher Gewalt, wobei eine doppelte Gewissensfreiheit den materiellen Bereich dieses Freiheitsrechtes bildet. Zum einen ist dies die negative Freiheit von jedwedem Zwang, gegen sein Gewissen handeln zu müssen, und zum zweiten die positive Freiheit, nicht daran gehindert zu werden, nach seinem Gewissen zu handeln – privat und öffentlich, für sich allein und in Gemeinschaft mit anderen:

> »Diese Freiheit besteht darin, daß alle Menschen frei sein müssen von jedem Zwang von Seiten Einzelner oder auch gesellschaftlicher Gruppen und jedweder menschlichen Ge-

122 Vgl. dazu PAVAN, in: LThK Ergänzungsband, a. a. O., S. 708–709.

walt, sodaß in religiösen Dingen weder irgendjemand gezwungen wird (neque cogatur), gegen sein Gewissen zu handeln, noch daran gehindert wird (neque impediatur), seinem Gewissen entsprechend zu handeln, privat und öffentlich, allein oder in Gemeinschaft mit andern, innerhalb der gebotenen Grenzen.«

Die erstgenannte Form der Gewissensfreiheit ist mit »neque cogatur« umschrieben und soll die Integrität und die Geltung einer bereits erkannten Forderung des Gewissens schützen, die primär auf ein Unterlassen gerichtet ist (dies umfaßt z. B. den Bereich der Kriegsdienstverweigerung aus Gewissensgründen). Die zweitgenannte Form, die mit »neque impediatur« beschrieben wird, soll demgegenüber einem primär auf ein aktives Tun ausgerichteten Gewissensanspruch zur Durchsetzung verhelfen (dies betrifft z. B. den Bereich des Gottesdienstes und der übrigen Manifestationen eines religiösen Bekenntnisses). Fundament des Rechts auf Religionsfreiheit ist die Menschenwürde, womit es materiell als Recht höchster Ordnung mit überpositiver Geltungskraft definiert wird. Es kann im Wege der Rechtssetzung in seiner Gültigkeit nicht abgeschafft werden, da es im Wesen des Menschen selbst begründet ist.[123] Eine rein positiv-rechtliche Begründung des Rechts auf Religionsfreiheit wird damit als unzureichend abgewiesen. Das Konzil weiß gleichwohl um die Notwendigkeit der Verankerung des Rechtes auf Religionsfreiheit in der Rechtsordnung der staatlichen Gemeinschaft, was im folgenden Satz von Nr. 2 zum Ausdruck gebracht wird:

»Dieses Recht der menschlichen Person auf Religionsfreiheit muß durch die gesellschaftliche Rechtsordnung in der Weise anerkannt werden, daß es durch die zivile Rechtsordnung kodifiziert wird.«

Nach der kirchlichen Doktrin handelt es sich bei einem solchen staatlichen Rechtsakt nur um einen deklaratorischen Akt und damit um die Anerkennung eines bereits vorstaatlich existierenden fundamentalen Menschenrechts.[124]

Die so umschriebene Religionsfreiheit ist ihrem Charakter nach Wahlfreiheit. Ihr geschütztes Rechtsgut ist die Gewissensentscheidung in ihrer Authentizität und damit ihrer Glaubwürdigkeit. Dabei weist das Konzil darauf hin, daß die Ausübung der Religionsfreiheit nicht nur das Fehlen äußeren Zwanges voraussetzt, sondern auch die menschliche Fähigkeit zur inneren, psychologischen Freiheit der Entscheidung (Nr. 2).

Die Freiheit der Religionsgemeinschaften, die einen wesentlichen Bestandteil des Rechts auf Religionsfreiheit darstellt, weil der Gemeinschaftsbezug zum Wesen des Menschen und damit auch zum Wesen der Religion gehört, wird in Nr. 4 der Erklärung behandelt. Das Konzil verlangt vom Staat die Garantie des Selbstbestimmungsrechtes der Religionsgemeinschaften. Es äußert sich in vielfältiger Weise im religiösen Kultus, in der Lehre, Forschung und Unterweisung, der Auswahl und Ausbildung ihrer Amtsträger sowie in dem Erwerb und Gebrauch zweckentspre-

---

123 Vgl. PAVAN, in: LThK Ergänzungsband, a. a. O., S. 715.

124 So PAVAN, in: LThK Ergänzungsband, a. a. O., S. 715, mit dem Hinweis darauf, daß dem Recht auf Religionsfreiheit damit praktisch naturrechtliche Geltung zugesprochen wird.

chender Güter und dem Recht zur Errichtung religiöser Gebäude, wie der umfangreiche Katalog in DH 4,3 zeigt.

Besonderes Augenmerk wird in DH 5 der religiösen Erziehung in der Familie geschenkt, und es wird die Bedeutung des Elternrechts auf religiöse Erziehung ihrer Kinder und ihre Freiheit zur Wahl der geeigneten Schule für ihre Kinder unterstrichen. Eine staatliche Einheitsschule oder eine einheitliche verpflichtende Erziehungsform, die eine religiöse Ausbildung unmöglich macht, würde gegen dieses elementare Elternrecht verstoßen.

DH 6 hebt die Pflicht des Staates und der gesellschaftlichen Verantwortungsträger zum Schutz der Religionsfreiheit, die zu den unverletzlichen Menschenrechten gehört, hervor. Dies schließt das Verbot religiöser Diskriminierung ein. Demgegenüber umschreibt Nr. 7 die Grenzen der Religionsfreiheit, die durch das Sittengesetz, die Rechte anderer sowie die eigenen Pflichten anderen Menschen gegenüber und gegenüber dem Gemeinwohl gezogen sind. Auf die besondere Notwendigkeit von Gerechtigkeit und Menschlichkeit bei der Religionsausübung wird eigens hingewiesen. Die Religionsfreiheit darf nur insoweit eingeschränkt werden, als dies wegen der oben genannten Grenzen notwendig ist, weil »dem Menschen ein möglichst weiter Freiheitsraum zuerkannt werden muß«.

Weil heutzutage viele Menschen unter dem Einfluß des gesellschaftlichen Milieus oder der Massenmedien stehen, gerät ihre eigene Freiheit in Gefahr, und durch die Faszination neuer technischer Errungenschaften und den gestiegenen Komfort entsteht das neue Problem, daß Freiheit mitunter mit Zügellosigkeit verwechselt wird. Alle Sorge um die Wahrung und Förderung der Religionsfreiheit muß also das Ziel haben, die Eigenverantwortlichkeit des Menschen zu stärken bzw. zu wekken.[125]

Mit DH 9 beginnt ihr zweiter Teil, der eine grundlegend neue Argumentationslinie einführt, indem er eine Begründung der Religionsfreiheit aus der Offenbarung heraus versucht. Nachdem im ersten Teil das Wesen der Religionsfreiheit aus der menschlichen Personwürde heraus begründet und in seinen Wirkungen sowohl im persönlichen wie im sozial-gesellschaftlichen Bereich entfaltet wurde, beschäftigt sich nun der Schlußteil des Dokumentes (DH 9–15) mit dem christlichen Offenbarungsschatz, dem depositum fidei. Die nun folgenden Artikel enthalten keinen strikten Beweis für alle Einzelelemente der in der Deklaration entfalteten kirchlichen Lehre, sondern nur eine plausible, summarische Darlegung der kirchlichen Lehrauffassung.[126] Das Konzil weist zu Beginn von DH 9 darauf hin, daß die Religionsfreiheit in der Bibel nicht ausdrücklich gelehrt wird, aber doch ihre Wurzeln in der christlichen Offenbarung hat:

---

125 Vgl. hierzu die Hinweise von PAVAN, in: LThK Ergänzungsband, a. a. O., S. 730–731.

126 Vgl. J. FEINER, Freiheit des Glaubens für alle, in: J. Chr. Hampe (Hrsg.), Die Autorität der Freiheit. Gegenwart des Konzils und Zukunft der Kirche im ökumenischen Disput, Band 3, München 1967, S. 225.

> »Dennoch hat diese Lehre über die (religiöse) Freiheit ihre Wurzeln in der göttlichen Offenbarung, weswegen sie umso mehr von den Christen hochgeschätzt und bewahrt werden muß.«

Es wird hier besonders auf den Geist des Evangeliums Jesu Christi verwiesen, der sich im neuen neutestamentlichen Freiheitsethos verkörperte. So wird hervorgehoben, daß Jesus in seiner Lehre wie in seinem Heilswirken an den Menschen im besonderen Maße ihre Würde und Freiheit respektierte. So trat Jesus – oftmals im Gegensatz zu manchen religiösen Führern seiner Zeit! – für die Freiheit der Erfüllung der religiösen Pflichten aus innerer Überzeugung ein und wandte sich gegen eine rein äußerliche, am Zwang religiöser Gesetze orientierte Frömmigkeitspraxis.

In DH 10 und 11 wird die Freiheit des Glaubensaktes als eines freien, durch äußere Mittel nicht erzwingbaren personalen Aktes beschrieben und die Freiheit gewährende Verkündigung Jesu, der auf alle Macht- und Zwangsmittel, alle politischen Möglichkeiten zur Unterstützung seiner Verkündigung verzichtet hat, besonders gewürdigt. Es wird auch die Haltung der Apostel hervorgehoben, die von dem starken Glauben beseelt waren, daß das Evangelium »wahrhaft eine Kraft Gottes zum Heil ist für jeden, der glaubt« (Röm 1,16) und darum dem »Beispiel der Güte und Bescheidenheit Christi« folgten und auf alle »fleischlichen Waffen« (2 Kor 10,4) verzichteten.

DH 12 bekräftigt die Treue der Kirche zum Weg Christi und seiner Apostel und beweist andererseits auch den Mut zur Selbstkritik, indem man feststellt, daß im Leben der Kirche »eine Weise des Handelns vorgekommen« sei, »die dem Geist des Evangeliums wenig entsprechend, ja sogar entgegengesetzt war«. Die Kirche hat also in ihrer 2000jährigen Geschichte selbst nicht immer das Recht der Religionsfreiheit geachtet, aber ihre Lehre, »daß niemand zum Glauben gezwungen werden darf, hat dennoch die Zeiten überdauert« (DH 12,1, letzter Satz).

Die Idee der Freiheit, die in der Botschaft des Evangeliums enthalten ist, hat sich – mitunter unabhängig von der konkreten kirchlichen Praxis! – in der geistesgeschichtlichen Entwicklung der Menschheit bleibend ausgewirkt und sich mehr und mehr durchgesetzt. Dies hebt das Konzil in schönen Worten hervor:

> »Der Sauerteig des Evangeliums hat sich so im Geist der Menschen schon lange ausgewirkt und hat viel dazu beigetragen, daß die Menschen im Laufe der Zeit die Würde ihrer Person besser erkannten und daß die Überzeugung heranreifte, in religiösen Dingen müsse sie in der bürgerlichen Gesellschaft vor jedem menschlichen Zwang geschützt werden« (DH 12, letzter Satz).

Dadurch, daß die Kirche die religiöse Freiheit anerkennt, vollzieht sie in eindeutiger Weise den Abschied von ihrer früheren Lehre der »potestas indirecta in temporalibus«.[127] In DH 13 stellt das Konzil das Prinzip der Freiheit der Kirche als das grundlegende Prinzip im Verhältnis zwischen Kirche und Staat heraus.

---

127 Vgl. hierzu GÖBEL, a. a. O., S. 119.

Das Prinzip der Freiheit der Kirche bildet zusammen mit dem Schutz der Glaubensfreiheit und der in DH 6 ausgesagten Inkompetenz des Staates in Fragen religiöser Optionen das neue kirchliche Selbstverständnis, aus dem sich die Leitlinien für das Verhältnis Kirche-Staat ergeben. Auf dieser Basis wird eine »Kooperation beider Sozialgebilde im Dienste an den ihnen beiden zugehörenden Menschen« in neuer Weise möglich.[128]

Schließlich ist noch darauf hinzuweisen, daß die Erklärung die wichtige Funktion des kirchlichen Lehramtes für die praktische Verwirklichung der Religionsfreiheit des Katholiken in DH 14 hervorhebt:

> »Bei ihrer Gewissensbildung müssen jedoch die Christgläubigen die heilige und sichere Lehre der Kirche sorgfältig vor Augen haben. Denn nach dem Willen Christi ist die katholische Kirche die Lehrerin der Wahrheit; ihre Aufgabe ist es, die Wahrheit, die Christus ist, zu verkündigen und authentisch zu lehren, zugleich auch die Prinzipien der sittlichen Ordnung, die aus dem Wesen des Menschen selber hervorgehen, autoritativ zu erklären und zu bestätigen.«

Hierdurch soll die persönliche Freiheit des Glaubens gerade nicht beschnitten werden. Es wird vielmehr der besondere Charakter von Offenbarungswahrheiten, der im Gegensatz zu reinen Vernunftwahrheiten auf die getreue Überlieferung des Offenbarungsgutes, die Beachtung der Traditionsgeschichte und die je neu notwendige Deutung im zeitgeschichtlichen kulturellen Kontext angewiesen ist, betont. Das Lehramt hat daher eine wichtige erkenntnistheoretische Funktion für den Entscheidungsprozeß des Glaubens, kann aber gerade nach der Anerkennung der Religionsfreiheit dem Menschen nicht die Aufgabe abnehmen, seinen religiösen Weg selbst suchen zu müssen.[129]

Die Erklärung über die Religionsfreiheit ist, wie die abschließende Nr. 15 deutlich zeigt, im Geiste der neuen Öffnung der katholischen Kirche zur modernen Welt verfaßt und von den Grundimpulsen des Konzils beeinflußt, die die Menschheit trotz aller Verschiedenheiten der Kulturen und Religionen als Einheit sehen. Die Kirche fühlt sich den menschlichen Grundanliegen von Frieden und Freiheit und Selbstbestimmung der Völker solidarisch verbunden:

> »Denn es ist eine offenbare Tatsache, daß alle Völker von Tag zu Tag mehr eine Einheit werden, daß Menschen verschiedener Kultur und Religion enger miteinander in Beziehung kommen und daß das Bewußtsein der eigenen Verantwortlichkeit im Wachsen begriffen ist. Damit nun friedliche Beziehungen und Eintracht im Menschengeschlecht entstehen und befestigt werden, ist es erforderlich, daß überall auf Erden die Religionsfreiheit einen wirksamen Rechtsschutz genießt und daß die höchsten Pflichten und Rechte des Menschen, sein religiöses Leben in der Gesellschaft in Freiheit zu gestalten, wohl beachtet werden.«

---

128 So GÖBEL, a. a. O., S. 72, Fn. 31.
129 Vgl. dazu FEINER, a. a. O., S. 222.

3. Die kanonistische Sicht des kirchlichen Öffentlichkeitsauftrages

Die zentrale Norm des neuen Codex, die die kirchliche Sendung beschreibt, ist der bereits erwähnte can. 747 CIC, der sich seinerseits inhaltlich zurückbezieht auf den Missionsbefehl Christi an seine Jünger und damit von diesem biblischen Wurzelgrund aus den missionarischen Charakter des kirchlichen Öffentlichkeitsauftrages verdeutlicht.[1] Verkündigung, diakonisches Handeln und ethische Urteilskompetenz der Kirche sind die drei Gebiete kirchlicher Tätigkeit, die inhaltlich gesehen die kirchliche Sendung ausmachen, unter den konkordatären Oberbegriff des Öffentlichkeitsauftrages subsumiert werden könnten und von can. 747 CIC programmatisch erfaßt werden. Der kanonistische Ort von Verkündigung und Diakonie ist in can. 747 § 1 CIC, der Ort der individual- und sozialethischen kirchlichen Kompetenz, die man in einem weiteren Sinne auch als gesellschaftliche Diakonie bezeichnen könnte, in can. 747 § 2 CIC zu finden. Can. 747 CIC ist eine grundsätzliche programmatische Norm, die wichtige kirchliche Zielvorgaben für ihr korporatives gesellschaftlich relevantes Verhalten, für den kirchlichen Weltauftrag formuliert. Sie ist aber zu ihrer inhaltlichen Konkretisierung auf weitere spezielle inhaltliche und organisationsrechtliche Normen angewiesen.

Can. 747 § 1 CIC / 1983, der hier zunächst betrachtet werden soll, kann als Fundamentalnorm für die kirchenrechtliche Einordnung des Öffentlichkeitsauftrages angesehen werden. Sie beschreibt diesen in einer umfassenden Weise inhaltlich und bezieht sich nach der gewählten Terminologie nicht einfach nur auf doktrinäres kirchliches Tun. Vielmehr rückt durch die Betonung von Verkündigung, Auslegung und Predigt und den ausdrücklichen Hinweis auf die sozialen Kommunikationsmittel die Vermittlung des Lebenszusammenhanges des Evangeliums, sein Wegcharakter für den Menschen stärker ins Blickfeld.[2]

Dem can. 747 § 1 CIC als inhaltlichem objektivem Strukturprinzip für den kirchlichen Öffentlichkeitsauftrag korrespondiert der can. 129 § 1 CIC. Er kann als ein subjektives Strukturprinzip angesehen werden, da er die Subjekte, die Träger des kirchlichen Öffentlichkeitsauftrages in ihrer wesentlichen Kompetenz, nämlich als Inhaber der Leitungs- bzw. Jurisdiktionsgewalt benennt.[3] Inhaber dieser potestas regiminis können nur Kleriker sein, während Laien mitwirken können (can. 129 § 2 CIC: cooperari possunt). Allerdings könnte man mit ebenso gutem Recht auch die Grundnorm des zweiten Buches des neuen CIC über das Volk Gottes, den can. 204 § 1 CIC, als weitere korrespondierende Norm bezeichnen. Sie macht auch Aussagen über die Subjekte des kirchlichen Öffentlichkeitsauftrages, da sie inhaltlich Bezug nimmt auf die Personen, denen die Ausübung der kirchlichen Sendung anvertraut ist. Nach can. 204 § 1 CIC ist jeder Gläubige (christifidelis) gemäß der ihm

---

1 Vgl. dazu G. GÖBEL, Das Verhältnis von Kirche und Staat nach dem neuen CIC / 1983, Staatskirchenrechtliche Abhandlungen, Band 21, Berlin 1993, S. 132.

2 Vgl. hierzu GÖBEL, a. a. O., S. 132, mit eingehender Begründung.

3 Zur Terminologie vgl. die Hinweise bei GÖBEL, a. a. O., S. 132.

eigenen Stellung zur Ausübung der Sendung berufen, die Gott der Kirche zur Erfüllung in der Welt anvertraut hat, und dies aufgrund der Taufe, die ihn dem Volke Gottes eingegliedert und ihm am priesterlichen, prophetischen und königlichen Amt Christi Anteil gegeben hat.

In can. 204 § 1 CIC hat somit der neue Codex die vom Zweiten Vaticanum adoptierte Lehre von den drei Ämtern Christi übernommen, die in der Kirchenkonstitution »Lumen Gentium« ihren Ausdruck gefunden hat, am klarsten in LG 21,2, wo die Sakramentalität der Bischofsweihe näher umschrieben wird:

> »Sie (d. h. die Fülle des Weihesakramentes) heißt ja auch im liturgischen Brauch der Kirche wie in den Worten der heiligen Väter das Hohepriestertum, die Ganzheit des heiligen Dienstamtes. Die Bischofsweihe überträgt mit dem Amt der Heiligung auch die Ämter der Lehre und der Leitung, die jedoch ihrer Natur nach nur in der hierarchischen Gemeinschaft mit Haupt und Gliedern des Kollegiums ausgeübt werden können.«

Karl Rahner[4] hebt in seinem Kommentar hervor, daß der neue kirchliche Bezug auf das dreifache munus Christi einen theologischen Fortschritt gegenüber der früheren Lehre von der potestas iurisdictionis und der potestas ordinis bedeutet, da das Drei-Ämter-Schema die innere Einheit der beiden Gewalten und ihre Basis von der Vollmacht Christi her verdeutlicht.

Theologisch braucht die sacra potestas die ekklesiologische Einbettung und die sakramentale Verwurzelung, um nicht zu einer reinen Rechtsvollmacht, einem bloß äußerlichen Strukturelement der kirchlichen Leitung herabzusinken.

Diese ekklesiologischen und sakramentalen Bezüge sind auch in weiteren Artikeln der Kirchenkonstitution deutlich herausgehoben, die ebenfalls der Umschreibung des kirchlichen Dienstamtes gewidmet sind, z. B. in LG 18,1: »Um Gottes Volk zu weiden und immerfort zu mehren, hat Christus der Herr in seiner Kirche verschiedene Dienstämter eingesetzt, die auf das Wohl des ganzen Leibes ausgerichtet sind«. Konkreter heißt es dazu in LG 20,3:

> »Die Bischöfe haben also das Dienstamt in der Gemeinschaft zusammen mit ihren Helfern, den Priestern und Diakonen, übernommen. An Gottes Stelle stehen sie der Herde vor, deren Hirten sie sind, als Lehrer in der Unterweisung, als Priester im heiligen Kult, als Diener in der Leitung.«

Für den Öffentlichkeitsauftrag der Kirche, also in ihrer Tätigkeit nach außen, hat von den drei Ämtern das Lehramt eine wichtigere Funktion als die beiden anderen Ämter, was in dem Wortlaut von can. 747 § 1 CIC deutlich zum Ausdruck kommt:

> »Christus der Herr hat der Kirche das Glaubensgut anvertraut, damit sie unter dem Beistand des Heiligen Geistes die geoffenbarte Wahrheit heilig bewahrt, tiefer erforscht und treu verkündigt und auslegt.« Mit den Termini bewahren, erforschen, verkündigen und auslegen sind eindeutig lehrhaft-theologische Tätigkeiten bezeichnet.

Can. 747 § 1 CIC hat aber auch eine wichtige Funktion innerhalb der kirchlichen communio: denn das kirchliche Glaubensgut wird bewahrt in der Gemeinschaft der Glaubenden. Hier ist der natürliche Ort der Rezeption der kirchlichen theologischen

---

4 Vgl. RAHNER, in: LThK Ergänzungsband, LG, S. 219.

Lehre, hier wird das depositum fidei zunächst entwickelt. Somit findet in can. 747 ein fundamentales Gesetz kirchlichen Lebens seinen Ausdruck, nämlich daß die Verkündigung der Kirche – im Bewahren, Erforschen und Auslegen der Theologen – der Rezeption der Gläubigen bedarf, um lebendige Glaubenswirklichkeit zu werden, Teil des kirchlichen Lebens, und nicht einem Verfallsprozeß anheimzufallen.[5] Das Lehramt hat damit die wichtige Aufgabe, den Glaubenssinn (sensus fidelium) der Gläubigen zu stärken bzw. ihn auch zu wecken, damit der natürliche Ort der communio fidelium weiter bestehen kann, an dem das depositum fidei lebendig bewahrt wird. Von diesem Ort, von dieser Gemeinschaft aus, kann sich erst der kirchliche Öffentlichkeitsauftrag vollziehen. Diese grundlegende Tatsache ist in can. 747 § 1 systematisch dadurch berücksichtigt worden, daß erst sein zweiter Teil von der Pflicht und dem angeborenen Recht der Kirche, das Evangelium nach außen zu verkündigen, spricht:

> »Daher ist es ihre (d. h. der Kirche) Pflicht und ihr angeborenes Recht, auch unter Einsatz der ihr eigenen sozialen Kommunikationsmittel, unabhängig von jeder menschlichen Gewalt, allen Völkern das Evangelium zu verkünden.«

Die Bedeutsamkeit des gemeinsamen Festhaltens am Glauben, des Glaubenssinnes der Gläubigen, wird auch im Abschnitt über den Verkündigungsdienst der Kirche hervorgehoben. Allerdings wird der Terminus »sensus fidelium« hier nicht verwendet. Es heißt nämlich in can. 750, daß der auf den Quellen von Hl. Schrift und kirchlicher Tradition beruhende und durch das kirchliche Lehramt definierte Glaube nach außen hin manifestiert wird durch das gemeinsame Bekenntnis der Gläubigen zu ihm.

Neben dem munus docendi haben aber auch die beiden anderen munera Christi ihre wichtige Funktion für den kirchlichen Öffentlichkeitsauftrag. Wenngleich das Tria Munera-Schema kein durchgehendes Gliederungsprinzip des neuen Codex geworden ist, so kann doch darauf verwiesen werden, daß es für jedes munus eine kanonistische Grundnorm gibt. Neben dem bereits behandelten can. 747 § 1 CIC für das munus docendi kann can. 129 § 1 CIC für das munus regendi und can. 834 § 1 CIC für das munus sanctificandi angeführt werden.[6] Denn auch im Heiligungsdienst, im öffentlichen sakramentalen Leben der Kirche, wird das Evangelium verkündet, in »sinnenhaften Zeichen« (per signa sensibilia, can. 834 § 1 CIC), ebenso in der autoritativen Tätigkeit der Kirche, die immer auch Weisung nach dem Evangelium Christi sein will und darum auf Verbindlichkeit nicht verzichten kann.

Die Bedeutung der Drei-Ämter-Lehre für das Selbstverständnis der kirchlichen Gemeinschaft und insbesondere ihre Gliedschaft kommt auch deutlich zum Ausdruck in can. 205 CIC, in dem es heißt:

---

5 Vgl. W. AYMANS, in: Handbuch des katholischen Kirchenrechts. J. Listl, H. Müller, H. Schmitz (Hrsg.), Regensburg 1983, S. 539.

6 Vgl. dazu Näheres bei GÖBEL, a. a. O., S. 130.

> »Voll in der Gemeinschaft der katholischen Kirche in dieser Welt stehen jene Getauften, die in ihrem sichtbaren Verband mit Christus verbunden sind, und zwar durch die Bande des Glaubensbekenntnisses, der Sakramente und der kirchlichen Leitung (vinculis nempe professionis fidei, sacramentorum et ecclesiastici regiminis).«

Auch hier sind die statusbildenden Elemente der Lehre, der Heiligung und der Leitung wieder erwähnt, in denen sich die Rezeption konkretisiert. Der durch die Teilhabe an den drei Ämtern Christi jedem Gläubigen eigene Status wird noch näher beschrieben und gewürdigt in can. 208 CIC, der die Ausgangsnorm für die nähere Konkretisierung und Ausfüllung dieses Grundstatus des Katholiken in Rechten und Pflichten in der communio bildet:

> »Unter allen Gläubigen besteht, und zwar aufgrund ihrer Wiedergeburt in Christus, eine wahre Gleichheit in Würde und Tätigkeit, kraft der alle je nach ihrer eigenen Stellung und Aufgabe am Aufbau des Leibes Christi mitwirken.«

Hiermit ist grundsätzlich eine Gleichheit des Grundstatus unter den Gläubigen kodifiziert, die vorgängig besteht zu allen hierauf folgenden Statusunterschieden, die sich aus dem kirchlichen Ordosakrament ergeben.

Man kann hier von kirchlicher Personalität sprechen, die durch den Grundstatus vermittelt wird, oder herausheben, daß es nach can. 208 CIC keine passive Kirchengliedschaft mehr gibt wie nach dem CIC von 1917, bei dem in gewisser Weise nur die Kleriker Vollmitglieder der Kirche waren, sondern daß die »dignitas christiana« nunmehr allen eigen ist und die potestas sacra nicht mehr notwendiger Ausgangspunkt der Teilhabe an der kirchlichen Sendung ist. Dieser Begriff der kirchlichen Personalität, der durch den rechtlichen Grundstatus als Christgläubiger jedem Getauften zukommt, ist natürlich klar zu unterscheiden von der rechtlichen Personalität der Kirche, die der neue Codex in can. 113 § 1 CIC statuiert hat; Göbel bezeichnet die als rechtliche Basis jedem öffentlichen kirchlichen Handeln zugrundeliegende kanonistische Statusform der Kirche als »persona moralis« als Formalprinzip der Kirche.[7] Es handelt sich somit hier um eine Rechtsform, die der Ausfüllung durch den Inhalt des Öffentlichkeitsauftrages der Kirche bedarf; insofern kann man can. 747 § 1 CIC als Materialprinzip kirchlichen Handelns bezeichnen.[8] Als zweites Materialprinzip kirchlichen Handelns bezeichnet Göbel die hierarchische Struktur der Kirche, die Bindung der kirchlichen Leitungsgewalt (potestas regiminis) an das Weihesakrament in can. 129 § 1 CIC.[9] Die Realisierung des kirchlichen Öffentlichkeitsauftrages bedarf rechtlich sowohl eines Inhaltes, der in can. 747 § 1 und 2 umschrieben wird, wie auch eines rechtlichen Kompetenz- und Verantwortlichkeitsrahmens, damit Inhalt und verantwortliche Trägerschaft dieses Öffentlichkeitsauftrages rechtlich einwandfrei geklärt sind.

---

7 Göbel, a. a. O., S. 132.

8 So GÖBEL, a. a. O., S. 132.

9 Vgl. GÖBEL, a. a. O., S. 132; das formale kirchliche Leitungsprinzip der potestas regiminis bedarf der inhaltlichen Ausfüllung durch die Definition des Personenkreises der hierzu Berechtigten, nämlich derjenigen, die die kirchliche Weihe empfangen haben.

Als persona moralis hat die Kirche kraft ihres Selbstverständnisses den Charakter einer auf göttlicher Stiftung, nicht auf einem menschlichen oder staatlichen Errichtungsakt beruhenden Rechtspersonalität und ist als Sozialgebilde auf Dauer angelegt. Juristisch meint dies einen Sonderfall der juristischen Person, wobei der Terminus »persona moralis« sich unter dem Einfluß der Naturrechtslehre vor allem in Frankreich durchgesetzt hat.[10] Die hiermit definierte kirchliche Rechtssubjektivität wirkt nach innen und nach außen. Zu beachten ist, daß can. 113 § 1 CIC nicht sagt, die Kirche *sei* eine moralische Person, sondern nur davon spricht, daß sie diesen Charakter habe, kraft ihrer Fähigkeit, Träger von Rechten und Pflichten im menschlichen Zusammenleben zu sein.

Die Strukturelemente des kirchlichen Öffentlichkeitsauftrages, wie sie sich uns im neuen Codex in can. 747 § 1 CIC darbieten, sind Tätigkeitsumschreibungen für das kirchliche Lehramt. Die hier genannten Tätigkeitselemente des Bewahrens, Erforschens, Verkündigens und Auslegens lassen sich unter dem Oberbegriff der traditio zusammenfassen, der die gesamte Tätigkeit der im aktiven Lehrprozeß stehenden Träger der kirchlichen Verkündigung zusammenfaßt.[11]

Im Lehramt ist die institutionelle Verankerung des kirchlichen Öffentlichkeitsauftrages gegeben und damit die Autorität festgelegt, die für die rechte Übermittlung und Interpretation der christlichen Botschaft im wechselnden geschichtlichen und kulturellen Kontext der Verkündigung verantwortlich ist. Dies dient der Ermöglichung der dauerhaften Verkündigung der frohen Botschaft.

Mit dem Strukturelement der traditio und seinem institutionellen Träger, dem kirchlichen Lehramt, ist aber nur eine Seite des kirchlichen Öffentlichkeitsauftrages beschrieben. Jede Verkündigung und jede Wahrnehmung des kirchlichen Öffentlichkeitsauftrages bezweckt die Aufnahme der Botschaft, ist auf Aufnahmebereitschaft angewiesen und will diese in recht verstandener Weise fördern und auf bestehende Fragen und Probleme reagieren. Das zweite unverzichtbare Strukturelement kirchlicher Verkündigung neben der traditio ist somit das Element der receptio.[12] Die Gläubigen wirken an der Lehraufgabe der Kirche mit, nicht auf der hierarchischen Strukturebene der Kirche, sondern auf der Ebene des konkreten Lebens der Kirche als Glaubens- und Lebensgemeinschaft. Denn das hierarchische Element ist auf die ihm zugeordnete Gemeinschaft verwiesen, das Lehramt ist eingebettet in die umfassende Größe der communio, damit in ihr die Lehre reflektiert und mitsamt allen ihren Fragen- und Problemkomplexen im Leben verwirklicht wird.[13] Die Aus-

---

10 Vgl. hierzu W. AYMANS / K. MÖRSDORF, Kanonisches Recht. Lehrbuch aufgrund des Codex Juris Canonici (1983), Band 1, Paderborn – München 1991, S. 308–311.

11 Vgl. hierzu LAURET, Art. »Lehramt«, in: Neues Handbuch theologischer Grundbegriffe, P. Eicher (Hrsg.), Band 3, Müchen 1991, S. 207–209.

12 Vgl. hierzu LAURET, in: Neues Handbuch theologischer Grundbegriffe, a. a. O., S. 209.

13 Vgl. hierzu CONGAR, Der Laie, Stuttgart 1956, S. 454, 459, 462; Congar verweist darauf, daß bereits in der frühen Kirche kirchliche Lehrautorität und sensus fidelium der Glaubensgemeinschaft von der fruchtbaren Wechselwirkung von traditio und receptio lebten.

übung der traditio reagiert immer schon auf den vorgängig vorhandenen, im gläubigen Volk gelebten Glauben (sensus fidelium), der als solcher immer neu der geistigen und geistlichen Selbstvergewisserung bedarf und daher neben der Praxis notwendig auf Reflexion angewiesen ist, die seiner kritischen Prüfung auf Authentizität am Maßstab der apostolischen Überlieferung dienen will.[14]

Traditio und receptio ergänzen sich also durch ihr fruchtbares, auch spannungsvolles Verhältnis im lebendigen Glaubensvollzug der kirchlichen communio. Sie dienen so der Erhaltung und Stärkung des sensus fidelium innerhalb der kirchlichen Glaubensgemeinschaft, sind aber auch notwendige Voraussetzungen für die Konkretisierung und Aktualisierung der kirchlichen Botschaft, die zur zeitgemäßen Ausübung des Öffentlichkeitsauftrages der Kirche erforderlich ist.

3.1 Die Träger des kirchlichen Öffentlichkeitsauftrages

Aus den obigen Ausführungen folgt, daß durch die in can. 747 § 1 CIC genannten Strukturelemente der Verkündigung das Glaubensgut bewahrt und weiterentwickelt wird und daß damit das Lehramt als Träger des Verkündigungsauftrages eine theologische Erkenntnisquelle darstellt.[15] Im folgenden soll näher auf die verantwortlichen Träger des Lehramtes und ihre Kompetenz eingegangen werden.

Das Lehramt ist kirchenrechtlich an den Papst und das Bischofskollegium für die höchste Lehrgewalt und an das Bischofsamt für die Ausübung der ordentlichen Lehrautorität gebunden. Hierin spiegelt sich das Prinzip der Apostolizität der Kirche wider, da die Bischöfe als Nachfolger der Apostel kraft der successio apostolica die Fülle des Apostelamtes in der Kirche innehaben, so die Kontinuität mit der apostolischen Tradition verkörpern und Zeugnis für die episkopale Struktur der Kirche ablegen.

Das Zweite Vaticanum hat betont, daß die residierenden Bischöfe in ihren Diözesen die authentischen Lehrer des Glaubens sind, die das »sichere Charisma der Wahrheit« empfangen haben (vgl. DV 8). Das neue Kirchenrecht bringt die Aufgabe der Bischöfe als Träger des kirchlichen Lehramtes in can. 753 CIC zum Ausdruck. Er besagt, daß die Bischöfe die »authentischen Künder und Lehrer des Glaubens« (authentici sunt fidei doctores et magistri) für die ihnen anvertrauten Gläubigen und die Gläubigen gehalten sind, diesem authentischen Lehramt der Bischöfe mit religiösem Gehorsam zu folgen (religioso animi obsequio adhaerere tenentur).

Can. 753 CIC / 1983 hat auch die Lehre des Zweiten Vaticanums übernommen, wonach die Bischöfe in ihrer Gesamtheit ein Kollegium bilden, welches als ganzes dem Kollegium der Apostel nachfolgt, im Lehramt wie auch im Hirtenamt.[16] Das Spezifikum des Kollegiums ist die hierarchische und synodale Gemeinschaft, die

---

14 Vgl. hierzu LAURET, in: Neues Handbuch theologischer Grundbegriffe, a. a. O., S. 209.

15 Vgl. dazu A. DULLES, Lehramt und Unfehlbarkeit, in: W. Kern, H. J. Pottmeyer, M. Seckler (Hrsg.), Handbuch der Fundamentaltheologie, Band 4, Freiburg 1988, S. 153.

16 Vgl. dazu DULLES, Lehramt, a. a. O., S. 159.

zwischen seinem Haupt, dem Papst als Bischof von Rom, und den Gliedern, den übrigen Bischöfen, besteht. Für definitiv-verpflichtende, unfehlbare Lehren gilt nunmehr can. 749 CIC als Norm, der die Lehren des Ersten wie des Zweiten Vaticanums übernommen hat und nunmehr als Grundnorm für das geltende kirchliche Primats- und Kollegialitätsverständnis angesehen werden kann.

Es gibt zwei strukturelle Formen der Ausübung der kirchlichen Höchstgewalt; der Papst kann zum einen als Haupt des Bischofskollegiums in primatialer Weise handeln, also allein, d. h. ohne vorherige Konsultation des Bischofskollegiums entscheiden, oder zum anderen zusammen mit dem Bischofskollegium, also in kollegialer Weise, handeln und entscheiden. In beiden Fällen geht strukturell die Initiative vom Papst aus. Das Bischofskollegium kann im zweiten Falle nur zusammen mit dem Papst handeln und entscheiden, auch wenn faktisch die Initiative vom Kollegium ausgeht.

Dies zeigt, daß bei der Ausübung der kirchlichen Höchstgewalt Papst und Bischofskollegium nicht als zwei Pole betrachtet werden können, die sich sozusagen strukturell getrennt gegenüberstehen. Papst und Bischofskollegium sind vielmehr wesenskonstitutiv miteinander verbunden, da der Papst die ontologische Zugehörigkeit zum Bischofskollegium durch seine Wahl nicht verliert, was dadurch zum Ausdruck kommt, daß er zugleich Bischof von Rom ist.[17]

Aufgrund dieser Struktur des kirchlichen Lehramtes handelt der Papst auch dann, wenn er allein entscheidet, als Haupt des Bischofskollegiums (vgl. dazu can. 753 CIC). Er behält aber eine gewisse juridische Unabhängigkeit dadurch, daß er entscheiden kann, ob er persönlich, also in primatialer Weise, handeln will, oder in Verbindung mit dem Kollegium, also in der Weise eines actus stricte collegialis. Diese päpstliche Unabhängigkeit ist in can. 749 § 1 CIC wiedergegeben, wo es heißt, daß der Papst als »oberster Hirt und Lehrer aller Gläubigen« (supremus omnium christifidelium Pastor et Doctor) eine Glaubens- oder Sittenlehre definitiv als verpflichtend verkünden kann. Er muß hierbei kollegiale Mitwirkungsrechte seiner Mitbrüder im Bischofsamt nicht berücksichtigen.

Diese primatiale Unabhängigkeit des Papstes, die zurückgeht auf die Lehre der dogmatischen Konstitution »Pastor aeternus« des Ersten Vaticanums, steht in einer gewissen Spannung zu der vom Zweiten Vaticanum in vielen Texten betonten Lehre von der Kollegialität. Sie kann aber in ihrem materiellen inhaltlichen Gehalt flexibel auf die geschichtlich wechselnden Erfordernisse der kirchlichen Lehr- und Hirtengewalt angewandt werden.[18]

---

17 Vgl. dazu P. KRÄMER, Kirchenrecht, Band 2, Köln 1993, S. 108.

18 So DULLES, Lehramt, a. a. O., S. 160–161.

3.1.1 Das feierliche, unfehlbare Lehramt von Papst und Bischofskollegium

Da der katholische Glaube als geistig-religiöse Grundhaltung einer Gemeinschaft auch nach außen hin in Erscheinung tritt und treten muß, ergibt sich die Frage nach Inhalt und Umfang der verbindenden und verbindlichen Lehre. Es muß damit festgelegt werden, was zum definitiv-verpflichtenden Proprium der katholischen communio gehört. In diesem Zusammenhang muß auch die Frage nach der kompetenten Autorität beantwortet werden, die Inhalt und Umfang dieses Propriums festlegt. Diese autoritative Festlegung des Inhalts der katholischen Lehre gilt ja gerade im Binnenraum der katholischen Glaubensgemeinschaft und gibt dieser damit ihr religiös-dogmatisches Selbstverständnis, das den kirchlich-katholischen Glauben identifizierbar und unterscheidbar gegenüber anderen religiösen Auffassungen macht.[19]

Die Aussagen in can. 749 CIC über das unfehlbare Lehramt von Papst und Bischofskollegium fassen die Lehren des Ersten und Zweiten Vaticanums zusammen und stellen die päpstliche Lehrvollmacht und Unfehlbarkeit in den Kontext des Bischofskollegiums. Die vor dem Zweiten Vaticanum gegebene exponierte Stellung der päpstlichen Unfehlbarkeit ist damit wieder in den kirchlichen Gesamtkontext eingebettet worden. Damit ist dem Grundgedanken kirchlicher Lehre, der traditio und receptio im Selbstvollzug und Selbstverständnis der kirchlichen Glaubensgemeinschaft, wieder stärker Rechnung getragen worden.[20]

Die gültige kirchliche Lehre über die Unfehlbarkeit, die can. 749 CIC zugrundeliegt, ist zusammengefaßt in Nr. 25 der Kirchenkonstitution »Lumen Gentium«:

> »Diese Unfehlbarkeit, mit welcher der göttliche Erlöser seine Kirche bei der Definierung einer Glaubens- und Sittenlehre ausgestattet sehen wollte, reicht so weit, wie das Glaubensgut der göttlichen Offenbarung (divinae revelationis depositum), welches rein bewahrt und getreulich ausgelegt werden muß, es erfordert. Dieser Unfehlbarkeit erfreut sich der Bischof von Rom, das Haupt des Bischofskollegiums, kraft seines Amtes, wenn er als oberster Hirt und Lehrer aller Christgläubigen, der seine Brüder im Glauben stärkt (vgl. Lk 22,32), eine Glaubens- oder Sittenlehre in einem endgültigen Akt verkündet. Daher heißen seine Definitionen mit Recht aus sich und nicht erst aufgrund der Zustimmung der Kirche unanfechtbar (ex sese, et non ex consensu Ecclesiae, irreformabiles), da sie ja unter dem Beistand des Heiligen Geistes vorgebracht sind, der ihm im heiligen Petrus verheißen wurde. Sie bedürfen daher keiner Bestätigung durch andere und dulden keine Berufung an ein anderes Urteil. In diesem Fall trägt nämlich der Bischof von Rom seine Entscheidung nicht als Privatperson vor, sondern legt die katholische Glaubenslehre aus und schützt sie in seiner Eigenschaft als oberster Lehrer der Gesamtkirche, in dem als einzelnem das Charisma der Unfehlbarkeit der Kirche selbst gegeben ist.«

---

19 Vgl. dazu H. Waldenfels, Kontextuelle Fundamentaltheologie, Paderborn – München – Wien – Zürich 1985, S. 464.

20 Vgl. dazu Waldenfels, a. a. O., S. 475.

In diesem Abschnitt ist die Unfehlbarkeit des Papstes (vgl. can. 749 § 1 CIC) lehrmäßig umschrieben und begründet als definitive Entscheidung der höchsten Autorität in der Kirche, die keiner anderen lehramtlichen Instanz innerhalb und außerhalb der Kirche zur Nachprüfung unterstellt werden kann.[21] Unanfechtbarkeit der Definition bedeutet, daß bei der Definition der Glaubensirrtum ausgeschlossen wird, nicht jedoch, daß die dogmatische Formulierung – und auch die Begründung – der Definition nicht mehr verbesserungsfähig ist.[22]

In LG 25,3 wird die Unfehlbarkeit von Papst und Bischofskollegiums lehrmäßig untermauert:

> »Die der Kirche verheißene Unfehlbarkeit ist auch in der Körperschaft der Bischöfe gegeben, wenn sie das oberste Lehramt zusammen mit dem Nachfolger Petri ausübt. Diesen Definitionen kann aber die Beistimmung der Kirche niemals fehlen (assensus Ecclesiae numquam deesse potest) vermöge der Wirksamkeit desselben Heiligen Geistes, kraft deren die gesamte Herde Christi in der Einheit des Glaubens bewahrt wird und voranschreitet.«

Es ist ein deutlicher Ausdruck des Glaubens an die Apostolizität und Unzerstörbarkeit der Glaubensgemeinschaft der Kirche, wenn gesagt wird, daß Papst und Bischofskollegium als Nachfolger des Apostelkollegiums definitiv lehren können.[23]

Im folgenden Abschnitt (LG 25, 4) wird die Art und Weise der Wahrheitsfindung des unfehlbaren Lehramtes beschrieben, wobei in instruktiver Weise verdeutlicht wird, daß das Lehramt inhaltlich rückgebunden ist an das schriftlich bzw. in sonstiger Weise überlieferte Wort Gottes. Die Funktion des Lehramtes liegt nicht in der Gewinnung neuer Erkenntnisse, sondern in der Wahrung der Authentizität des Zeugnisses der Glaubensüberlieferung, die vom Lehramt immer neue Kontaktaufnahme mit der Offenbarung Christi sowie das stets neue Bemühen verlangt, ihren Gehalt im sich wandelnden gesellschaftlichen Kontext neu auszusagen.[24] Heilige Schrift, Überlieferung und kirchliches Lehramt sind deshalb bei der Erfüllung der Aufgabe der verbindlichen Glaubensinterpretation untrennbar miteinander verbunden:

> »Wenn aber der Bischof von Rom oder die Körperschaft der Bischöfe mit ihm einen Satz definieren, legen sie ihn vor gemäß der Offenbarung selbst, zu der zu stehen und nach der sich zu richten alle gehalten sind. In Schrift oder Überlieferung wird sie durch die rechtmäßige Nachfolge der Bischöfe und insbesondere auch durch die Sorge des Bischofs von Rom unversehrt weitergegeben und im Lichte des Geistes der Wahrheit in der Kirche rein bewahrt und getreu ausgelegt. Um ihre rechte Erhellung und angemessene Darstellung mühen sich eifrig mit geeigneten Mitteln der Bischof von Rom und die Bischöfe, entsprechend ihrer Pflicht und dem Gewicht der Sache. Eine neue öffentliche Offenbarung als Teil des göttlichen Glaubensgutes empfangen sie jedoch nicht.«

---

21 Vgl. dazu RAHNER, in: LThK Ergänzungsband, LG, S. 238.

22 So RAHNER, in: LThK Ergänzungsband, a. a. O., S. 239.

23 Vgl. hierzu RAHNER, in: LThK Ergänzungsband, a. a. O., S. 238.

24 Vgl. dazu AYMANS, in: Handbuch des katholischen Kirchenrechts, a. a. O., S. 538.

Im lehramtlichen Akt ereignet sich somit keine neue öffentliche Offenbarung, sondern es vollzieht sich die Aktualisierung der in Christus endgültig geschehenen Offenbarung in den jeweiligen geschichtlichen Kontext hinein.[25]

Daß die vornehmste Aufgabe des Lehramtes im Hören auf die Quellen des Glaubens, in ihrer je neuen Befragung auf ihre aktuelle Bedeutung besteht, wird besonders auch in der Konzilskonstitution des Zweiten Vaticanums über die göttliche Offenbarung »Dei Verbum« zum Ausdruck gebracht, in deren Nr. 10 es heißt:

> »Die Aufgabe aber, das geschriebene oder überlieferte Wort Gottes verbindlich zu erklären (munus authentice interpretandi), ist nur dem lebendigen Lehramt der Kirche anvertraut, dessen Vollmacht im Namen Jesu Christi ausgeübt wird. Das Lehramt ist nicht über dem Wort Gottes, sondern dient ihm, indem es nichts lehrt, als was überliefert ist, weil es das Wort Gottes als göttlichen Auftrag und mit dem Beistand des Heiligen Geistes voll Ehrfurcht hört, heilig bewahrt und treu auslegt und weil es alles, was es als von Gott geoffenbart zu glauben vorlegt, aus diesem einen Schatz des Glaubens schöpft.
>
> Es zeigt sich also, daß die Heilige Überlieferung, die Heilige Schrift und das Lehramt der Kirche gemäß dem weisen Ratschluß Gottes so miteinander verknüpft und einander zugeordnet sind, daß keines ohne die anderen besteht und daß alle zusammen, jedes auf seine Art, durch das Tun des einen Heiligen Geistes wirksam dem Heil der Seelen dienen.«

Hiermit ist eine neue Herausstellung des Wertes der christlichen Glaubensquellen gegeben und der Dienstcharakter des Lehramtes neu in den Blick gerückt worden, der eine reine Funktionalisierung der Glaubensquellen zur Verifizierung kirchlicher Lehraussagen verbietet, die mit Ratzinger als »Entmündigung der Quellen« bezeichnet werden muß.[26]

Bereits im vorhergehenden Abschnitt wurde die primatiale Handlungsvollmacht des Papstes erwähnt. Sie gibt ihm eine juridische Unabhängigkeit vom Bischofskollegium (can. 749 § 1 CIC) und eröffnet ihm die Möglichkeit des unfehlbaren Lehramtes, auch ohne daß es prinzipiell der Mitwirkung des Kollegiums bedürfte. Jedoch ist vom Wesenscharakter der Kirche als communio her auch die primatiale päpstliche Vollmacht nicht richtungslos definierbar, sondern steht im Dienste der Gesamtheit der Gläubigen, die strukturell durch den Gesamtepiskopat repräsentiert und vertreten werden. Der oben bereits erwähnten wechselseitigen Beziehung von traditio und receptio entsprechen daher ein reger Kontakt und regelmäßige Konsultationen von Papst und übrigem Bischofskollegium.

In diesem Zusammenhang ist auch der Kontext von can. 750 CIC zu beachten, wonach das der Kirche anvertraute Glaubensgut vom kirchlichen Lehramt als von Gott geoffenbart vorgelegt wird, aber auch bezeugt und offenkundig gemacht wird durch das gemeinsame Festhalten der Gläubigen unter der Führung des Lehramtes. Somit stellt auch die Gemeinschaft der Gläubigen selbst, das Gottesvolk, eine wichtige Größe in Fragen des Glaubens dar. Die Trägerschaft von Verkündigung, Glau-

---

25 Vgl. dazu RAHNER, in: LThK Ergänzungsband, a. a. O., S. 239, mit weiterführenden Hinweisen.

26 Vgl. dazu RATZINGER, in: LThK Ergänzungsband, DV, S. 527.

be und Bekenntnis vollzieht sich also nach dem kirchlichen Selbstverständnis in strukturiertem Zusammenwirken des apostolischen Lehramtes mit dem Glaubenssinn der Gläubigen. Lehramtliche Verkündigung und Glaube lassen sich nicht voneinander trennen; die lehramtliche Verkündigung ist vielmehr Frucht des Glaubens.[27]

Can. 750 CIC verdeutlicht, daß auch die Träger des kirchlichen Lehramts zum gläubigen Gottesvolk gehören und von ihm nicht aufgrund ihres Amtes isoliert werden können, sondern Mitträger des sensus fidelium sind. Das katholische Glaubensleben erschöpft sich nicht in einem starren Gegenüber von lehrender und hörender Kirche, sondern ist durch die Communio-Struktur der Kirche als einem wechselseitigen Prozeß ausgestaltet. Einerseits ist die amtliche Verkündigung auf Rezeption durch das gläubige Volk ausgerichtet. Zum andern drängt der Glaubenssinn des Gottesvolkes, der sich in den mannigfachen Formen von Volksfrömmigkeit und Liturgie ebenso wie in der Theologie manifestiert, darauf, durch das Lehramt als legitime, authentische Ausdrucksform des Glaubens anerkannt zu werden.[28]

In der lebendigen Wechselbeziehung von Lehre, Rezeption und Glaubenspraxis, die von der immer neuen Hinwendung zu den Glaubensquellen geprägt ist, kann der Gefahr begegnet werden, daß einerseits das Lehramt die Verbindung zum sensus fidelium verliert und einer Willkürherrschaft in Lehrfragen verfällt, andererseits aber das Glaubensleben der Gemeinschaft sich vom kritischen Korrektiv des Lehramtes entfernt und die Glaubenspraxis zu stark geistigen und kulturellen Modevorstellungen anheimfällt.[29]

Das Zweite Vaticanum hatte die Kompetenz des Gottesvolkes in Fragen des Glaubens in der Kirchenkonstitution (vgl. LG 12) besonders herausgestellt:

> »Die Gesamtheit der Gläubigen, welche die Salbung von dem Heiligen haben (1 Joh 2,20 und 27), kann im Glauben nicht irren.« (Universitas fidelium ... in credendo falli nequit.)
> »Durch jenen Glaubenssinn nämlich, der vom Geist der Wahrheit geweckt wird, hält das Gottesvolk unter der Leitung des heiligen Lehramtes ... den einmal den Heiligen übergebenen Glauben (vgl. Jud 3) unverlierbar (indefectibiliter) fest.«

Diese sog. infallibilitas in credendo, der unfehlbare Glaubenssinn der Gesamtheit des Gottesvolkes ist zu unterscheiden von der infallibilitas in docendo des kirchlichen Lehramtes. Sie ist für dessen Tätigkeit nicht legitimierend, bildet aber einen rechtserheblichen Umstand für die Tätigkeit des Lehramtes, die auf Rezeption im Gottesvolk angelegt ist.[30] Der Glaubensvollzug umfaßt nicht nur die Lehre, sondern auch das aktive Bezeugen der Glaubenswahrheiten.

---

27 Siehe hierzu auch AYMANS, in: Handbuch des katholischen Kirchenrechts, a. a. O., S. 533.

28 Diese Notwendigkeit eines Austausch- und Beziehungsprozesses wird von AYMANS, in: Handbuch des katholischen Kirchenrechts, a. a. O., S. 539–540, klar betont.

29 Dies sind nach AYMANS, in: Handbuch des katholischen Kirchenrechts, a. a. O., S. 540, die zwei Hauptgefahren, die sich geschichtlich immer wieder realisieren können.

30 So AYMANS, in: Handbuch des katholischen Kirchenrechts, a. a. O., S. 538.

3.1.2 Das ordentliche allgemeine Lehramt von Papst und Bischöfen

Im Unterschied zum feierlichen Lehramt umfaßt das ordentliche, authentische kirchliche Lehramt die sonstige verbindliche Glaubenslehre, die für das Glaubensleben des Gottesvolkes einen wichtigen Stellenwert einnimmt, da die Glaubenslehre der Gesamtkirche nicht auf die feierlich verkündeten Glaubensentscheidungen reduziert werden darf.[31]

In Nr. 25 der Kirchenkonstitution »Lumen Gentium« heißt es dazu folgendermaßen:

> »Unter den hauptsächlichen Ämtern der Bischöfe hat die Verkündigung des Evangeliums (praedicatio Evangelii) einen hervorragenden Platz. Denn die Bischöfe sind Glaubensboten, die Christus neue Jünger zuführen; sie sind authentische, das heißt mit der Autorität Christi ausgerüstete Lehrer. Sie verkündigen dem ihnen anvertrauten Volk die Botschaft zum Glauben und zur Anwendung auf das sittliche Leben und erklären sie im Licht des Heiligen Geistes, indem sie aus dem Schatz der Offenbarung Neues und Altes vorbringen (vgl. Mt 13,52). So lassen sie den Glauben fruchtbar werden und halten die ihrer Herde drohenden Irrtümer wachsam fern (vgl. 2 Tim 4,1–4).«

An diesem Abschnitt ist bemerkenswert, daß unter den herausragenden Aufgaben des bischöflichen Lehramtes die doktrinäre Aufgabe durch den weiter gefaßten Begriff der praedicatio in ihrer ganzheitlich-existentiellen Bedeutung als Lehrverkündigung herausgestrichen wird.[32]

Im folgenden wird, nachdem sich dieser erste Abschnitt mit dem ordentlichen Lehramt des einzelnen Bischofs befaßte, das allgemeine Lehramt des Bischofskollegiums und des Papstes näher umschrieben:

> »Die Bischöfe, die in Gemeinschaft mit dem römischen Bischof lehren, sind von allen als Zeugen der göttlichen und katholischen Wahrheit zu verehren. Die Gläubigen aber müssen mit einem im Namen Christi vorgetragenen Spruch ihres Bischofs in Glaubens- und Sittensachen übereinkommen und ihm mit religiös gegründetem Gehorsam anhangen. Dieser religiöse Gehorsam des Willens und Verstandes ist in besonderer Weise dem authentischen Lehramt des Bischofs von Rom, auch wenn er nicht kraft höchster Lehrautorität spricht, zu leisten; nämlich so, daß sein oberstes Lehramt ehrfürchtig anerkannt und den von ihm vorgetragenen Urteilen aufrichtige Anhänglichkeit gezollt wird, entsprechend der von ihm kundgetanen Auffassung und Absicht. Diese läßt sich vornehmlich erkennen aus der Art der Dokumente, der Häufigkeit der Vorlage ein und derselben Lehre, und der Sprechweise.«

Die Pflicht zum religiösen Gehorsam meint nicht nur den Respekt gegenüber der lehramtlichen Äußerung als solcher, sondern eine Haltung, die insgesamt von der christlichen Glaubensüberzeugung getragen ist,[33] und bedeutet, daß mit dieser au-

---

31 Vgl. hierzu Aymans, in: Handbuch des katholischen Kirchenrechts, a. a. O., S. 535.

32 Vgl. hierzu Rahner, in: LThK Ergänzungsband, a. a. O., S. 235, mit dem Hinweis auf die ökumenische Bedeutung dieses weiten Verkündigungsbegriffs.

33 So Rahner, in: LThK Ergänzungsband, a. a. O., S. 235.

thentischen Lehre nicht zu vereinbarende Lehrauffassungen zu meiden sind.[34] Sie ist zu unterscheiden von der Pflicht zum Glaubensgehorsam, da die theoretische und praktische Zustimmung des Gläubigen zur vorgetragenen Lehre seines Bischofs nicht immer Glaubenszustimmung sein muß. Sie darf andererseits aus Gründen der geschuldeten Loyalität nicht auf den dogmatischen Kernbereich der vorgelegten Lehre reduziert werden. Das authentische Lehramt der Kirche beansprucht für die vorgetragene Lehre somit die Rechtsvermutung der Richtigkeit. Die hier angesprochenen Differenzierungen in der Inanspruchnahme der Lehrautorität bedeuten für den Hörenden nicht nur einen Unterschied des Verpflichtungsgrades, den das Lehramt seiner jeweiligen Äußerung beimißt. Sie sind auch als Rücksichtnahme auf die Komplexheit der Glaubenssituation im Einzelfall anzusehen, die sich schon aus der spezifischen Art und Weise des menschlichen Erkenntnisvorganges wie auch aus der Geschichtlichkeit der christlichen Offenbarung und Glaubenstradition ergibt. In jedem Fall trägt der Hörer der authentischen kirchlichen Lehre, wenn er deren Richtigkeit bestreiten will, die Beweislast für deren Unrichtigkeit.

Kirchenrechtlich ist das authentische Lehramt in den cann. 752 und 753 CIC geregelt worden, während, wie bereits dargelegt, die Voraussetzungen und der Verpflichtungsgrad des unfehlbaren Lehramtes in den cann. 749 § 1 und 2 CIC und 750 CIC niedergelegt sind. Can. 752 CIC hebt hervor, daß eine authentische Lehre von Papst und Bischöfen nicht definitiv als verpflichtend für die Gläubigen verkündet werden muß. Dieser authentischen Lehre ist nicht Glaubensgehorsam (assensus fidei), wohl aber religiöser Verstandes- und Willensgehorsam entgegenzubringen (religiosum tamen intellectus et voluntatis obsequium). Dies bedeutet, daß die Gläubigen Lehrauffassungen, die mit dieser authentischen Lehre nicht zu vereinbaren sind, sorgsam zu meiden haben. Dies entspricht inhaltlich voll der zitierten Lehre des LG 25 zum magisterium authenticum. Die Abstufung im Verpflichtungsgrad zwischen dem unfehlbaren und dem authentischen Lehramt wird auch durch die Formulierung von can. 753 CIC deutlich, der über das bischöfliche Lehramt handelt. Er spricht im Zusammenhang mit dem authentischen, nicht unfehlbaren Lehramt davon, daß die Gläubigen gehalten sind, diesem authentischen Lehramt in religiösem Gehorsam zu folgen. Can. 753 CIC folgt also in der Terminologie strikt der Lehre von LG 25, indem er gleichfalls beim Gehorsam vom religiosum animi obsequium spricht.

Der Verpflichtungsgrad päpstlicher und bischöflicher Lehrschreiben wird in can. 754 CIC / 1983 behandelt. Can. 754 CIC spricht ausdrücklich davon, daß die in diesen Lehrverkündigungen enthaltene kirchliche Lehre nicht nur insoweit für die Gläubigen verbindlich ist, als sie die kirchliche Lehre positiv entwickelt und erläutert, sondern auch, soweit sie dieser widersprechende, irrige Auffassungen verurteilt. Der letzte Kanon dieses Abschnitts, can. 755 CIC, hebt die ökumenische Ver-

---

34 Vgl. hierzu AYMANS, in: Handbuch des katholischen Kirchenrechts, a. a. O., S. 535–536.

pflichtung des Lehramtes von Papst und Bischofskollegium in ausdrücklicher Weise hervor.

3.1.3 Das Lehramt von Bischofskonferenzen und Partikularkonzilien

Das Zweite Vaticanum hat sich in seinem Dekret über die Hirtenaufgabe der Bischöfe in der Kirche »Christus Dominus« mit der Rolle und der spezifischen Aufgabe der Bischofskonferenzen und der Synoden der Teilkirchen (Diözesen) beschäftigt (CD 36–38). Das synodale Element stellt auf der teilkirchlichen Ebene eine wichtige Form der Zusammenarbeit von Bischöfen zum Wohl der einzelnen Kirchen, denen sie vorstehen, dar. Es ist Ausdruck der Kollegialität als Gemeinschaft der brüderlichen Liebe und des Willens, die Kräfte gemeinschaftlich im Dienste der allgemeinen Sendung der Kirche einzusetzen (vgl. CD 36,1). Über das Verhältnis von Teilkirche und Universalkirche finden sich die entscheidenden Konzilsaussagen in LG 23,1:

> »Der Bischof von Rom ist als Nachfolger Petri das immerwährende, sichtbare Prinzip und Fundament für die Einheit der Vielheit von Bischöfen und Gläubigen. Die Einzelbischöfe hinwiederum sind sichtbares Prinzip und Fundament der Einheit in ihren Teilkirchen, die nach dem Bild der Gesamtkirche gestaltet sind. In ihnen und aus ihnen besteht die eine und einzige katholische Kirche. Daher stellen die Einzelbischöfe je ihre Kirche, alle zusammen aber in Einheit mit dem Papst die ganze Kirche im Band des Friedens, der Liebe und der Einheit dar.«

Gleichzeitig dient die synodale Struktur auf teilkirchlicher Ebene dem Bedürfnis der Bischöfe, gemeinsame Probleme gemeinsam zu bewältigen.[35] In CD 37 weist das Konzilsdekret auf die praktische Bewährung der bestehenden Bischofskonferenzen für das Apostolat hin. CD 38 stellt ein Rahmengesetz für die Neugestaltung der Bischofskonferenz dar[36] und bringt in seiner Ziffer 1 eine kurze Charakterisierung:

> »Die Bischofskonferenz ist gleichsam ein Zusammenschluß, in dem die Bischöfe eines bestimmten Landes oder Gebietes ihren Hirtendienst gemeinsam ausüben, um das höhere Gut, das die Kirche den Menschen bietet, zu fördern, besonders durch Formen und Methoden des Apostolates, die auf die gegebenen Zeitumstände in geeigneter Weise abgestimmt sind.«

Zur Charakterisierung des Spezifikums der Bischofskonferenz als synodalem Gremium benachbarter Ortskirchen ist der Begriff der Ortskirchenfamilie hilfreich, der die – oft durch gemeinsame Geschichte, Sprache oder theologisch-spirituelle Tradition entstandene – gegenseitige Nähe und Verbundenheit der Teilkirchen plastisch zum Ausdruck bringt.[37]

Das Zweite Vaticanum hat die Bischofskonferenz, die gewohnheitsrechtlich im vorigen Jahrhundert bereits entstanden war, nun auch im Rahmen der Kirchenver-

---

35 Vgl. dazu Mörsdorf, in: LThK Ergänzungsband, CD, S. 229.

36 So Mörsdorf, in: LThK Ergänzungsband, a. a. O., S. 232.

37 Vgl. P. Krämer, Kirchenrecht, Band 2: Ortskirche – Gesamtkirche, Stuttgart – Berlin – Köln 1993, S. 130.

fassung als ständige Einrichtung geschaffen und hiermit eine Zwischeninstanz gebildet, die als synodales Element einen praktisch wichtigen neuen Typ des Teilkirchenverbandes darstellt.[38] Dieses Rahmengesetz für die Bischofskonferenz ist inhaltlich vom neuen Codex in can. 447 CIC übernommen worden, mit dem das Kapitel über die Bischofskonferenzen beginnt. Die Ähnlichkeiten bis in einzelne Formulierungen hinein sind auffällig:

»Die Bischofskonferenz, als ständige Einrichtung, ist der Zusammenschluß der Bischöfe einer Nation oder eines bestimmten Gebietes, die gewisse pastorale Aufgaben für die Gläubigen ihres Gebietes nach Maßgabe des Rechts gemeinsam ausüben, um das höhere Gut, das die Kirche den Menschen gewährt, zu fördern, besonders durch Formen und Methoden des Apostolats, die den zeitlichen und örtlichen Umständen in geeigneter Weise angepaßt sind.«

Die Bischofskonferenzen bestehen aus den Diözesanbischöfen und den ihnen rechtlich Gleichgestellten, also den Bischofskoadjutoren, Weihbischöfen und den mit einer besonderen Aufgabe im Konferenzgebiet betrauten Titularbischöfen (vgl. dazu cann. 448 § 1 und 450 § 1 CIC, die insoweit die inhaltlichen Vorgaben von CD 38 Zf. 2 kodifiziert haben).

Als Kollegialorgan ist die Bischofskonferenz auch in Nr. 23 der Kirchenkonstitution erwähnt, wo es heißt, daß die Bischofskonferenzen »in unserer Zeit vielfältige und fruchtbare Hilfe leisten« können, »um die kollegiale Gesinnung zu konkreter Verwirklichung zu führen«.

Can. 753 CIC enthält die gültigen rechtlichen Bestimmungen für die Lehrvollmacht der Bischofskonferenzen und der Partikularkonzilien. Die Bischofskonferenz ist Ausdruck des konstitutiven synodalen, nicht rein personalen Charakters des Bischofsamtes und somit des synodalen Charakters auch der Teilkirche. Insofern üben die auf einer Bischofskonferenz versammelten Bischöfe ihr ordentliches Lehramt gemeinsam aus.[39] Man kann also von einer Lehrvollmacht der Bischofskonferenz nur insofern sprechen, als sie in ihren Lehräußerungen eine gemeinschaftliche, kollegiale Ausübungsform der ordentlichen Lehrvollmacht der Einzelbischöfe darstellt, derselben Lehrautorität, die die Bischöfe in ihrer Diözese auch einzeln innehaben und ausüben können. Die Lehrvollmacht der Bischofskonferenz ist daher nur eine Form der Ausübung bischöflicher potestas ordinaria. Ihr kommt daher verfassungsrechtlich nur ein derivativer Charakter zu, keinesfalls ist hier ein neues Lehrorgan mit originär neuen Lehrkompetenzen entstanden.

Die Bischofskonferenz ist bei der Wahrnehmung ihres authentischen Lehramtes an die Wahrung des Gemeinschaftsbandes mit den anderen Gliedern und mit dem Haupt des Bischofskollegiums gebunden, was can. 753 CIC in seinen Anfangsworten ausdrücklich hervorhebt (»Episcopi, qui sunt in communione cum Collegii capite et membris«).

---

38 So AYMANS, in: Handbuch des katholischen Kirchenrechts, S. 243; KRÄMER, a. a. O., Band 2, S. 137, spricht hier von einer ortskirchlichen Teilverwirklichung des Kollegialitätsprinzips.

39 Vgl. dazu KRÄMER, a. a. O., Band 2, S. 139, 146.

Die Bischofskonferenzen üben somit als Teilkirchenverbände bischöfliche Vollmacht aus und sind als bischöfliches Kollegium Teil der Höchstgewalt in der Kirche und damit nicht nur kooperative Zusammenschlüsse der Diözesen.[40]

Als neuer Typ des Teilkirchenverbandes ist die Bischofskonferenz vor allem deshalb praktisch bedeutsam, weil die traditionelle rechtliche Zwischeninstanz der Metropolitanverbände im Laufe der Jahrhunderte ihr hierarchisches Eigengewicht zwischen Diözese und römischer Zentralgewalt weitgehend eingebüßt hat.[41]

Auch den Partikularkonzilien ist wie den Bischofskonferenzen ein eigenes Kapitel im Abschnitt über die Teilkirchenverbände im neuen Codex gewidmet (cann. 439–446 CIC).

Kirchenrechtlich gibt es zwei Arten von Partikularkonzilien, die vorgesehen und geregelt worden sind, zum einen das Plenarkonzil (can. 439 § 1 CIC) und zum zweiten das Provinzialkonzil (can. 440 § 1 CIC).

Das Plenarkonzil ist nach der Legaldefinition des can. 439 § 1 CIC ein Konzil aller Teilkirchen (oder Diözesen, vgl. die Definition von can. 369 CIC) derselben Bischofskonferenz, dessen Einberufung bzw. Abhaltung im Ermessen der Bischofskonferenz steht. Diese bedarf allerdings für die Einberufung der Genehmigung des Apostolischen Stuhles. Für die Lehrautorität gilt wieder can. 753 CIC, der auf Plenar- wie Provinzialkonzilien anwendbar ist. Partikularkonzilien sind meist bestimmten Zwecken dienende Kollegialorgane der Bischofskonferenzen, die für deren Organisation und inhaltliche Planung verantwortlich sind (vgl. dazu can. 441 CIC).

Das Provinzialkonzil steht unter der Planungshoheit der die Kirchenprovinz bildenden Teilkirchen. Es bedarf zu seiner Einberufung der Entscheidung des Metropoliten, die von der Zustimmung der Mehrheit seiner Suffraganbischöfe getragen sein muß. Ein Provinzialkonzil repräsentiert in der Regel nur einen kollegialen Teilverband der nationalen Bischofskonferenz. Im Falle Belgiens und der Niederlande greift die Sonderbestimmung des can. 439 § 2 CIC, wonach bei einer Identität von Kirchenprovinz und dem Gebiet der Nation die Bischofskonferenz zuständig für Planung und Organisation bleibt. Für die Organisation und inhaltliche Planung des Provinzialkonzils gilt can. 442 CIC, wonach Metropolit und Suffraganbischöfe hier dieselben Kompetenzen haben wie die Bischofskonferenz gemäß can. 441 CIC.

Can. 445 CIC enthält noch spezielle Regelungen für die Partikularkonzilien, wobei hier die Zuständigkeitszuweisungen interessant sind. Das Partikularkonzil, das ja den speziellen pastoralen Erfordernissen des betreffenden Gebietes dienen soll, besitzt Gesetzgebungsvollmacht (potestas legislativa), wenngleich unter dem Vorbehalt des universalen kirchlichen Rechtes, in Fragen des Glaubens und der Sitte sowie der allgemeinen kirchlichen Disziplin.

---

40 Vgl. dazu AYMANS, in: Handbuch des katholischen Kirchenrechts, a. a. O., S. 243–244.

41 Vgl. dazu AYMANS, in: Handbuch des katholischen Kirchenrechts, a. a. O., S. 243–244.

Zusammenfassend kann nach diesem kurzen Überblick festgehalten werden, daß durch die Erneuerung des Kollegialitätsprinzips auf dem Zweiten Vaticanum die Zuständigkeit des einzelnen Diözesanbischofs auf den Gebieten von Gesetzgebung, Verwaltung und Rechtsprechung zugunsten der kollegialen Kompetenzen der Bischofskonferenzen eine sachlich gebotene Änderung erfahren hat.[42] Diese Umstrukturierung der Kompetenzen erfolgte im Interesse der Entfaltung der universalkirchlichen Kompetenzen des Diözesanbischofs und in Anerkennung seiner Verantwortung für die Gesamtkirche. Zugleich diente sie größerer Effizienz bei der Verwirklichung des kirchlichen Öffentlichkeitsauftrages und zur Erreichung einer größeren Geschlossenheit und Einheitlichkeit der kirchlichen Lebensverhältnisse auf regionaler und nationaler Ebene.[43] Sie ist zudem ein passender Ausdruck der Verantwortung jedes einzelnen Bischofs nicht nur für seine lokale Kirche, sondern auch für die Gesamtkirche. Listl bietet zu den Einzelkompetenzen der Bischofskonferenzen im übrigen im Handbuch eine sorgfältige und detaillierte Übersicht an.[44]

Es kann konstatiert werden, daß das Kollegialitätsprinzip auch bei der Wahrnehmung des kirchlichen Öffentlichkeitsauftrags eine wichtige Rolle spielt. Dabei treten die unterschiedlichen hierarchischen Ebenen deutlich hervor. Die differenzierten Formen der Wahrnehmung des Lehr- und Verkündigungsauftrages bieten den Verantwortlichen in der Kirche eine genügende Bandbreite an Möglichkeiten, um die Güter, für die sich die Kirche einsetzt, in hinreichender Weise zu verdeutlichen.

3.2 Der Inhalt des kirchlichen Öffentlichkeitsauftrages nach dem neuen Kirchenrecht (can. 747 CIC)

Can. 747 CIC bezieht sich zunächst auf den Verkündigungsauftrag der Kirche. Damit ist allerdings, wie der Wortlaut der Regelung zeigt, kein Verkündigungsbegriff gemeint, der sich auf die Schrift des Evangeliums allein beziehen würde.

Die Materie des kirchlichen Öffentlichkeitsauftrages umfaßt über das Glaubensgut, das depositum fidei hinaus, das ausdrücklich und in ganzheitlicher Weise indirekt auch durch den diakonischen Dienst der Kirche gewahrt und in Wort und Tat weitergegeben wird, auch noch die sittlichen Grundsätze über die soziale Ordnung, die das menschliche Zusammenleben prägen soll (can. 747 § 2 CIC). Nach dem kirchlichen Selbstverständnis erfordert die praktische Verwirklichung der Grundsätze des Evangeliums, daß die Grundrechte der menschlichen Person geschützt werden und daß dem Heil der Seelen (salus animarum) gedient wird. Denn in diesen

---

42 So das Fazit von LISTL, in: Handbuch des katholischen Kirchenrechts, J. Listl, H. Müller, H. Schmitz (Hrsg.), Regensburg 1983, S. 308-309.

43 Vgl. LISTL, in: Handbuch des katholischen Kirchenrechts, a. a. O., S. 308-309.

44 LISTL, in: Handbuch des katholischen Kirchenrechts, a. a. O., S. 314-320.

Menschenrechten sind die Grundbedingungen des gesellschaftlichen Gemeinwohls verwirklicht (vgl. DH 6).

Nach can. 747 § 1 CIC wird zunächst als Materie kirchlicher Öffentlichkeitsarbeit das Glaubensgut der Kirche genannt, das bewahrt, treu ausgelegt und – im jeweiligen aktuellen historischen und kulturellen Kontext – verkündigt werden muß. Das Glaubensgut umfaßt die Offenbarungswahrheit (veritas revelata), die kraft ihres Charakters einen unbedingten und universalen Anspruch auf Verkündigung hat. Dieser Auftrag ist der Kirche exklusiv anvertraut, er ist ihr ursprüngliches, nicht von weltlichen Instanzen verliehenes Recht, das als ius proprium auch nicht bei Verhandlungen mit staatlichen Organen zur Disposition gestellt werden darf.

Dem Charakter ihrer Botschaft entsprechend setzt die Kirche alle wirksamen und geeigneten Mittel zur Verbreitung des Glaubens ein und beansprucht einen Freiraum eigenen Handelns und Wirkens, in den mit administrativen Mitteln einzugreifen dem Staat nicht erlaubt ist, da dies eine Einmischung in den Kernbereich der Religionsfreiheit bedeuten würde. Die Kirche verzichtet also auch dort, wo sie unter einem dezidiert atheistischen Regierungssystem lebt, nicht auf die Wahrnehmung ihres Verkündigungsauftrages, weil dieser zu dem Bereich ihrer ureigenen Grundvollzüge gehört.

Can. 747 § 2 CIC bringt zum Ausdruck, daß das Materialobjekt kirchlicher Verkündigung nicht nur rein religiös bestimmt werden kann, sondern, wie oben bereits hervorgehoben, eine wesentliche ethische und soziale Dimension zur Gesellschaft hin aufweist. Die Kirche läßt sich daher nicht in ihrem öffentlichen Wirken auf rein religiöse Vollzüge reduzieren, bildlich gesprochen läßt sie sich nicht in die Sakristei einsperren.

Kirchliche Verkündigungstätigkeit hat daher immer zum Ziel, das praktische menschliche Zusammenleben zu beeinflussen. Der Verkündigungsauftrag schließt daher das Engagement für den Aufbau einer besseren und gerechteren Welt gedanklich immer mit ein.

Can. 747 § 2 CIC enthält einige fundamentale Elemente und Prinzipien christlicher Lebenspraxis, die für das gesamte gesellschaftliche Leben Bedeutung haben. Er betont die Notwendigkeit der Formulierung und immer neuen Aktualisierung einer Ethik der menschlichen Gesellschaft, geht also über die Vorstellung bloß individuell-subjektiv gültiger Wertmaßstäbe hinaus. Er postuliert die Notwendigkeit einer sozialen Ordnung in der Gesellschaft, garantierter Grundrechte der menschlichen Person und eines Freiraumes für kirchliche Glaubensverkündigung und Seelsorge. Diese dienen den bleibenden existentiellen spirituellen Bedürfnissen des Menschen, wie der Terminus salus animarum verdeutlicht.

Das kirchliche Interesse am Schutz wichtiger gesellschaftlicher und individueller Grundwerte, die für den Bestand und die Qualität menschlichen Zusammenlebens fundamentale Bedeutung haben, erklärt, daß sich die Kirche auch gesellschaftlich mit can. 747 CIC zum Anwalt dieser Grundwerte macht.

Indem der Öffentlichkeitsauftrag das kirchliche Wirken als Dienst an der Humanität der Gesellschaft begreift, erweist er sich neben seinem konstruktiven gesellschaftlichen Gehalt aber immer auch als ein kritisches Potential, da um der Humanität willen oft auch gesellschaftliche Defizite offen benannt werden müssen. Can. 747 geht von einem ethischen Mindeststandard aus, an dem sich die Legitimität gesellschaftlicher Zustände und staatlichen Handelns je neu messen lassen muß.

Man kann daher mit gutem Grund festhalten, daß can. 747 § 2 CIC mehr eine normative Verhaltensregel (als eine positive kanonische Norm) ist, die an die humane Notwendigkeit der Respektierung der Menschenrechte und des Aufbaus einer gerechten Sozialordnung erinnert und mit der sich die Kirche sozusagen in ihrem gesellschaftlichen Engagement selbst in die Pflicht nimmt. Zugleich erinnert die Kirche mit dieser Norm, die nach Riedel-Spangenberger eigentlich ein metajuristisches rechtstheologisches Prinzip enthält, an die Begrenztheit heutiger säkularer, durchgehend vom Prinzip des Normpositivismus geprägter Rechtsprechung.[45]

3.2.1 Der Verkündigungsauftrag gemäss can. 747 § 1 CIC – Kirche als Überzeugungs- und Wertegemeinschaft

Verkündigung im christlichen Sinne ist »die autoritative Proklamation, Lobpreisung und Bezeugung der Heilstaten Gottes in der Kirche«, die sich vor allem ereignet »durch die das Heil vergegenwärtigende und verheißende Kraft des Geistes Gottes zur Rettung der Menschen und zum Aufbau des Leibes Christi«, der Gemeinschaft der Gläubigen.[46] Verkündigung ist damit feierlicher, gemeinsamer und öffentlicher Heilsvollzug in Wort und Sakrament, nicht lediglich private Heilszusage für den Gläubigen. Dies ist die Grundidee des im Missionsbefehl proklamierten universalen Heilswillen Gottes. Die Öffentlichkeit des christlichen Gottesdienstes hat daher, worauf W. Huber hinweist, ihre Wurzeln nicht im konstantinischen Staatskirchentum, sondern liegt in der Konsequenz des öffentlichen und allgemeinen Geltungsanspruchs des Evangeliums.[47] Gerade in einer gesellschaftlichen Epoche der zunehmenden Privatisierung und Individualisierung religiöser und moralischer Wertvorstellungen ist es ein Gebot der Redlichkeit, darauf zu verweisen, daß die Öffentlichkeit der Kirche Christi in der Öffentlichkeit des Evangeliums, in der Öffentlichkeit von Wort und Sakrament gründet. Durch diese öffentliche Verkündigung wird die Kirche als Überzeugungs- und Wertegemeinschaft historisch und lebenskulturell immer neu konstituiert. Die Vermittlung von Werten und prägenden Erfahrungen im Gemeinschaftskontext ist somit eine wichtige Seite des kirchlichen Öffentlichkeitsauftrags.

---

45 Vgl. I. Riedel-Spangenberger, Der Rechtsschutz des Asyls im Kirchenrecht, in: TThZ 100 (1991), S. 142.

46 Diese Definition gibt V. Schurr in: LThK, Band 10, Art. »Verkündigung«, Sp. 712.

47 Vgl. W. Huber, Kirche und Öffentlichkeit. Habilitation Heidelberg 1972, Stuttgart 1973, S. 629.

Der Verkündigungsauftrag ist aber auch deshalb konstitutiver Teil des kirchlichen Öffentlichkeitsauftrags, weil sich die Kirche nicht als reine gesellschaftliche Interessengruppe versteht. Sie ist von Grund auf Überzeugungsgemeinschaft, und ihr öffentliches Handeln kann nur vor diesem Hintergrund ihrer korporativen Prägung durch gemeinsame Werte und Grundüberzeugungen verstanden werden. Soweit sich die Kirche in den öffentlichen Diskurs um konkrete politische Gestaltungsfragen einschaltet, kann sie sich von ihrem weltanschaulichen Hintergrund her im Verhältnis zu den anderen gesellschaftlichen Verbänden nicht einfach pragmatisch als Konkurrentin im Wettbewerb um politischen Einfluß verstehen. Die Frage der Bewahrung unverzichtbarer Gemeinschaftswerte, der je neu notwendigen Integration der Staatsbürger in den Staat als Sinn- und Wertgefüge hat daher für die Kirche jedenfalls Vorrang vor dem notwendigen tagespolitischen Streit um pragmatische Lösungen in gesellschaftlichen Einzelfragen.

Der kirchliche Verkündigungsauftrag läßt sich in seinen Grundbedingungen und konkreten Vollzügen und damit in seiner Eigenart besser verstehen, wenn man einige Konstanten des kirchlichen Selbstverständnisses mitberücksichtigt. Denn elementare Grundvollzüge des Lebens einer Wertegemeinschaft können nicht gut isoliert von dem dieser Gemeinschaft eigenen und sie prägenden Selbstverständnis interpretiert und analysiert werden.

Es ist eine grundlegende menschliche Erfahrung, daß Werte und Normen kontextuell verankert werden, d. h. daß es wertgeprägte Haltungen, Tugenden und Normen dauerhaft immer nur in gelebten Zusammenhängen gibt. Oft vollzieht sich erst in diesen Gemeinschaften mit ihren prägenden Ritualen und Orientierungsmustern und auf ihrem gewachsenen Deutungs- und Sinnhorizont die Gewissensbildung und die ethische Prägung des Menschen.[48] In den verschiedenen Kirchenmodellen, die im folgenden skizziert werden, soll darum die Kirche in ihrer Eigenart als Überzeugungs- und Wertegemeinschaft dargestellt werden. So können die Gemeinsamkeiten der Sinndeutung wie auch die gewachsene innerkirchliche Pluralität des Selbst- und Weltverständnisses deutlich werden.

Kirche als Überzeugungs- und Wertgemeinschaft bedeutet allgemein, daß sie sich zugleich als soziologisch-empirische Größe, als dauerhafte Gemeinschaft von Menschen und als spirituelle, geistgestiftete Größe begreift, die allein mit empirisch-soziologischen Maßstäben nicht adäquat erfaßt werden kann.[49]

---

48 So M. WALZER, ein Vertreter kommunitarischer Ethik, im »Manifest über Rechte und Verantwortung«: »Auch wenn die Moral in ihrer letztgültigen Begründung Erkenntnis des individuellen Gewissens sein mag, so helfen die Gemeinschaften, diese Erkenntnisse umzusetzen und aufrechtzuerhalten.« Vgl. dazu A. RETHMANN, Asyl und Migration – Ethik für eine neue Politik in Deutschland. Schriften des Instituts für christliche Sozialwissenschaften, Band 33, Münster 1995, S.188; auch 227–228.

49 So S. WIEDENHOFER, Ekklesiologie, in: T. Schneider (Hrsg.), Handbuch der Dogmatik, Band 2, Düsseldorf 1992, S. 90–91.

Die Kirche besteht also als eine komplexe Wirklichkeit, weil sie einerseits Glaubensgeheimnis ist und in der geschichtlichen Offenbarung Gottes an die Menschheit gründet, die ihren unüberbietbaren Höhepunkt in der Offenbarung Jesu Christi besitzt, zugleich aber auch gesellschaftlich wahrnehmbare, soziologisch erfaßbare Realität als Gemeinschaft mit sichtbaren Strukturen.[50]

In diesem ersten Zugang zum Wesen der Kirche zeigt sich bereits der spannungsvolle Charakter zwischen historisch-gewachsener empirischer Realität und der spirituellen Dimension, die ja im konkreten Leben der Kirche immer auch Programm ist, Ziel und so im Alltag der Gemeinschaft nicht voll verwirklicht ist.[51]

Versucht man, diese Grundbestimmung weiter zu explizieren, so ergibt sich, daß die Kirche nach ihrem eigenen Verständnis im freien, sich geschichtlich vollziehenden und immer wieder aktualisierten Heilshandeln Gottes gründet, im Offenbarungsgeschehen. Sie ist somit wesenhaft Objekt göttlichen Handelns und versteht sich in ihrer Aufgabe und Sendung von diesem Stiftungshandeln, von dieser objektiven göttlichen Bestimmung her.[52] Die empirisch-reale Dimension der Kirche als Gemeinschaft von Menschen und damit als Gemeinschaft von personalen Subjekten steht in einem dialektischen Gegensatz zu dieser objektiven göttlichen Bestimmtheit. Die Spannung zwischen objektivem und subjektivem Moment in der Kirche drückt sich z. B. darin aus, daß die Kirche zugleich Gemeinschaft derjenigen ist, die durch Gottes Gnade versammelt sind, wie auch die Gemeinschaft derer symbolisiert, die zu dem Auftrag gerufen sind, andere Menschen zu versammeln.[53] Der objektive und der subjektive Aspekt müssen daher bei dem Versuch der Wesensbestimmung der Kirche unterschieden werden, sie haben aber keine trennende Wirkung.

In ähnlicher Weise gehören das Individuum wie die Institution zum Wesen der Kirche, beide Aspekte bilden ebenso eine Spannungseinheit, zwei Pole ein und derselben komplexen Realität. Die Kirche ist Ort des Heiles und Gemeinschaft der Sendung und weist einen passiven und einen aktiven Pol in der konkreten Gestalt ihrer Realität auf, die ebenfalls in dialektischer Weise aufeinander bezogen sind.

Die hier angedeuteten verschiedenen Dimensionen der gesellschaftlichen Realität Kirche tragen wie die verschiedenen Farben, die in einem Gemälde vom Künstler zu einer kompositorischen Einheit gestalthaft verbunden werden, zu einer Erhellung des Verständnisses des Wesens und der spezifischen Eigenart der Kirche bei. Hierbei ist aber zu beachten, daß die Kirche nach ihrem Selbstverständnis aufgrund der göttlichen Dimension ihres Ursprungs wesenhaft Mysterium ist und bleibt und somit nicht völlig rational erschließbar ist.

Als weitere grundlegende Wesenseigenschaften sind die Gemeinschaftlichkeit der Kirche zu sehen, die ihren Stiftungsort im Abendmahlsgeschehen Jesu mit seinen

---

50 Vgl. hierzu WIEDENHOFER, a. a. O., S. 91.

51 Vgl. WIEDENHOFER, a. a. O., S. 91.

52 So WIEDENHOFER, a. a. O., S. 91.

53 Dies betont WIEDENHOFER, a. a. O., S. 91.

Jüngern hat und diesem Geschehen ihre bleibende Communio-Struktur verdankt. Schließlich ist ihre Sakramentalität, die ebenfalls im Heilshandeln Jesu gründet, essentielle Voraussetzung dafür, daß in der Kirche – als Grundsakrament bleibend Einzelsakramente gespendet werden.

Markante Wesensbestimmungen der Kirche können terminologisch wie in einem Brennpunkt zusammengefaßt werden durch die Verwendung sogenannter Kirchenmodelle, die als Vorstellungs- und Verständnismodelle dienen und jeweils bestimmte Dimensionen der Realität der Kirche pointiert hervorheben. Eine Zusammenschau verschiedener Modellbegriffe führt zu einer Ergänzung wie auch zu einer Korrektur vorgegebener, manchmal schematischer Vorstellungsmuster.

So wird die spirituelle Tiefendimension der Kirche und ihre objektive Bestimmtheit durch das geschichtliche Heilshandeln Gottes besonders zum Ausdruck gebracht durch die Vorstellung von der Kirche als Mysterium und Heilssakrament (vgl. dazu als biblischen Basis- und Kronzeugentext Eph 3,8–10).

Der gemeinschaftliche Charakter der Kirche und ihre spezifische Eigenschaft und ihr Anspruch, universaler Ort des Heiles für die Menschheit zu sein, werden hier biblisch-theologisch fundiert und miteinander verknüpft. Die Kirchenkonstitution des Zweiten Vaticanums hat diesen Aspekt begrifflich konkretisiert in ihrem programmatischen Einleitungskapitel:

> »Die Kirche ist in Christus gleichsam das Sakrament, d. h. Zeichen und Mittel der innigen Vereinigung mit Gott und der Einheit der Menschheit (LG 1,1).«

Eine ausführlichere biblisch-theologische Untermauerung dieses kirchlichen Modellbegriffes durch eine Skizzierung wesentlicher Heilstaten Jesu in der Gemeinschaft der Jünger findet sich dann auch an späterer Stelle in der Kirchenkonstitution:

> »Christus hat, von der Erde erhöht, alle an sich gezogen (vgl. Jo 12,32). Auferstanden von den Toten, hat er den Jüngern den lebendigmachenden Geist mitgeteilt und durch ihn seinen Leib, die Kirche, zum allumfassenden Heilssakrament gemacht; sitzend zur Rechten des Vaters, wirkt er beständig in der Welt, um die Menschen zur Kirche zu führen und durch sie enger mit sich zu verbinden.« (LG 48)

In diesem Vorstellungsmodell prägt die innere spirituelle Dimension der Kirche wesentlich ihre äußere sichtbare Gestalt und soziale Struktur. Die äußere Struktur ist Zeichen und Mittel des Wirkens Christi, der im Heiligen Geist auch durch Menschen andere Menschen zu Gott führt. Obwohl in dieser Sicht der instrumentale Charakter der soziologischen Realität Kirche betont wird, liegt hierin keine Relativierung der empirischen Gestalt der Kirche. Sie kann deswegen nicht von ihrer geistig-geistlichen Wirklichkeit getrennt werden, da die Gnade zu ihrer Wirksamwerdung in der Welt der immer neuen Verleiblichung bedarf.[54] Dieses Kirchenmodell bringt außerdem noch zum Ausdruck, daß ein echter Zugang zum Verständnis

---

54 Vgl. hierzu LE GUILLOU, Art. »Kirche«, in: Sacramentum Mundi, Theologisches Lexikon für die Praxis, K. Rahner, A. Darlap (Hrsg.), Freiburg – Basel – Wien 1968, Band 2, Sp. 1139–1140.

des Wesens der Kirche voraussetzt, daß man sich dessen bewußt ist, daß sie im trinitarischen Mysterium Gottes und in seinem Offenbarungshandeln wurzelt.

Der oben zitierte Abschnitt aus der Kirchenkonstitution (LG 48) hatte ein weiteres Vorstellungsbild aufgegriffen, das Bild von der Kirche als Leib Christi, das ebenfalls den sakramentalen Charakter der Kirche symbolisiert. Der Leibbegriff dient hier als Zeichen, das den einheitsstiftenden Charakter versinnbildlicht, den das Sakrament der Eucharistie der Kirche einprägt. Es ist als heilsgeschichtliches Erbe zugleich spiritueller Auftrag, der die Gläubigen in der Feier des Heiligen Mahles mit dem Leib des auferstandenen Herrn verbindet.[55] Die konkreten kirchlichen Lebensvollzüge, wie die regelmäßige Feier des Abendmahles, werden hier von ihrer Tradition und vom göttlichen Stiftungshandeln her interpretiert. Dieser Kirchenbegriff ist geprägt von dem gegenüber der jüdischen Religion spezifisch Neuen der christlichen Gotteserfahrung, für die der endzeitliche, alle Schranken kultureller, sprachlicher, ethnischer oder sozialer Art sprengende, universale Charakter der kirchlichen Gemeinschaft wesentlich ist.[56] Zugleich wird in diesem Kirchenverständnis pointiert ausgedrückt, daß die innerste Gemeinschaft mit Christus konstitutiv für das Wesen der Kirche ist. Der Einzelne wie die ganze Gemeinschaft lebt vom eucharistischen Leib Christi und kann aus dieser Gnadenverbindung heraus geschichtliches Zeichen, empirische Erscheinungsgestalt des auferstandenen und erhöhten Herrn und seiner Güte und Menschenfreundlichkeit sein. Im Horizont dieses Kirchenmodells wird die bleibende historische Grunderfahrung der Kirche, daß sie als Gemeinschaft der Christen immer auch Gemeinschaft der Unvollkommenen, der Sünder ist, nicht nur Gemeinschaft der Heiligen, nicht verdrängt. Sie ist integriert, da der Herr der Kirche ja gerade gekommen ist, Sünder zu berufen und als Arzt Kranke zu heilen. Die Verbundenheit der Gläubigen, die sich als Mitglieder einer Körperschaft, einer Gliedschaft verstehen, durchaus auch im genossenschafts- oder vereinsrechtlichen Sinne, schwingt im Leib-Christi-Begriff ebenfalls mit.

Der historische Ursprung der Kirche, ihre Herkunft aus dem alttestamentlichen Gottesvolk der Juden, dem Volk Israel, wird durch den Modellbegriff der Kirche als das Volk Gottes treffend zum Ausdruck gebracht. Dieser Begriff wurde vom Zweiten Vaticanum bewußt wiederaufgenommen und neu in den Horizont des gesamtkirchlichen Selbstverständnisses gestellt. Durch diesen Kirchenbegriff wird nicht nur die Kontinuität jüdisch-christlicher Heilsgeschichte, die Verbundenheit der Botschaft des Alten und des Neuen Testamentes herausgestellt. Es wird auch der personale und gemeinschaftliche Erwählungscharakter der Gemeinschaft der Kirche, der sich in jedem historischen Kontext je neu vollzieht, hervorgehoben. Zudem bildet der Volk-Gottes-Begriff durch seine historische Verwurzelung und seine Nähe zur sozialgeschichtlichen Grunderfahrung der Kirche eine gute realitätsnahe

---

55 Vgl. hierzu LE GUILLOU, in: Sacramentum Mundi, a. a. O., Sp. 1142.

56 Vgl. WIEDENHOFER, a. a. O., S. 94.

Ergänzung zu dem durch seinen Charakter manchmal zu abstrakten Kirchenbegriff des Leibes Christi. Die Grenzen des Volk-Gottes-Begriffes liegen darin, daß er zwar die bestehende Kontinuität, nicht aber das Neue, die bleibende Diskontinuität der Gemeinschaft des Neuen Bundes gegenüber dem Gottesvolk des Alten Bundes verdeutlichen kann.[57]

Das traditionelle Grundverständnis des alten Bundesvolkes, Empfänger der speziellen geschichtlichen Zuwendung und Sendung Gottes zu sein und hierin seinen geschichtlichen Auftrag inmitten der übrigen Völkerwelt zu erfüllen, wird durch diesen Begriff vom neuen Gottesvolk der Kirche übernommen. Dabei macht die historische und soziale Konnotation des Volk-Gottes-Begriffes zusammen mit seiner reichen Verwurzelung im Schatz der sozialen Grunderfahrungen der Völker diesen Begriff geeigneter, auch die Unvollkommenheit und Schwäche des Gottesvolkes darzustellen, als der Leib-Christi-Begriff. Denn der Volk-Gottes-Begriff ermöglicht durch seinen Vorstellungsgehalt eher die Integration von Gotteserfahrung und sozialer Selbsterfahrung und steht in seiner Symbolkraft besonders deutlich für die kirchlichen Wesenseigenschaften Gemeinschaftlichkeit und Gleichheit.

Schließlich drückt der Volk-Gottes-Begriff noch ein weiteres wesentliches Moment der kirchlichen Gemeinschaft aus, nämlich daß die Kirche als Ort und Zeichen göttlicher Erwählung den Anspruch erhebt, die endzeitliche Sammlungsbewegung Gottes zu sein, die seine Lebensmacht erfahrbar machen will und alle Menschen einlädt, sich dieser Gemeinschaft anzuschließen. Somit kommt in der gesellschaftlichen Partikularität des neuen Gottesvolkes zeichenhaft und in dialektischer Spannung zur historischen Realität die Universalität des göttlichen Heilswillens zum Ausdruck. Denn das neue Gottesvolk versteht sich kraft der in ihm wirksamen Gnade Gottes als Keimzelle der neuen, einen Menschheit, die herausgerufen ist aus den Verstrickungen der Sünde, aus Gewalt, Konkurrenzdenken, Selbstgerechtigkeit und individueller und sozialer Ungerechtigkeit.[58]

Die soziale Realität der Kirche und ihr Gemeinschaftscharakter werden auch in dem Modell der Kirche als Gesellschaft (societas) deutlich. In diesem Kirchenverständnis wird der Begriff der Gesellschaft im philosophischen Sinne verstanden als »moralische und feste Verbundenheit einer Mehrzahl von Menschen in der Ausrichtung auf ein Ziel, das in gemeinsamem Handeln erreicht wird«.[59] In rechtlich klarerer Weise als der Volk-Gottes-Begriff bringt dieser Begriff die gemeinsame Motivation und zielorientierte Verbundenheit der Mitglieder der Kirche zu einer gemeinsamen Aufgabe und Sendung zum Ausdruck. Das Spezifikum des societas-Begriffs ist die Rechtsverbindlichkeit der Kirchengliedschaft, die sich nicht mit einem allgemeinen, unverbindlichen, nicht zweck- und zielgerichteten Zusammen-

---

57 Zu den Vorzügen und Grenzen dieses Kirchenbegriffs vgl. LE GUILLOU, in: Sacramentum Mundi, a. a. O., Sp. 1143.

58 Vgl. WIEDENHOFER, a. a. O., S. 94.

59 Diese Definition verwendet LE GUILLOU, in: Sacramentum Mundi, a. a. O., Sp. 1145.

schluß von Individuen zufrieden geben kann. Er verdeutlicht damit exemplarisch die Nähe der Kirche zu anderen gesellschaftlichen Zweckverbänden und genossenschaftlichen Zusammenschlüssen. Dabei bringt der Begriff der Gesellschaft aus seinem sozialen Kontext heraus die Unabhängigkeit, Kontinuität und Dauerhaftigkeit des Mitgliederverbandes zum Ausdruck. Mehr als der Volk-Gottes-Begriff steht der Kirchenbegriff der societas für den bleibenden institutionellen Charakter der Kirche. Der Gesellschaftsbegriff ist auch besser als andere Kirchenbegriffe geeignet, den körperschaftlichen Charakter der Kirche und das ihr eigene hierarchische und synodale Ordnungsprinzip mit seiner auf den verschiedenen kirchlichen Ebenen bestehenden gestuften Verantwortlichkeit im Dienste des gemeinsamen Zieles zu verdeutlichen. Denn diese Strukturelemente gehören auch zum normalen Erscheinungsbild profaner menschlicher Zweckverbände.

Der Nachteil des Gesellschaftsbegriffs besteht darin, daß er den religiösen Charakter des Personenverbandes, der sich beispielsweise in der personalen, spirituellen und charismatischen Dimension seines Zusammenhaltes manifestiert, nicht darstellen kann. Im Unterschied zum Volk Gottes-Begriff vermittelt die Vorstellung von der Kirche als Gesellschaft auch ein eher statisches Kirchenbild. Dies wird dem dynamischen Charakter der Kirche, die sich trotz ihrer menschlichen Schwäche und Reformbedürftigkeit immer auch als Ferment der menschlichen Gesellschaft versteht, nicht genügend gerecht.[60]

Als Glaubensgemeinschaft stellt die Kirche auch eine Interpretationsgemeinschaft dar, die sich durch den gemeinschaftlichen kultischen Vollzug ihrer spirituellen Lebensgrundlagen immer neu vergewissert. Sie unternimmt aus ihrem geistlichen Selbstverständnis heraus immer neu den Versuch, die Zeichen der Zeit zu deuten und nach Spuren des Heils in der Welt zu suchen, um so die frohe Botschaft zeitnah zu verkünden.[61] Dieses Vorstellungsmodell unterstreicht die der Kirche eigene prophetische Dimension.

Die charismatische Grundstruktur der Kirche, die sich immer auch als Werk des schöpferischen Wirkens des Geistes Gottes verstanden hat und sich hierfür auf biblische Fundamente berufen kann, wird versinnbildlicht im Vorstellungsmodell der Kirche als Tempel des Heiligen Geistes. Der prägende Charakter des Pfingstereignisses für die Erfahrung der Gemeinschaft kommt in ihren universalen und offenen Strukturen zum Ausdruck. Dabei garantiert die Intensität der gemeinsamen spirituellen Grunderfahrungen die Festigkeit des gemeinsamen Zusammenschlusses und rückt die Notwendigkeit eines institutionellen Gefüges für die Gemeinschaft eher in den Hintergrund.

In diesem Kirchenverständnis erscheint die Kirche primär als innere geistliche Wirklichkeit, aber auch als offene, nicht bis ins letzte planbare und organisierbare Größe, deren Spezifikum die vielfältigen Charismen darstellen, die das schöpferi-

---

60 Vgl. dazu Le Guillou, in: Sacramentum Mundi, a. a. O., Sp. 1145–1146.

61 Diesen Gedanken entfaltet Wiedenhofer, a. a. O., S. 97.

sche Wirken Gottes in der Geschichte bezeugen und bezeichnen.[62] Die bisher dargestellten Kirchenmodelle werden durch dieses Vorstellungsmodell um die wichtige pneumatische Dimension, die der Kirche eigen ist, ergänzt. Dieser Kirchenbegriff hat zwar symbolisch-metaphorischen Charakter, ist aber geeignet, zu eng soziologisch dominierte Kirchenbilder aufzubrechen und den dynamischen Charakter der Gemeinschaft der Kirche zu versinnbildlichen. Die dialektische Spannung, in der sich die konkrete historische Erscheinungsgestalt der Kirche zum Reich Gottes befindet, kommt exemplarisch zum Ausdruck durch den Anspruch, der sich mit diesem pneumatisch geprägten Kirchenmodell verbindet.

Die missionarisch-kerygmatische Dimension der Kirche zeigt sich in einem Kirchenmodell, das die Kirche als Herold des Wortes Gottes sieht.[63] In diesem Vorstellungsmodell ist der Akzent viel deutlicher als bei den bisher vorgestellten Kirchenbildern auf die Aufgabe der Evangelisation und Mission und auf die Verkündigung gelegt, die als Zeugnis für den Anbruch des Reiches Gottes in der menschlichen Geschichte zu verstehen ist. Die verwendete Symbolik weist darauf hin, daß das Wort einen hohen Stellenwert hat. Der Charakter der kirchlichen Gemeinschaft soll nicht vorrangig durch Beziehungspflege nach innen zum Ausdruck kommen, sondern darin, daß diese Gemeinschaft nach außen hin orientiert ist und offen für neue Mitglieder. Diese für das Kirchenbild charakteristischen Momente verweisen deutlich darauf, daß dieser Kirchenbegriff seinen historischen Sitz in der protestantischen kirchlichen Tradition hat. Er kann sich auf prominente Theologen als Gewährsleute berufen wie Barth, Bultmann, Fuchs und Ebeling.[64]

Kritisch kann zu diesem Kirchenbild angemerkt werden, daß nach katholischer Lehrauffassung Evangelisation und Mission sich nicht primär in der Wortverkündigung vollziehen, sondern ebenso im sakramentalen und liturgischen Leben der Kirche ihren angestammten Ort haben (vgl. hierzu SC 7).

Die soziale und diakonische Funktion der Kirche in der menschlichen Gesellschaft und die bleibende Solidarität der Kirche gegenüber der Welt kommen plastisch zum Ausdruck in dem Modell der Kirche als Dienerin an der Menschheit. In diesem Kirchenbild fehlt jede ausdrückliche oder symbolische Assoziation, die einen Anspruch der Kirche auf eine besondere oder privilegierte Position innerhalb der menschlichen Gesellschaft und der Öffentlichkeit beinhalten könnte. Die Kirche folgt in diesem durchaus profilierten Bild ihres Selbstverständnisses den Spuren ihres Meisters, der nach dem Zeugnis der Bibel nicht gekommen ist, um sich bedienen zu lassen, sondern um zu dienen und diese Dimension der Kirche in seinem Vermächtnis an seine Jünger beim letzten Abendmahl durch die Fußwaschung exemplarisch betont hat. Die soziale und solidarische Dimension der Kirche betont folgende Passage der Pastoralkonstitution:

---

62 Zu diesem Kirchenmodell vgl. die Ausführungen von WIEDENHOFER, a. a. O., S. 96.

63 Vgl. hierzu A. DULLES, Models of the Church, 2. Aufl., Dublin 1988, S. 76–79.

64 Vgl. zu diesem Kirchenmodell die Ausführungen von DULLES, Models, a. a. O., S. 83, 84.

»So geht denn diese Kirche, zugleich ›sichtbare Versammlung und geistliche Gemeinschaft‹, den Weg mit der ganzen Menschheit gemeinsam und erfährt das gleiche irdische Geschick mit der Welt …« (GS 40)

Der spezifische kirchliche Dienst an der Welt wird etwas später mit folgenden Worten verdeutlicht:

»In Verfolgung ihrer eigenen Heilsabsicht vermittelt die Kirche nicht nur den Menschen das göttliche Leben, sondern läßt dessen Widerschein mehr oder weniger auf die ganze Welt fallen, vor allem durch die Heilung und Hebung der menschlichen Personwürde, durch die Festigung des menschlichen Gemeinschaftsgefüges, durch die Erfüllung des alltäglichen menschlichen Schaffens mit tieferer Sinnhaftigkeit und Bedeutung.« (GS 40)

Hiermit sind Prioritäten benannt, die auch von anthropologischer und gegenwartsphilosophischer Seite aus gesehen Herausforderungen für die heutige Menschheit beinhalten. Es geht um geduldigen und beharrlichen Einsatz für die globale Anerkennung und praktische Verwirklichung der Menschenwürde und für die prägenden und sinnstiftenden Grundwerte der menschlichen Gesellschaft, die das Grundgerüst für das dauerhafte Bestehen von Humanität bilden. Einerseits erwächst der kirchliche Einsatz für die Würde der menschlichen Person der Glaubensüberzeugung, daß in Christus die menschliche Person eine neue Würde erhalten hat (vgl. GS 22). Andererseits scheuen sich die Konzilsväter nicht, ausdrücklich das Faktum hervorzuheben, daß die Kirche in der historischen Entwicklung der Menschheit dieser viel verdankt (GS 44). Die Pastoralkonstitution ist ein wichtiges Dokument der neueren Kirchengeschichte, das zeigt, daß sich die Kirche nach einer längeren Periode der Distanzierung von der Welt zu einem neuen Verhältnis zur profanen Gesellschaft und Öffentlichkeit durchgerungen hat, das stärker als früher vom Geist des Dialoges und des Respektes für die spezifisch eigenständigen Erfahrungen der anderen Seite geprägt ist.

In der Betonung der Berufung zum Dienst verbindet sich eine universale Menschheitsperspektive, die bestehende gesellschaftliche Schranken überwinden will, mit der Erkenntnis, daß die Kirche nicht für sich selbst da sein soll, sondern sich der Herausforderung des notleidenden Bruders oder der Schwester stellen muß. Nicht die Erlangung von gesellschaftlicher Macht oder einer privilegierten Position soll im Zentrum kirchlicher Bemühungen stehen, sondern der kirchliche Grund- und Lebensvollzug der diakonia. Dies geschieht in dem Bewußtsein, daß gerade der selbstlose Liebesdienst am Mitmenschen ohne viele Worte das Bewußtsein für die Würde und den Wert der menschlichen Person stärkt und so eine indirekte Verkündigung der Grundwerte des Evangeliums darstellt.

Redlicherweise muß aber auf die Grenzen dieses Kirchenbildes hingewiesen werden. Durch die grundsätzliche Ambivalenz menschlicher Handlungsweisen entsteht mitunter eine Diskrepanz zwischen einer offiziellen Motivation und einer unterschwellig vorhandenen, dem Betreffenden oft kaum bewußten Sekundärmotivation. Jeder kirchliche Dienst kann hierdurch unterschiedliche Deutungen erfahren, die ein und dieselbe Handlung bei verschiedenen Beobachtern hervorrufen kann. Deshalb kann auch der schlichte Dienst auf ausdrückliche, interpretierende Wortverkündigung nicht verzichten, um die spezifische christliche Glaubens- und Sinndeutung des menschlichen Lebens und des christlichen Dienstes klarer in das Bewußtsein der Menschen zu heben.[65]

Anhand der unterschiedlichen Akzente und Profile, die die hier vorgestellten Kirchenmodelle aufweisen, wird deutlich, daß der kirchliche Verkündigungsauftrag unterschiedliche Elemente aufweist und sich in verschiedenartigen, dem jeweiligen kulturellen Kontext entnommenen Formen und mit unterschiedlicher Schwerpunktsetzung vollziehen kann.

Die verschiedenen Vorstellungsmodelle ergänzen einander, lassen aber trotz ihrer unterschiedlichen Akzentsetzungen Grundlinien kirchlicher Tätigkeit erkennen, die sich in historischer Kontinuität vom Beginn der Kirche an durch die Wechselfälle ihrer Geschichte hindurch bis hin zur Gegenwart erhalten haben. In der Vielfalt kirchlichen Handelns lassen sich drei strukturelle Grundvollzüge ausmachen, die in ihrer Gesamtheit das ganze Spektrum der kirchlichen Sendung repräsentieren, jeder für sich aber spezifische Bereiche kirchlicher Tätigkeit umfassen. Es handelt sich um die Grundvollzüge der Verkündigung und des Zeugnisses (martyria), des Gottesdienstes, der Sakramente und des Gebetes (leiturgia) und des Liebesdienstes (diakonia), die insgesamt die kirchliche Gemeinschaft der Brüder und Schwestern (koinonia) konstituieren.

Mit diesen Termini sind die Grunddimensionen des Lebens und Wirkens Jesu und damit seines Vermächtnisses für die Kirche ausgedrückt, die schon integrale Bestandteile des Lebensvollzuges des alttestamentlichen Gottesvolkes waren.

Diese Grunddimensionen christlicher Existenz wurzeln in der vorausgehenden menschlichen Grunderfahrung des Glaubens. So schafft sich das Wort Gottes in der Geschichte immer wieder eine Gemeinschaft des Zeugnisses, des Gottesdienstes und der tätigen Liebe, öffnet durch das Wirken des Geistes Augen und Ohren zum gemeinsamen Hören und beauftragt zur Verkündigung aus christlichem Geist.[66]

3.2.2 Die kirchliche Grundsatz- und Einzelfallkompetenz in Fragen der sittlichen und sozialen Ordnung gemäß can. 747 § 2 CIC

Die Kirche beansprucht es als ihr ureigenstes Recht im Bewußtsein ihrer genuinen Kompetenz, gemäß der kirchenrechtlichen Norm des can. 747 § 2 CIC, der in seinem Inhalt auf GS 76 zurückgeht, »immer und überall die sittlichen Grundsätze auch über die soziale Ordnung zu verkünden.« Diese programmatische Aussage will keinen in den profanen gesellschaftlichen Bereich hineinragenden kirchlichen Herrschafts- oder Machtanspruch formulieren oder bestehende gesellschaftliche Privilegien für die Kirche auf Dauer zementieren. Sie will Ausdruck dessen sein, daß die Kirche sich in der praktischen Realisierung der Grundwerte ihrer Glaubensbotschaft

---

65 Vgl. DULLES, Models, a. a. O., S. 102.

66 So zusammenfassend WIEDENHOFER, a. a. O., S. 111.

für den ganzen Menschen verantwortlich weiß, nicht nur für den religiösen Bereich menschlichen Lebens. Die Botschaft des Evangeliums will alle für das menschliche Zusammenleben wichtigen Bereiche erhellen, und, wenn nötig, umgestalten; dabei respektiert die Kirche die Autonomie des Staates in den weltlichen Angelegenheiten.

In der Pastoralkonstitution heißt es zu dieser Frage folgendermaßen:

> »Die politische Gemeinschaft und die Kirche sind auf je ihrem Gebiet voneinander unabhängig und autonom. Beide aber dienen, wenn auch in verschiedener Begründung, der persönlichen und gesellschaftlichen Berufung der gleichen Menschen. Indem sie (sc. die Kirche) die Wahrheit des Evangeliums verkündet und alle Bereiche menschlichen Handelns durch ihre Lehre und das Zeugnis der Christen erhellt, achtet und fördert sie auch die politische Freiheit der Bürger und ihre Verantwortlichkeit.« (GS 76)

Die Kirche ist daher verpflichtet, gerade auch in sozialethischen Fragen ihre Stimme zu erheben, um ihre Verantwortung für die Belange des ganzen Menschen in glaubwürdiger Weise wahrzunehmen und damit der Realisierung der politischen Freiheit und der Grundrechte der Staatsbürger zu dienen. Sie stellt in der Pastoralkonstitution ausdrücklich klar, daß sie hiermit auch nicht mittelbar eigene verbandliche Interessen verfolgt:

> »Das Irdische und das, was am konkreten Menschen diese Welt übersteigt, sind miteinander eng verbunden, und die Kirche selbst bedient sich des Zeitlichen, soweit es ihre eigene Sendung erfordert. Doch setzt sie ihre Hoffnung nicht auf Privilegien, die ihr von der staatlichen Autorität angeboten werden. Sie wird sogar auf die Ausübung von legitim erworbenen Rechten verzichten, wenn feststeht, daß durch deren Inanspruchnahme die Lauterkeit ihres Zeugnisses in Frage gestellt ist, oder wenn veränderte Lebensverhältnisse eine andere Regelung fordern. Immer und überall aber nimmt sie das Recht in Anspruch, in wahrer Freiheit den Glauben zu verkünden, ihre Soziallehre kundzumachen, ihren Auftrag unter den Menschen unbehindert zu erfüllen und auch politische Angelegenheiten einer sittlichen Beurteilung zu unterstellen, wenn die Grundrechte der menschlichen Person oder das Heil der Seelen es verlangen. Sie wendet dabei alle, aber auch nur jene Mittel an, welche dem Evangelium und dem Wohl aller je nach den verschiedenen Zeiten und Verhältnissen entsprechen.« (GS 76)

Die Kirche erkennt somit einerseits die Eigengesetzlichkeit der staatlichen Ordnung an und verzichtet darauf, die gesellschaftliche Ordnung in theokratisch-unitarischem Sinne umzugestalten. Sie betont andererseits, daß sie nicht darauf verzichten kann, ihren sozialen und sittlichen Weltauftrag zu verwirklichen. Dabei bleibt es gerade wegen der Frage der kirchlichen Kompetenz besonders wichtig, die Ebenen kirchlicher Tätigkeit zu unterscheiden. Man kann sie schlagwortartig als religiös-innerkirchliche und als ethisch-weltliche Ebene bezeichnen. Die Rolle der Kirche in ihrem Weltverhältnis und auch der Stellenwert kirchlicher Stellungnahmen müssen genau bestimmt werden, damit bei den Adressaten kirchlicher Äußerungen nicht die Befürchtung kirchlicher Nichtachtung der Eigengesetzlichkeiten profaner Sachbereiche entstehen kann.[67] Die theologische Unterscheidung von Schöpfungs- und Erlö

67 Vgl. hierzu M.-D. CHENU, Die Aufgabe der Kirche in der Welt von heute, in: G. Barauna

sungsordnung hat bei der Klärung der Frage der Ebenen kirchlichen Handelns durchaus ihre bleibende Berechtigung.[68]

Im dritten Kapitel der Pastoralkonstitution äußert sich das Konzil detailliert zur Frage der rechten Autonomie der irdischen Wirklichkeiten und begründet diese Autonomie damit, daß aufgrund des Willens des Schöpfers »die geschaffenen Dinge und auch die Gesellschaften ihre eigenen Gesetze und Werte haben, die der Mensch schrittweise erkennen, gebrauchen und gestalten muß« (GS 36: res creatas et ipsas societates propriis legibus valoribus gaudere, ab homine gradatim dignoscendis, adhibendis et ordinandis).

Wenig später wird diese Kernaussage in GS 36, 2 noch konkreter in der Weise expliziert, daß das rechte Verständnis der Autonomie der irdischen Wirklichkeiten nicht zu einem Konflikt mit den Inhalten kirchlicher Glaubensverkündigung führen kann:

> »Durch ihr Geschaffensein selber nämlich haben alle Einzelwirklichkeiten ihren festen Eigenstand, ihre eigene Wahrheit, ihre eigene Gutheit sowie ihre Eigengesetzlichkeit und ihre eigenen Ordnungen, die der Mensch unter Anerkennung der den einzelnen Wissenschaften und Techniken eigenen Methode achten muß. Vorausgesetzt, daß die methodische Forschung in allen Wissenschaften in einer wirklich wissenschaftlichen Weise und gemäß den Normen der Sittlichkeit vorgeht, wird sie niemals in einen echten Konflikt mit dem Glauben kommen, weil die Wirklichkeiten des profanen Bereichs und die des Glaubens in demselben Gott ihren Ursprung haben.«

Weltliche wissenschaftliche Rationalität steht also nicht im Widerspruch zu den theologisch fundierten Glaubenswahrheiten der christlichen Heilsbotschaft. Das Konzil wendet sich aber nicht nur gegen eine religiöse Bevormundung und Einengung der Freiheit der Wissenschaft, sondern auch gegen ein falsches, überzogenes Autonomieverständnis, wonach sich jede weltliche Wirklichkeit ihre Gesetze selber gibt. Diese letztere Auffassung leugnet die gemeinsame Herkunft der natürlichen und der übernatürlichen Werte aus Gott.[69]

In GS 42 stellt die Kirche in konsequenter Anwendung ihrer Lehre von der Autonomie der irdischen Wirklichkeiten fest, daß sie von ihrem Stifter Jesus Christus keine eigene spezifische Sendung für den politischen, wirtschaftlichen und sozialen Bereich empfangen hat. Die Konzilsväter haben es damit vermieden, bei der Neukonzeption des kirchlichen Verhältnisses zur Welt extreme Positionen zu beziehen, die man als epochale Fehldeutungen bzw. »Häresien« im Kirche-Welt-Verhältnis bezeichnen kann.[70] Im Anschluß an Karl Rahner nennt Honecker aus-

---

(Hrsg.), Die Kirche in der Welt von heute. Untersuchungen und Kommentare zur Pastoralkonstitution »Gaudium et spes« des II. Vatikanischen Konzils, dt. Bearbeitung von V. Schurr, Salzburg 1967, S. 232, mit weiteren Hinweisen.

68 So CHENU, a. a. O., S. 232.

69 Vgl. zu diesem Problemkomplex die Ausführungen bei AUER, in: LThK Ergänzungsband, S. 386–387.

70 Die Terminologie geht zurück auf die Ausführungen von M. HONECKER, Art. »Kirche und Welt«,

drücklich zwei Fehldeutungen des Kirche-Welt-Verhältnisses, die als jeweilige Extrempositionen einander diametral entgegengesetzt sind: den Integralismus und den Esoterismus. Der Integralismus leugnet im Grunde die Eigengesetzlichkeit und auch den Eigenwert der geschaffenen Weltwirklichkeit. Die Wirklichkeit der Welt stellt nur die Bühne kirchlicher Tätigkeit dar, sie empfängt ihren Wert dadurch, daß sie Bereich und Feld kirchlichen Handelns und Mittel kirchlicher Selbstdarstellung ist, besitzt also nur abgeleitete Bedeutung.[71] Dabei geht der Integralismus von der Voraussetzung aus, daß die Welt in allem der »Heiligung« durch die Kirche bedürfe. Konsequenz dieses Weltverständnisses ist ein extremer Klerikalismus, der einhergeht mit einer theokratischen Mentalität, die meist in unkritischer Weise eine Alleinzuständigkeit der Kirche auf allen humanen Sach- und Lebensgebieten annimmt.[72] Der entscheidende theologische Denkfehler der Integralisten besteht darin, daß sie den durch die Schöpfung hervorgebrachten Eigenwert der Welt ignorieren, der vorgängig zu den durch das Wirken der Kirche vermittelten Heilswerten besteht und auch nach der Stiftung der Kirche seine legitime Berechtigung behält.

Der Esoterismus negiert, ausgehend von der prinzipiell richtigen Prämisse, daß die Kirche in weltlichen Fragen nicht all- und alleinzuständig ist, in extremer Übersteigerung dieses gedanklichen Ansatzes die bleibende Verantwortung der Kirche für das Wohl der menschlichen Gesellschaft. Er sieht die Zuständigkeit der Kirche nur im Bereich der Heilswerte, im Rahmen der Erlösungsordnung, gegeben und gelangt von diesem Ansatzpunkt aus zu der Konsequenz, daß die Kirche sich nur um die Rettung der einzelnen Seelen zu kümmern habe.[73] Diese heilsindividualistische Position birgt in sich eine Tendenz zur Weltdistanz bis hin zur Weltflucht, während die Gegenposition des Integralismus die Gefahr einer Vermischung des kirchlichen und des weltlichen Bereiches bedeutet.

Die Gefahr einer weltflüchtigen Mentalität besteht in der Negation der Angewiesenheit des Menschen auf die Werte der Schöpfung, die vom Schöpfer ausdrücklich für den Menschen geschaffen und gutgeheißen wurden (Gen 1). In ihrer Konsequenz kann diese Mentalität ein mangelhaftes Bewußtsein für die Nöte des Mitmenschen sowie eine unangebrachte Bagatellisierung weltlicher Probleme wie Hunger, Krankheit, Gewalt und Armut bedeuten. Diese menschlichen Probleme können in einer esoterischen Mentalität leicht zu bloßen Durchgangsstadien werden, die in diesem irdischen Jammertal nun einmal gegeben, aber unwichtig sind angesichts der verheißenen künftigen Herrlichkeit.

Das Konzil betont aber gleichzeitig, daß die religiöse Sendung der Kirche der Festigung und dem Aufbau der menschlichen Gemeinschaft diene und die Kirche wichtige weltliche Phänomene gemäß den Zeichen der Zeit zu deuten versuche.

---

in: TRE, G. Krause, G. Müller (Hrsg.), Band 18, Berlin - New York 1989, S. 407–408.

71 Vgl. dazu HONECKER, in: TRE, a. a. O., S. 408.

72 So HONECKER, in: TRE, a. a. O., S. 408.

73 So die Beschreibung von HONECKER, in: TRE, a. a. O., S. 408.

Dadurch leistet sie einen wichtigen Beitrag zur Sinnstiftung und rechten Gestaltung des individuellen und gesellschaftlichen Lebens. Im Licht des Glaubens gesehen ist die Welt auf ihr übernatürliches Ziel hingeordnet. Sie zeichnet sich aus durch ein geheimes, aber wesensmäßiges Gerufensein zur Kirche als Avantgarde der Bewegung auf dieses übernatürliche Bestimmungsziel.[74]

In GS 41 wird dieser Gedanke weiter entfaltet, indem darauf verwiesen wird, daß die Kirche dem Menschen, der unterwegs zur volleren Entwicklung seiner Persönlichkeit ist, das Verständnis seiner eigenen Existenz und deren Grenzerfahrungen erschließen will, den endgültigen Sinn dessen, was der Mensch im Grunde als Geist und Person ist.

Da die Kirche, wie sie in GS 44 ausdrücklich betont, auch an der kulturellen und wissenschaftlichen Entwicklung der Menschheit partizipiert, versteht sie den Dialog zwischen sich und der Welt als ein Austauschverhältnis, in dem beide Seiten einander geben und voneinander empfangen. Beispielsweise bietet das kulturelle und geistige Leben der Welt in seinen immer wieder sich verändernden Erscheinungsformen der Kirche immer neues Material zur Unterscheidung und Deutung der Zeichen der Zeit. Es gibt ihr so Gelegenheit, die geoffenbarte Wahrheit im aktuellen Kontext besser zu verstehen und passender zu verkünden (GS 44,2).

Wenn die Kirche sich dauerhaft für eine humanere Gestaltung des menschlichen Lebens einsetzt und auf aktuelle Mißstände hinweist, leistet sie einen besonderen Dienst für die Weiterentwicklung ethischen Bewußtseins. Sie kann dazu beitragen, gesellschaftlichen ethischen Grundwerten gegenüber der Dominanz materieller Werte zu mehr Anerkennung zu verhelfen.

Schon wegen des grundlegenden Gemeinschaftscharakters der menschlichen Existenz darf sich die Kirche nicht mit einem Vorherrschen individualistischer Wertvorstellungen – unter Berufung auf angeblich unumkehrbare gesellschaftliche Entwicklungen – zufriedengeben. Sie darf nicht der Versuchung erliegen, sich in eine gesellschaftliche Nische zurückzuziehen und so gleichsam ihren Glauben und ihre Hoffnung zu privatisieren. Ihre bleibende Aufgabe besteht darin, ihre Botschaft der Kritik der Öffentlichkeit nicht zu entziehen. Sie soll vielmehr in Wahrnehmung ihres Verkündigungsauftrages Weltverantwortung übernehmen und so versuchen, die heilende Kraft der christlichen Botschaft im öffentlichen Leben sichtbar zu machen.[75]

Die sittlichen Grundsätze der Kirche für eine soziale Ordnung erstrecken sich auf alle Gebiete des öffentlichen Lebens. Die Kirche will sich hiermit für die Herstellung bzw. Verbesserung der kulturellen, sozialen, wirtschaftlichen und politischen

---

74 Vgl. hierzu CONGAR, in: LThK Ergänzungsband, GS, S. 402.

75 Vgl. B. HÄRING, Frei in Christus. Moraltheologie für die Praxis des christlichen Lebens, Band 3, Freiburg – Basel – Wien 1989, S. 131.

Strukturen der Gesellschaft engagieren, was den Kampf gegen jedwede Ausbeutung, Diskriminierung, Korruption und Unterdrückung impliziert.[76]

Dies geschieht in dem Bewußtsein, daß die menschliche Freiheit als Wahlfreiheit immer auch der Manipulation und dem gesellschaftlichen Druck bestimmter Interessengruppen ausgesetzt ist. Sie kann damit auch der suggestiven Kraft populistischer Fortschrittsideologien verfallen, die der Realität und Komplexität menschlichen Lebens letztlich nicht gerecht werden. Gleichzeitig sollte sich die Kirche bei der Wahrnehmung ihres gesellschaftlichen ethischen Mandats dessen bewußt sein, daß sie nicht im Besitz eines Monopols auf die Lösung von wichtigen und drängenden Menschheitsfragen ist.

3.2.3 Die Sicht der Pastoralkonstitution zu einigen exemplarischen Themen globaler Sozialethik (GS 77–90)

Das fünfte Kapitel des zweiten Teiles der Pastoralkonstitution (GS 77–90) dient der Analyse einiger Fragen weltweiter Sozialethik, die für das Leben einer universalen Kirchengemeinschaft aufgrund ihrer Aktualität besondere Bedeutung haben.

Seit dem großen Echo, das die Enzyklika »Pacem in terris« Papst Johannes XXIII. während des Konzils weltweit ausgelöst hatte, war erwartet worden, daß sich das Konzil auch zu den brennenden Fragen der internationalen Völkergemeinschaft und insbesondere auch zu der Frage des Schutzes und der Wahrung des Weltfriedens äußern würde.[77] Kernthemen der Ausführungen der Konzilsväter in ihrer diesbezüglichen Botschaft an die ganze Menschheit in der Pastoralkonstitution bildeten in der Tat die Förderung des Friedens und der Solidarität in der einen Menschheit sowie die Frage der weltweiten wirtschaftlichen Entwicklung und der Verbesserung der Zusammenarbeit unter den Völkern.

Das Konzil sieht es als seine vordringliche Aufgabe an, global das Bewußtsein dafür zu schärfen, daß das humane Zusammenleben der Völker nicht nur von einer Beendigung des gigantischen Wettrüstens in der Menschheit abhängig ist. Notwendig ist auch eine umfassende Förderung der wirtschaftlichen Entwicklung der armen Länder, für die der Beitrag der reichen Länder unverzichtbar ist. Nur so kann der Friede dauerhaft gesichert werden, da er grundlegende Lebensbedingungen voraussetzt, wie z. B. ausreichende Bildungs- und Ausbildungsmöglichkeiten und Arbeitsplätze für die Bevölkerung. Dies wiederum setzt entsprechende wirtschaftliche Rahmenbedingungen voraus. Andernfalls lassen sich nicht einmal die fundamentalen Menschenrechte realisieren.

Wenn man von einem Recht von Völkern und Volksgruppen auf Frieden und soziale und wirtschaftliche Entwicklung spricht, so handelt es sich um Solidaritätsrechte, die einem völkerrechtlichen Konsens über den ethisch und rechtlich prinzi-

---

76 Vgl. hier die Zusammenfassung bei Häring, a. a. O., S. 132.

77 Vgl. dazu Schnijt, in: LThK Ergänzungsband, Kommentar zu Art. 77–90 GS, S. 534.

piell erforderlichen Standard des Zusammenlebens der Völker in der internationalen Gemeinschaft entsprechen.[78] Die Durchsetzung dieser kollektiven Rechte ist natürlich an die politische Willensbildung und an die entsprechenden politischen Entscheidungen der maßgeblichen Entscheidungsträger der einzelnen Staaten und der internationalen Staatengemeinschaft gebunden. Ohne ein breit verankertes Bewußtsein für globale Solidarität auch bei den Entscheidungsträgern in der Politik, das noch erhebliche Bewußtseinsbildungsprozesse voraussetzt, lassen sich daher diese Solidaritätsrechte kaum realisieren.

3.2.4 Die Grundsätze des Konzils zu den Fragen des Weltfriedens und der Solidarität der internationalen Völkergemeinschaft

Es wurde bereits hervorgehoben, daß in der Sicht der Pastoralkonstitution das Recht auf wirtschaftliche und soziale Entwicklung zu seiner Realisierung das Bestehen friedlicher Verhältnisse voraussetzt, das Recht auf Entwicklung somit logisch das Recht auf Frieden voraussetzt. Die damit gegebene elementare Wichtigkeit der globalen Anerkennung eines Rechtes auf Frieden für Völker und Volksgruppen bringt das Konzil dadurch zum Ausdruck, daß es die Forderung nach absoluter Ächtung des Krieges in GS 82,1,1 erhebt.

Auch systematisch hat das Konzil der logischen Reihenfolge von Frieden und Entwicklung dadurch Rechnung getragen, daß dem Abschnitt über die Förderung des Friedens (GS 77–82) der Abschnitt über den Aufbau der internationalen Gemeinschaft direkt nachfolgt. Daß die Realisierung des Rechtes der Völker und Volksgruppen auf Entwicklung die soziologische Basis für die Verwirklichung fundamentaler menschlicher Lebensrechte darstellt, hat das Konzil bereits in GS 26 ausgesprochen. Es hebt an dieser Stelle hervor, daß ein menschenwürdiges Leben das Recht auf Nahrung, Kleidung und Wohnung, auf Familiengründung, Kindererziehung und auf Arbeit beinhaltet.[79]

Wenn die Konzilsväter perspektivisch von der wachsenden Menschheitsfamilie sprechen, setzen sie das Vorhandensein eines allgemeinen Bewußtseins voraus, in dem die Solidaritätsrechte von ethnischen Gruppen und Nationen grundsätzlich von der internationalen Völkergemeinschaft akzeptiert sind. Dem Recht auf Frieden und Entwicklung einzelner Völker korrespondiert in dieser sozialethischen kirchlichen Konzeption immer auch die entsprechende Pflicht dieser Völker, sich mit den vorhandenen eigenen Kräften für die Förderung des globalen Friedens und den Aufbau der internationalen Staatengemeinschaft einzusetzen.

---

78 Vgl. dazu W. Huber, Art. »Menschenwürde / Menschenrechte«, in: TRE, G. Krause, G. Müller (Hrsg.), Band 22, Berlin - New York 1992, S. 590.

79 Schon die Enzyklika »Pacem in terris«, Nr. 11, 15, 18 ff, hatte die Garantie dieser Rechte gefordert, die zum Teil (vgl. Nr. 11) als Bestandteile des Rechtes auf Leben und auf die geeigneten Mittel zu angemessener Lebensführung anzusehen sind.

In GS 84 wird ein Recht auf Entwicklung explizit anerkannt (GS 84, 2), damit so die Grundvoraussetzungen für eine humane Existenz (Ernährung, Gesundheit, Erziehung und Arbeit) auch in den armen Ländern gewährleistet sind. Die zuständigen Institutionen der internationalen Staatengemeinschaft müssen ihre Verantwortung in diesem Bereich besonders wahrnehmen, damit deutlich wird, daß die Pflichten der reichen Länder der Erde, die Entwicklung der armen Länder tatkräftig zu unterstützen, nicht nur auf dem Papier existieren. Dieser Gedanke wird auch in GS 85 ausgesprochen, wenn es dort heißt, daß das Recht auf Entwicklung der Förderung durch die institutionelle internationale wirtschaftliche Zusammenarbeit bedarf. Die Hilfe soll ihrerseits keine ökonomischen Abhängigkeiten schaffen, sondern als Hilfe zur Selbsthilfe gegeben werden. Nach der Auffassung der Konzilsväter wird sich die Hilfe oft nicht nur auf eine Starthilfe beschränken dürfen, sondern wird dauerhaft sein müssen.

Erst lange nach dem Zweiten Vaticanum sind einige globale Probleme in das Zentrum des internationalen Bewußtseins gerückt wie die Frage des Umweltschutzes, aber auch die Frage nach der Bewahrung und Sicherung der natürlichen Ressourcen der Erde vor einer ökonomisch dominierten Raubbaumentalität. Sie wurden deshalb in der Pastoralkonstitution noch nicht explizit erörtert. Gleichwohl entsprechen Umweltschutz und Bewahrung der Schöpfung ganz den Intentionen der Konzilsväter. Dies folgt schon aus GS 53, wo der Eigenwert der Natur als Schöpfung Gottes und die Verantwortung des Menschen für die Pflege der Güter und Werte der Natur hervorgehoben werden.

In der Frage der gerechten Verteilung der Ressourcen der Erde hat das Konzil in GS 87,1 bei der Erörterung der Frage des weltweiten Bevölkerungswachstums einen eindeutigen Standpunkt bezogen:

> »Es ist dringend erforderlich, daß alle Nationen, besonders die wohlhabenden, in umfassender und gründlicher Zusammenarbeit Wege suchen, wie die zum Lebensunterhalt und zur angemessenen Ausbildung nötigen Mittel bereitgestellt und der ganzen Menschheit zugänglich gemacht werden können.«

Diese gerechte Verteilung der Ressourcen der Erde bildet ja auch die Voraussetzung für die Realisierung des globalen Rechts auf Entwicklung und im übrigen auch die materielle Basis für eine ethisch verantwortbare Wahrnehmung des elterlichen Erziehungsrechtes, wie das Konzil in GS 87,3 feststellt.

Das Recht auf Teilhabe an den Ressourcen der Erde wird in der aktuellen Diskussion als Element des kollektiven Menschenrechtsstandards eines Volkes oder Staates bzw. als eines der sog. Menschenrechte der dritten Generation angesehen. Diese Terminologie wird verwandt, damit der Unterschied zu den individuellen bürgerlichen Freiheitsrechten (»erste Generation«) und den innerstaatlich relevanten kollektiven (politischen) Grundrechten der »zweiten Generation« wie Versammlungs- und Koalitionsfreiheit) verdeutlich wird. Menschenrechtsstandards sind kollektiven Rechtsträgern wie Volksgruppen und Staaten eigen und setzen als anerkannte Solidaritätsrechte, wie oben betont, den zwischenstaatlichen ethischen Konsens voraus.[80]

In der aktuellen internationalen sozialethischen Diskussion wird als Oberbegriff von einem Völkern und ethnischen Gruppen eigenen Kollektivrecht auf Teilhabe am gemeinsamen Erbe der Menschheit gesprochen. Es umfaßt inhaltlich neben dem Recht auf einen angemessenen Anteil an den natürlichen Ressourcen der Erde auch das Recht auf Teilhabe am Kulturerbe der Menschheit.[81] Die Konzilsväter haben sich in GS 69,1,4 diese Forderung ausdrücklich zu eigen gemacht, wenn sie dort feststellen, daß allen Menschen das Recht zusteht, einen für sich selbst und ihre Familien ausreichenden Anteil an den Erdengütern zu haben. Biblisch begründet wird dies bereits im ersten programmatischen Satz von GS 69 damit, daß Gott die Erde allen Menschen und allen Völkern gewidmet hat, weswegen die Schätze der Erde nicht dauerhaft exklusiver Besitz einiger reicher Erdenvölker sein dürfen, sondern in einem gerechten Verhältnis allen zustatten kommen müssen.

Die Widmung der Erdengüter an die gesamte Menschheit geht somit nach kirchlicher Lehre allem Privateigentum voraus und ist der legitime Grund der institutionell verankerten Sozialbindung des Eigentums. Sie ist auch der tiefste Grund für die moralische und religiöse Verpflichtung des Besitzenden, dem Mittellosen, Armen zu helfen und ihn vor dem Hungertod zu bewahren.

Es ist ein Gebot der Gerechtigkeit, den Millionen notleidender Menschen in den armen Ländern ihren angemessenen Anteil an den Gütern der Erde zukommen zu lassen, es ist keine Frage des Almosengebens. Es besteht daher eine sittliche Pflicht insbesondere des Privateigentümers von Grund und Boden, diesen nicht dauerhaft brachliegen zu lassen, da nur eine produktive Nutzung im Interesse der Verwirklichung des Gemeinwohls ist.

3.2.4.1 Die Förderung des Friedens

Nach einer kurzen Bezugnahme auf die aktuelle Weltlage, in der das Konzil die Dringlichkeit der Aufgabe, die Welt wirklich menschlicher zu gestalten, noch einmal hervorhebt, richtet es einen Aufruf an alle Christen, alles zu tun, was in ihrer Macht steht, um den Frieden zu fördern und zu festigen (GS 77).

In GS 78 geht es dann um die Bestimmung des rechten Begriffs des Friedens. Der Einsatz für den Frieden und die Sensibilität für die Gefahren, die ihm weltweit drohen, wird heutzutage zum Testfall für die menschliche Ethik, da gerade die Erfahrungen des 20. Jahrhunderts eindrücklich bewiesen haben, daß der moderne Krieg die Grundlagen der Menschlichkeit erschüttert und Quelle anderer, schrecklicher Übel (Hunger, Seuchen) ist.[82]

---

80 Vgl. dazu HUBER, in: TRE, a. a. O., S. 590.

81 Vgl. hierzu näheres bei HUBER, in: TRE, a. a. O., S. 590.

82 Vgl. dazu HÄRING, a. a. O., S. 428–429.

In der Pastoralkonstitution wird der Begriff des Friedens positiv definiert. Eine negative Definition von Frieden als Nichtbestehen eines Kriegszustandes oder als Waffenstillstand, der durch ein »Gleichgewicht des Schreckens« aufrechterhalten wird, wird als nicht ausreichend abgewiesen (vgl. dazu GS 78,1,1). Der Friede wird beschrieben als »Frucht der Ordnung, die ihr göttlicher Gründer selbst in die menschliche Gesellschaft eingestiftet hat und die von den Menschen durch stetes Streben nach immer vollkommener Gerechtigkeit verwirklicht werden muß« (GS 78, 1,2).

Wie Coste in seinem Kommentar zu diesem Artikel hervorhebt, besitzt die hier wiedergegebene Beschreibung eine inhaltliche Nähe zur augustinischen Friedensdefinition aus De Civitate Dei XIX 13,1: »Pax omnium rerum tranquillitas ordinis«.[83] Als von außen aufoktroyierte, von den Konfliktparteien und ihren Interessen innerlich nicht akzeptierte Ordnung hat ein Friedensschluß letztlich nicht die Gewähr wirklicher Dauerhaftigkeit. Er bezieht seine innere Stabilität aus der menschlichen Einsicht, die ihn in seiner konkreten Form als sinnvolles, weil die betroffenen Rechtsgüter sachgerecht berücksichtigendes Ordnungsprinzip anerkennt und akzeptiert.

Dieser Friede, der in den weltweiten Beziehungen der Nationen als ein Faktor wachsender ethischer Stabilität Gestalt annimmt, entspringt in seiner ethischen Fundierung nach der Lehre des Konzils zwei Quellen: dem Naturrecht und der Offenbarung.[84]

Im dritten Abschnitt von GS 78 entwirft das Konzil in knapper Skizzierung eine Theologie des Friedens, die (unter Bezugnahme auf Eph 2,16 und Kol 1,20–22) das Geschenk des Friedens an die Menschen begründet sieht im Kreuz Christi und in seiner Vollendung in Tod, Auferstehung und Geistsendung.

Die Konstitution betont die Bedeutung des Gewaltverzichts und spricht den Menschen eine besondere Anerkennung aus, die sich trotz gesellschaftlicher Widerstände für einen profilierten Weg der Gewaltlosigkeit entschieden haben (vgl. GS 78, 5).

Obwohl der Konzilstext ausdrücklich keine Namen nennt, kann man doch aus dem Kontext und aus der erkennbaren Diktion des gesamten Abschnittes erkennen, daß die Pastoralkonstitution hiermit das Wirken so bedeutender Persönlichkeiten unseres Jahrhunderts wie Mahatma Gandhi und Pastor Martin Luther King würdigen wollte. Sie haben durch ihr Engagement der Gewaltlosigkeit als einer Grundnorm der Bergpredigt zu neuem Ansehen verholfen. Wenn die Konzilsväter durch diese Aussagen nunmehr an die Seite dieser bedeutenden religiösen und ethischen Vorbilder und Lehrer der Gewaltlosigkeit treten, so verschaffen sie dieser lange auch in christlichen Kreisen vernachlässigten, ja angefeindeten Lehre wieder Hei-

83 Vgl. Coste, in: LThK Ergänzungsband, GS, S. 544–545.
84 Vgl. hierzu Coste, in: LThK Ergänzungsband, a. a. O., S. 545.

matrecht in der Kirche.[85] Einen absoluten, d. h. kategorisch unter allen Umständen verfochtenen Pazifismus lehnt das Konzil ab. Es hält an der bisherigen Lehre fest, daß Gewalt als letztes Mittel einer legitimen Verteidigung von Rechtsgütern erlaubt bleiben muß, wenn sie das einzige Mittel ist, noch mehr unrechte Gewalt zu verhindern.

3.2.4.2 Die Vermeidung des Krieges

In einem ersten, stärker phänomenologisch geprägten Abschnitt betont der Konstitutionstext die Gefährlichkeit der modernen Waffen und der neuen Methoden der Kriegführung, die ein erneutes Aufflammen von Barbarei und Grausamkeit befürchten lassen. Auch das neuere Phänomen des Terrorismus wird als Mittel der Konfliktbewältigung verworfen (GS 79,1,4).

Das Konzil betont die allgemeinen Prinzipien des Völkerrechts zur Vermeidung des Krieges, deren Praktizierung gleichsam als Hören auf das Gewissen der Menschheit angesehen wird (GS 79,2,2). Als ein Verrat an diesen Prinzipien verurteilt es insbesondere Völkermord und den systematischen Mord an ethnischen Minderheiten.

In einem weiteren Abschnitt wird auf die internationalen Vereinbarungen über die Kriegführung und ihre unmittelbaren Folgen hingewiesen; ausdrücklich genannt wird die Genfer Konvention zum Schutz von Verwundeten und Kriegsgefangenen vom 12.8. 1949.[86] Regierungen und Fachexperten werden aufgefordert, alles in ihrer Macht Stehende für die Humanisierung bestehender Feindseligkeiten zu tun (GS 79,3,3).

Im vierten Abschnitt äußert sich das Konzil zu der generellen Frage der sittlichen Erlaubtheit des Krieges. Der Auffassung von Coste ist zuzustimmen, daß diese Frage eigentlich logisch vorgängig zu der Frage der Humanisierung eines bereits ausgebrochenen Krieges oder kriegerischen Konfliktes anzusehen ist und daher auch systematisch früher hätte behandelt werden müssen. Die Frage nach dem ius in bello ist erst nach der grundsätzlicheren Frage nach dem ius ad bellum zu erörtern.[87]

Ausdrücklich sprechen die Konzilsväter einer Regierung das Recht auf sittlich erlaubte Verteidigung zu, wenn alle Möglichkeiten einer friedlichen Regelung des Konflikts erschöpft sind (GS 79,4,2). Es gibt ein Recht auf legitimen kollektiven, notfalls auch bewaffneten Widerstand gegen einen Angriff, damit die Bevölkerung des eigenen Landes auch unter Einsatz militärischer Mittel verteidigt werden kann (GS 79,4). Das Recht auf Verteidigung mit militärischen Mitteln muß im Falle einer nach Kriegsbeginn neu möglich gewordenen friedlichen Verhandlungslösung differenziert betrachtet werden und ist im Grunde als Notlösung anzusehen.[88] Es ist zu

---

85 Dies hebt COSTE, in: LThK Ergänzungsband, a. a. O., S. 547–548 hervor.

86 Vgl. dazu COSTE, in: LThK Ergänzungsband, a. a. O., S. 550, mit weiteren Hinweisen.

87 COSTE, in: LThK Ergänzungsband, a. a. O., S. 551.

88 So COSTE, in: LThK Ergänzungsband, S. 553; vgl. auch seine erläuternden Ausführungen zu

hoffen, daß das Verteidigungsrecht der einzelnen Staaten, das ja auch den Schutz bedrohter Volksgruppen innerhalb der eigenen nationalen Grenzen bezwecken will, eine Absicherung durch die Organe der internationalen Staatengemeinschaft erfährt. Die internationalen Friedenstruppen der UN müssen dazu mit den notwendigen militärischen Mitteln ausgestattet werden, damit sie Sicherheit und Freiheit von Völkern und Volksgruppen auch gegen Aggressoren besser garantieren können.

Durch die aktuelle politische Entwicklung hat eine weitere Grundaussage von GS 79,5 eine neue Bedeutung erlangt. Die Konstitution würdigt hier in allgemeiner Weise den Dienst der Soldaten, die ihren Beitrag zur Sicherheit und Freiheit der Völker leisten und zur Stabilisierung des internationalen Friedens beitragen. In der heutigen allgemeinen Weltsituation tragen Soldaten in steigendem Maße nicht nur zur nationalen Verteidigung bei, sondern dienen auch als UN-Soldaten auf fremdem Gebiet im Auftrag der internationalen Staatengemeinschaft in sog. friedenschaffenden und friedenserhaltenden Missionen.

In GS 80 verurteilt die Konstitution den totalen Krieg – leider hat man es versäumt, ein ausdrückliches Verbot des Angriffskrieges auszusprechen – und macht sich damit die neuere Lehre der Päpste, die in den Verlautbarungen von Pius XII., Johannes XXIII. und Paul VI. Kontinuität erlangt hat, zu eigen.

Der Kernsatz der konziliaren Verurteilung des totalen Krieges lautet wie folgt:

> »Jede Kriegshandlung, die auf die Vernichtung ganzer Städte oder weiter Gebiete und ihrer Bevölkerung unterschiedslos abstellt, ist ein Verbrechen gegen Gott und den Menschen, das fest und entschieden zu verwerfen ist.« (GS 80,4: »... crimen contra Deum et ipsum hominem ... firmiter et incunctanter damnandum.«)

Die von der Konstitution verwandte Terminologie ist insofern bemerkenswert, als hier zum Ausdruck der Verurteilung das theologisch markante Verb »damnare« verwandt wird, das bei der Feststellung und Verurteilung theologischer Irrtümer ausdrücklich vom Konzil nicht mehr verwandt worden ist. Man wollte in diesem letzteren Bereich allgemein den mit dem Gebrauch dieses Verbs sprachlich-inhaltlich verbundenen Akt einer aus religiösen Gründen erfolgten, prinzipiell unwiderruflichen Distanzierung vermeiden. Genau diese spezifische Konnotation des Verbs »damnare« erschien aber bei dem hier in Rede stehenden Sachverhalt aus ethischen Gründen angebracht.

Die hier vorliegende Formulierung der Verurteilung hebt den Unterschied zwischen Kombattanten und Nichtkombattanten deutlich hervor und setzt sich so in unmißverständlicher Weise für die Unverletzlichkeit des Prinzips des Schutzes der Zivilbevölkerung ein. Diese konziliare Aussage ist angesichts moderner terroristischer Formen, beispielsweise im Untergrund- und Guerillakrieg, aber auch sog. flächendeckender Bombardements oder Giftgaseinsätze zur Einschüchterung der Zivilbevölkerung wichtig und notwendig, um die Prinzipien des Völkerrechts wie-

---

Art. 79 Abs. 4, S. 551–552.

der stärker ins allgemeine Bewußtsein zu heben und einen Rückfall in barbarische Formen der Kriegführung zu verhindern.[89]

Nach den historischen Ereignissen in Europa im Jahre 1989 und der politischen Entwicklung in den Folgejahren, die zur Auflösung des Warschauer Paktes und zur Stärkung der Position der NATO geführt haben, erscheint die Hoffnung nicht mehr unrealistisch, daß der Rüstungswettlauf, der zu einer Ansammlung gigantischer Waffenarsenale geführt hat, weltweit endgültig zum Stillstand kommen kann. Es ist zu hoffen, daß es im Verhandlungswege zu einer spürbaren Verringerung des gefährlichen Rüstungspotentials kommen wird. Die Konzilsväter haben in ihrer Aussage, daß der Rüstungswettlauf eine der schrecklichsten Wunden der Menschheit sei und in unerträglicher Weise die Armen schädige, auf einen im Bewußtsein der Industrieländer weithin immer noch verdrängten oder unterschätzten Aspekt des Rüstungsproblems hingewiesen, der noch einer Lösung zugeführt werden muß. Ob die reichen Industrieländer aber auch in der augenblicklichen Weltlage, in der ihre vitalen Sicherheitsinteressen augenscheinlich nicht mehr so hohe Militärausgaben rechtfertigen, ihrer weltwirtschaftlichen Verantwortung für die Entwicklung der armen Länder in spürbar stärkerem Maße gerecht werden oder weiterhin hauptsächlich ihre eigenen wirtschaftlichen Interessen verfolgen, bleibt abzuwarten.

Die Konstitution hebt die Wichtigkeit der Stärkung der Position der Vereinten Nationen als internationaler Weltautorität und die Notwendigkeit verstärkter globaler Bemühungen um Friedenserziehung hervor. Hierbei dürfen in der Bevölkerung verbreitete Ressentiments und Vorurteile (rassischer, ethnischer oder ideologischer Art) nicht ängstlich ausgeklammert werden.

3.2.4.3 Der Aufbau der internationalen Gemeinschaft

Bei der Darlegung der Voraussetzungen dieser wichtigen Menschheitsaufgabe berücksichtigt das Konzil die fundamentale Bedeutung eines Tatbestandes, der die Welt am Ausgang des 20. Jahrhunderts besonders auszeichnet und insoweit markant von der Welt früherer Jahrhunderte unterscheidet. Die gegenseitige Abhängigkeit von Menschen und Völkern in ihrem Wohl und Wehe ist kontinuierlich gestiegen und global immer noch im Wachsen begriffen. Dies zeigt auch die steigende Verbreitung und Verdichtung internationaler Kommunikationsstrukturen, sodaß auch regionale Probleme verstärkt internationale Bedeutung bekommen haben. Räumlich begrenzte Konflikte nehmen aufgrund der gewachsenen internationalen Verflechtungen innerhalb der Staatengemeinschaft schneller als früher internationale Dimensionen an.[90] GS 84 enthält einen für die Beurteilung des gesamten Problemkomplexes

---

89 Vgl. hierzu die Hinweise bei COSTE, in: LThK Ergänzungsband, S. 555.

90 Zu diesem Problemkomplex vgl. R. SUGRANYES DE FRANCH, Die Völkergemeinschaft und die internationalen Institutionen, in: G. Barauna (Hrsg.), Die Kirche in der Welt von heute, Salzburg 1967, S. 435.

wichtigen, die systematische Perspektive der Ausführungen des Konzils verdeutlichenden Satz:

> »Um bei der wachsenden gegenseitigen Abhängigkeit aller Menschen und aller Völker auf dem ganzen Erdkreis das allgemeine Wohl der Menschheit auf geeignetem Weg zu suchen und in wirksamer Weise zu erreichen, muß sich die Völkergemeinschaft eine Ordnung geben, die den heutigen Aufgaben entspricht, vor allem im Hinblick auf die zahlreichen Gebiete, die noch immer unerträgliche Not leiden.«

Die Konzilsväter erhoffen sich also von einer stärkeren internationalen Vernetzung der Bemühungen einzelner Länder wichtige Impulse, die als Basis aber eine international anerkannte Ordnung voraussetzen. Dies impliziert auch ein wirksames und durchsetzbares internationales Völkerrecht, das gerade im Falle bewaffneter Konflikte wichtig ist. Die international gültige Ordnung muß daher durch eine von allen Völkern akzeptierte und getragene Weltorganisation durchgesetzt werden können, um wirksam die Probleme der heutigen Zeit angehen zu können.

Im Abschnitt GS 83, der sich mit der Frage der Überwindung der Ursachen von Unfriede und Ungerechtigkeit und der vielfältigen Konflikte in der Welt beschäftigt, setzt sich das Konzil ausdrücklich für eine verstärkte, engere Zusammenarbeit internationaler Institutionen und Organisationen ein, die sich um eine bessere Koordination ihrer Tätigkeiten bemühen sollten (vgl. GS 83, letzter Satz). Als wichtige globale Probleme, die nur durch koordinierte Zusammenarbeit effektiv in größerem Umfang angegangen werden können, werden der Analphabetismus, die Unterernährung und das Flüchtlings- und Wanderungsproblem genannt. Durch diese globalen Probleme würden oft gravierende Störungen des Gemeinwohls herbeigeführt, da die gesellschaftlichen Rahmenbedingungen für eine gesunde wirtschaftliche Entwicklung an soziale Grundvoraussetzungen wie Sicherung der materiellen und hygienischen Grundversorgung und eines ökonomisch adäquaten Ausbildungsniveaus der Bevölkerung gebunden sind.

Ein weiterer Abschnitt ist der Förderung der internationalen wirtschaftlichen Zusammenarbeit gewidmet (GS 85). Auf die in jüngerer Zeit wieder stärker zu beobachtende Tendenz vieler souveräner Staaten, auf angeblich unverzichtbare nationale Interessen (besonders auf wirtschaftlichem Gebiet) zu pochen, gehen die Konzilsväter nicht ausdrücklich ein. Die Perspektive ist eindeutig darauf gerichtet, die Bewußtmachung der eminenten Bedeutung eines supranationalen Gemeinwohlbegriffs bewußt zu machen. Er ist nur eine logische Konsequenz aus der gewachsenen politischen und wirtschaftlichen Interdependenz, die die internationale Staatengemeinschaft immer mehr zu einer Schicksalsgemeinschaft macht. Dies ist in neuester Zeit überdeutlich geworden durch die Bedrohung der Ozonschicht sowie global beobachtbare Umweltprobleme wie Waldsterben, Luft- und Wasserverschmutzung sowie die Gefahren radioaktiver Strahlung. Diese Probleme fordern in stärkerem Maße als bisher die Handlungsfähigkeit der internationalen Staatengemeinschaft heraus und verlangen ein solidarisches gemeinsames Handeln in dem Bewußtsein, daß nationale Interessen im Konfliktfall der überragenden Bedeutung des Schutzes bedrohter wichtiger gemeinsamer Erdengüter (Luft, Wasser, Boden) weichen müssen.[91]

Die Dominanz struktureller Abhängigkeiten im Welthandel und das damit zusammenhangende Ungleichgewicht in der Weltwirtschaftsordnung ist nach Auffassung der Konzilsväter eine Ursache dafür, daß trotz politischer Unabhängigkeit in vielen Staaten sich immer wieder schwere innere Konflikte entwickeln können (vgl. GS 85,1–3).

Die programmatische Aussage Papst Pauls VI., daß Entwicklung der neue Name für Frieden ist, führt in ihrer Konsequenz auch dazu, paternalistische Formen von Wirtschafts- und Entwicklungshilfe als überholt anzusehen, da Entwicklung in einer Mentalität der Partnerschaft besser gedeihen kann. Verhängnisvoll wäre es, fatalistisch die Teilung der Welt in die zwei auf lange Zeit zementierten Blöcke der reichen und der armen Länder hinzunehmen. Nach der Auffassung des zur Zeit des Konzils amtierenden Generalsekretärs der UN, U Thant, stellt die Nord-Süd-Teilung einen gefährlicheren und explosiveren Faktor dar als die ideologische Teilung der Welt in ein kommunistisches und ein kapitalistisches Lager.[92]

In GS 86 folgen einige praktische Normen für die internationale wirtschaftliche Zusammenarbeit, aus denen deutlich wird, daß das Konzil jedem politischen, aber auch kulturellen und wirtschaftlichen Hegemoniestreben eine Absage erteilt.[93]

3.2.4.4 Das Problem des beschleunigten Wachstums der Weltbevölkerung

Mit einem weiteren akuten Weltproblem beschäftigt sich die Konstitution in GS 87, nämlich mit dem in den letzten Jahrzehnten ungeheuer gestiegenen Wachstum der Weltbevölkerung, vor allem in den armen Ländern.

Die ohnehin bestehenden Schwierigkeiten, die nötigen Mittel für den Lebensunterhalt und die Ausbildung weltweit zur Verfügung zu stellen, werden hierdurch noch verschärft. Das Konzil betont die besondere Verantwortung der reichen, entwickelten Länder in dieser globalen Frage (vgl. GS 87,1,2).

In der Frage der Lösung der hierbei anfallenden technischen Probleme, die notwendigen Lebensmittel zu erzeugen und zu verteilen, zeigt sich das Konzil optimistisch. Es ist sich dessen bewußt, daß diese Fragen im Rahmen einer wirtschaftlichen und soziokulturellen Gesamtentwicklung zu lösen sind. Auch das Phänomen der Landflucht weist auf die durch das Bevölkerungswachstum verschärfte Problem hin, ein funktionierendes Bildungs-, Erziehungs- und Gesundheitswesen einzurichten. In diesen Bereichen zeigt sich das in vielen Ländern immer noch bestehende starke Gefälle zwischen Stadt und Land. Die Konzilsväter fordern für diese Kernbe-

---

91 Vgl. hierzu SUGRANYES DE FRANCH, a. a. O., S. 439, mit weiteren Hinweisen.

92 Vgl. hierzu COSTE, in: LThK Ergänzungsband, a. a. O., S. 568.

93 So SUGRANYES DE FRANCH, a. a. O., S. 442, der in diesem Zusammenhang von »kontinentalem Rassismus« spricht.

reiche des sozialen Lebens eine umfassende, am Gemeinwohl orientierte Konzeption, für die die jeweilige nationale Regierung verantwortlich ist (GS 87,2).

In Art. 87 Abs. 3 GS behandelt das Konzil die Frage der Geburtenkontrolle, die aus kirchlicher Sicht von der bereits früher (GS 26,2) formulierten Prämisse aus, daß sich aus der Würde der menschlichen Person ein unveräußerliches Recht auf Ehe, Familie und Kindererzeugung ableiten läßt, zu beantworten ist. Hieraus ergibt sich zunächst, daß der Staat kein Recht hat, allgemein verbindliche Richtlinien zur Durchführung einer staatlichen Geburtenkontrolle zu erlassen und darin beispielsweise die Überschreitung einer bestimmten Höchstzahl von Kindern mit Sanktionen zu belegen, da dies einen verbotenen Eingriff in das originäre Menschenrecht der Eltern darstellen würde (GS 87, 3, 3). Derartige staatliche Maßnahmen widersprechen nach der Auffassung des Konzils dem Sittengesetz. Allerdings vermeidet das Konzil es, staatliche Organe in diesem Zusammenhang direkt zu benennen und fordert alle Menschen auf, sich in diesen Fragen in ihrem Gewissen an die Norm des Sittengesetzes zu halten. Dies setzt allerdings in den meisten Fällen die Notwendigkeit einer Gewissensbildung der Eltern im Geiste christlicher Erziehung voraus, was den Konzilsvätern auch deutlich vor Augen stand (GS 87).

Die Konzilsväter betonen, daß das fundamentale Elternrecht, über die Zahl ihrer Kinder selbst zu entscheiden, unverzichtbar ist und auch nicht durch formellen Rechtsakt in den Verantwortungsbereich des Staates übertragen werden kann (GS 87,3,3).

3.2.4.5 Die Kirche und ihr Verhältnis zur internationalen Gemeinschaft

Der Weltauftrag der Kirche erfordert es nach GS 89, daß sie in der universalen Völkergemeinschaft Präsenz zeigt und bereit ist, ihren spezifischen Beitrag zur Lösung wichtiger Probleme durch ihre öffentlichen Institutionen und durch die Mitarbeit der einzelnen Christen zu leisten. Sinn und Zweck der kirchlichen Präsenz ist es, die internationale Zusammenarbeit zu unterstützen, zur Festigung des Friedens beizutragen und Grundlagenarbeit für das Ziel einer brüderlichen Gemeinschaft unter den Menschen und Völkern (vgl. GS 89,1,2) zu leisten.

Neben der bedeutenden Rolle, die die ethische und religiöse Autorität des Papsttums spielt, kann die Kirche auch mit der Hilfe der Institutionen des Hl. Stuhles aktiven Anteil am politischen Leben der internationalen Staatengemeinschaft nehmen. Eine wichtige Verantwortung im internationalen Bereich kommt aber auch den internationalen katholischen Organisationen zu, die GS 90,1 ausdrücklich lobend erwähnt. Sie können bei ihren Mitgliedern das Bewußtsein für weltweite Solidarität und Verantwortung beleben (vgl. GS 90,1).

Die internationalen katholischen Organisationen bieten zudem die Möglichkeit, Zentren weltweiten Dialoges einzurichten und durch ihre Ideen und Initiativen ein eigenes soziales Milieu zu schaffen, in dem sich der Geist universaler Solidarität und Spiritualität entfalten kann.[94]

Das in GS 90,3 vom Konzil geforderte neue gesamtkirchliche Organ, das sich besonders mit dem weltweiten Problem der Ungerechtigkeit und der Armut befassen soll, ist in der nachkonziliaren Zeit in der päpstlichen Kommission »Iustitia et Pax« geschaffen worden. Das Ziel dieser Kommission, die aus Fachleuten besteht und beratende Funktion hat, ist es, Leitlinien zur Förderung der sozialen Gerechtigkeit und der Entwicklung unter den Völkern zu erarbeiten, die auch auf die Tätigkeit von Laien zugeschnitten sind.[95] Die Kommission hat es sich zur Aufgabe gesetzt, durch Anregung von Studien und Entwicklung von Programmen zur Erziehung und Bewußtseinsbildung und durch ökumenische Beziehungen zu nichtkatholischen und nichtkonfessionellen Organisationen ein Bindeglied im Dialog zwischen Kirche und Welt zu bilden.

Die Kirche trägt so der fortschreitenden Institutionalisierung des internationalen Lebens Rechnung. Außerdem bemüht man sich, intern das Subsidiaritätsprinzip zu verwirklichen. Bei der Errichtung von »Iustitia et Pax« leitete die Weltkirche die Überlegung, daß konkrete Aktionen zur Förderung der humanitären und religiösen Entwicklung armer Länder und Regionen nach wie vor von kirchlichen Hilfswerken ausgehen oder im Rahmen besonderer Hilfprojekte erfolgen müssen, die auf die tatkräftige Unterstützung der christlichen Bevölkerung angewiesen sind.[96]

3.2.5 Die kirchliche Urteilskompetenz in menschlichen Dingen nach GS 76 und can. 747 Abs. 2 CIC

Nach can. 747 CIC ist es das Recht und die Kompetenz der Kirche, auch in menschlichen (weltlichen) Angelegenheiten ein eigenes Urteil abzugeben, wobei für sie kein weltlicher Sachbereich prinzipiell ausgespart bleibt. Die Ausübung der kirchlichen Urteilskompetenz in nichtkirchlichen oder nichtreligiösen, weltlichen Angelegenheiten ist aber an eine wichtige Bedingung geknüpft. Kirchliche politische Stellungnahmen sollen nur insoweit erfolgen, als es wegen des notwendigen Schutzes der Grundrechte der menschlichen Person und des Heiles der Seelen erforderlich ist, nicht jedoch, soweit es sich um Probleme handelt, die keine direkte menschenrechtliche oder religiöse Relevanz haben.[97]

---

94 Vgl. hierzu Sugranyes de Franch, a. a. O., S. 454, mit weiteren Hinweisen.

95 Vgl. hierzu Swiezawski, in: LThK Ergänzungsband, Exkurs zu GS 90, S. 579; die Päpstliche Kommission (jetzt: Päpstlicher Rat) »Justitia et Pax« hat sich in mehreren Stellungnahmen u. a. mit den Themen der internationalen Schuldenkrise (1987), des Rassismus (1988), der Menschenrechte (1991) und des Rechts auf Entwicklung befaßt (1992).

96 Vgl. zu diesem Problemkomplex Völkl, in: LThK Ergänzungsband, Exkurs zu GS 90, S. 584–585.

97 Vgl. hierzu Göbel, a. a. O., S. 136, der zu Recht konstatiert, daß can. 747 § 2 CIC wegen der »Menschenrechtsrelevanz« weltlicher Angelegenheiten eine »Eingreifschwelle« für kirchliche

Die Kirche respektiert damit die Autonomie der politischen Gemeinschaft und des Staates, auf deren eigenem, dem weltlichen Gebiet (vgl. GS 76,3). Wenn sie dennoch Stellungnahmen auch im weltlichen Bereich abgibt, so ist dies nach der Lehre des Zweiten Vaticanums prinzipiell darin begründet, daß die Kirche sich von ihrer Botschaft und ihrem Auftrag her dem Schutz des Menschen und seiner fundamentalen, menschlichen wie religiösen Rechte verpflichtet weiß. Von dieser ihrer Pflicht kann sie auch kein staatliches Gesetz dispensieren, da sie sonst ihrem Auftrag untreu würde.

Die Kirche weiß sich nach GS 76,2 »an kein politisches System gebunden« und ist »zugleich Zeichen und Schutz der Transzendenz der menschlichen Person«.

Der ethische Auftrag der Kirche umfaßt nach can. 747 § 2 CIC zwei Hauptgebiete: erstens das Gebiet der kollektiven (regionalen, nationalen und globalen) Sozialordnung und zweitens das ethische Urteil auch in jedem Einzelfall, soweit menschliche Grundrechte berührt sind. Die Kirche macht sich damit zum Anwalt für in ihren Rechten bedrohte Einzelpersonen, für ethnische, sprachliche und religiöse Gruppen, auch völkische Minoritäten bis in supranationale Größenordnungen hinein. Es geht hier um den Schutz von Grundrechten und die Verantwortung für die Bewahrung von religiösen Traditionen bis hin zum Schutz der jeweiligen kulturellen Identität von ganzen Kontinenten.

Can. 747 § 2 CIC steht damit in der Tradition des Interzessionsrechtes der Kirche, wonach sich die Kirche aufgrund ihres umfassenden Heilsauftrages immer verpflichtet fühlte und noch fühlt, der Rechtsschutzgewährleistung für den Menschen, insbesondere für den verfolgten und in seinen fundamentalen Menschenrechten bedrohten Menschen zu dienen. So wurde es schon im 4. und dann im 5. nachchristlichen Jahrhundert als Pflicht des Bischofs betrachtet, gemäß der christlichen Grundhaltung der misericordia für Unglückliche und Verfolgte Fürsprache einzulegen und nötigenfalls mit der Autorität der Kirche staatlichen Maßnahmen Einhalt zu gebieten.[98] Riedel-Spangenberger bedauert in diesem Zusammenhang sicherlich zu Recht, daß es bei der Kodexreform versäumt wurde, die genuin christliche Pflicht zur Rechtsschutzgewährleistung gegenüber jedem Menschen »als Rechtspflicht aller Christgläubigen und der verantwortlichen Hirten im besonderen« auch positivrechtlich im kirchlichen Gesetzbuch – etwa im Rechte- und Pflichtenkatalog für die Gläubigen – zu verankern.[99]

Im übrigen durchdringen sich im praktischen Christsein die Bereiche, wie die Pastoralkonstitution klar hervorhebt, da durch Lehre und Zeugnis der Christen auch die säkularen Lebensbereiche erhellt werden und die politische Freiheit und Ver-

---

politische Stellungnahmen statuiert.

98 Vgl. hierzu RIEDEL-SPANGENBERGER, a. a. O., S. 129, 132 mit weiteren Nachweisen, auch S. 142; näheres zur Praxis des Interzessionsrechts in der alten Kirche bei P. LANDAU, Art. »Asylrecht«, III. Alte Kirche und Mittelalter, in: TRE, G. Krause, G. Müller (Hrsg.), Band 4, Berlin – New York 1979, S. 319–327, besonders S. 320ff.

99 Vgl. RIEDEL-SPANGENBERGER, a. a. O., S. 142.

antwortlichkeit der Bürger gefördert wird (vgl. GS 76,3). Die Ausübung der kirchlichen Urteilskompetenz in den der Kirche gesetzten Schranken liegt damit im wohlverstandenen Interesse des Staates. Als Hauptziele des kirchlichen Engagements nennt GS 76 die Förderung von Gerechtigkeit und Liebe auf der nationalen, aber auch auf der internationalen Ebene.

3.2.6 Die kirchliche Zuständigkeit zum Schutz der menschlichen Grundrechte (can. 747 § 2 CIC)

Die Einsicht in den notwendigen Schutz der dem Menschen eigenen, unverlierbaren Würde und der aus ihr abgeleiteten Grundrechte bildete historisch schon häufig den Ausgangspunkt für die Formulierung von Katalogen von Grund- und Menschenrechten. Nachdem die Grundrechtsidee in der amerikanischen und in der französischen Verfassung konkrete Gestalt angenommen hatte, wurden im 19. Jahrhundert in Deutschland in der Paulskirchenverfassung erstmals Grundrechte in einer systematischen Ordnung kodifiziert. Es dauerte dann aber noch ein ganzes Jahrhundert, bis sich die Grundrechtsidee auch in der Praxis des politischen und gesellschaftlichen Lebens in Deutschland gegen gesamtgesellschaftlich tief verwurzelte obrigkeitsstaatliche Ordnungsvorstellungen Bahn brechen konnte. Das Bonner Grundgesetz von 1949 formuliert programmatisch, daß die Menschenrechte »Grundlage jeder menschlichen Gemeinschaft, des Friedens und der Gerechtigkeit auf der Welt« (Art. 1 GG) sind.

In dieser verfassungsmäßigen Grundentscheidung kommt zum Ausdruck, daß die Menschenwürde eine Instrumentalisierung des Menschen verbietet, wie sie historisch in autoritären Regimen und totalitären Staaten immer wieder versucht wird. In der neuzeitlichen Bestimmung des Inhalts der Menschenwürde wird stärker die dem Menschen eigene Dimension eines unantastbaren Freiheitsraumes betont, wonach die Grundrechte ihrem Charakter nach primär Freiheitsrechte sind. Dies wurzelt philosophisch in der kantischen Idee der Selbstgesetzlichkeit der menschlichen Vernunft.[100]

Die katholische Kirche hatte zunächst die Idee der Menschenrechte vor allem auf dem Hintergrund der antiklerikalen Tendenz ihrer Protagonisten in Frankreich und auch wegen des Terrors der französischen Revolution als »zügellose Freiheitsidee« (so noch Papst Leo XIII.) verworfen, die im Gefolge reformatorischen Gedankengutes entstanden sei. Die ablehnende Haltung der Kirche gegenüber dem freiheitlich-emanzipatorischen Ideengut der Menschenrechte hatte sich im 19. Jahrhundert auch darin manifestiert, daß die Kirche an die Seite der restaurativen Kräfte in Europa getreten war. Dieser historische Tatbestand änderte aber nichts an der Tatsache, daß der neuzeitliche Menschenrechtsgedanke in Entstehung und Entwicklung eng mit

---

100 Zum geistesgeschichtlichen Hintergrund der Idee der Grundrechte vgl. HUBER, in: TRE, a. a. O., S. 581.

der Geschichte der christlichen Kirchen und den genuinen Inhalten der Botschaft des Evangeliums verbunden ist, auch wenn er sich gleichsam als säkularer Ableger entwickelt hat.[101]

Einen Schlüsselbegriff für einen christlichen Zugang zum Begriff der Menschenwürde stellt der biblische Begriff der Gottebenbildlichkeit des Menschen dar. In diesem Begriff kommt die dem Menschen eigene Transzendenz seines Wesens zum Ausdruck. Sie bildet den Grund dafür, daß der Mensch in der Sicht des Glaubens in keiner innerweltlichen Betrachtungsweise und Definition vollkommen aufgeht, da gerade seine spezifische Würde in seinem Ursprungsverhältnis und in der Beziehung zu seinem Schöpfer begründet ist.[102]

Mit der weltweiten Anerkennung der Menschenrechte und ihrer Inkorporation in das universal verbindliche Rechtsgut des Völkerrechts vollzog sich auch ein Wandel in der grundsätzlichen Haltung der katholischen Kirche zur Menschenrechtsfrage. Nach außen hin stellte die Enzyklika »Pacem in terris« einen Wendepunkt und Meilenstein in der neueren geschichtlichen Entwicklung dar. Hier legte ein Papst in programmatischer Absicht eine Menschenrechtskonzeption für die gesamte Kirche vor, die dann vom Zweiten Vaticanum aufgenommen und weiterentwickelt wurde.[103] Der von Papst Johannes XXIII. vorgelegte Menschenrechtskatalog umfaßte fundamentale Personenrechte und humane Basisrechte wie die Menschenwürde, das Recht auf Leben, Lebensunterhalt und körperliche Unversehrtheit, sowie das Recht auf sozialen Beistand im Falle von Krankheit, Invalidität, Alter und Arbeitslosigkeit. Aber auch anerkannte politisch-gesellschaftliche Rechte waren enthalten wie das Recht auf Meinungs- und Informationsfreiheit, ein Recht auf Bildung und Ausbildung, die Religionsfreiheit, das Recht auf freie Wahl des Lebensstandes, den Schutz von Ehe und Familie, das Recht auf Arbeit und Privateigentum sowie das Recht auf Versammlungs- und Vereinigungsfreiheit. Schließlich fanden auch inner- und zwischenstaatlich bedeutsame Garantierechte wie das Recht auf einen Wohnsitz, auf Einwanderung und Auswanderung bei Vorliegen einer iusta causa sowie das Recht auf gesetzlichen Rechtsschutz und aktive Teilnahme am öffentlichen Leben Aufnahme in den Fundamentalrechtskatalog des Papstes.[104] Der Katalog diente inhaltlich als Vorbild sowohl für den Grundrechtskatalog der Pastoralkonstitution wie auch für die Rechtsgarantien des neuen Kirchenrechts.

Wenn sich die Kirche explizit zum Anwalt der Menschenrechte macht, geschieht dies selbstverständlich nicht in der Absicht, die Menschenrechte theologisch für die Kirche zu vereinnahmen. Die Systematik des kirchlichen Gesetzgebers macht vielmehr deutlich, daß der Einsatz für die Menschenrechte integraler Bestandteil des

---

101 Dies betont zu Recht HUBER, in: TRE, a. a. O., S. 591.

102 Vgl. dazu HUBER, in: TRE, a. a. O., S. 581–582.

103 Die Enzyklika wurde in der deutschen Fassung veröffentlicht in der Herder-Korrespondenz 17 (1962 / 63), S. 476–491.

104 Vgl. zum Menschenrechtskatalog die Nrn. 9–27, sowie ergänzend zur Begründung die Nrn. 28–34 von »Pacem in terris«.

kirchlichen Verkündigungsauftrags ist. Er wird aber von der Kirche nicht exklusiv als spezifisches Arbeitsfeld beansprucht wird, was der Wortlaut der §§ 1 und 2 von can. 747 klarstellt. Denn die Bewahrung der Offenbarungswahrheit und der Schutz des Glaubensgutes sind Pflicht und Recht der Kirche nach can. 747 § 1 CIC, somit ihr exklusiv anvertraut, während diese Terminologie für die Materie des can. 747 § 2 CIC nicht verwandt wird. Hier ist nur von der kirchlichen Zuständigkeit die Rede, die neben der Zuständigkeit anderer gesellschaftlicher Organisationen und Verbände einzuordnen ist, die sich ebenfalls für die Wahrung der Menschenrechte einsetzen.

Diese Qualifizierung der kirchlichen Verantwortung und Kompetenz in Fragen der Menschenrechte trägt dem Faktum Rechnung, daß sich Idee und neuzeitliche Gestalt der Menschenrechte nicht exklusiv aus der Botschaft des Alten und Neuen Testamentes ableiten lassen, mithin kein christliches Proprium darstellen. Gleichwohl hat der Menschenrechtsgedanke eine inhaltliche Entsprechung in der alttestamentlichen Sozialethik, die den vorrangigen Schutz der Armen, Schwachen und Rechtlosen in der Gemeinschaft des Volkes Israel hervorhebt. Auch Lehre und Leben Jesu zeigen deutlich, daß er ebenfalls gesellschaftliche Schranken durchbricht, die sich in der Ausgrenzung Kranker und Behinderter, Zöllner und Prostituierter manifestieren. Damit erhebt er zentrale Forderungen, die untrennbar mit der Idee einer unveräußerlichen Menschenwürde und sich daraus ergebender Menschenrechte verknüpft sind.

Die neutestamentliche paulinische Freiheitslehre knüpft daran an, indem der Apostel die bestehenden kulturell-historischen Unterschiede zwischen den Völkern (beispielsweise zwischen Juden und Griechen) im Lichte des Evangeliums relativiert. Er streicht den einheitsstiftenden Charakter der christlichen Heilsbotschaft heraus, die zwischen den Gläubigen über alle kulturellen, ethnischen und sozialen Unterschiede hinaus ein einigendes und integrierendes Band schafft. So wird beispielsweise der Boden für die Abschaffung der Sklaverei bereitet. Ausdruck der Zusammenführung dieses neuen Gottesvolkes durch das schöpferische Wirken des Geistes Gottes ist das Pfingstereignis (Apg 2), das Zeichen der missionarischen Kraft und hierin Ausgangspunkt des Wachstums der christlichen Gemeinde ist.

Die hier kurz illustrierten Analogien zwischen den Grundinhalten der christlichen Botschaft und der geschichtlich gewachsenen neuzeitlichen Gestalt der Menschenrechte zeigen darüber hinaus, daß die Kirchen in der Lage sein könnten, durch ihr öffentliches Wirken einen Beitrag zur Herstellung eines ethisch-vorrechtlichen Konsenses über Grundwerte und Menschenrechte zu leisten, sei es durch Information oder Bewußtseinsbildung oder durch direkte Intervention zugunsten von Benachteiligten, von Einzelnen und Gruppen, um deren legitimen Rechte durchzusetzen.[105]

---

105 Vgl. hierzu HUBER, in: TRE, a. a. O., S. 592.

Eine aktive Verantwortlichkeit der Kirche für die Menschenrechte könnte einen wichtigen Orientierungspunkt für viele Zweifelnde und Suchende abgeben. Dies wäre insbesondere deswegen wichtig, da der moderne Staat in den pluralistischen Demokratien der westlichen Industriestaaten der weltanschaulichen Neutralität verpflichtet ist. Er ist somit gerade in der Frage der Letztbegründung eines Gemeinschaftsethos auf interpretatorische Hilfe, aber auch auf die integrierende und gemeinschaftsbildende Kraft von gesellschaftlichen Verbänden, Gruppen und Kirchen angewiesen. Dies gilt auch für wichtige Fragen des Gemeinwohls und des Sozialstaates. Es besteht immer wieder die Gefahr einer positivistischen Trennung von Recht und Sittlichkeit, die sich auch in einer gesellschaftlichen Tendenz zur Individualisierung, zur Beliebigkeit ethischer Standpunkte äußern kann. Hier könnte die Kirche einen Beitrag dazu leisten, diesen gemeinschafts- und gemeinwohlschädlichen Entwicklungen entgegenzuwirken, wenn sie sowohl in ihrer Lehre wie in ihrem sichtbaren Gemeinschaftsleben die Verbindlichkeit von Gemeinschaftswerten betonen und vertiefen würde. Die Individualisierung als Konsequenz des gesellschaftlichen Modernisierungsprozesses ist demnach ein durchaus ambivalentes Phänomen. Der einzelne erhält zwar die Möglichkeit freierer Lebensgestaltung, da er sich zunehmend aus den traditionellen sozialen und familiären Bindungen und Versorgungsbezügen lösen kann. Damit geht aber zugleich eine bleibende persönliche Verunsicherung einher, die auf den wachsenden Bedeutungsverlust traditionell gemeinsamer Wert- und Normvorstellungen und Weltdeutungsmuster in der Gesellschaft zurückzuführen ist.[106]

In diesem Zusammenhang kann auf die kommunitarische Ethikschule in den USA hingewiesen werden, die insbesondere mit ihrer Kritik an liberalistischen Gesellschafts- und Ethiktheorien Beachtung gefunden hat.[107] Für diese Schule ist die Betonung gemeinschaftlich geteilter, inhaltlich bestimmter Werte in der Gesellschaft entscheidend wichtig. Erst das Bestehen eines breiten gelebten Werte- und Normenkonsenses kann das Klima von Solidarität und Gerechtigkeit entwickeln, auf den sich der Liberalismus stützt, den er selbst aber nicht herstellen kann.[108]

Die universale Präsenz der Kirche im gesellschaftlichen und öffentlichen Leben gibt ihr prinzipiell die Gelegenheit, sich für die Anerkennung und gesellschaftliche Verwurzelung von Grundprinzipien globaler Sozialethik zu verwenden. Sie können als Weltethos Ausdruck eines verbindlichen Konsenses zwischen den unterschiedlichen Weltkulturen und Weltreligionen sein. Dies könnte die geistig-moralische Basis einer im Wachsen befindlichen gemeinsamen Zivilisation der Menschheit

---

106 Vgl. dazu RETHMANN, a. a. O., S. 115, der hier von einem Verlust lebensweltlicher Sicherheit als Folge der Individualisierung spricht.

107 Vgl. zur Entstehung und zum Verlauf der kommunitaristischen Diskussion RETHMANN, a. a. O., S. 164ff.

108 Vgl. RETHMANN, a. a. O., S.165–166, mit weiteren Nachweisen.

darstellen, die durch rechtliche Regelungen und ökonomische Kompromisse allein nicht zustandegebracht werden kann.[109]

Die kulturelle und weltanschauliche Relativität, die das Bild der heutigen Menschheit kennzeichnet, spricht nicht gegen, sondern eher für einen entschlossenen Einsatz zur Herstellung eines globalen ethischen Grundkonsenses. Allerdings weisen manche fundamentalistische Strömungen in den großen und mitgliederstarken Weltreligionen in eine gegenläufige Richtung. Wichtige Menschheitsfragen wie die Sicherung des Friedens und die Bekämpfung des Hungers und der Unterentwicklung und die Probleme der Umweltverschmutzung machen zunehmend ein gemeinsames Handeln der internationalen Staatengemeinschaft erforderlich, auch über kulturelle und religiöse Barrieren hinaus. Die Vision des Zweiten Vaticanums von der einen, solidarischen Menschheitsfamilie ist in gewisser Weise zugleich Ausgangspunkt und Ziel einer solchen Entwicklung.

3.2.7 Der Grundrechtskatalog der Pastoralkonstitution

Die Pastoralkonstitution öffnet durch ihren anthropologischen Grundansatz und die mit ihm verbundene induktiv-phänomenologische Betrachtungsweise die Perspektive des Öffentlichkeitsauftrags der Kirche auf Grundfragen der menschlichen Person und der Gesellschaft. In diesem Zusammenhang mußte die Frage des Inhalts und des Umfangs menschlicher Grundrechte und Grundwerte neu in das Zentrum kirchlicher Bewußtseinsbildung rücken und damit ein Hauptthema des vom Konzil begonnenen Dialogs mit der säkularen Welt bilden.

Die vom Zweiten Vaticanum anerkannten Menschenrechte sind nicht als ein fundamentaler Grundrechtskatalog in das neue kirchliche Gesetzbuch aufgenommen worden. Dies liegt darin begründet, daß die Kirche keine politische Gemeinschaft ist und auch nicht mit der umfassenderen staatlichen Gemeinschaft verwechselt werden will. Sie verfolgt vielmehr ihre eigene, in Schrift und Tradition vom Ursprung her verwurzelte Zielsetzung. Dennoch ist nach dem Zweiten Vaticanum allgemein anerkannt, daß die Menschenrechte aufgrund ihrer originären Zugehörigkeit zum ethischen Grundbestand des Humanum nicht nur der staatlichen, sondern auch der kirchlichen Rechtsordnung vorgegeben sind.[110] Aus innerkirchlicher Perspektive heraus kommt den Menschenrechten vielmehr vom kirchlichen Heils- und Verkündigungsauftrag her die besondere Bedeutung zu, kritisches Korrektiv und Maßstab nicht nur für das staatliche, sondern auch für das kirchliche Leben und Handeln zu sein.[111]

Im allgemeinen Teil der Pastoralkonstitution entwickelt das Konzil anthropologische Grundlinien, die biblisch fundiert werden und als theoretisches Fundament und Modell menschlicher Grundbeziehungen eine Art Vorgriff auf den zweiten Teil der

---

109 Diese Hoffnung äußert HUBER, in: TRE, a. a. O., S. 589.

110 Vgl. dazu KRÄMER, a. a. O., Band 2, S. 29.

111 Vgl. dazu KRÄMER, a. a. O., Band 2, S. 29.

Pastoralkonstitution darstellen, der der Behandlung aktueller Probleme gewidmet ist (GS 50ff).[112] So folgt zunächst aus der bleibenden Relationalität des Menschen die wesenhafte gegenseitige Verwiesenheit menschlicher Individuen aufeinander, die in der Polarität menschlicher Geschlechtlichkeit einen plastischen Ausdruck findet. Hieraus ergibt sich wiederum die Notwendigkeit einer konsensfähigen Ethik menschlicher Beziehungen. Dabei formuliert das Konzil aus dem christlichen Kontext heraus eine wichtige ethische Grundkonstante, nämlich daß jeder Mensch seinen Mitmenschen als ein »anderes Ich« ansehen soll. Dabei wird mit andern Worten das biblische Gebot, seinen Nächsten so zu lieben wie sich selbst, wiedergegeben (GS 27,1,1).

Dadurch, daß nun nach der Bergpredigt Jesu und dem Zeugnis der Evangelien jeder Mensch potentiell der Nächste des andern ist, wird jede Form eines ethischen Partikularismus zugunsten universal gültiger Wert- und Normvorstellungen verworfen.[113] Die konkrete Umsetzung des universalen Liebesgebotes setzt dann aber voraus, daß Prioritäten formuliert werden, die einem »ordo amoris« entsprechen. Aus pragmatischen und motivatorischen Überlegungen fällt es dem Menschen natürlich generell leichter, sich zuerst um die in seinem eigenen Lebens- und Erfahrungskreis vorkommenden Menschen zu kümmern.

Daher spricht die Vermutung der Prioritätsregeln des »ordo amoris« zunächst dafür, daß der »nahe Nächste« Vorrang vor dem »entfernten Nächsten« bei der Erfüllung des Liebesgebotes genießt. Die Vermutung ist aber – beispielsweise beim Eintritt besonderer Ereignisse (vgl. Mt 10, 28–30) – widerlegbar. Es geht beim »ordo amoris« um die praktische Hilfe dazu, sich mit seinem Nächsten auch zu identifizieren und damit sozialethische Normen lebenskulturell zu verwurzeln.[114]

Eine solche Grundhaltung ermöglicht die Respektierung und Wahrung der Menschenwürde und kann darum als gesamtgesellschaftlicher ethischer Imperativ Geltung beanspruchen. In seiner praktischen Konsequenz wird dieser ethische Imperativ von der Konstitution in GS 27 weiter entfaltet. Das Recht auf Menschenwürde gibt jedem einzelnen Menschen gegenüber seinen Mitmenschen und der ganzen Gesellschaft einen Anspruch darauf, daß ihm die hierfür notwendigen materiellen und geistigen Lebensvoraussetzungen gewährt werden. Der hohe Rang des Wohls der menschlichen Person wird in GS 26,3,1 betont:

> »Die gesellschaftliche Ordnung und ihre Entwicklung müssen sich dauernd am Wohl der Personen orientieren; denn die Ordnung der Dinge muß der Ordnung der Personen dienstbar werden und nicht umgekehrt.«

---

112 Vgl. hierzu SEMMELROTH, in: LThK Ergänzungsband, GS, S. 364.

113 Vgl. dazu RETHMANN, a. a. O., S. 185.

114 Ein praktisches Beispiel für einen solchen »ordo amoris« enthält das Decretum Gratiani (Ambrosius): P.II, C.I, Q.13: »Ibi dicit Ambrosius quod ordinata caritas est ut primo Deum, deinde nos ipsos, postea consanguineos, postremo uero extraneos diligamus.« Vgl. dazu E. FRIEDBERG (Hrsg.), Corpus Juris Canonici, 2 Teile, Graz 1955 und 1959 (unv. Nachdruck der Ausgabe Leipzig 1879).

Das bedeutet, daß auch verfassungsmäßig verankerte Staatsziele und politische Grundvorstellungen maßgeblicher staatlicher Entscheidungs- und Mandatsträger den bleibenden Vorrang der fundamentalen Rechte der menschlichen Person zu berücksichtigen haben.

Das Konzil selbst weiß aber, daß zur universalen Verwirklichung des Vorrangs der Würde und der Rechte der menschlichen Person ein grundlegender Gesinnungswandel und weitreichende Änderungen hergebrachter Verhaltensweisen in der menschlichen Gesellschaft nötig sind (GS 26, 3, letzter Satz). In der menschlichen Gemeinschaft, die ja immer auch frei bejahte Einheit von Personen ist und so im Sinne des Subsidiaritätsprinzips der katholischen Soziallehre ein spezifisches Milieu anstreben und bilden soll, in dem der Einzelne sich auch zum Wohl der Gemeinschaft entfalten kann, muß immer wieder neu das Bewußtsein gegenseitiger Solidarität und Zusammengehörigkeit aufgebaut werden, in dem die Rechte und Bedürfnisse des Einzelnen zur Geltung kommen.[115]

Die von der Pastoralkonstitution anerkannten Grundrechte der menschlichen Person sind Ausdruck des notwendigen solidarischen Charakters der menschlichen Gesellschaft. Sie weisen daher nicht ausschließlich oder hauptsächlich den Charakter von isolierten Individualrechten auf, sondern zeichnen sich durch ihren essentiellen Gemeinschaftsbezug aus. Der relationale Charakter der menschlichen Existenz erfordert in seiner Konsequenz für den rechtlichen Grundstatus der menschlichen Person, daß jeder Mensch Träger von Grundrechten und Grundpflichten gegenüber seinem Mitmenschen ist. Auch innerhalb der menschlichen Person gibt es eine Wechselbeziehung von Rechten und Pflichten.[116]

Der jeweilige Mitmensch bedeutet daher, so das Konzil, nicht zuerst eine Einschränkung meiner persönlichen Freiheit. Erst in der Abhängigkeit vom andern Menschen und von seinen Fähigkeiten und Leistungen, die in den gesellschaftlichen Dienstleistungen zum Ausdruck kommen, werde ich oft in die Lage versetzt, meine eigenen Fähigkeiten zur Geltung zu bringen.

3.2.8 Der erste Teil des Grundrechtskataloges: Personal bestimmte Grundrechte bzw. Menschenrechte

Der Grundrechtskatalog der Pastoralkonstitution folgt in seinem Aufbau dem klassischen Schema der Grundrechtskatalogisierung, wie es von den Verfassungen klassischer demokratischer Länder her bekannt ist. Zu Beginn stehen die grundlegenden Menschenrechte und die auf die menschliche Person genuin bezogenen Grundrechte: Menschenwürde, Recht auf Leben und körperliche Unversehrtheit, Gleichheit

115 Vgl. dazu SEMMELROTH, in: LThK Ergänzungsband, GS, S. 363.

116 Dies hatte bereits Papst Johannes XXIII. in der Enzyklika »Pacem in terris« hervorgehoben und in seiner (naturrechtlichen) Begründung durch Beispiele untermauert (vgl. Nrn. 28–29 für den Individualbereich; Nrn. 30–34 für den sozialen Bereich menschlichen Lebens).

aller Menschen vor dem Gesetz und das Recht auf Ehe und Familie. Sie bilden die traditionell erste Gruppe der Grundrechte.

Die zweite Gruppe bilden die sog. Teilhaberechte oder auch sozialen Grundrechte: Recht auf Eigentum, Recht auf Arbeit, Recht auf Teilhabe an den grundlegenden Kulturgütern der Erde. Sie werden hier systematisch zusammengefaßt mit den sog. politischen Grundrechten bzw. Abwehrrechten, die vom Konzil als Rechte der Person im öffentlichen Leben bezeichnet werden: Meinungsfreiheit, Versammlungs- und Vereinigungsfreiheit, Wahlrecht und schließlich die Religionsfreiheit.

3.2.8.1 Menschenwürde und menschliches Leben (GS 26, 27)

In einem ersten, allgemeinen Zugang zum Begriff der Menschenwürde rückt die Frage zentral ins Blickfeld, was eigentlich der wesentliche Gehalt dessen ist, was das menschliche Leben zu einem menschenwürdigen Leben macht. W. Huber beantwortet diese Frage im Anschluß an Überlegungen von Hannah Arendt, die noch vom unmittelbaren Erleben der Greueltaten der nationalsozialistischen Gewaltherrschaft und auch vom Flüchtlingselend der unmittelbaren Nachkriegsjahre geprägt sind, als das Recht, überhaupt Rechte zu haben.[117]

Die Anerkennung und weltweite rechtliche Verankerung der Menschenwürde als konstitutive Größe im Verfassungs- und Völkerrecht bedeutet, daß es keine grundsätzliche und dauerhafte Rechtlosigkeit von Menschen geben darf. Dies gilt besonders, wenn Menschen als Flüchtlinge von ihrer angestammten sprachlichen und kulturellen Heimat getrennt sind und sich zu ihrem Schutz in einem andern Land aufhalten. In einer solchen Situation sind sie besonders auf humanitäre Behandlung angewiesen. Die Würde des Menschen als Rechtsperson und das Verbot der totalen Instrumentalisierung von Menschen erfordern es auch, daß Flüchtlinge nicht als nichtversicherte billige Arbeitskräfte in ihrer Existenz auf ihre ökonomische Brauchbarkeit reduziert werden oder jederzeit mit Abschiebung in Länder rechnen müssen, in denen nach realistischer Einschätzung ihr Leib und ihr Leben gefährdet ist.[118]

Die Konstitution bringt diese Grundidee, daß jeder Mensch wesentlich und bleibend Rechtssubjekt ist, und zwar nicht nur in seinem Heimatland, sondern auch in jedem Gastland, in GS 26,2 in instruktiver Weise zum Ausdruck. Sie stellt fest, daß der Inhalt der menschlichen Würde darin besteht, »Träger allgemeingültiger sowie unverletzlicher Rechte und Pflichten« zu sein.

GS 27 enthält nach dieser positiven Umschreibung des Begriffs der Menschenwürde einen Katalog von Tatbeständen, die nach den Konzilsvätern eine Verletzung

---

117 Vgl. hierzu die Hinweise von HUBER, in: TRE, a. a. O., S. 598, der auf den Zusammenhang zwischen gesellschaftlicher Anerkennung als Rechtssubjekt und sozialer Personalität verweist.

118 Vgl. dazu HUBER, in: TRE, a. a. O., S. 598, der hier am Beispiel des Asylrechts auf die Notwendigkeit der zwischenstaatlichen Anerkennung der Rechtssubjektivität als Basis der konkreten Menschenrechte verweist.

der Menschenwürde bedeuten. Genannt werden unmenschliche Lebensbedingungen, willkürliche Verhaftungen, Verschleppungen, Sklaverei, Prostitution, Mädchenhandel und Handel mit Jugendlichen, außerdem auch unwürdige Arbeitsbedingungen, bei denen der Arbeiter »als bloßes Erwerbsmittel und nicht als freie und verantwortliche Person« behandelt wird. Hier taucht der oben bereits erwähnte Rechtsgedanke der unveräußerlichen menschlichen Personalität, die jegliche ideologische, kommerzielle oder politische Instrumentalisierung verbietet, erneut auf.

Der kriminelle Charakter der vom Konzil aufgezählten Tatbestände zeigt sich gerade darin, daß der andere Mensch nicht als ein »anderes Ich« gesehen wird, sondern nur als Objekt der eigenen Interessen, die rücksichtslos verfolgt werden, in vielen Fällen auch unter Umgehung gesetzlicher Verbote. Bei vielen dieser Tatbestände dürften nationale gesetzliche und polizeiliche Maßnahmen allein kaum ausreichend sein, um der menschlichen Würde zu weltweiter Anerkennung zu verhelfen, sondern es bedarf hierzu verstärkter internationaler Zusammenarbeit.

3.2.8.2 Recht auf Leben und körperliche Unversehrtheit (GS 26f)

Dieses mit der Menschenwürde verknüpfte bedeutende Menschenrecht wird von der Pastoralkonstitution im gleichen Zusammenhang und in denselben Artikeln behandelt. Denn, wie die Konzilsväter knapp konstatieren, beinhaltet die Menschenwürde das Recht auf ein »wirklich menschliches Leben« (GS 26,2).

Das Recht auf ein wirklich menschliches Leben schließt das Recht auf Lebensunterhalt ein, d. h. auf die geeigneten Mittel zu angemessener Lebensführung, wie dies schon Papst Johannes XXIII. in der Enzyklika »Pacem in terris« gefordert hatte.[119] GS 26,2 benennt die unverzichtbaren Grundbedingungen eines wirklich menschenwürdigen Lebens, wobei hier noch GS 69 ergänzend mit herangezogen werden muß. Das menschliche Existenzminimum kann nur dann wirklich garantiert werden, wenn die Erdengüter in einem gerechten Verhältnis wirklich allen zustatten kommen. Denn Gott hat die irdischen Güter zum Nutzen aller Menschen und Völker – nicht nur einiger reicher und mächtiger – bestimmt. Daher steht jedem Menschen ein Anspruch auf einen für sich selbst und seine Familie ausreichenden Anteil an den Erdengütern zu (GS 69,1,4).

Die Respektierung des Rechts auf Leben und körperliche Unversehrtheit hängt in allen Dimensionen und praktischen Konsequenzen eng mit der Achtung vor der menschlichen Person zusammen, wie GS 27 von Konzeption und Inhalt her verdeutlichen will. Die Achtung vor der Person des anderen ist Voraussetzung für die Verwirklichung des biblischen Zentralgebotes der Nächstenliebe.

Die Konstitution lenkt sodann den Blick auf Tatbestände, die in der Realität der heutigen Welt eine Verletzung des Rechts auf Leben und körperliche Unversehrtheit darstellen. Die in diesem Rahmen aufgezählten Delikte gegen die menschliche

---

119 Vgl. dazu den Katalog des Papstes in Nr. 11 der Enzyklika, der als eine Definition eines humanen Existenzminimums anzusehen ist.

Person sind auch Verbrechen gegen die Menschlichkeit und werden vom Konzil als »Zersetzung der menschlichen Kultur« gebrandmarkt. Nichtsdestoweniger sind sie aber leider Bestandteil der menschlichen Geschichte des 20. Jahrhunderts, wie dies beispielsweise die Dokumentationen der international anerkannten Gefangenenhilfsorganisation amnesty international auch in den letzten Jahren belegt haben.

Interessant und wichtig erscheint insbesondere die Anmerkung der Konzilsväter, daß die kriminelle Tat eines jeden Delinquenten gegen das menschliche Lebensrecht oder das Recht auf körperliche Unversehrtheit diesen, ganz gleich ob er sich als Mörder oder Folterer oder Menschenhändler schuldig gemacht hat, selbst mehr der eigenen Würde beraubt als das Opfer (GS 27,3).

GS 27,3 geht in seinem Inhalt über die gewöhnlichen Grenzen des rechtlichen Begriffs einer Körperverletzung hinaus (nämlich als nicht unerhebliche Beeinträchtigung der physisch verstandenen körperlichen Integrität) und erfaßt auch Tatbestände, die juristisch zum Bereich von Freiheitsberaubung, Nötigung bzw. der Straftaten gegen die sexuelle Selbstbestimmung gerechnet werden. Schließlich mahnt er auch noch völkerrechtlich anerkannte Standards eines fairen Verfahrens (fair trial) an, indem er ein bedingungsloses Verbot körperlicher und seelischer Folter ausspricht und auch sonstige psychische Zwangsmaßnahmen mit einem Verdikt belegt. Dies hat insbesondere für die Praxis des polizeilichen Ermittlungsverfahrens Bedeutung, ebenso wie das klare, unzweideutige Verbot willkürlicher Verhaftungen von Verdächtigen.

Diese wichtigen strafprozessualen Mindeststandards sind logische Konsequenz des Ranges und der Bedeutung der Menschenwürde. In vielen staatlichen Prozeßordnungen gelten die oben genannten körperlichen und seelischen Zwangsmaßnahmen als verbotene Vernehmungsmethoden, mit denen keine prozessual verwertbaren Beweismittel gewonnen werden können. In ähnlicher Weise schützt die Institution des Haftrichters und das Prinzip des gesetzlichen Richters vor den Folgen willkürlicher Verhaftung, ebenso wie das Recht eines Beschuldigten, sich einen Rechtsbeistand zu nehmen.

Im übrigen zeigt sich auch hier wieder die eminent praktische Bedeutung des konziliaren Grundsatzes, daß die Ordnung der Dinge der Ordnung der Personen dient und damit das Wohl der menschlichen Person prinzipiell immer vorrangig zu beachten ist (vgl. GS 26,3,1). Dies gilt jedenfalls gegenüber dem verständlichen Wunsch der Ermittlungsbehörden, die Aufklärungsquote generell oder in bestimmten Verbrechensbereichen zu erhöhen. Der Standpunkt der Konzilsväter verliert auch nicht dadurch an Richtigkeit, daß man in Rechnung stellt, daß es diffuse, unterschwellig vorhandene Ängste in der breiten Masse der Bevölkerung gibt, die von Zeit zu Zeit durch bestimmte Massenmedien geschürt werden, und häufig politisch-populistisch genutzt werden, um Verschärfungen des Strafprozeßrechts zu fordern (z. B. Abhören von Telefonanlagen). Es bleibt auch in der besonderen Fallkonstellation des organisierten Verbrechens oder des internationalen Terrorismus festzuhalten, daß grundsätzlich auch die Menschenwürde des Delinquenten geschützt werden muß. Sie geht ja dem Menschen nicht dadurch verloren, daß gegen ihn polizeilich ermittelt wird.

Durch die kirchliche Anerkennung der fundamentalen Bedeutung des Rechtes auf Leben und körperliche Unversehrtheit übernimmt die Kirche öffentlich Verantwortung für den Menschen. Die Konzilsväter machen somit deutlich, daß nicht der Mensch und auch nicht der Staat, selbst dort, wo er es sich als totalitärer Staat anmaßt, Herr über das menschliche Leben ist und über die Menschenwürde verfügen darf. Auch scheinbare humanitäre Überlegungen oder vorgebliche soziale Gründe, wie sie im Falle der Abtreibung oder der aktiven Euthanasie zur Rechtfertigung der Tötung menschlichen Lebens vorgebracht werden, verstoßen gegen die sittlichen Fundamente der menschlichen Gesellschaft und rechtfertigen nach der Lehre des Konzils keinen Eingriff in das menschliche Recht auf Leben.[120]

3.2.8.3 Recht auf Gleichbehandlung und Verbot der Diskriminierung von Menschen aufgrund von Rasse, Hautfarbe, Kultur, Sprache, Religion oder Geschlecht (GS 29)

Nach GS 29 ergibt sich aus der Gottesebenbildlichkeit des Menschen die fundamentale, wesenhaft gültige Gleichheit aller Menschen, die Vorrang hat vor allen Unterschieden empirisch feststellbarer Art, wie Sprache, Rasse, Kultur, Religion oder Geschlecht. Das Konzil betont, daß die grundlegende Gleichheit aller Menschen in der politischen und sozialen Wirklichkeit auf nationaler und regionaler Ebene noch nicht verwirklicht ist, sondern immer mehr zur Anerkennung gebracht werden muß.

Nach dieser grundsätzlichen Feststellung wendet sich die Konstitution dem Bereich der gesellschaftlich durchaus relevanten, nicht zu leugnenden Verschiedenheiten unter den Menschen zu, und macht deutlich, daß die Proklamierung des Vorrangs des Gleichheitsgrundsatzes nicht in der Absicht geschah, tatsächliche Unterschiede zu verdrängen oder in ihrer Bedeutung zu nivellieren (vgl. GS 29,2 und 3).

Wie Rauscher hervorhebt, geht es bei der Statuierung der fundamentalen Gleichheit der Menschen aus kirchlicher Sicht darum, die grundsätzliche Gleichwertigkeit der Menschen als Personen und Rechtssubjekte herauszustellen, nicht dagegen um eine Gleichartigkeit, die wegen der unterschiedlichen Entwicklungen der Kulturkreise der Erde nicht existiert.[121]

Ausdrücklich betonen die Konzilsväter das Recht der Frau auf die gleiche Bildungsmöglichkeit und den gleichen Zugang zum kulturellen Leben, wie sie dem Mann zuerkannt werden. Gleichzeitig beklagen sie, daß die fehlende faktische Gleichstellung der Frau im gesellschaftlichen Leben zeigt, daß das Verbot der Dis-

---

120 Vgl. hierzu A. RAUSCHER, Die natürlichen Grundlagen des gesellschaftlichen Lebens, in: G. Barauna (Hrsg.), Die Kirche in der Welt von heute, Salzburg 1967, S. 197.

121 RAUSCHER, a. a. O., S. 198.

kriminierung von Menschen sich im Bewußtsein der gesamten Gesellschaft noch nicht überall wirklich durchgesetzt hat (GS 29,2).

Die globale Durchsetzung gerechter und humaner Lebensbedingungen erfordert aber außerdem verstärkte Anstrengungen zum Abbau des globalen wirtschaftlichen Ungleichgewichts zwischen den reichen und den armen Ländern, das auch eine Quelle steter Diskriminierung darstellt (GS 29,3). Denn die Zugehörigkeit zu einem bestimmten Land oder Volk (konkret zum armen Teil der Weltbevölkerung) stellt keinen Grund dar, der es rechtfertigen würde, daß die Angehörigen dieses Landes oder Volkes in ihren Lebens- und Ausbildungschancen gegenüber der Bevölkerung reicher Länder diskriminiert werden dürfen.

Das Konzil nennt weitere aktuelle Tatbestände, die praktisch zur Diskriminierung von Menschen oder Bevölkerungsgruppen führen. Es sind dies die Unterdrükkung bzw. gesellschaftliche Benachteiligung von ethnischen oder sprachlichen Minoritäten und die Ausgrenzung aus sozialen Gründen (Kastendenken). Hinzu kommt die Unterdrückung religiöser Minderheiten (aus ideologischen Gründen oder aufgrund der Dominanz einer Religion) und die Diskriminierung aufgrund der Hautfarbe (GS 29,2).

Für eine bessere Verwirklichung des Gleichheitsgebotes im gesellschaftlichen Leben und die Überwindung bestehender Diskriminierungen von ethnischen und sozialen Gruppen setzt das Konzil auf den besonderen Einfluß und das verantwortliche Handeln privater und öffentlicher Institutionen. Sie können durch ihren Einfluß in den Medien Mißstände publik machen und gesellschaftlichen Druck auf verantwortliche politische Entscheidungsträger ausüben (GS 29,4). Die Konzilsväter rechnen aber in realistischer Einschätzung damit, daß der gesellschaftliche Prozeß der Bewußtseinsbildung und Sensibilisierung für Diskriminierungstatbestände viel Zeit in Anspruch nehmen wird (GS 29,4,2).

Die Durchsetzung der fundamentalen Gleichheit im wirtschaftlichen und sozialen Leben setzt eine solidarisch praktizierte Sozialethik voraus. Weber spricht in diesem Zusammenhang von der Notwendigkeit einer »sozialen Bekehrung« der Gesellschaft, die aus der Sackgasse einer individualethischen Blickverengung hinausführt.[122] In Nr. 30 der Konstitution findet sich eine detaillierte Kritik am individualistischen Lebensstil der westlichen Industrieländer, der sich zum Teil in einer Geringschätzung sozialer Grundpflichten äußert. Das Konzil hebt die Wichtigkeit der gewissenhaften Erfüllung der Solidarverpflichtungen gegenüber der staatlichen Gemeinschaft hervor, so beispielhaft die korrekte Erfüllung der Steuer- und Abgabenpflicht und der gesellschaftlichen Dienstpflichten (z. B. im Militärdienst bzw. im zivilen Ersatzdienst für anerkannte Kriegsdienstverweigerer und im Katastrophenschutz). Die Mitarbeit in privaten und öffentlichen Institutionen gehört auch zum Solidarbeitrag des Einzelnen, auf den die Gesellschaft angewiesen ist (GS

122 W. WEBER, Die menschliche Gemeinschaft - sozialtheologischer Gehalt, in: G. Barauna (Hrsg.), Die Kirche in der Welt von heute, Salzburg 1967, S. 185.

30,1). Die Konzilsväter unterstreichen hiermit noch einmal, daß die Grundrechte der menschlichen Person und unter ihnen besonders das Recht auf freie Entfaltung der Persönlichkeit eine gesellschaftliche Dimension haben und im Kontext der Erfordernisse der Sozialordnung verstanden werden müssen.[123]

Die Erfüllung der anerkannten gesellschaftlichen Solidarpflichten ist ein exemplarischer Ausdruck des ethischen Grundkonsenses, der das Gemeinwesen trägt und innerlich lebensfähig erhält. Das Konzil zählt zu diesen Grundpflichten auch die Erfüllung der verbindlichen Vorschriften zum Schutz der Gesundheit (beispielsweise zur hygienischen Vorsorge gegen die Ausbreitung von Krankheiten und Seuchen) und der Straßenverkehrsordnung. Da es hier um den Schutz eminent wichtiger Rechtsgüter geht (Leben, Gesundheit, soziale Sicherheit, Frieden), ist die Betonung der Verantwortung jedes Einzelnen hier erforderlich. Das Konzil stellt klar, daß es gegen eine verbreitete Mentalität Stellung beziehen will, die Verstöße gegen Solidarpflichten mehr oder weniger nur als Kavaliersdelikte betrachtet und dementsprechend bagatellisiert, und hebt dadurch zugleich hervor, daß das Gleichheitsgebot ohne die Verwirklichung der solidarischen Gleichheit noch nicht wirklich durchgesetzt ist.

3.2.8.4 Das Recht auf freie Wahl des Lebensstandes, auf Ehe, Familie und Nachkommenschaft, das Recht auf Erziehung (GS 47f)

Schon in Art. 26 der Pastoralkonstitution wird das allgemeine Recht jedes Menschen auf freie Wahl seines Lebensstandes, auf Ehe und Gründung einer Familie erwähnt. Die Konstitution zählt an dieser Stelle dieses Grundrecht zum Katalog derjenigen Rechte, wie des Rechtes auf Nahrung, Kleidung, Wohnung und Arbeit, ohne die ihm ein wirklich menschenwürdiges Leben nicht möglich ist. Gleichzeitig bedürfen diese grundlegenden Rechte zu ihrer Verwirklichung des solidarischen, koordinierten Handelns aller gesellschaftlichen Kräfte und staatlichen Institutionen. Das Recht auf Ehe und Familie, auf Nachkommenschaft und auf elterliche Kindererziehung ist ein Beispiel für die Grundrechte und Grundwerte, die auf das Gemeinwohl als Ordnungswert bezogen sind und ihm ihrerseits seine inhaltliche Ausprägung geben.[124] Rauscher würdigt die Pastoralkonstitution als ein Beispiel für eine zeitgemäße und wirklichkeitsnahe Umsetzung der zentralen Inhalte katholischer Soziallehre, die integraler Bestandteil der christlichen Anthropologie ist.[125]

Die Angewiesenheit jeder menschlichen Gesellschaft auf die Gesundheit ihrer natürlichen Keimzelle, der Familie, impliziert, daß die Verwirklichung menschlicher Grundwerte auf der untersten und ursprünglichsten Ebene der Strukturen, die

---

123 Vgl. hierzu SEMMELROTH, in: LThK Ergänzungsband, S. 371.

124 Vgl. allgemein zum Begriff des Gemeinwohls als gesellschaftlichem Ordnungswert RAUSCHER, a. a. O., S. 195–196.

125 RAUSCHER, a. a. O., S. 188.

die menschliche Gesellschaft aufweist, beginnen muß. Andernfalls würde das gesellschaftliche Gemeinwohl nicht über die erforderlichen ethischen Fundamente verfügen, die im Leben jedes einzelnen Gliedes der Gemeinschaft gegeben sein müssen, um die Verwirklichung personaler Grundwerte und Grundrechte in einem solidarischen Gemeinwesen dauerhaft zu garantieren.

Die verfassungsmäßig verbrieften Grundrechte und die institutionell garantierten Grundwerte eines Staates können von innen her ausgehöhlt werden und so zum toten Buchstaben oder leeren Rahmen werden, wenn ihre fundamentale Bedeutung und ihr sinnstiftender Charakter für das Gemeinwesen durch die private und öffentliche Erziehung nicht in jeder Generation neu verdeutlicht und plausibel gemacht werden, aber auch dann, wenn sie im privaten und sozialen Alltag nicht vorgelebt werden.

Die Konstitution hebt diesen zentralen Gedanken gleich in ihrem richtungweisenden ersten Satz des Art. 47 Abs. 1 GS hervor, wenn sie sagt, daß sowohl das Wohl jedes einzelnen Menschen wie auch das der menschlichen Gesellschaft »zuinnerst mit einem Wohlergehen der Ehe- und Familiengemeinschaft verbunden« ist.

Art. 47 bringt weiterhin eine knappe Würdigung und Analyse moderner gesellschaftlicher Phänomene, die weltweit das heutige Erscheinungsbild von Ehe und Familie unabhängig von ihren unterschiedlichen kulturellen Formen prägen. Nach dieser phänomenologischen Einführung folgt ein lehrhafter theologischer Teil, der sich durch sein pastorales Einfühlungsvermögen auszeichnet und sich mit vier Themen des Problemkomplexes von Ehe und Familie eingehend befaßt, der Heiligkeit der Ehe, der ehelichen Liebe, der verantworteten Elternschaft und der Ehrfurcht vor dem Leben.[126]

Der Einleitungsabschnitt in Art. 47 ist in Weiterführung der theologischen und anthropologischen Grundkonzeption der Pastoralkonstitution von einer personalexistentiellen Perspektive geprägt. Es zeugt in seiner Analyse der soziologischen Daten, die die Situation von Ehe und Familie bestimmen, von der Realitätsnähe des induktiven Ansatzes, der den Konzilsvätern geholfen hat, sich besser in die wirklichen Probleme heutiger Menschen hineinzuversetzen und sich mit ihren Fragen und Nöten stärker zu identifizieren. Das Konzil vermeidet es durch diesen methodischen Ansatz, mit einem vorgefertigten, im Grunde unveränderlichen System von Lehraussagen an die Realität heranzugehen und dieses Lehrgebäude der Wirklichkeit überzustülpen, sondern nimmt zunächst die die gesellschaftliche Wirklichkeit bestimmenden soziologischen Fakten in ihrer ganzen Tragweite ernst, um dann die entsprechenden lehrmäßigen Antworten auf die Fragen der Zeit zu suchen und zu finden.

Das Konzil scheut sich nicht, auch gesellschaftliche Faktoren klar beim Namen zu nennen, die sowohl die konkrete Lebenssituation der Ehepartner wie auch ihrer Familien als auch die Tragfähigkeit der Institutionen von Ehe und Familie als solche

126 So zusammenfassend HEYLEN, in: Die Kirche in der Welt von heute, S. 249.

belasten. Es geht um praktizierte Polygamie – gleichzeitige wie sukzessive – und Ehebruch und Ehescheidung, die sich in einem gesellschaftlichen Klima der Unverbindlichkeit und einer individualistischen und hedonistischen Lebenskultur ausbreiten. Es vermeidet es aber, den Einfluß der genannten Faktoren zu dramatisieren und bevorzugt eine zurückhaltende Sprache, die es vermeidet, andere zu verdammen (vgl. Art. 47 Abs. 2 GS).

So scheint auch die gestiegene Kommerzialisierung und damit verbundene Entpersonalisierung menschlicher Sexualität, die in Form von Prostitution und Mädchenhandel den menschlichen Körper praktisch zur Ware auf dem freien Markt degradiert und vor allem in den großen Metropolen der Erde gewaltige Dimensionen angenommen hat, als eine sehr ernste Entwicklung, die die traditionelle Familienstruktur und -kultur bedroht.

Das Konzil betont gleichzeitig die große stabilisierende Kraft, die die Institutionen von Ehe und Familie nach wie vor auszeichnet, und wendet sich gegen pessimistische Einschätzungen, die eine Erosion dieser Institutionen unter Berücksichtigung der oben genannten Negativfaktoren befürchten.[127]

Die Konstitution legt im folgenden besonderen Wert auf die der Institution der Ehe immanenten personalen Werte und bringt dies durch den spezifischen theologischen Terminus »Bund« (foedus) zum Ausdruck. Sie vermeidet damit eine primär juridische Begrifflichkeit und Sichtweise der Institution, die mit dem Begriff »Vertrag« (contractus), der das eheliche Austauschverhältnis von Rechten und Pflichten betont, verknüpft wäre (vgl. Art. 48 Abs. 1 S. 1 GS). Häring weist in seinem Kommentar zu dieser terminologischen Weichenstellung der Konzilsväter darauf hin, daß hierdurch der Gefahr einer Verdinglichung oder Verzweckung der ehelichen Grundpflichten begegnet werden sollte, wie sie sich historisch in der Begriffsbildung des »ius in corpus« ausgedrückt hat.[128]

Die personale Grundstruktur der Ehe wird in Art. 48 Abs. 1 S. 2 weiter entfaltet, indem die anthropologische Dimension des Ehekonsenses darin gesehen wird, daß sich die Eheleute in personalen, freien Akten gegenseitig schenken und annehmen. In diesen Grundvollzügen zeigt sich der bleibende Charakter erfüllter menschlicher Beziehungen als Abbild des unwiderruflichen Bundes zwischen Gott und den Menschen, der auch den institutionellen Charakter der Ehe prägt und sie als Institution göttlicher Ordnung ausweist.

Der Ausdruck »Bund« repräsentiert somit in programmatischer Weise den religiösen Charakter, der dem Ehekonsens in einer katholischen Ehe eigen ist. Der Konsens erhält so eine besondere Qualität über den ihm juridisch zukommenden Gehalt einer bindenden wechselseitigen Willenserklärung, die sich auf korrespon-

---

127 Zustimmend hier HEYLEN, a. a. O., S. 251, der auf die erwiesene Fähigkeit von Institutionen mit langer werthafter Tradition verweist, auch schädliche kulturelle Rahmenbedingungen zu überleben.

128 Vgl. HÄRING, in: LThK Ergänzungsband, GS, S. 429–430.

dierende Rechte und Pflichten bezieht, hinaus. Die Heiligkeit und Sakramentalität der Ehe ist hierin zutiefst begründet. Sie manifestiert sich im schöpferischen Wesen menschlicher Zuneigung, die in der Ehe den Ort findet, an dem sie der Verwirklichung und Weitergabe personaler Lebenswerte dienen kann. Sie kann in den menschlichen Grundvollzügen des Schenkens und Empfangens Quelle des Lebens, der Sicherheit und des Glückes sein und so eine Keimzelle erfüllten Lebens für die gesamte Gesellschaft bilden.[129]

Schließlich entfaltet die Konstitution auch noch wichtige Grundzüge der ehelichen Güterlehre und ordnet die traditionellen Elemente der katholischen Ehegüterlehre in den Rahmen einer transzendental-personalen Sicht der Ehe ein. So betont sie in Art. 48, daß die Güter und Ziele der Ehe nicht durch den menschlichen Konsens geschaffen werden, sondern in ihrem Inhalt und ihrer wechselseitigen Zuordnung im Willen des göttlichen Schöpfers begründet sind. Als Ehegüter werden ausdrücklich genannt das Wohl der Ehegatten (bonum coniugum) und das hohe Gut der Nachkommenschaft (bonum prolis), ohne daß unter den verschiedenen Ehegütern eine Rangordnung aufgestellt wird. Die Bedeutung der Verwirklichung der ehelichen Güter im ehelichen Alltag für das Gemeinwohl und den Fortbestand der Menschheit wird ebenso hervorgehoben wie die natürliche Hinordnung der Ehe und der ehelichen Liebe auf die Zeugung und Erziehung von Nachkommenschaft kraft ihrer natürlichen Eigenart (Art. 48 Abs. 1 S. 4 GS).

Zum christlichen Gehalt und zur Bedeutung des elterlichen Erziehungsrechtes finden sich in Art. 50 der Konstitution wichtige wegweisende Ausführungen. Hierbei werden die menschliche und christliche Verantwortung der Eltern, die dem Ehegattenwohl wie dem Kindeswohl gleichermaßen verpflichtet sind und nicht das eine zugunsten des anderen vernachlässigen dürfen, ebenso herausgestellt wie die Verpflichtung der christlichen Eltern, sich bei der Wahrnehmung ihrer Erziehungsaufgabe an den Weisungen des kirchlichen Lehramtes zu orientieren.

Art. 52 schließt die diesbezüglichen Ausführungen des Konzils ab und weist noch auf die besondere Verantwortung der ganzen Gesellschaft für die Förderung und den Schutz der Familie hin. Die Familie wird zusammenfassend als »Schule reich entfalteter Humanität« charakterisiert, und als ein wichtiges zukünftiges familienpolitisches Anliegen wird die »berechtigte gesellschaftliche Förderung« der Stellung der Frau bezeichnet. Dieses Anliegen ist in den Jahrzehnten nach dem Konzil verstärkt in den Blickpunkt des gesellschaftlichen und des kirchlichen Interesses getreten, da es immer noch an seiner Verwirklichung mangelt.

---

129 Vgl. hier die Zusammenfassung von HEYLEN, a. a. O., S. 253–254.

3.2.9 Der zweite Teil des Grundrechtskataloges: Soziale Grundrechte und politische Beteiligungsrechte

3.2.9.1 Das Recht auf Teilhabe an den Kulturgütern der Erde (vgl. Art. 53–62 GS)

Dieses Recht ist Ausdruck der Teilhabe jedes Menschen und jedes Volkes am gemeinsamen Erbe der Menschheit, das alle geistigen wie materiellen Schöpfungen des Menschen miteinschließt; eine Aufzählung der dieses gemeinsame Erbe bildenden Kulturgüter enthält Art. 53 Abs. 3 S. 3 GS.

Den wichtigen Fragen und Problemen menschlicher Kultur widmet die Pastoralkonstitution einen ganzen Abschnitt, nämlich das zweite Kapitel ihres zweiten Teiles (Art. 53–62 GS). Kultur wird in diesem Zusammenhang definiert als »entfaltende Pflege der Güter und Werte der Natur«, durch die der Mensch zur »wahren und vollen Verwirklichung seines Wesens« gelangt (vgl. Art. 53 GS).

Das Konzil würdigt die kulturschaffende Tätigkeit des Menschen, indem es darauf verweist, daß er durch diese Tätigkeit seine vielfältigen geistigen und körperlichen Anlagen ausbildet und entfaltet und dadurch seinen spezifischen Charakter gewinnt (Art. 53 Abs. 2 GS). Die Art seiner Tätigkeit bestimmt sein Wesen und seine Haltung, so daß man in diesem Zusammenhang in einer positiven Wertung von »Kultiviertheit« spricht. Die kulturelle Tätigkeit kann zu einer Humanisierung der menschlichen Beziehungen im gesamten Bereich des familiären und gesellschaftlichen Lebens beitragen, indem sie Ideen des Menschen und schöpferische Leistungen seines Geistes in eine mitteilbare Form gießt.[130]

Die Eigenart jeder Kultur, in ihrer Entstehung und besonderen Ausprägung historisch und soziologisch bedingt zu sein, macht das Phänomen der Pluralität der Weltkulturen verständlich (vgl. dazu Art. 53 Abs. 3 GS). Soweit der Begriff der Kultur eine gesellschaftliche und ethnisch-historische Konnotation hat, spricht man von Kulturen im Plural, die eine abgegrenzte geschichtlich gewachsene Umwelt mit einem tradierten, eigentümlichen Erbe an Lebensformen und -gestaltungen bezeichnen (vgl. Art. 53 Abs. 3 S. 2–4 GS). Allerdings ist nicht das Faktum der Vielfalt der verschiedenen Kulturen und Kulturkreise der Erde neu, sondern die Tatsache, daß sich die Menschen dieser Vielgestaltigkeit kultureller Formen auf der Welt immer stärker bewußt werden. Durch die Verbesserung der Kommunikationsmittel und das weltweit immer dichter werdende Netz von Information und Kommunikation ist das Wissen über andere Kulturen erweitert worden. Dies kann viele Menschen vor einer latenten Gefahr der Verabsolutierung der traditionellen Formen der eigenen Kultur schützen.[131]

---

130 Vgl. hierzu Ch. Moeller, Der Aufstieg der Kultur, in: G. Barauna (Hrsg.), Die Kirche in der Welt von heute, Salzburg 1967, S. 277–278.

131 Vgl. dazu Moeller, a. a. O., S. 279; Tucci, in: LThK Ergänzungsband, GS, S. 454, weist hier auf die positive Möglichkeit der Inkulturation hin.

In den Art. 54–56 GS beschäftigt sich das Konzil mit der heutigen, konkreten Gestalt der vielfältigen Kulturen der Erde und bemüht sich um eine Einschätzung der aktuellen Möglichkeiten globaler kultureller Formen.

Besonderes Augenmerk schenken die Konzilsväter der rasanten Entwicklung der Forschung im Bereich der Natur- und Gesellschaftswissenschaften, aber auch der Geisteswissenschaften, und erwähnen hier ausdrücklich die großen technischen Fortschritte, die wissenschaftliche Kontakte und auch konkrete Forschungsarbeit in der neuesten Zeit erleichtert haben. Diese Faktoren tragen zur Entstehung einer neuen Form von Weltkultur bei, die den alltäglichen Lebensstil immer weiterer Kreise der Bevölkerung prägt und so (beispielsweise durch die weltweite Verbreitung von Technologien und Kommunikationsmedien) immer deutlicher eine gemeinsame Zivilisation in der Menschheit hervorbringt (vgl. dazu Art. 54 GS). Wenn die traditionellen Besonderheiten, Riten und Feste der einheimischen Kulturen aber zu stark in den Hintergrund gedrängt werden, besteht die Gefahr, daß eine uniforme, technisch dominierte weltweite Massenkultur entsteht. Hierdurch würden die traditionellen Werte einheimischer Kulturen in den Hintergrund gedrängt und wären allenfalls als folkloristische Elemente aus kommerziellen Gründen interessant. Die Konzilsväter haben diesen Überlegungen in der Pastoralkonstitution in Art. 54 Rechnung getragen: die neue, universale Form menschlicher Kultur, die vor allem Kennzeichen des 20. Jahrhunderts ist, habe »Besonderheiten der verschiedenen Kulturen« zu achten.

Ein konkreterer Verweis auf das Problem der Gefährdung alter, gewachsener Kulturen, die vielfach über traditionelle Formen verfügen, die sich über Jahrhunderte hindurch erhalten haben, findet sich in Art. 56 der Konstitution. Die Konzilsväter gehen hier darauf ein, daß ein fruchtbarer Austausch zwischen unterschiedlichen Kulturen in einem wechselseitigen Geben und Nehmen deshalb praktisch vielfach nicht stattfindet, weil die Repräsentanten bestimmter Kulturen in dominanter Weise auftreten und so die unselige Tradition des Kolonialismus fortsetzen. Es kommt dann dazu, daß eine Kultur von einer anderen, mächtigeren aufgesogen und verdrängt wird (sog. Kulturimperialismus).

Die gestiegene Mobilität erleichtert den Zugang zu den international bekannten Kulturdenkmälern der Welt. Aber nicht nur auf dem Gebiet von Kunst und Architektur, sondern auch im Bereich von Literatur und Musik wirken sich die neuen Möglichkeiten des Zeitalters der Kommunikation segensreich aus und geben breiten Schichten der Bevölkerung Gelegenheit, an den Kulturgütern der Erde teilzuhaben.

Optimistisch erscheint die Einschätzung, die in Art. 55 der Konstitution zum Ausdruck kommt, wenn an dieser Stelle ein global gestiegener Sinn für Verantwortlichkeit festgestellt wird. Es heißt dort, wir seien »Zeugen der Geburt eines neuen Humanismus«. Diese Einschätzung hat sich im Verlauf der drei Jahrzehnte nach dem Zweiten Vaticanum angesichts der vielen dauerhaften Krisenherde der Erde und der immer neu aufflammenden Kriege und der barbarischen Verbrechen, die mit ihnen immer wieder verbunden sind, als sehr zweifelhaft erwiesen.

Es ist allerdings richtig, daß Art. 55 nicht isoliert betrachtet und aus dem Kontext gerissen werden darf, in den ihn die Konzilsväter gestellt haben. So hebt Tucci in seinem Kommentar zu Recht hervor, daß der optimistische Grundtenor von Art. 55 GS seine Ergänzung durch die skeptischere Tonart des Art. 56 erhält.[132] Andererseits vermißt man hier einen Hinweis auf die bestehenden, anti-humanen Tendenzen in der Welt, die sich auch heute wieder in vielfältiger Gestalt zeigen, sei es in kriegerischen Konflikten und terroristischen Akten, sei es in weltweiter Gleichgültigkeit angesichts der globalen Katastrophen von Hunger und Krankheit oder in der Zunahme von Nationalismus und intolerantem Fundamentalismus.

Art. 58 der Konstitution behandelt den Zusammenhang zwischen der Verkündigung des Evangeliums und den gewachsenen, unterschiedlichen Formen menschlicher Kultur. Die Pastoralkonstitution trifft in diesem Zusammenhang die Feststellung, daß die Kirche das Recht besitzt, die Errungenschaften der einzelnen Kulturen für ihre Verkündigung in Anspruch zu nehmen, um die Botschaft des Evangeliums immer tiefer und besser verständlich zu machen und gleichzeitig stärker im kulturellen Leben und Kontext des jeweiligen Volkes zu verankern (vgl. dazu Art. 58 Abs. 2).

Die christliche Botschaft, so fährt das Konzil fort, ist in ihrer Verkündigung und Ausbreitung nicht an eine bestimmte menschliche Rasse oder Nation oder spezifische Sitten und Gebräuche gebunden. Von diesem Grundansatz aus war es möglich, von einer Inkulturation des Evangeliums in einem neuen, traditionell nicht von einer christlichen Kultur geprägten Kulturkreis zu sprechen. Denn hiermit ist eine exemplarische Unterscheidung zwischen dem Evangelium und der europäisch-abendländischen Kultur, in der es seine geschichtliche Ausprägung erhalten hat, notwendig geworden. Die Inkulturation hat, wie Art. 58 Abs. 3 klar zum Ausdruck bringt, in Treue zum historischen Ursprung der Botschaft des Evangeliums zu erfolgen.

Die Inkulturation findet somit einen angemessenen Platz als Weise und Methode der Verkündigung, die der spezifischen kulturellen Weltlage entspricht, den oft spannungsreichen Dialog zwischen Kultur und Kirche lebendig erhält und der kulturellen Bereicherung der Kirche dient.

Das Konzil betont schließlich den bleibenden Anspruch der Kirche, Ferment menschlicher Kultur zu sein, ohne darüber hinausgehend behaupten zu wollen, daß die Kirche der Inbegriff menschlicher Kultur sei und im Besitz aller wesentlichen Schätze der Kultur, sodaß sie im Grunde von der Welt nichts wesentliches mehr empfangen könne.

Art. 59 enthält einige Grundprinzipien, die für eine humane Kultur der Menschheit maßgeblich sind und auch für die Zukunft richtungweisend bleiben werden.

Die Konzilsväter weisen darauf hin, daß ein umfassender Schutz der menschlichen Person und ihrer Entfaltungsmöglichkeiten im Rahmen des Gemeinwohls garantiert werden muß und daß das Prinzip der rechtmäßigen Eigengesetzlichkeit

132 Vgl. TUCCI, in: LThK Ergänzungsband, a. a. O., S. 458.

jeglicher Kultur der weltweiten Anerkennung bedarf. Schließlich stellen für eine humane Entwicklung menschlicher Kultur die Freiheit der Wissenschaften, die Freiheit der Meinungsäußerung, die Freiheit der Kunst und die Garantie des Rechtes auf umfassende, wahrheitsgemäße Information unerläßliche Grundbedingungen dar.[133]

Das Recht auf Teilhabe am kulturellen Erbe der Menschheit stellt somit ein Rahmenrecht dar, das zu seiner umfassenden Verwirklichung voraussetzt, daß andere menschliche Grundrechte, die einen spezifischen Bezug zur kulturellen Tätigkeit haben, ausgeübt werden können und nicht eingeschränkt werden.

Das Konzil legt besonderen Wert darauf, daß inmitten des gesamten Kulturerbes der Menschheit die Teilhabe an den Errungenschaften der menschlichen Grundkultur eine besonders wichtige, für sehr viele Menschen existentiell entscheidende Forderung darstellt. Hierzu zählt angesichts des in den armen Ländern der Erde besonders stark verbreiteten Analphabetismus die Fähigkeit zum Lesen und zum Schreiben als Basis jeder weiteren Schulbildung und beruflichen Ausbildung, aber auch überhaupt das Recht auf schulische Bildung und Ausbildung, ohne das das Recht auf Arbeit wesentlich geschwächt und ausgehöhlt wird.[134]

Hiermit macht das Konzil deutlich, daß es nicht nur eine materielle Seite des Elends gibt, sondern auch eine geistige Seite, die sich darin zeigt, daß nicht nur einzelne Menschen und Menschengruppen, sondern ganze Völker das ihnen zustehende Recht auf eine humane Grundkultur, das eine ihrer Würde und ihren Begabungen entsprechende Bildungsstufe mit einschließt, nicht verwirklichen können.[135]

Folge dieses Bildungsdefizits ist nach Art. 60 der Konstitution die fehlende Möglichkeit weiter Teile der Bevölkerung, sich effektiv und aktiv für die Belange des gesellschaftlichen Gemeinwohls einzusetzen (Art. 60 Abs. 1 S. 1).

Art. 60 Abs. 3 differenziert noch diese allgemeine Grundaussage, indem er darauf verweist, daß beispielsweise in stark agrarisch geprägten Regionen aufgrund der herrschenden Arbeitsbedingungen die faktischen Möglichkeiten, das Grundrecht auf Bildung und Kultur zu verwirklichen, äußerst eingeschränkt sind.

Tucci erwähnt in seinem Kommentar zu diesem Abschnitt, daß der Analphabetismus einer echten und tiefen Rezeption der christlichen Botschaft im Wege steht. Er erschwert so nicht nur die Evangelisierung als solche, sondern auch die Verbreitung der mit der christlichen Botschaft verbundenen geistig-moralischen Werte. Dies ist

133 Vgl. hierzu näheres bei TUCCI, in: LThK Ergänzungsband, a. a. O., S. 467.

134 Nach »Pacem in terris«, Nr. 13, ist das Recht auf Allgemeinbildung und das Recht auf eine Fach- und Berufsausbildung als kulturell-partizipatives Recht Ausfluß des Rechts auf Teilhabe am kulturellen Erbe der Menschheit; vgl. hierzu auch die Darstellung von MOELLER, a. a. O., S. 311–312.

135 Vgl. dazu TUCCI, in: LThK Ergänzungsband, a. a. O., S. 471.

insbesondere der Fall, wenn der Analphabetismus mit einem Vulgärmaterialismus eine unheilvolle Verbindung eingeht.[136]

Die Vorenthaltung eines angemessenen Bildungsniveaus für beträchtliche Kreise der Bevölkerung eines Landes, beispielsweise für die Landbevölkerung, die von politischen Entscheidungsträgern mit ökonomischen Sachzwängen begründet wird, läßt das Konzil nicht gelten. Ein solches rein vom Primat der Ökonomie bestimmtes staatliches Handeln mißachtet die menschliche Würde und die grundlegenden menschlichen Rechte. Die Konzilsväter begeben sich damit gar nicht erst auf die ökonomisch-utilitaristische Ebene, indem sie eine solche Politik beispielsweise als Vergeudung von Intelligenz bezeichnen. Sie argumentieren von vornherein auf der Ebene der Sozialethik und der fundamentalen Grundrechte, wenn sie feststellen, daß der Mensch wegen seiner unveräußerlichen Würde nicht zu einem reinen Produzenten von Waren oder Dienstleistungen instrumentalisiert und reduziert werden darf.[137]

Ein Plädoyer des Konzils für die Anerkennung der kulturellen Rechte der Frau und die Notwendigkeit ihrer Teilnahme am kulturellen Leben schließt diesen wichtigen Abschnitt der Pastoralkonstitution ab.

Das Konzil hat durch seine Ausführungen in prägnanter Weise zum Ausdruck gebracht, daß Kultur eine wesentliche, unverzichtbare Dimension menschlicher Existenz bildet und nicht als eine Art Luxus für die wohlhabenderen Schichten der Gesellschaft anzusehen ist. Dies gilt zumindest für die vom Konzil besonders betonte menschliche Grundkultur, die als kulturelles Existenzminimum bezeichnet werden kann.

Art. 61 GS betont die Notwendigkeit der Erziehung hin zu einer humanen Kultur, die alle Lebensbereiche zu integrieren imstande ist. Als ein beträchtliches Hindernis auf dem Weg zu diesem Ziel wird die zunehmende Pluralisierung und Spezialisierung der verschiedenen Lebensbereiche genannt. Auffällig ist hier das immer stärker zu beobachtende Phänomen des Auseinanderklaffens von Wohn-, Arbeits-, und Freizeitbereich, was mit dem bekannten Stichwort von den verschiedenen Lebenswelten des Menschen benannt wird. Aber auch der Wissenschaftssektor und der Arbeitssektor haben sich zunehmend voneinander entfernt, da Zahl und Intensität institutioneller Verbindungen zurückgegangen sind. So ist eine Vielzahl von sog. segmentären Lebensbereichen mit eigenen Kommunikations- und Sprachmustern und unterschiedlichen Verhaltenskodizes entstanden. Diese gesellschaftliche Entwicklung macht es für den Einzelnen schwerer, sich in den jeweiligen Strukturen zurechtzufinden und inmitten seiner unterschiedlichen Lebensbereiche für sich selbst eine einheitliche, tragende Lebenskultur zu finden (vgl. hierzu Art. 61 Abs. 1 S. 2 GS).

---

136 Vgl. hierzu TUCCI, in: LThK Ergänzungsband, a. a. O., S. 473.
137 Vgl. TUCCI, in: LThK Ergänzungsband, a. a. O., S. 473.

Art. 62 widmet sich dem oben bereits kurz erwähnten Verhältnis von Kirche und Kultur, das ja eine reiche, spannungs- und konfliktgeladene Geschichte aufweist. Das Konzil erkennt in bemerkenswerter Offenheit den positiven Wert der Fragen an, die von den Naturwissenschaften, aber auch den Geisteswissenschaften und besonders von der Philosophie immer wieder aufgeworfen werden, und ihre Bedeutung für die theologische Forschung (vgl. Art. 62 Abs. 2). Auch die gestiegene Bedeutung der neueren Forschungen aus dem Bereich der empirischen Sozialwissenschaften (ausdrücklich genannt werden hier Psychologie und Soziologie) für die gesamte kirchliche Arbeit, und hier insbesondere für die Ausbildung des kirchlichen Nachwuchses und die Weiterbildung des Klerus, sowie für eine zeitgemäße Erneuerung der Seelsorgstätigkeit wird an dieser Stelle entsprechend gewürdigt.

Die eigenständige kulturelle Rolle von Literatur und Kunst wird eigens hervorgehoben (vgl. Art. 62 Abs. 3 und 4). Allerdings muß in diesem Zusammenhang der Ehrlichkeit halber hinzugefügt werden, daß das Verhältnis von Kirche und Kunst im 20. Jahrhundert besonders distanziert geworden ist. Die Schwierigkeit der Vermittlung der Botschaften gerade von Künstlern der Gegenwart in den kirchlichen Raum hinein ist offensichtlich, wie auch die Versuche eines Dialoges von Kirche und Kunst kompliziert geworden sind.

Die Deutsche Bischofskonferenz hat 1993 in einer Arbeitshilfe »Kunst und Kultur in der theologischen Aus- und Fortbildung« (Nr. 115) einen weiteren Schritt auf dem nicht leichten Weg dieses Dialoges getan. In vielen Diözesen wird am traditionellen »Aschermittwoch der Künstler« eine Begegnungs- und Gesprächsmöglichkeit zwischen Künstlern und Kirchenvertretern angeboten. Die Kirche bedarf der Kunst in ihren vielfältigen Ausdrucksformen, muß aber zugeben, daß die Vorbereitung vieler Geistlicher für den Umgang mit kirchlicher Kunst oft mangelhaft gewesen ist.

Die Kunst kann der Kirche einen wichtigen Dienst in der Erschließung menschlicher Grundfragen leisten. Sie ist, was die Sendung der Kirche in der Welt und die notwendige Deutung der Zeichen der Zeit angeht, insofern eine wichtige »Zeitansage«. Kunst hat daher für die Kirche nicht nur eine ästhetische, erbauliche, den Alltag feierlich überhöhende und verklärende Funktion.[138] Ein Beispiel für eine solche künstlerische Zeitansage kann man in einer in einer öffentlichen Diskussion mit dem Thema: »Soll die Dichtung das Leben bessern?« vertretenen Auffassung des Schriftstellers Gottfried Benn sehen: »Seit langem begann ich darüber nachzudenken, wie seltsam es sei, daß dieser Begriff des Lebens der höchste Begriff unserer Bewußtseins- und Gewissenslage geworden ist ... Das Leben: Hier erzittert die weiße Rasse, es ist der letzte Glaubensinhalt des augenblicklichen, unseres Kulturkreises. Ist es ein Residuum des biologischen 19. Jahrhunderts, das das heutige

138 Vgl. A. GERHARDS, Die Künste und die Kirche – Anmerkungen zu einem spannungsvollen Dialog, in: Arbeitshilfen der Deutschen Bischofskonferenz, hrsg. v. Sekretariat der DBK, Kunst und Kultur in der theologischen Aus- und Fortbildung, Arbeitshilfe Band 115, Bonn 1993, S. 9–14, hier: S. 12.

Europa verpflichtet, um jedes Leben zu kämpfen, ... um jede Stunde mit Spritzen und Sauerstoffgebläse, während wir doch Kulturkreise kennen, in denen ... das allgemeine Leben überhaupt keine Rolle spielte, bei den Ägyptern, den Inkas oder in der dorischen Welt ...?«.[139] Benns Widerpart in dieser Diskussion, Reinhold Schneider, verteidigte übrigens die Fragestellung, unter der die Diskussionsveranstaltung stand, mit der folgenden Begründung: »Die Antwort ist, weil sie gewisse Grenzziehungen und Klarstellungen ermöglicht in Sachen der Kunst, der Geschichte und des Glaubens und damit eine Aussage über die Zeit, die Situation des Geistes.«[140]

Die Gegenwartskunst weist die Rezipienten, auch die Theologen, oft unter Verzicht auf harmonisierende und ästhetische Aspekte auf die konkreten Grenzen und Leiden des Menschen hin. Sie betont den ihr eigenen Bewegungscharakter, d. h. sie will dem Betrachter nicht ein fertiges Kunstwerk bieten, sondern ihn - beispielsweise durch das Mittel der Provokation - in den gestalterischen Prozeß miteinbeziehen.[141]

Daß diese Intention oft nicht verstanden und akzeptiert wird, zeigt allerdings das verbreitete Unverständnis, oft auch die Ablehnung gerade provokatorischer Schöpfungen der modernen Kunst in breiten kirchlichen Kreisen.[142]

Art. 63 beschließt dann die Ausführungen des Konzils zum Thema der Kultur mit einem Appell an die Lehrkräfte an den Seminarien und Universitäten, sich - auch durch verstärkte interdisziplinäre Kontakte - um eine Vertiefung der Theologie in Forschung und Lehre zu bemühen.

Es ist nicht nur Ausdruck einer neuen Pädagogik in der Kirche, sondern bedeutet einen wichtigen Schritt zu einer Öffnung der Atmosphäre und einer Veränderung des hergebrachten Bildes kirchlicher Fakultäten und Universitäten, wenn begrüßt wird, daß das Theologiestudium von einer großen Zahl von Laien aufgenommen wird. Die Notwendigkeit der Anerkennung einer entsprechenden Forschungs- und Meinungsäußerungsfreiheit ist dann nur noch die logische Konsequenz, die natürlich insbesondere für den kirchlichen Lehr- und Ausbildungsbetrieb Bedeutung hat.[143]

Der vorliegende Abschnitt zeigt, daß die Kirche innerhalb des gesamten Spektrums menschlicher Kultur eine wichtige Funktion hat und insbesondere ihre Bedeutung als kulturstiftender und integrativ wirkender gesellschaftlicher Faktor wahrnehmen kann.

---

139 Zwei Reden G. BENN, gehalten am 15.11.1955 im Rahmen einer öffentlichen Diskussion im Kölner Funkhaus, in: ders., Soll die Dichtung das Leben bessern? in: Dem lebendigen Geist. Reinhold Schneider. Gesammelte Werke. E. M. Landau (Hrsg.), Band 9, Frankfurt 1987, S. 267–276, hier 268–269.

140 R. SCHNEIDER, Soll die Dichtung das Leben bessern? in: Dem lebendigen Geist, ders., Gesammelte Werke, E. M. Landau (Hrsg.), Band 9, Frankfurt 1987, S. 277–289, hier S. 277.

141 Vgl. dazu GERHARDS, in: Arbeitshilfe Nr. 115 der DBK, a. a. O., S. 12–13.

142 Vgl. hierzu die interessanten Ausführungen von MOELLER, a. a. O., S. 327.

143 Vgl. dazu TUCCI, in: LThK Ergänzungsband, a. a. O., S. 484.

Allerdings bleibt es auch Aufgabe der Kirche, im gesellschaftlichen Diskurs über die tragenden Werte des Gemeinwesens und die aktuellen Aufgaben zur Stärkung und Vertiefung des gesellschaftlichen Grundkonsenses immer wieder ihre Stimme zu erheben und im kulturellen Leben Präsenz zu zeigen, um die Wichtigkeit ihrer Anliegen im Dienste des Gemeinwohls zu untermauern.

3.2.9.2 Das Recht auf Arbeit (Art. 67)

Die Notwendigkeit einer effektiven Sozialpolitik gerade auf dem Sektor der Nationalökonomie ist in den letzten Jahrzehnten immer dringlicher geworden, zugleich gehen aber Tendenzen der globalen wirtschaftlichen Entwicklung im gleichen Zeitraum in Richtung einer immer stärkeren Konzentration auf wirtschaftliche Großunternehmen und multinationale Konzerne. Diese erschweren eine staatliche Steuerung im Bereich des Arbeitsmarktes zunehmend. Vor diesem Hintergrund sind die Grundsätze und Orientierungspunkte des Konzils zu den ethischen und rechtlichen Grundfragen menschlicher Arbeit nicht nur an die Adresse der staatlichen Verantwortungs- und Entscheidungsträger gerichtet, sondern in gleicher Weise auch für die Verantwortlichen in den Unternehmen der privaten Wirtschaft gültig.

In einer knappen Skizzierung der neueren weltweiten wirtschaftlichen Entwicklung heben die Konzilsväter das steigende Bemühen um eine Ausnutzung aller natürlichen Ressourcen, die Fortschritte in der Produktionstechnik und im Warenverkehr sowie das weltweit immer engmaschiger werdende Netz ökonomischer Beziehungen hervor, das auch ideologische Gräben zwischen den Nationen überwindet.[144]

Das Konzil erwähnt das wachsende globale ökonomische Ungleichgewicht zwischen den Industrieländern und den Entwicklungsländern, das nicht ohne gravierenden Einfluß auf die Arbeitsbedingungen und die Struktur der vorhandenen Arbeitsplätze, besonders in den ärmeren Ländern, ist.

In den entwickelten Ländern sind, wie die Konstitution hervorhebt, viele Menschen in einem abhängigen Arbeitsverhältnis beschäftigt und daher in ihrer beruflichen Existenz bleibend auf den wirtschaftlichen Erfolg des sie beschäftigenden Unternehmens angewiesen.

Leider hat das Konzil die für die gesamte Wirtschaft der Industrieländer wichtige Figur des Unternehmers überhaupt nicht benannt und dementsprechend auch nicht die Schlüsselposition genügend herausgestellt, die der Unternehmer in einem marktwirtschaftlich-kapitalistisch dominierten Wirtschaftssystem einnimmt.[145]

Der Unternehmer nimmt in der Tat im privatwirtschaftlichen System als Leiter eines kleinen, mittelgroßen oder auch großen Betriebes eine verantwortungsvolle

---

144 Vgl. hierzu die Ausführungen von TH. MULDER, Das Wirtschaftsleben, in: G. Barauna (Hrsg.), Die Kirche in der Welt von heute, Salzburg 1967, S. 342–343.

145 Hierauf weist NELL-BREUNING, in: LThK Ergänzungsband, GS, S. 488, hin; dies ist ein Mangel, der sich auch an anderen Stellen negativ auswirkt.

Aufgabe wahr. Seine Initiativen, seine Kreativität, Innovations- und Investitionsbereitschaft und seine wirtschaftliche Planung bilden wichtige dynamische Elemente des Wirtschaftsprozesses. Auch wäre die Hervorhebung der Tatsache sehr wichtig gewesen, daß heutzutage die mittelgroßen Unternehmen die ökonomische Landschaft prägen.

Die Konzilsväter betonen, daß der Sinn des wirtschaftlichen Fortschrittes nicht in der bloßen Gewinnmaximierung des Unternehmens als solchen liegen kann, auch nicht in einer reinen Steigerung der Produktion. Sie entsprechen damit ihrem bereits vorher programmatisch formulierten Grundsatz, daß sich die Ordnung der Dinge an der Ordnung der Personen zu orientieren habe und nicht umgekehrt (vgl. Art. 64). Wirtschaftliche Innovationen und auch der gesamte Produktionsbetrieb haben sich vielmehr nach den Grundbedürfnissen des Menschen zu richten. Die Früchte der wirtschaftlichen Entwicklung müssen, so fordert es schon das Gebot der sittlichen Ordnung der Gesellschaft, allen Menschen ohne Ausnahme zugute kommen.[146]

Im Bereich der staatlichen Wirtschaftslenkung beziehen die Konzilsväter eine mittlere Position, indem sie sich in Art. 65 GS eindeutig von extremen Standpunkten wie einem Laissez-faire-Liberalismus, der ganz auf die sog. Selbstheilungskräfte des Marktes und das Zusammenspiel der wirtschaftlichen Kräfte vertraut, wie auch von der totalen Dominanz einer staatlichen Kommandowirtschaft, deren Pläne keinerlei Raum für private Initiativen lassen, abgrenzen (vgl. dazu Art. 65 Abs. 2 GS).

In Art. 67 wird dann ein für die gesamte sozioökonomische Auffassung der Konstitution entscheidender Grundsatz ausgesprochen: Die menschliche Arbeit besitzt bleibenden Vorrang vor allen anderen Faktoren des wirtschaftlichen Lebens (wie z. B. dem Eigentum, den Produktionsmitteln), da die übrigen Faktoren im Vergleich zum menschlichen Tun »lediglich instrumentalen Charakter haben«.

Der Vorrang der menschlichen Arbeit erweist sich darin, daß sie Ausdruck der menschlichen Person ist und der Mensch durch sie den stofflichen Dingen seinen Stempel aufprägt (Art. 67 Abs. 2 S. 1 GS). Die menschliche Arbeit wird sogar in einer theologischen Fortschreibung dieser anthropologischen Grundlinie nicht nur als »Beitrag zur Vollendung des Schöpfungswerkes Gottes«, sondern auch als Verbindung des Menschen mit dem Erlösungswerk Christi bezeichnet, der durch seiner Hände Werk der Arbeit eine einzigartige Würde verlieh (vgl. Art. 67 Abs. 2, S. 2 und 3). Nell-Breuning weist in seinem Kommentar zu Art. 67 darauf hin, daß auch diese theologischen Aussagen nur in der Konsequenz der in Art. 26 Abs. 3 GS getroffenen Grundentscheidung der Konzilsväter zu verstehen sind, wonach die Ordnung der Dinge der Ordnung der Personen dienstbar gemacht werden muß.[147]

In diesem Zusammenhang weist er noch auf eine bedeutsame Nuance sprachlicher Art hin, die nur dem verbindlichen lateinischen Text eigen und geeignet ist, die

---

146 Vgl. dazu MULDER, a. a. O., S. 351.

147 NELL-BREUNING, in: LThK Ergänzungsband, a. a. O., S. 496–497.

volle Bedeutung des oben zitierten Satzes der Konzilsväter zu erhellen. Eine sorgfältige Untersuchung der lateinischen Wortlautes des Textes ergibt nämlich, daß die deutsche Übersetzung »Ordnung« für zwei unterschiedliche lateinische Termini, nämlich ordinatio und ordo, gebraucht wurde. Dadurch kann leider die unterschiedliche Bedeutung, die beiden Worten im Lateinischen zukommt, in der deutschen Übersetzung nicht mehr ausgedrückt werden. »Ordinatio rerum« hat eine passivische Bedeutung in dem Sinne, den vielleicht die deutsche Übersetzung »Geordnetheit« der Dinge besser illustrieren könnte. Die Dinge sind also immer Objekt ordnenden menschlichen Handelns. »Ordo personarum« steht für das, was die menschliche Person und ihre Weise, die Dinge zu gestalten, ausmacht, was besser durch das deutsche Wort »Ordnung« zum Ausdruck kommt. Das Substantiv »ordo« weist somit hin auf Personen, die die Schöpfer der Ordnungsprinzipien sind und bleibend über diesen Prinzipien stehen. Die Ordnung der Personen ist prinzipiell eine Ordnung von Subjekten, während die Ordnung der Dinge auf zu ordnende oder geordnete Instrumente oder Produkte verweist.[148]

Aus den hier dargelegten anthropologischen und theologischen Maximen heraus leitet das Konzil für jeden Menschen das Recht und die Pflicht auf Arbeit ab. Dem Recht des Individuums auf Arbeit entspricht in der sozialen Perspektive das Recht der Gesellschaft auf die Arbeit der zu ihr gehörigen Einzelperson, das sich aus der Sicht des Einzelnen als Gemeinwohlbezug seiner Arbeit darstellt (vgl. Art. 67 Abs. 2 GS). Die Gesellschaft in ihren Entscheidungsträgern ist verpflichtet, die notwendigen Grundvoraussetzungen bereitzustellen, damit das Recht auf Arbeit auch im praktischen gesellschaftlichen Leben realisiert werden kann. Die Bürger müssen ausreichende Gelegenheit zu ihrem Lebensunterhalt entsprechender Arbeit finden, und ihre Arbeitsleistung muß angemessen entlohnt werden (vgl. Art. 67 Abs. 2 S. 4 und 5 GS). In ähnlicher Form hatte schon »Pacem in terris« ein Recht auf die Bereitstellung von Arbeitsmöglichkeiten und das Recht des Arbeitnehmers auf freie Übernahme der Arbeit statuiert. Es schließt auch das Recht auf Ablehnung von Arbeit, etwa wegen unzumutbarer Arbeitsbedingungen, und auf gerechten Lohn mit ein (vgl. Nr. 18–20 der Enzyklika).

Für die Beurteilung der Angemessenheit der Entlohnung weisen die Väter darauf hin, daß der Mensch nicht nur materielle Grundbedürfnisse hat und deswegen der Arbeitslohn ihm die Möglichkeit lassen soll, auch sein Recht auf soziale, kulturelle und spirituelle Betätigung ausüben zu können (Art. 67 Abs. 2 S. 5 GS).

Das vom Konzil in Art. 67 konzipierte und proklamierte Recht auf Arbeit ist somit systematisch als Individualrecht mit konstitutivem Sozial- und Gemeinwohlbezug anzusehen. Es veranschaulicht die dauerhafte Verwiesenheit und die Fruchtbarkeit der Ordnung des Beziehungsgefüges von Individuum und Gesellschaft besonders gut.

---

148 So NELL-BREUNING, in: LThK Ergänzungsband, a. a. O., S. 496, Fn. 6.

In dem folgenden Absatz 3 von Art. 67 äußert sich die Konstitution zu dem Problem der humanen Gestaltung der Arbeitsbedingungen, die sich ebenfalls an dem Grundsatz des Vorrangs der Person in gesellschaftlichen Ordnungssystemen orientieren.

Das Konzil zählt zu diesen humanen Grundvoraussetzungen jeglicher Arbeit den Grundsatz, daß der Mensch nicht zu einer Art Maschine im Arbeitsprozeß gemacht werden darf. Man muß ihm beispielsweise genügend Ruhezeiten einräumen und auch die Bedürfnisse seines häuslichen (familiären) Lebens berücksichtigen.

Diese Grundbedingungen dürfen auch nicht durch den Hinweis auf besondere betriebliche Erfordernisse oder die sog. ökonomischen Eigengesetzlichkeiten des Arbeitslebens auf Dauer außer Kraft gesetzt werden.

Art. 68 Abs. 1 geht im Anschluß an diese Ausführungen auf einige mit dem Recht auf Arbeit eng verknüpfte Rechte von Arbeitnehmern ein. Es wird hier festgestellt, daß – unbeschadet der Notwendigkeit einer einheitlichen Leitung eines Unternehmens oder Werkes – den Arbeitnehmern in einer geeigneten, konkret noch zu bestimmenden Art und Weise ein Recht auf aktive Beteiligung an der Unternehmensgestaltung eingeräumt werden muß. Damit ist das – vieldiskutierte und umstrittene – Recht der Arbeitnehmer auf betriebliche und überbetriebliche Mitbestimmung angesprochen.[149]

Art. 68 Abs. 1 S. 3 stellt darüber hinaus fest, daß viele für die Existenz und Zukunft von Arbeitnehmern bedeutsame Entscheidungen auf höherer Ebene als der des einzelnen Betriebes oder Werkes getroffen werden. Er geht deshalb auf die wichtige Frage der überbetrieblichen Mitbestimmung bzw. der adäquaten Einbeziehung der Interessen der Arbeitnehmer in die überbetrieblichen Entscheidungsprozesse und strategischen Marktkonzepte von Konzernen ein. Die Notwendigkeit, Arbeitnehmer an den Fragen der Gestaltung der Arbeitsprozesse in Unternehmen zu beteiligen und ihre spezifischen Anliegen zu berücksichtigen, wird von den Konzilsvätern eindeutig bejaht. Die Art und Weise ihrer Beteiligung, ob unmittelbar oder in repräsentativer Weise, hat man offen gelassen.

Zur Problematik der Beteiligung der Gewerkschaften an der betrieblichen und überbetrieblichen Mitbestimmung äußert sich die Pastoralkonstitution nicht. Diese Frage wird ausgeklammert, weil gewerkschaftliche Traditionen und Organisationsformen weltweit zu unterschiedlich sind.[150]

Art. 68 Abs. 2 befaßt sich mit dem Koalitionsrecht der Arbeitnehmer und enthält einige allgemeine Bemerkungen zum Gewerkschaftswesen. Mit besonderem Nachdruck werden hier das Koalitionsrecht und die Koalitionsfreiheit als essentielle Rechte der Arbeitnehmer eingefordert, wobei besonders betont wird, daß gewerkschaftliches Engagement für den einzelnen Arbeitnehmer keine betrieblichen Nachteile zur Folge haben darf (vgl. Art. 68 Abs. 2 S. 1). Man könnte dies übrigens

---

149 Vgl. dazu die Hinweise von NELL-BREUNING, in: LThK Ergänzungsband, a. a. O., S. 500.

150 So NELL-BREUNING, in: LThK Ergänzungsband, a. a. O., S. 503.

auch als einen speziellen Fall des allgemeinen Diskriminierungsverbotes ansehen, wonach niemand allein wegen seiner politischen Meinung Nachteilen ausgesetzt sein darf, auch nicht im Berufsleben.

Das gesamtwirtschaftliche Verantwortungsbewußtsein der Gewerkschaften wird von den Konzilsvätern positiv eingeschätzt. Sie sehen keine grundlegende Gefahr einer lobbyistischen Blickverengung, die die nationalen wirtschaftlichen Rahmenbedingungen aus dem Auge verlieren würde.

Art. 68 Abs. 3 GS widmet sich speziell dem Thema des Arbeitskampfes und geht auch auf den Streik als Mittel im Arbeitskampf ein (erwähnt allerdings nicht das Gegenmittel der Aussperrung!). Im Regelfall ist eine friedliche Verständigung zur Beendigung der Arbeitskampfsituation auf der Basis einer vernünftigen, für beide Seiten akzeptablen Lösung anzustreben.

3.2.9.3 Das Recht auf Privateigentum (Art. 71 GS)

Die Konzilsväter betonen zu Beginn ihrer Ausführungen über das Privateigentum die wichtige Rolle des Eigentums für die persönliche Sphäre jedes Menschen. Das Privateigentum ist Mittel und Instrument zur Selbstdarstellung und Selbstverwirklichung der Person. Es kann ihr helfen, einen angemessenen Rang in der gesellschaftlichen Ordnung zu erlangen, und ist als statusbildender Faktor damit nicht nur für die materielle Absicherung, sondern auch für das menschliche Selbstbewußtsein wichtig (vgl. Art. 71 Abs. 1 und 2 GS). Womöglich noch nachdrücklicher hatte »Pacem in terris« die Bedeutung des Eigentums herausgehoben, wenn dort das Privateigentum als wichtiges Schutzgut für die Würde der menschlichen Person bezeichnet wird. Außerdem garantiert es als materielles Basisrecht den inneren Frieden und die Wohlfahrt eines Landes und stellt so ein stabilisierendes Element für das gesamte gesellschaftliche und familiäre Leben dar (vgl. Nr. 21).

Eigentum bietet nicht nur Sicherheit für Gegenwart und Zukunft, sondern eröffnet auch die Möglichkeit zur Verwirklichung der persönlichen Neigungen und zur unabhängigen Lebensgestaltung.[151] Der Besitz von Privateigentum bedeutet somit für das Konzil eine »Art der Verlängerung der menschlichen Freiheit«, da er ein »bestimmtes Maß an Verfügungsmacht über äußere Güter einschließt«.

Die vom Konzil in Art. 71 formulierte begriffliche Differenzierung zwischen proprietas privata (Privateigentum) und dominium (Verfügungsmacht) bedeutet einen Versuch zur Präzisierung der kirchlichen Terminologie im Eigentumsrecht. Diese begriffliche Alternative eröffnet die Möglichkeit, zwischen dem Eigentum an Sachen und dem Eigentum an vermögenswerten Rechten (z. B. Urheber- und Beteiligungsrechte, Rechtsansprüche auf Versicherungs- oder Unterhaltsleistungen etc.) zu unterscheiden. Nell-Breuning weist in seinem Kommentar darauf hin, daß unser normalsprachlicher Eigentumsbegriff stark von der sachenrechtlichen Definition des

151 Vgl. hierzu MULDER, a. a. O., S. 364.

Eigentumsbegriffs (§ 903 BGB) geprägt ist. Hiernach bedeutet Eigentum die Befugnis, über eine Sache – verstanden als räumlich begrenzter Teil der Körperwelt – nach Belieben zu verfügen und andere von jeder Einwirkung auf diese Sache auszuschließen. Der abstraktere und weniger sinnenfällige Gegenstand (z. B. Lebensversicherung in einer bestimmten Höhe), auf den sich im Unterschied zu einer Sache ein vermögenswertes Recht bezieht, ist letztlich aber auch auf Sachwerte bzw. Nutzung von Sachgütern bezogen und erhält erst von dort her seine vermögenswerte Qualität.[152]

Die Aussagen des Art. 71 beschreiben von Idee und Terminologie her einen weiten Eigentumsbegriff und sprengen die Grenzen enger sachenrechtlicher Vorstellungen. Auch die Einrichtungen der sozialen Sicherheit werden erwähnt und die Rechtsansprüche, die von der Gesellschaft als Daseinssicherung gewährleistet werden (Art. 71 Abs. 3 S. 2 GS). Diese Ansprüche auf Sozialhilfe bzw. Rente oder Altersgeld, sind nicht nur dem Grunde, sondern auch der Höhe nach genau berechenbar und gründen sich auf spezifische, gesetzlich genau umschriebene Voraussetzungen.

Ausdrücklich erwähnt die Konstitution in Art. 71 Abs. 3 das Recht am immateriellen Eigentum, das sich beispielsweise im Patent- und Gebrauchsmusterrecht im gewerblichen Bereich einen festen Standort erobert hat. Sie weist darauf hin, daß es ein Eigentumsrecht an beruflichen Fähigkeiten gibt (vgl. Abs. 3 S. 3).

In den Absätzen 4, 5 und 6 von Art. 71 behandelt das Konzil das wichtige Thema der Sozialpflichtigkeit des Eigentums. Abs. 5 S. 1 drückt dies mit folgenden Worten aus: »Aber auch das Privateigentum selbst hat eine ihm wesentliche soziale Seite; sie hat ihre Grundlage in der Widmung der Erdengüter an alle.« Das Konzil stellt dann fest, daß es einen Mißbrauch privaten Eigentums geben kann, der dem Gemeinwohl widerspricht, und daß es Aufgabe der staatlichen Autorität ist, diesen Mißbrauch soweit wie möglich zu verhindern (vgl. Abs. 4, letzter Satz).

Die Konzilsväter stellen in Abs. 5 fest, daß durch staatlich geduldeten und damit faktisch sanktionierten Mißbrauch die ganze rechtliche und soziale Institution des Privateigentums in Mißkredit gebracht wird. Damit werden den ideologischen Gegnern des Privateigentums (sozialistischer oder marxistischer Provenienz) willkommene Argumente zugespielt, die es rechtfertigen könnten, die ganze Einrichtung des Privateigentums in Frage zu stellen und seine Abschaffung zu fordern (vgl. Abs. 5 S. 2). Aus Gründen des Gemeinwohls ist die Überführung von Privateigentum in Gemeineigentum möglich, allerdings nur durch die zuständige staatliche Autorität und gegen billige Entschädigung (vgl. Abs. 4 S. 2). Auch müssen die staatlichen Autoritäten Vorkehrungen gegen den Mißbrauch von Privateigentum treffen (vgl. Abs. 4 S. 3).

Der bei weitem längste, aber auch aufgrund seiner praktisch-politischen Relevanz wichtigste Absatz des Art. 71 ist Abs. 6, der das Problem der Latifundien

152 Vgl. NELL-BREUNING, in: LThK Ergänzungsband, a. a. O., S. 510.

behandelt. Nell-Breuning ist sogar der Auffassung, daß dieser Teil der Pastoralkonstitution wegen seiner konkreten Bedeutung für die soziale Situation in traditionell katholischen Ländern – beispielsweise in einigen Ländern Lateinamerikas, aber auch z. B. auf den Philippinen – als einer der bedeutsamsten der ganzen Konstitution anzusehen ist.[153] Zunächst wird das Problem des Großgrundbesitzes an Ländereien (besonders relevant bei multinationalen Konzernen, die aufgrund ihrer wirtschaftlichen Unabhängigkeit und Flexibilität durch nationale Gesetzgebungsmaßnahmen schwer in die staatliche ökonomische Politik und in Programme eingebunden werden können) beschrieben. Dabei wird besonders Wert auf die Tatsache der schwachen Bodenausnutzung der Latifundien gelegt, die ihrerseits in eklatantem Gegensatz zu der bestehenden Dringlichkeit der Steigerung der Erträge aus landwirtschaftlicher Produktion in den meisten Ländern steht. Dies Problem verschärft sich von Jahr zu Jahr durch das stetige Wachstum der Bevölkerung in den betroffenen Ländern.

Die herkömmliche extensive Nutzung großer Bodenflächen läßt sich daher immer weniger mit den gesamtwirtschaftlichen Erfordernissen dieser Länder in Einklang bringen. Denn die große Bevölkerungsmehrheit in diesen Ländern verfügt über gar keinen oder flächenmäßigen nur äußerst geringfügigen Landbesitz, der kaum zur Befriedigung ihrer grundlegenden Lebensbedürfnisse reicht (vgl. die sehr anschauliche Beschreibung der Situation der Landbevölkerung in Art. 71 Abs. 6, S. 1–3). Dadurch, daß große Teile der anbaubaren Bodenflächen auch aus spekulativen Gründen ungenutzt bleiben, kommt es dazu, daß sich der Großteil der Bevölkerung mit kleinen Pachtgrundstücken begnügen muß, die ihnen von den Großgrundbesitzern zur Nutzung überlassen werden, oder seinen Lebensunterhalt mit dem Lohn der reinen Arbeitskraft bestreiten muß. Der Konzilstext spricht in diesem Zusammenhang mit schonungsloser Offenheit davon, daß weite Teile der Bevölkerung durch dieses Wirtschaftssystem regelrecht ausgebeutet werden, auch durch die Tätigkeit von Mittelspersonen, die von den Großgrundbesitzern zur Stabilisierung des Systems eingeschaltet werden. Der größte Skandal für das menschliche und christliche Gewissen besteht aber darin, daß sie ohne angemessene Daseinssicherung leben müssen, in unzumutbaren Wohnverhältnissen leben und als Entlohnung für ihre Arbeit meist nur einen kärglichen, menschenunwürdigen Lohn oder Ertragsanteil erhalten (vgl. dazu Art. 71, Abs. 6, S. 2 und 3).

Nell-Breuning fügt hinzu, daß der hiermit beschriebene Agrarfeudalismus gerade katholischer Länder für die Weltkirche und ihre verantwortlichen Organe das größte Ärgernis der Gegenwart darstellt. Gerade deshalb ergibt sich für Kirche und Episkopat der betroffenen Länder eine besondere Verpflichtung aus der katholischen Soziallehre, sich für eine grundlegende Änderung der untragbaren Folgen und Begleitumstände dieser ruinösen Latifundienwirtschaft durch eine umfassende

153 Vgl. seine Ausführungen in NELL-BREUNING, in: LThK Ergänzungsband, a. a. O., S. 512.

Agrarreform einzusetzen.[154] Die Mittel und Wege, die die Konstitution zur Beseitigung des Elends der Landbevölkerung vorschlägt, werden in Abs. 6 S. 4ff konkret beschrieben. Es sind: die Verbesserung der Arbeitsbedingungen, Erhöhung der bestehenden Niedriglöhne, Sicherung der Beschäftigungsverhältnisse und vor allem die Aufteilung von brachliegenden Landgebieten und ihre Überlassung an Personen, die bereit und imstande sind, den Boden zu bewirtschaften und sich so ihren Lebensunterhalt zu erarbeiten.

Das Konzil denkt für die zukünftige Entwicklung in diesen Ländern an eine Agrarreform genossenschaftlicher Prägung, die eine gemeinsame Nutzung der für dic Bearbeitung des Bodens notwendigen Sacheinrichtungen und Hilfsmittel mit einschließt (Abs. 6 S. 5). Nur so können die Startschwierigkeiten überwunden wie insbesondere Ausbildungshilfen geleistet werden und kann in einem organisatorischen Verbund ein bestehendes Gefälle in den Bereichen der Infrastruktur und der Produktivität abegebaut werden.

Die Konzilsväter lassen allerdings offen, wer letztlich für die Durchführung der Agrarreformen und die Einrichtung der notwendigen genossenschaftlichen Trägerinstitutionen verantwortlich sein soll, auch wie sich die für solche ökonomisch einschneidenden Prozesse nötige gesamtgesellschaftliche Willensbildung vollziehen soll. Diese Aufgaben werden wohl nur von der betreffenden nationalen Regierung mit einiger Aussicht auf Erfolg in Angriff genommen werden können. Gleichwohl ist die politische und die wirtschaftliche Macht in einigen der hier in Rede stehenden Staaten so eindeutig in den Händen einer kleinen oligarchischen Elite konzentriert, daß derartige Reformen, wie sie den Konzilsväter vorschweben, eigentlich nur bei einer grundlegenden Änderung der gesellschaftlichen Verhältnisse überhaupt vorstellbar sind. Die kirchlichen Forderungen nach der Realisierung einer wirklich sozialen Bodenreform richten sich damit auch an die Adresse der mächtigen katholischen Oberschicht dieser Länder. Dabei hat sich der beim Zweiten Vaticanum versammelte Weltepiskopat in solidarisch-mitbrüderlicher Weise sozialpolitische und ethische Forderungen zu eigen gemacht, die der nationale Episkopat einiger lateinamerikanischer Länder bereits vorher in mutiger Weise erhoben hatte.[155] In der spezifischen Situation Lateinamerikas ist zudem noch zu berücksichtigen, daß die Kirche von der reichen und mächtigen Oberschicht dieser Länder zumindest zur Zeit des Konzils noch abhängig war, was sich seither in einigen Ländern stark verändert hat.[156] Zu einer wirklich durchgreifenden Landreform in der Art, wie sie das Konzil gefordert hat, ist es aber in der nachkonziliaren Zeit bisher nicht gekommen, und dies auch deshalb, weil die Oberschicht der betroffenen Länder ihre Besitzstände hartnäckig zu verteidigen wußte.

---

154 Vgl. NELL-BREUNING, in: LThK Ergänzungsband, a. a. O., S. 513.

155 Hierauf weist NELL-BREUNING, in: LThK Ergänzungsband, a. a. O., S. 514, hin.

156 Vgl. hierzu NELL-BREUNING, in: LThK Ergänzungsband, a. a. O., S. 514.

Das Konzil nimmt auch Stellung zu der heiklen sozialpolitischen Frage der Enteignung, indem es eine Entziehung des Eigentums aus Gründen des Gemeinwohls für zulässig erklärt, die Enteignung aber nur gegen billige Entschädigung befürwortet (Abs. 6 S. 6).

In einem abschließenden Artikel (Art. 72) betont das Konzil, daß Christen sich Sachkompetenz aneignen müssen, um auf ihre Weise am sozial-ökonomischen Fortschritt mitarbeiten zu können. Es hebt daneben die Wichtigkeit der sozialen Gesinnung hervor, indem es davon spricht, daß das ganze persönliche und gesellschaftliche Auftreten des Christen bei aller Sachkompetenz und Erfahrung, über die er möglicherweise verfügt, von der Treue zu Christus und seiner Frohen Botschaft, und »vom Geist der Bergpredigt, insbesondere von der Seligpreisung der Armut geprägt« sein solle (Art. 72 S. 3).

3.2.9.4 Die Rechte der Person im öffentlichen Leben, insbesondere die Versammlungs-, Vereinigungs- und Meinungsfreiheit und die Religionsfreiheit (GS 73f)

Die Konzilsväter beginnen ihre Erörterungen zu diesem Thema mit einer summarischen Beschreibung der neueren Entwicklungen im politischen und gesellschaftlichen Leben, die Folge der immer schnelleren Veränderungen der kulturellen, wirtschaftlichen und politischen Verhältnisse im weltweiten Maßstab sind. Herkömmliche politische Strukturen und traditionelle Institutionen sind in einem tiefgreifenden Wandel begriffen, dessen Ausmaß sich heute noch nicht übersehen und abschätzen läßt.

Ein wichtiges Kennzeichen dieses Wandels sieht das Konzil im weltweit gestiegenen Bewußtsein für die besondere Würde der menschlichen Person, dem in den verschiedenen Erdteilen konkrete Bemühungen korrespondieren, die darauf abzielen, die Rechte der Person im öffentlichen Leben besser zu schützen (GS 73,2). Der Schutz der politischen Grundrechte, der Versammlungs-, Vereinigungs- und Meinungsfreiheit und auch der Religionsfreiheit ist, wie die Konzilsväter betonen, eine wesentliche Voraussetzung für eine aktive Beteiligung der Bevölkerung am politischen Leben ihres Heimatlandes und damit für eine zeitgemäße Gestaltung des öffentlichen Lebens (GS 73,2,2). Diese Aussage der Konzilsväter ist ein deutliches und öffentliches Bekenntnis zur Demokratie.

Der politische Charakter der Versammlungs- und Vereinigungsfreiheit wird in GS 73 Abs. 2 deutlicher herausgestellt als noch in der Enzyklika »Pacem in terris«. Letztere statuiert in Nr. 23 ein Recht auf Gemeinschaftsbildung und spricht von Vereinen oder Körperschaften, die zwischen Familie und Staat anzusiedeln sind. Damit hat die Enzyklika eher unpolitische Sozialgebilde vor Augen. In ihren Nrn. 26 und 27, bei den politischen Rechten, kommt zudem der soziale Charakter des politischen Engagements nicht zum Ausdruck, da hier nur vom subjektiven Recht der menschlichen Person, aktiv am öffentlichen Leben teilzunehmen, gesprochen wird.

Die weltweit gestiegene Sensibilität für die Notwendigkeit der Beteiligung aller Bürger an der Gestaltung des gesellschaftlichen und politischen Lebens des Gemeinwesens äußert sich beispielsweise in Europa darin, daß Medien, Initiativgruppen und gesellschaftliche Verbände sich verstärkt um die Transparenz politischer Entscheidungsprozesse mitsamt ihren Konsequenzen bemühen. Parlamentarische Kontrollmechanismen (z. B. Untersuchungsausschüsse) werden auf regionaler wie auf nationaler Ebene eingerichtet, und Bürgerinitiativen und Bürgerbewegungen bilden sich parallel zu etablierten Parteien heraus, um auf bestimmte Probleme hinzuweisen, die von den Verantwortlichen bislang nicht in befriedigender Weise gelöst erscheinen (beispielsweise im Bereich des Umweltschutzes).

Hieraus ergibt sich die politische Notwendigkeit, den Mitbestimmungs- und Beteiligungsrechten der Bürger im öffentlichen Leben mehr Raum zu geben und sie institutionell zu verankern.

Die Ausführungen des Konzils bedeuten somit eine Absage an alle Formen autoritärer oder diktatorischer Regierungen, die den Staatsbürgern im Grunde kein Teilhaberecht an der Gestaltung des Gemeinwesens einräumen, wenngleich dieser offenkundige Mangel häufig durch große propagandistische Veranstaltungen und Massenkundgebungen mit folkloristischen Tendenzen verschleiert wird. Ein weiteres Anliegen der Konzilsväter wird in Abs. 3 klar benannt: der notwendige Schutz von Minderheiten, ob politischer, gesellschaftlicher, ethnischer oder religiöser Art. Allerdings erscheint die Einschätzung des Konzils, daß das Bewußtsein für die Notwendigkeit des Schutzes von Minoritäten und das Bestreben, ihre Rechte zu wahren, im Wachsen begriffen sei, ziemlich optimistisch (vgl. Abs. 3 S. 2).

Die nachkonziliare politische Entwicklung hat auch die weitere Aussage des Konzils, daß die Achtung vor Menschen anderer Meinung oder Religion im Zunehmen begriffen sei (Art. 73 Abs. 3 S. 2), nicht bestätigen können. Man denke nur an die Zunahme militanter und fanatischer religiöser Gruppen nicht nur in islamischen Ländern, auch an die Radikalisierung und zunehmende Gewalttätigkeit von Gruppen oder Parteien, die für die Rechte religiöser und ethnischer Minoritäten kämpfen (z. B. Nordirland, Afghanistan, Kurden in der Türkei). Das Problem des religiösen Fundamentalismus war allerdings zur Zeit des Konzils noch nicht so offensichtlich in Erscheinung getreten, sodaß die Einschätzung der Konzilsväter auch vor dem Hintergrund der damaligen positiven Entwicklungen im Bereich der christlichen Ökumene zu verstehen ist.

Der gestiegene Abscheu vor politischen Gewaltverbrechen, der auch generell die Verwerfung der Gewalt als Mittel in der politischen Auseinandersetzung betrifft, ist zwar vom Konzil beobachtet worden (Abs. 3 S. 4). Die Konzilsväter haben sich aber noch nicht dezidiert zu dem späteren Phänomen geäußert, daß es im globalen Maßstab immer wieder kleine fanatische Gruppen gibt, die imstande sind, durch ihren Terror der schweigenden Bevölkerungsmehrheit, die gegen Gewalt ist, ihren Willen aufzuzwingen (vgl. die aktuelle Lage in Nordirland oder Algerien!).

Art. 73 Abs. 4 formuliert einige wichtige allgemeine Grundsätze, die für den Aufbau eines soliden und humanen Gemeinwesens unverzichtbar sind: die Förderung des allgemeinen Gerechtigkeitssinnes, die Weckung bzw. Förderung einer solidarischen Grundhaltung, die dem notwendigen Dienst am Gemeinwohl positiv gegenübersteht, und die Schaffung fester Grundüberzeugungen über den Sinn politischer Gemeinschaft und über das Ziel, die Grenzen und den rechten Gebrauch und Einsatz der Mittel der öffentlichen Gewalt.

Schließlich faßt Art. 74 die Ausführungen des Konzils zusammen, indem der überragende Wert des Gemeinwohls hervorgehoben wird, dessen Verwirklichung der Zweck der politischen Gemeinschaft ist:

> »Die politische Gemeinschaft besteht also um dieses Gemeinwohls willen; in ihm hat sie ihre letztgültige Rechtfertigung und ihren Sinn, aus ihm leitet sie ihr ursprüngliches Eigenrecht ab (Art. 74 Abs. 1 S. 4).«

Art. 74 Abs. 2 GS enthält dann die Definition dieses Gemeinwohls, das dem Staatswesen erst seine originäre Berechtigung und seinen inneren Sinn über seinen rein formalen Charakter als organisatorische Zusammenfassung aller Einwohner eines betreffendes Staatsgebietes hinaus verleiht:

> »Das Gemeinwohl aber begreift in sich die Summe all jener Bedingungen gesellschaftlichen Lebens, die den einzelnen, den Familien und gesellschaftlichen Gruppen ihre eigene Vervollkommnung voller und ungehinderter zu erreichen gestatten.«[157]

Nell-Breuning betont in seinem Kommentar, daß hier kein staatlicher Gemeinwohlbegriff verwendet wird, der das Gemeinwohl nur als Dienstwert auffassen kann, sondern ein ganzmenschlicher Gemeinwohlbegriff, der ausdrückt, daß jedes menschliche Sozialgebilde sein Gemeinwohl hat. Erst in einer solchen Perspektive kann der Mensch, als Einzelner wie in der Gruppe, das Gemeinwohl auch als Selbstwert erfahren.[158]

Die Lenkung der unterschiedlichen Kräfte, der Wertvorstellungen und Initiativen der Menschen zum Wohle des Gemeinwesens erfordert nun die Existenz einer anerkannten gesellschaftlichen Autorität, die eine Ordnungsfunktion wahrnimmt, und zwar aufgrund einer – vom Konsens der Bevölkerungsmehrheit getragenen – moralischen Macht, die auf der freien Übernahme von Verantwortung beruht, nicht aufgrund von faktischer Macht bzw. Waffengewalt (vgl. Art. 74 Abs. 3 S. 2).

In einem solchen Rahmen, der ein funktionierendes und die Rechte der Bürger des Gemeinwesen schützendes Ordnungssystem hervorbringt, können sich die staatsbürgerlichen Beteiligungsrechte, die Meinungs-, Versammlungs- und Vereinigungsfreiheit entfalten. Die Existenz dieser gesellschaftlichen Grundbedingun-

---

157 Die Pastoralkonstitution bezieht sich hier auf eine Definition des Gemeinwohls durch Papst Johannes XXIII. aus der Enzyklika »Mater et magistra«, Nr. 65 (deutsche Übersetzung in: Herder--Korrespondenz 15 (1960 / 61), S. 536–558 [Definition: S. 541]).

158 Vgl. NELL-BREUNING, in: LThK Ergänzungsband, a. a. O., S. 520.

gen schafft sozusagen das Klima, in dem Partizipationsrechte möglich sind und deren Ausübung der immer umfassenderen Verwirklichung des Gemeinwohls dienen kann. Die Konzilsväter haben damit in durchaus instruktiver Weise darstellen können, daß die genannten politischen Rechte der Staatsbürger einen konstitutiven Gemeinschaftsbezug haben und nicht nur isolierte Freiheitsrechte der Individuen sind.

In Abs. 4 von Art. 74 stellen die Konzilsväter klar, daß die politischen Grundrechte im Rahmen der sittlichen und rechtlichen Staatsordnung auszuüben sind, dergegenüber die Staatsbürger im Gewissen zu Gehorsam und Loyalität verpflichtet sind (unter Bezugnahme auf Röm 13,1–5). Die Loyalitätspflicht gegenüber der staatlichen Autorität geht aber nur so weit, als die staatliche Gewalt nicht ihre Kompetenzen überschreitet und ihre Autorität mißbraucht (Art. 74 Abs. 5). In diesem Fall haben die Staatsbürger das Recht zum zivilen Ungehorsam und zur Verteidigung ihrer Rechte, aber innerhalb der Grenzen des Naturrechts und des Evangeliums (Abs. 5 S. 2).

In Art. 73 Abs. 3 hatte die Konstitution schon einen Beispielfall konkreter umschrieben, in dem die Staatsautorität ihre Kompetenzen zum Schaden der Staatsbürger überschreitet, nämlich dort, wo eine politische Partei oder ein bestimmter Machthaber die legislative, exekutive oder judikative Gewalt zu ihrem eigenen Nutzen und zum Schaden des Gemeinwohls mißbrauchen, indem diese beispielsweise als Disziplinierungsinstrument gegen die Staatsbürger eingesetzt werden (Abs. 3 S. 3).

In diesem Satz kann man unschwer Anspielungen auf die Herrschaftspraxis autoritärer Einmannregimes erkennen wie auch auf die Praktiken des Herrschaftsmonopols der verschiedensten Staatsparteien.

Art. 75 schließlich würdigt die Bedeutung aktiven staatsbürgerlichen Engagements im Rahmen einer verfassungsmäßigen Ordnung, die die Rechte der Personen, Familien und gesellschaftlichen Gruppen und die staatsbürgerlichen Rechte anerkennt, fördert und schützt (Abs. 1 und 2). In der Frage nach der zweckmäßigen Ausübung der staatlichen Autorität bevorzugen die Konzilsväter einen Mittelweg zwischen der liberalen Staatsidee, in der der Staat nur für das Notwendigste sorgt und im übrigen (als sog. Nachtwächterstaat) alles dem freien Spiel der gesellschaftlichen Kräfte überläßt, und einem extremen Modell eines Betreuungsstaates oder auch eines autoritären oder totalitären Staates, der die Eigenverantwortung des einzelnen und der gesellschaftlichen Gruppen zu stark beschneiden würde, und unterstützen nicht die Tendenz, in allen Problemfragen gleich nach dem Staat zu rufen:

> »Die Regierenden sollen sich davor hüten, den Familien, gesellschaftlichen und kulturellen Gruppen, vorstaatlichen Körperschaften und Institutionen Hindernisse in den Weg zu legen oder ihnen den ihnen zustehenden freien Wirkungskreis zu nehmen; vielmehr sollen sie diese großzügig und geregelt fördern. Aber auch die Staatsbürger, einzeln oder in Gruppen, sollen der öffentlichen Autorität nicht eine zu umfangreiche Gewalt zugestehen noch von ihr ungebührlich große Zuwendungen und Begünstigungen fordern, sodaß die

Eigenverantwortung der einzelnen, der Familien und gesellschaftlichen Gruppen gemindert wird.«

Dies entspricht auch den Forderungen des Subsidiaritätsprinzips, wonach die kleinere organisatorische gesellschaftliche Einheit das, was sie leisten kann, auch tun und nicht freiwillig in den Verantwortungsbereich der übergeordneten gesellschaftlichen Einheit übergeben soll, aber auch nicht - selbst im Konfliktfalle - eine Schmälerung der eigenen Kompetenzbereiche hinnehmen darf.

Schließlich betonen die Konzilsväter noch die Notwendigkeit der staatsbürgerlichen und der politischen Erziehung, besonders für die Jugend (Art. 75 Abs. 5), die in angemessener Weise das Verständnis der politischen Zusammenhänge fördern und auf eine aktive Mitarbeit am Leben der politischen Gemeinschaft vorbereiten kann. Das Konzil ermuntert alle, die sich für geeignet und entsprechend ausgebildet halten, den »schweren, aber zugleich ehrenvollen Beruf des Politikers auszuüben«, betont aber, daß man sich diesem Beruf »unter Hintansetzung des eigenen Vorteils und materiellen Gewinns widmen« solle. Des weiteren betonen die Konzilsväter noch die Notwendigkeit moralischer Integrität und Klugheit für die Arbeit in der Politik, und heben hervor, daß sich der Politiker durch Redlichkeit und Gerechtigkeit, Liebe und politischen Mut auszeichnen solle, damit er fähig ist, gegen Unrecht und Unterdrückung, Willkürherrschaft und Intoleranz von einzelnen oder politischen Parteien vorzugehen.

Dieser Tugendkatalog des Konzils für die Politiker erscheint von der rauhen Wirklichkeit des politischen Alltags etwas entfernt, in der Partei- und Machtkämpfe dominieren. Er übersteigt in seinen Anforderungen und Zielen auch alles, was in der Realität der Parteien, die durch Zwang zur Geschlossenheit und durch Rücksichtnahme auf die Kunst des Machbaren gekennzeichnet ist, normalerweise durchsetzbar scheint.

In Art. 76, dem abschließenden Artikel des Abschnitts, trifft das Konzil im Rahmen der Unterscheidung der Zuständigkeits- und Handlungsbereiche von Staat und Kirche auch einige wichtige Aussagen zur aktuellen Bestimmung des kirchlichen Selbstverständnisses. Abs. 2 spricht davon, daß die Kirche an kein politisches System gebunden und zugleich »Zeichen und Schutz der Transzendenz der menschlichen Person« (simul signum est et tutamentum transcendentiae humanae personae) ist. Des weiteren heißt es in Abs. 3, daß die Kirche wie auch der Staat, wenngleich mit unterschiedlicher Begründung, der persönlichen und gesellschaftlichen Berufung der gleichen Menschen dient. Das christliche Menschenbild wird in seinen Konturen hier sichtbar, wenn die Konzilsväter davon sprechen, daß der Mensch nicht auf die zeitliche Ordnung beschränkt ist, sondern inmitten der menschlichen Geschichte ungeschmälert seine ewige Berufung vollzieht (Abs. 3 S. 4).

Der Dienst der Kirche an der politischen Gemeinschaft wird in diesem Abschnitt speziell darin gesehen, daß die Kirche den Sinn für Gerechtigkeit und Liebe innerhalb des Volkes und auch im internationalen Leben wecken und fördern kann. Durch die Verkündigung des Evangeliums und das von den einzelnen praktizierte

Christentum im Alltag kann die Kirche nach Meinung der Konzilsväter dazu beitragen, daß die politische Freiheit und Verantwortlichkeit der Bürger gestärkt wird (Abs. 3 S. 6):

> »Indem sie (sc. die Kirche) nämlich die Wahrheit des Evangeliums verkündet und alle Bereiche menschlichen Handelns durch ihre Lehre und das Zeugnis der Christen erhellt, achtet und fördert sie auch die politische Freiheit der Bürger und ihre Verantwortlichkeit.«

Wenngleich man an den Ausführungen der Konzilsväter bemängeln kann, daß sie im politischen Bereich hauptsächlich die nationale Ebene im Auge haben, nicht dagegen auf die speziellen Erfordernisse der regionalen oder der supranationalen Ebene eingehen, so läßt sich dieses Faktum auch aus historischen Gründen erklären. Der natürliche Gesprächs- und Vertragspartner der Kirche war bislang immer der jeweilige Einzelstaat.[159]

Allerdings sollte es erlaubt sein, hinzuzufügen, daß gerade regionale und manchmal auch internationale Probleme die Menschen bewegen, ihr Recht auf Meinungs-, Versammlungs- und Vereinigungsfreiheit auszuüben. Zunehmend wichtig wird gerade in Europa aufgrund der zunehmenden Zahl der Flüchtlinge und Migranten die Frage der politischen Rechte und ihrer Grenzen für Ausländer.

Insgesamt zeigt auch dieser Abschnitt der Konstitution die personale und grundrechtsorientierte Perspektive der Konstitution, die Freiheit und Solidarität nicht gegeneinander ausspielen will und ihren Grundsatz »im Zweifel für den Menschen« als entscheidende Maxime in den von der Kirche behandelten Sachfragen konsequent beibehält.

3.3 Die kirchliche Urteilskompetenz zum Schutz des Heiles der Seelen – Der Schutzbereich des Heiles der Seelen in den Grundrechtskatalogen des neuen CIC / 1983

Die Sorge um das menschliche Seelenheil gehört zu den originären Rechten und Pflichten der Kirche, die ihr schon aus ihrem eigenen Verkündigungsauftrag und ihrem eigenen Selbstverständnis aufgegeben ist (dies zeigt schon die gebräuchliche Bezeichnung »Seelsorger« für den Priester und besonders den Gemeindepfarrer). Das Heil der Seelen entspricht auf der geistlichen Seite des kirchlichen Öffentlichkeitsauftrages analog den Menschenrechten auf der weltlichen Seite dieses Auftrages, wie dies in can. 747 § 2 CIC das korrespondierende Begriffspaar iura fundamentalia und animarum salus plastisch verdeutlicht. Das ganzmenschliche Gemeinwohl stellt die Summe aller Voraussetzungen dar, die dem Menschen die volle Entfaltung seiner humanen Werte und Rechte ermöglicht oder erleichtert (so die Definition von »Mater et magistra«, Nr. 65). Das bonum commune Ecclesiae bildet den kirchlichen Selbst- und Ordnungswert als Inbegriff aller Bedingungen, der den

---

159 Vgl. hierzu NELL-BREUNING, in: LThK Ergänzungsband, a. a. O., S. 517.

Gläubigen die volle Entfaltung ihrer persönlichen und gemeinschaftlichen religiös-spirituellen Werte und Rechte zu erreichen gestattet. Wie das Gemeinwohl die menschlichen Grundrechte und Grundwerte umfaßt, so beinhaltet das bonum commune Ecclesiae die kirchlichen Grundrechte und Grundwerte (vgl. hierzu can. 223 § 1 CIC).

Um des Seelenheiles willen sind der Kirche aber nicht nur pastorale oder spirituelle Aufgaben aufgetragen, sondern die gesellschaftlich-politische Situation kann es zudem erfordern, daß die Kirche zu menschlichen Angelegenheiten nach den ihr eigenen ethischen Maßstäben Stellung beziehen muß. Sie darf sich daher in einer solchen Situation nicht nur auf die Verkündigung der offenbarten Glaubenswahrheiten für sich genommen beschränken. Eine solche Situation ist beispielsweise bei einer Vorenthaltung des gerechten Arbeitslohnes gegeben, in der die Kirche für die Sicherung der legitimen sozialen Rechte ihrer Mitglieder als Christen einzutreten hat.

Wenn in can. 747 § 2 CIC zwischen den Grundrechten der menschlichen Person und dem Heil der Seelen unterschieden wird, so bedeutet dies, daß es neben den allgemeinen, universal gültigen Menschenrechten, die dem Menschen schon kraft seines Personseins zukommen, auch spezifische Christenrechte gibt, die in seiner Zugehörigkeit zur kirchlichen Glaubensgemeinschaft begründet sind und damit nicht schon von Geburt an gegeben sein können, sondern auf einer persönlichen Entscheidung beruhen.[160] Es handelt sich hier ihrer Natur nach um Rechte, die nur gegenüber Christen als Adressaten, also nur innerhalb der kirchlichen Gemeinschaft geltendgemacht werden können.

Die Konzeption von Christenrechten unterscheidet sich insofern von der Menschenrechtsidee, als es sich hier nicht um vorkirchliche, d. h. unabhängig von der Zugehörigkeit zur kirchlichen Gemeinschaft bestehende Rechte (in Analogie zum vorstaatlichen Charakter der Menschenrechte) handelt. Christenrechte werden durch die Taufe und die hiermit begründete Zugehörigkeit zur kirchlichen Gemeinschaft begründet. Sie lassen sich praktisch erst mit der Teilnahme am kirchlichen Leben realisieren und nicht isoliert von ihrem konstitutiven Gemeinschaftsbezug betrachten.[161]

Es sind Gliedschaftsrechte, die eine Rechtsposition innerhalb einer Korporation, einer juristischen Körperschaft markieren.[162] Die Idee von Christenrechten in der

---

160 Vgl. dazu KRÄMER, a. a. O., Band 2, S. 31.

161 Vgl. dazu KRÄMER, a. a. O., Band 2, S. 31; auch W. AYMANS, Munus und sacra potestas, in: E. Corecco, N. Herzog, A. Scola (Hrsg.), Die Grundrechte des Christen in Kirche und Gesellschaft, Akten des IV. Internationalen Kongresses für Kirchenrecht, Fribourg 1981, S. 185–202, hebt hervor, daß der »Christ in einem grundsätzlich andern Verhältnis zur Kirche und ihrer geistlichen Vollmacht« steht »als der Mensch gegenüber dem Staat und seiner öffentlichen Vollmacht« (vgl. S. 195). Er betont, daß es bei der Statuierung kirchlicher Grundrechte »nicht um die Schaffung eines kirchenfreien Raumes für das religiöse Subjekt« geht (a. a. O., S. 195).

162 W. AYMANS, Munus, a. a. O., unterstreicht, daß der Christ immer schon in die umfassende

Kirche knüpft daher analog an das weltliche Vereinsrecht an. Hier wird die spezifische Rechtsposition des einzelnen Vereinsmitglieds durch die Ziel- und Zweckbestimmung des Vereins und das entscheidende Motiv des Zusammenschlusses, nämlich die Bündelung der gemeinsamen Kräfte zur Erreichung des Vereinszweckes bestimmt. Von daher versteht sich die Kirche aufgrund ihres korporativen Charakters immer auch als Solidargemeinschaft. Als solche beruht sie auf einem System korrespondierender Rechte und Pflichten und garantiert so durch den besonderen Dienst Einzelner die Erfüllung der Gliedschaftsrechte anderer Mitglieder der kirchlichen communio.[163]

Corecco spricht sich dafür aus, die Rechte von Christen im kirchlichen Bereich nicht als Grundrechte zu bezeichnen, sondern als primäre Rechte oder nur als Rechte. Denn zwei charakteristische Wesenselemente der staatlichen Grundrechtsidee seien im Raum der Kirche nicht gegeben: die Vorgegebenheit der Person als eines Rechtssubjektes für den Staat und als Konsequenz daraus das Bestehen eines für den Staat unantastbaren Autonomie- und Freiheitsraumes für das Individuum.[164] Anders als der demokratische Verfassungsstaat hat die kirchliche Gemeinschaft nicht das Hauptziel, die Verwirklichung individueller Rechte der Christen zu gewährleisten, sondern den primären Zweck, Gewähr dafür zu bieten, daß der christliche Glaube in Wort und Sakrament getreu der überlieferten Botschaft verkündet und gefeiert wird.[165] Der neue CIC spricht in seinem ersten, allgemeinen Katalog denn auch nicht von Grundrechten (vgl. cann. 208–223 CIC), sondern nur von Pflichten und Rechten aller Gläubigen (De omnium christifidelium obligationibus et iuribus), insofern übrigens im Unterschied zu Art. 2 des Entwurfs einer Lex Ecclesiae Fundamentalis von 1978, der in seinen Kanones 9–24 die Grundpflichten und Grundrechte aller Gläubigen behandelte. Außerdem ist insofern für den genuinen kirchlichen Auftrag auch die Terminologie von can. 747 § 2 CIC wichtig, der dem Bereich der Grundrechte der menschlichen Person (personae humanae iura fundamentalia) nicht einen Bereich von Grundrechten des Christgläubigen (personae christianae iura fundamentalia) gegenüberstellt, sondern die salus animarum als objektiven Zweck und als Zielgebot der kirchlichen communio.

Freilich läßt sich die salus animarum nicht unabhängig von der Person des einzelnen Christgläubigen und seinem kirchlichen Rechte- und Pflichtenstatus realisieren. Deshalb erscheint es – entgegen der dezidiert vorgetragenen Auffassung von

---

kirchliche Gemeinschaft eingegliedert ist und darum »begrifflich nur zu definieren ist als Glied der Kirche« (vgl. S. 195, Fn. 29).

163 W. AYMANS gibt hierzu einige konkrete Beispiele in: ders., Munus, a. a. O., S. 195–196, auch 199.

164 E. Corecco, Erwägungen zum Problem der Grundrechte des Christen in Kirche und Gesellschaft, in: AKathKR 150 (1981), S. 436, 438. Corecco hebt hervor, daß die so verstandene Fundamentalität der Rechte gerade das unterscheidende, nicht das verbindende Element der Rechtsstellung der Person in Staat und Kirche ist (S. 438).

165 Vgl. CORECCO, Erwägungen, a. a. O., S. 438.

Corecco – weiter zulässig, von Grundrechten im kirchlichen Bereich zu sprechen, sofern die durch den besonderen Charakter der kirchlichen communio und ihrer konstitutiven Ziele und Zwecke gegebenen wesentlichen Unterscheidungsmerkmale (Grundrechte als sozial gebundene Individual- und Solidarrechte) gegenüber dem weltlichen Grundrechtsverständnis beachtet werden.

Interessant ist in diesem Zusammenhang die Auffassung von R. Schwarz über die spezifische Struktur kirchlicher Grundrechte. Schwarz betont, daß manche der kirchlichen Grundrechte – die nunmehr Bestandteil der Grundrechtskataloge des neuen CIC sind – rechtssystematisch als Kompetenzen im Sinne von Betätigungsvollmachten anzusehen sind, wobei der einzelne hier das Mandat erhält, als Teil des Ganzen innerhalb der gesetzlich festgelegten Grundpflichten handeln zu können.[166] Gemeint sind besonders die Grundrechte des kirchlichen Heiligungsdienstes – exemplarisch können hier die Rechte auf Evangelisation (can. 211) sowie auf Gründung caritativer oder spiritueller Vereinigungen (can. 215) oder auch auf apostolische Tätigkeit (can. 216) genannt werden, da hier aufgrund der kirchlichen Zweckbestimmung Einzelwohl und Gemeinwohl in der kirchlichen communio zusammenfallen und insofern zwischen Individuum und Gemeinschaft Interessenidentität vorliegt.[167] Die kirchlichen Grundrechte müssen deshalb, so die Quintessenz der Ausführungen von R. Schwarz, differenziert betrachtet werden. Teilweise enthalten sie echte Gewährleistungsansprüche für die Gläubigen (vgl. can. 214!) gegenüber der kirchlichen Autorität, und teilweise sind die kirchlichen Grundrechte Reflexe objektiver, institutionell vorgegebener kirchlicher Hauptzwecke und Grundwerte innerhalb der allen Christgläubigen aufgegebenen Verpflichtung zum Aufbau der kirchlichen communio.[168]

Der besondere Gemeinschaftsbezug kommt im kirchlichen Selbstverständnis in anschaulicher Weise durch die Norm des can. 209 CIC zum Ausdruck, wonach der Gläubige gehalten ist, die Gemeinschaft mit der Kirche zu wahren. Eine ähnlich weitgehende allgemeine Verpflichtung des Staatsbürgers gegenüber dem Staate existiert nicht. Aber jeder Staatsbürger hat konkrete Einzelpflichten gegenüber dem Gemeinwesen aus Gründen des Gemeinwohls zu erfüllen (z. B. Steuerpflicht, Wehr- oder Ersatzdienstpflicht, Meldepflicht und andere gesetzlich festgelegte Pflichten).

---

166 Vgl. R. SCHWARZ, Grundrechtsstrukturen im Bereich von Weihe- und Hirtengewalt, in: E. Corecco, N. Herzog, A. Scola (Hrsg.), Die Grundrechte des Christen in Kirche und Gesellschaft, Akten des IV. Internationalen Kongresses für Kirchenrecht, Fribourg 1981, S. 351–361, hier S. 354–355 sowie S. 357. Schwarz rekurriert hier insoweit auf den sozialistischen Grundrechtstypus und die Reflexwirkung objektiver, institutioneller Rechte in den individuellen Bereich als Prinzip gesetzlicher Gerechtigkeit (vgl. S. 354–355).

167 Vgl. SCHWARZ, a. a. O., S. 357–358; Schwarz betont, daß die Grundrechte hier um der Erfüllung der kirchlichen Grundpflichten willen, die sich aus der genuinen kirchlichen Zweckbestimmung ergeben, bestehen.

168 Vgl. hier SCHWARZ, a. a. O., S. 360–361.

Die kirchliche Verantwortung für das Heil der Seelen und damit für die legitimen Rechte der Christen ist vom neuen Kirchenrecht spezifiziert geregelt worden. Der neue Codex enthält Grundrechtskataloge, die die Grundrechtc und Grundpflichten der verschiedenen Teile des Gottesvolkes, der Gläubigen, der Kleriker und der Ordensleute umschreiben und somit dem allgemeinen Begriff des Seelenheiles (salus animarum) konkrete rechtliche Konturen geben. Wegen des spezifischen Charakters der kirchlichen Gemeinschaft als einer Glaubens- und Lebensgemeinschaft, die ohne verbindliche Gemeinschaftsziele und -inhalte, ohne einen inneren Zusammenhalt und einen verbindlichen Grundkonsens ihrem Auftrag nicht gerecht werden kann, handelt es sich nicht nur um einen Rechte-, sondern auch um einen Pflichtenkatalog.

Die besondere Verantwortung, die die Kirche für das Heil der Seelen trifft, kommt darin zum Ausdruck, daß es sich hierbei um einen Kernbereich der menschlichen Person und ihrer Existenz handelt, der eine intime und daher besonders verletzliche Sphäre betrifft, aber zugleich eine für die persönliche Sinnfindung und Lebensgestaltung entscheidend wichtige. Die Kirche ist sich dessen bewußt, daß sie Hilfe bei notwendigen Lebensentscheidungen bieten kann und muß.[169] Die soziale Dimension der menschlichen Existenz ergänzt dieses personale, von einer Glaubensüberzeugung geprägte Geschehen, und bindet es zurück an die objektive Größe einer verbindlichen Gemeinschaft, die sich im gegenseitigen Zeugnis und in der Reflexion auf Lebens- und Glaubenserfahrung selbst vollzieht und so dem Einzelnen Stärkung und Halt bieten kann.

Der Bereich des Gemeinschaftslebens ist der natürliche Ort, an dem sich bewährte und neue Formen der Kommunikation und sinnvoller Lebensgestaltung manifestieren und sich so immer wieder Zellen bilden können, die ihre Aufgabe im Organismus des Gesamtgesellschaft und des Gemeinwesens übernehmen können. Insofern dient das kirchliche Gemeinschaftsleben auch der Stärkung der Gemeinschaftsfähigkeit und des Verantwortungsbewußtseins unter den Menschen und wirkt dadurch mit an der Herstellung der notwendigen Rahmenbedingungen, auf die ein funktionierendes Gemeinwesen immer wieder neu angewiesen ist.

Die kirchliche Kompetenz zum Schutz des Heiles der Seelen ist damit in ein größeres Umfeld einzuordnen, das das in der Menschenwürde und im allgemeinen Persönlichkeitsrecht verwurzelte Recht auf sinnstiftende, persönliche Gemeinschafts- und Glaubenserfahrung umfaßt, als dessen integraler Bestandteil die menschliche individuelle und soziale Glaubensfreiheit anzusehen ist.

---

169 Vgl. hierzu die Hinweise von BOHREN, Art. »Seelsorge«, in: LThK, J. Höfer, K. Rahner (Hrsg.), Band 9, 2. Aufl., Freiburg - Basel - Wien 1964, Sp. 580.

3.3.1 Die kirchlichen Grundrechte des CIC / 1983 im allgemeinen

Nachdem das Zweite Vaticanum der Grundrechtsidee gesamtkirchlich ein Heimatrecht zugesprochen hatte, wurden in den siebziger Jahren vermehrt Forderungen nach einer Kodifizierung von kirchlichen Grundrechten laut, die zumeist im Kontext mit der Forderung nach einer innerkirchlichen Demokratisierung erhoben wurden.

Dabei war dem überwiegenden Teil der Teilnehmer an der innerkirchlichen Grundrechtsdiskussion klar, daß eine Einführung von Grundrechtskatalogen nach dem Muster der nationalen Verfassungen am spezifischen Charakter der kirchlichen Gemeinschaft scheitern mußte. Im Unterschied zum Staat stellt die Kirche eine Tendenzgemeinschaft dar, die durch eine gemeinsame Glaubensüberzeugung geprägt ist, und daher keinen prinzipiell offenen, weltanschaulich neutralen Rahmen, wie der demokratische Verfassungsstaat bieten kann. Der Charakter der Kirche als Vereinigung, als Verband in der Gesellschaft mit dem prinzipiellen Recht des freien Bei- und Austrittes unterscheidet sie wesentlich vom Staat, der dem Bürger fundamentale Pflichten auferlegen kann, denen dieser sich nicht durch den Austritt entziehen kann. Der Staatsgewalt müssen daher wegen ihrer Unausweichbarkeit natürliche Schranken gesetzt sein, die sich aus dem vorstaatlichen Charakter der Menschenrechte ergeben.

Das fundamental anders geartete, vom Prinzip der Freiwilligkeit geprägte Selbstverständnis der Kirche erfordert ein stärkeres religiöses und soziales Profil, von dem die Zeugnis- und Lebenskraft einer Gemeinschaft lebt und das sie von anderen religiösen Gemeinschaften unterscheidet.[170] Die kirchlichen Grundrechtsgarantien dienen der Gewährleistung der Persönlichkeitsentfaltung des Gläubigen, die aber im spezifisch kirchlichen Verständnis - ebenso auch wie im modernen Staatsverständnis - nicht nur »als Freiheit von, sondern auch als Freiheit zu zu deuten ist«.[171] Das Wesen der Kirche als gestifteter und bekenntnismäßig geprägter Heilsgemeinschaft verbietet es, daß ihre Mitglieder die kirchliche communio als einen Freiheitsraum deuten, der durch beliebige Aktivitäten je nach aktueller persönlicher Neigung gefüllt und so zu einem frei gestaltbaren Niemandsland werden kann. Es erfordert vielmehr eine wesensmäßige Aktualisierung der Mitgliedschaft durch die pflichtgemäße Tätigkeit der Mitglieder im Bekenntnis des Glaubens und im aktiven Zeugnis durch die Weitergabe der Verkündigung in Wort und Tat.[172]

Aus dem Blickwinkel des staatlichen Rechtes läßt sich aus der Zuordnung der Kirchen zum öffentlichen Bereich, die im deutschen Staats- und Verfassungsrecht

---

170 Vgl. hierzu W. Rüfner, Die Geltung von Grundrechten im kirchlichen Bereich, in: Essener Gespräche zum Thema Staat und Kirche, Band 7, Münster 1972, S. 15–16.

171 So H. Schnizer, Individuelle und gemeinschaftliche Verwirklichung der Grundrechte, in: E. Corecco, N. Herzog, A. Scola (Hrsg.), Die Grundrechte des Christen in Kirche und Gesellschaft, Akten des IV. Internationalen Kongresses für Kirchenrecht, Fribourg 1981, S. 419–448; vgl. S. 421 und S. 420.

172 Vgl. Schnizer, a. a. O., S. 420.

hergebracht ist, eine Bindung an Inhalt und Charakter der staatlichen Grundrechte nicht zwingend ableiten, solange die Kirchen nicht - wie staatliche Organe - staatlich übertragene Hoheitsgewalt ausüben.[173]

Dieser letzte Satz gilt allerdings insofern eingeschränkt, als es Grundrechte mit fundamentaler Bedeutung für alle Menschen gibt (wie die Garantie des Schutzes der Menschenwürde), deren Wesenskern unantastbar ist und bleibt nicht nur für die staatliche, sondern auch für die kirchliche Gewalt. Der Gedanke der Unveräußerlichkeit und der religiösen Bedeutung der Würde der menschlichen Person nimmt dann ja auch, wie oben bereits ausführlich dargestellt, in den Konstitutionen und Dekreten des Zweiten Vaticanums einen breiten Raum ein.

Konkrete kirchenrechtliche Gestalt hat die Menschenrechtsidee und die ebenfalls von einem breiten kirchlichen Konsens getragene Vorstellung von der Personalität als dem Wesen der menschlichen Identität in der Einführung der kanonischen Grundfigur des Christgläubigen (christifidelis) gefunden, die auf alle Glieder des hierarchisch geordneten Volkes Gottes Anwendung findet und allen späteren Rechtsdifferenzierungen vorausgeht. Lombardia spricht in diesem Zusammenhang von einer »radikalen Basisgleichheit«, die Voraussetzung für eine universale Realisierung der Grundrechtsidee in der Kirche ist und als gesamtkirchliche Ratifizierung eines innerkirchlich gültigen Grundgesetzes mit Menschenrechten für alle Gläubigen sozusagen die Beglaubigung ad intra für die von der Kirche ad extra verkündete Soziallehre darstellt.[174] Ihren Niederschlag hat die Konzeption im kanonistischen Schutz wichtiger Persönlichkeitsrechte gefunden, so besonders im Recht auf freie Wahl des Lebensstandes (can. 219) und im Recht auf guten Ruf und Schutz der persönlichen Intimsphäre (can. 220).

Die Verwirklichung einer innerkirchlichen Grundrechtskonzeption ist als ein innerkirchlicher Reflex vor allem vor dem Hintergrund der Entwicklung der neueren kirchlichen Soziallehre zu verstehen, die sich, wie oben bereits ausgeführt, seit »Pacem in terris« und den Konzilsdokumenten »Gaudium et spes« und »Dignitatis humanae« der Idee und Praxis universal gültiger Menschenrechte besonders verpflichtet weiß.[175] Das neue Kirchenrecht enthält auch eine Reihe sozialer Sicherungsrechte bzw. kirchlicher Statusrechte, die den Gedanken der sozialen Sicherung des verantwortlichen Mitgliedes der kirchlichen Gemeinschaft ad intra verwirklichen, so das Recht auf angemessene Vergütung für kirchliche Bedienstete sowie auf deren Sozial-, Alters- und Krankheitsfürsorge (vgl. hierzu can. 231 § 2 [Laien] sowie can. 281 §§ 1 und 2 [Kleriker]).

Theologisch betrachtet ist die Fähigkeit, Träger von kirchlichen Grundrechten zu sein, die Entfaltung der sakramentalen Taufgnade, in der die Gotteskindschaft des

173 Vgl. hierzu RÜFNER, a. a. O., S. 15–16.

174 P. LOMBARDIA, Die Grundrechte der Gläubigen, in: Concilium 5 (1969), S. 608.

175 Vgl. hierzu LOMBARDIA, a. a. O., S. 608.

Gläubigen begründet wird. Lombardia spricht in diesem Zusammenhang von einer hierdurch begründeten, statusprägenden ontologisch-sakramentalen Autonomie.[176]

Das fundamentale Milieu, der Lebensraum, in dem sich die kirchlichen Grundrechte erst entfalten können, ist die kirchliche Gemeinschaft, die communio. Die gesellschaftliche Lebenswirklichkeit der Kirche mit ihren gemeinschaftlichen Grundvollzügen ist als Gemeinschaft der Getauften zugleich eine Grundrechtsgemeinschaft. Das neue Kirchenrecht spricht diesen Gedanken auch explizit an, wenn es in can. 209 CIC zum Ausdruck bringt, daß jeder Gläubige die allgemeine Pflicht hat, die Gemeinschaft mit der Kirche zu wahren, und wenn diese Grundpflicht dann in den folgenden Normen in die konkreten einzelnen Lebensbereiche der Kirche hinein entfaltet und interpretiert wird.[177]

Die Grundrechte der Gläubigen können ideengeschichtlich auch als Entwicklung und Ausläufer der biblischen Freiheitsideen angesehen werden, da sie ihre tiefen Wurzeln in der Botschaft des Evangeliums finden. Die Forderung nach Realisierung von Grundrechten in der kirchlichen Gemeinschaft kann daher nicht als bloße Modernisierungstendenz abgetan werden.[178]

Seit der Enzyklika »Pacem in terris« von Papst Johannes XXIII. vom 11. 4. 1963 haben die Grundrechte in der universalen kirchlichen Gemeinschaft Anerkennung gefunden; die Pastoralkonstitution des Zweiten Vaticanums hat sodann deren Verbindlichkeit auch für das innerkirchliche Leben anerkannt.

Die programmatische Formulierung dieses neuen kirchlichen Selbstverständnisses findet sich in GS Art. 41, Abs. 3:

> »Kraft des ihr anvertrauten Evangeliums verkündet ... die Kirche die Rechte des Menschen und sie anerkennt und schätzt die Dynamik der Gegenwart, die diese Rechte überall fördert.«

Freilich betont dieser Konzilstext gleich im Anschluß, daß es eine falsche Vorstellung von menschlicher Autonomie gibt, die kein höheres Gesetz als das vom Menschen geschaffene anerkennt. Eine solche Geisteshaltung und Auffassung, die Freiheit mit Unverbindlichkeit verwechselt, gefährdet in Wirklichkeit die menschliche Würde viel stärker, als sie sie zu schützen imstande ist. Es handelt sich um ein Mißverständnis von Autonomie, wenn man meint, daß der Mensch imstande ist, sich eigene Lebensgesetze zu geben. Es wird dabei ignoriert, daß mit der menschlichen Existenz eine eigene Lebensgesetzlichkeit mitgegeben ist, die sich in der menschlichen Würde und in den menschlichen Werten manifestiert (vgl. dazu Art. 41 Abs. 3 S. 4 GS).

In diesem Zusammenhang verweist Congar darauf, daß die geschichtliche Reflexion seiner eigenen Grunderfahrungen häufig ein eher ambivalentes Ergebnis für

---

176 Vgl. hierzu LOMBARDIA, a. a. O., S. 608f.

177 Vgl. hierzu KAISER, in: Handbuch des katholischen Kirchenrechts, J. Listl, H. Müller, H. Schmitz (Hrsg.), Regensburg 1983, S. 175.

178 Vgl. hierzu J. NEUMANN, Menschenrechte auch in der Kirche?, Zürich – Einsiedeln – Köln 1976, S. 70.

den Menschen zutage gebracht hat. Er spürt zwar seine Offenheit für die Erfahrung der Transzendenz immer wieder, erfährt zugleich aber – und das nicht minder stark! – das Ungenügen seiner eigenen Antworten auf die ihn bedrängenden Lebensfragen.[179]

Die Dynamik der Menschenrechtsfrage und die globale Sehnsucht des Menschen nach vollerer Entwicklung seiner Persönlichkeit, die das Konzil in Art. 41 Abs. 1 S. 1 GS konstatiert, dürfen nicht darüber hinwegtäuschen, daß der dem Menschen innewohnende zerstörerische Drang nach Macht und Geltung und die immer wieder durchbrechende Grundhaltung des Egoismus ihm sein Unvermögen vor Augen führt, seine Sehnsucht nach voller Humanität auch tatsächlich zu verwirklichen.

Krämer weist in diesem Kontext auf eine Passage aus »Nostra aetate« hin, in der es heißt, daß durch das Evangelium »jeder Theorie oder Praxis das Fundament entzogen wird, die zwischen Mensch und Mensch, zwischen Volk und Volk im Hinblick auf die Menschenwürde und die sich aus ihr herleitenden Grundrechte einen Unterschied macht« (NA, Art. 5 Abs. 2).[180] Weil alle Menschen ohne Unterschied nach dem Ebenbild Gottes geschaffen sind, fordert das Konzil dazu auf, sich über alle hergebrachten und von Menschen errichteten gesellschaftlichen und traditionellen Schranken zwischen Menschen hinwegzusetzen. Dies soll im Geiste Jesu, der mit Zöllnern und gesellschaftlichen Außenseitern Mahlgemeinschaft hielt, geschehen und so allen Menschen gegenüber eine brüderliche Grundhaltung aufgezeigt werden. Erst auf diesem Ethos kann sich eine wahre Gottesverehrung entfalten (vgl. NA, Art. 5 Abs. 1).

Der neue kirchliche Codex von 1983 stellt die Grundrechte aller Christgläubigen stärker ins Zentrum des Bewußtseins der gesamten Kirche, als dies noch nach dem alten Kirchenrecht der Fall war, und wertet insgesamt die kanonistische Stellung des Laien auf.[181] Erst die Approbation der Menschenrechtsidee durch das Zweite Vaticanum und die Freilegung der christlichen Geistestradition, auf deren Boden die säkulare Menschenrechtsidee, wenn auch gegen den Widerstand der Kirche, entstanden war, entkräfteten bestehende Vorbehalte im Laufe der Zeit.

3.3.2 Zur Frage nach der theologischen Grundlegung kirchlicher Grundrechte

Nachdem das Zweite Vaticanum zu einem neuen gesamtkirchlichen Selbstverständnis in der Frage der Menschenrechts- und Grundrechtsvorstellungen geführt hatte, stellte sich die Frage nach der theologisch-systematischen Einordnung kirchlicher Grundrechte in die bestehende Ordnung der Kirchenverfassung.

---

179 Vgl. Congar, in: LThK Ergänzungsband, GS, S. 410.

180 P. Krämer, Zur Problematik der Bestimmung von Grundrechten in der Kirche, in: ÖAKR 27 (1976), S. 135.

181 Vgl. dazu H. Heimerl, Menschenrechte, Christenrechte und ihr Schutz in der Kirche, in: ThPQ 121 (1973), S. 26ff.

Insbesondere von der Struktur der kirchlichen Gemeinschaft als Communio her ging es um die Erarbeitung und Festschreibung der Grundelemente eines neuen Status, der jedem Getauften in der Kirche wesenhaft zu eigen ist. Dabei müssen diese Grundelemente - Grundrechte und Grundpflichten - als regulative und gestaltprägende Ideen primär ekklesiologisch und damit vom verbindlichen Selbstverständnis der kirchlichen Gemeinschaft her erkannt und bestimmt werden. Hinder verweist darauf, daß der neue Status eine Doppelfunktion hat, zum einen den Schutz des einzelnen Gläubigen in seiner kirchlichen Personalität und zum andern den Schutz des konfessionell geprägten Charakters der Communio als Institution.[182]

Was sind also die ekklesiologischen Grunddaten, von denen her der kirchliche Grundstatus des Getauften fundiert und erhellt werden kann? Die kirchliche Gemeinschaft definiert sich nach dem Zweiten Vaticanum und auch nach dem neuen Kirchenrecht von 1983 wesentlich von drei Größen her: zum einen vom kirchlichen Glauben, dem Glaubensgut (depositum fidei), und der hiervon geprägten unaufgebbaren kirchlichen Sendung, zum zweiten von der kirchlichen Communio, die durch den Glauben entsteht, als Gesamtgemeinschaft mitsamt ihren Leitungsorganen, und zum dritten von ihren einzelnen Mitgliedern, den Christgläubigen, die als einzelne durch die communio in ihren Rechten und Pflichten bestimmt werden.

Jede dieser Größen markiert subjektive und objektive Werte und Ordnungselemente, die zu den unverzichtbaren Grunddimensionen des Christseins gehören. Man kann darum auch von tragenden Pfeilern kirchlichen Selbstverständnisses sprechen, die in der Kirchengliedschaft jedes Gläubigen zusammenfließen. Das Strukturelement der Communio steht für die Gemeinschaftlichkeit des christlichen Zeugnisses und Gottesdienstes, die ihrerseits die christliche Individualität und persönliche Spiritualität nicht aufhebt. Individuum und Gemeinschaft können in Spannung zueinander stehen, auch in ihrem Verständnis des gemeinsamen Glaubensgutes als der dritten Größe, auf die sie bezogen sind. Kirchliche Individualität und Gemeinschaftlichkeit sind originäre, in der Taufe grundgelegte ekklesiologische Konstanten. Sie sind im konkreten Glaubens- und Lebensvollzug der Communio vielfältig miteinander verknüpft, und dies kraft des einigenden Bandes des Glaubenszeugnisses und Bekenntnisses. Die genannten drei Größen sind damit unaufgebbare Dimensionen kirchlicher Identität, die auch nicht unabhängig und isoliert voneinander das kirchliche Selbstverständnis ausdrücken können.

Personalität, Bekenntnisbindung und Gemeinschaftlichkeit sind damit essentielle Dimensionen des Kircheseins, die ekklesiologisch eng miteinander verbunden sind.

Der einzelne Gläubige unterliegt darum durch seine Kirchenmitgliedschaft einer korporativen Bindung, die sich aus den genannten Kirchenzwecken ergibt und die ihm eine Art vereinsrechtlichen Status gibt.

Was folgt nun aus dieser ekklesiologischen Grundbestimmung für die notwendige theologische Grundlegung kirchlicher Grundrechte? Zunächst einmal können

182 P. Hinder, Die Grundrechte in der Kirche. Fribourg 1977, S. 219–220.

kirchliche Grundrechte nicht allein vom Individuum her definiert werden. Dies geht auch nicht von der Dialektik zwischen Einzelwohl und kirchlichem Gemeinwohl her; vielmehr muß die Grundlegung die originäre Bedeutung der korporativen und inhaltlichen Wesenselemente berücksichtigen. Der Geltungsanspruch des Individuums und seiner personalen und christlichen Würde verlangt die Statuierung individueller kirchlicher Personenrechte. Der Geltungsanspruch der Communio verlangt die Festlegung konstitutiver Verfassungselemente, die den Bestand und die Entwicklung der Communio als gestifteter Heils- und Bekenntnisgemeinschaft sichern. Zu diesem Zwecke, auch aus Gründen des kirchlichen bonum commune, kann die kirchliche Verfassung individuelle und gemeinschaftliche Rechte und Pflichten vorsehen und bestimmen. Schließlich erfordert der Geltungsanspruch des Bekenntnisses den Schutz und die Wahrung des depositum fidei durch die Schaffung hierauf bezogener Rechte und Pflichten.

In diesem Grundlegungsmodell ist die Vermittlung des Ausgleichs zwischen den verschiedenen Geltungsansprüchen der drei ekklesiologischen Grundkonstanten eine wichtige, bleibende Aufgabe kirchlicher Leitungstätigkeit. Zu berücksichtigen ist hierbei allerdings, daß im konkreten, praktischen kirchlichen Glaubens- und Lebensvollzug die Rechte des einzelnen und der Communio vielfältig verbunden sind und sich nicht einfach auseinanderdividieren lassen. Die oben vorgenommene Unterscheidung der verschiedenen Ebenen hat daher auch einen idealtypischen Charakter.

Der kirchliche Grundrechtsbegriff kann darum ekklesiologisch nicht individualistisch im Sinne der klassischen staatlichen Grundrechtslehre als Abwehr- bzw. Freiheitsrecht definiert werden (wobei diese staatliche Lehre in der Praxis auch nicht rein zu verwirklichen ist). Er kann auch nicht im Sinne der institutionellen Grundrechtstheorie primär als Element objektiver kirchlicher Wertordnung angesehen werden. Er muß vielmehr wegen der Besonderheit der Gemeinschaftlichkeit und der objektiven Zweckbestimmung durch das verpflichtende Bekenntnis in eigener Weise bestimmt werden. Säkulare rechtliche Modellbegriffe können daher nur in analoger Weise auf die Kirche Anwendung finden.

Kirchliche Grundrechte sind somit originär individuell, sozial und vom Bekenntniszweck her bestimmt und durch den wesenhaften Zusammenhang dieser kirchlichen Grundkonstanten geprägt. Es kann nach dem kirchlichen Selbstverständnis weder einen vor-individuellen (kollektivistischen) noch einen vor-gemeinschaftlichen (individualistischen) noch einen vor-bekenntnisgeprägten (weltanschaulich neutralen) Grundrechtsbegriff geben. Damit kann es auch keinen reinen Rechtskatalog nach kirchlichem Selbstverständnis geben, ohne daß der Zusammenhang kirchlicher Rechte mit den die Gemeinschaft garantierenden und sie tragenden Grundpflichten deutlich gemacht würde. Daraus erklärt sich die integrierte Kodifikation von Rechten und Pflichten im neuen CIC / 1983.

3.4 Die Grundrechte aller Gläubigen (can. 208–223 CIC)

3.4.1 Allgemeines

Nach can. 208 CIC bilden die Christgläubigen (christifideles) die Grundkategorie der Mitglieder des Gottesvolkes; sie sind durch die Taufe dazu berufen, an der Sendung der Kirche, am Aufbau des Leibes Christi, mitzuwirken. Deutlich kommt der einheitliche Ausgangsstatus aller Gläubigen in seiner theologischen Grundlegung in can. 204 § 1 CIC zum Ausdruck, wenn es dort heißt, daß alle Gläubigen Mitglieder des Volkes Gottes sind und auf ihre Weise dadurch des priesterlichen, prophetischen und königlichen Amtes Jesu Christi teilhaftig geworden sind. Diese gemeinsame Partizipation am allgemeinen Priestertum Christi aufgrund der Taufe ist die innere Begründung für die Teilhabe aller Gläubigen an der Sendung der Kirche, die can. 208 CIC ausdrücklich statuiert.

Systematisch erst an späterer Stelle als in can. 204, nämlich in can. 207 § 1 CIC, ist die hierarchische Grundverfassung der Kirche, nämlich die Aufgliederung des alle Kirchenglieder umfassenden Gottesvolkes in die beiden Gruppen der Kleriker und der Laien, rechtlich niedergelegt. Can. 207 vermeidet in diesem Zusammenhang den Begriff »status« und unterscheidet Kleriker und Laien in primär funktionaler Akzentsetzung, indem er als das Spezifikum der Kleriker hervorhebt, daß sie Träger des geistlichen Amtes in der Kirche sind.

Can. 207 § 2 CIC verwendet zur Unterscheidung der beiden Gruppen der Kleriker und der Laien innerhalb des Gottesvolkes den Begriff »pars«, sodaß man insoweit von zwei Unterkategorien, der pars laicalis christifidelium und der pars clericalis christifidelium, sprechen kann. Der Ordensstand ist als christlicher Stand zwar für das Leben und die Heiligkeit der Kirche bedeutsam, gehört jedoch nach can. 207 § 2 CIC nicht zur hierarchischen Struktur der Kirche.

Kaiser bemerkt, daß der Grundkatalog der Rechte und Pflichten von seinem allgemeinen Duktus her ausdrücklich nur die positiven Rechte und Pflichten enthält, die mit der allgemeinen Kirchengliedschaft verbunden sind, nicht aber die mit der Schöpfungsordnung gegebenen allgemeinen Grundrechte, die dem Menschen schon kraft seiner Würde zukommen und damit der kanonischen Rechtsordnung vorgegeben sind.[183]

Die Überschrift zu den cann. 208ff CIC »De omnium christifidelium obligationibus et iuribus« verdeutlicht, daß es hier um die Konkretisierung des verbindlichen Status des Gläubigen innerhalb der communio des Volkes Gottes und um die Aufgaben der Gläubigen bei der Förderung des kirchlichen Gemeinwohls geht.

Die Gewährleistung der Freiheit des Glaubenslebens in der Kirche erfordert also ein systematisches Ineinandergreifen von wechselseitigen Rechten und Pflichten, die zum Allgemeinwohl der gesamten kirchlichen Gemeinschaft aufeinander bezogen sind und in ihrer wechselseitigen Ergänzung das Fundament für das religiöse Leben

183 Kaiser, in: Handbuch des katholischen Kirchenrechts, a. a. O., S. 174.

der communio bilden. Aymans spricht in diesem Kontext davon, daß die libertas sacra die Freiheit des Gläubigen in der Kirche (nicht von der Kirche) garantiert. Sie kann aber systembedingt nicht ohne sein Mittun in der kirchlichen Gemeinschaft verwirklicht werden, weil es sich bei den Statusrechten der Gläubigen mehr um Gestaltungs- und Teilhaberechte als um Abwehrrechte handelt.[184]

Der bereits erwähnte can. 208 CIC bringt gegenüber dem alten Kirchenrecht insofern eine wichtige Neuerung, als nunmehr durch die Neuregelung des Grundstatus die Gläubigen Vollmitglieder in der Kirche geworden sind. Es gibt nämlich einen allgemeinen, für alle Kirchenmitglieder (und nicht nur für die Kleriker) verbindlichen, nicht entziehbaren Status, der wiederum Grundlage für einen positivrechtlich fixierten Katalog von Rechten und Pflichten ist. Zwar bestimmte auch der can. 87 CIC / 1917, daß mit der Begründung der Kirchengliedschaft durch die Taufe »alle Rechte und Pflichten der Christen« verbunden sind, soweit diese einzelnen Rechte nicht durch eine Sperre oder Strafe behindert sind.[185] Welche Rechte dem Kirchenglied im einzelnen positiv zustanden, ergab sich aus der Aufzählung der Rechte, die durch Exkommunikation beschränkt oder entzogen werden konnten (cann. 2259–2267 CIC / 1917). Eine zusätzliche positive Aufzählung von Rechten, die dem einzelnen Kirchenglied zustanden, enthielt der alte Codex über die Generalnorm des can. 87 hinaus direkt nicht, wobei manche Rechte der Gläubigen indirekt aus positiv festgesetzten Pflichten der kirchlichen Amtsträger erschlossen werden konnten.[186] Daher bestimmte auch bereits 1967 die Kommission für die Revision des CIC von 1917, daß der neue Codex mehr als bisher den Schutz der Rechte der Person gewährleisten solle.

Wie die Menschenwürde die humane und geistige Wurzel bildet, aus der sich die allgemeinen Menschenrechte ableiten lassen, so bildet entsprechend die Christenwürde den Ursprung der kirchlichen Grundrechte, wobei sich anthropologisch gesehen Menschen- und Christenwürde in vielfältiger Weise decken, da sich die religiöse Dimension des Menschen nicht von seiner Menschenwürde künstlich abspalten läßt, sondern integraler Bestandteil der menschlichen Personalität ist.[187]

Der christifidelis ist statusrechtlich nunmehr als Zentralfigur des Kirchenrechts ontologisch, nicht funktional definiert und transzendiert damit die traditionellen Stände der Christenheit (Kleriker, Ordensleute und Laien).[188] Die Kirche ist daher societas aequalis und societas inaequalis zugleich, da sich die umfassende statusrechtliche Grundgemeinschaft in statusrechtlich verschieden ausgestattete, hierar-

---

184 W. AYMANS, Kirchliche Grundrechte und Menschenrechte, in: AKathKR 149 (1980), S. 405.

185 Vgl. KAISER, § 12 Die Kirchenglieder, in: Grundriß des nachkonziliaren Kirchenrechts, J. Listl, H. Müller, H. Schmitz (Hrsg.), Regensburg 1979, S. 112–113.

186 Vgl. KAISER, in: Grundriß des nachkonziliaren Kirchenrechts, a. a. O., S. 113.

187 Vgl. AYMANS, Kirchliche Grundrechte, a. a. O., S. 405ff.

188 Vgl. hierzu CORECCO, Der Katalog der Pflichten und Rechte der Gläubigen im CIC, in: A. Gabriels, H. Reinhardt (Hrsg.), Ministerium Iustitiae - Festschrift für H. Heinemann zum 60. Geburtstag, Essen 1985, S. 180, 199.

chisch geordnete Teilgemeinschaften aufgliedert. Dabei erfolgt die Zuordnung zur jeweiligen Teilgemeinschaft nach den Regeln der Kirchenverfassung durch Taufe, Weihesakrament oder amtlich anerkanntes Charisma.[189]

Es gibt also durch den neu geregelten Grundstatus eine allgemeine aktive, nicht mehr nur passive Kirchengliedschaft mit vollem Rechtsstatus nicht nur für eine Teilgemeinschaft, wodurch ein klerikal geprägtes Kirchenbild nunmehr auch im Kirchenrecht keine überzeugende argumentative Stütze hat.[190]

Die Verknüpfung von Rechten und Pflichten in einem gemeinsamen Katalog, deren Begründung, wie oben bereits dargelegt, in der spezifischen communio-Struktur der Kirche zu sehen ist, hält G. Luf für problematisch. Er sieht die Pflichtenordnung des neuen CIC als objektiven Geltungsgrund der dort definierten subjektiven Rechte der Gläubigen an, sodaß die Durchsetzung einer objektiven Pflichtenordnung in der Kirche von den Erfordernissen der communio aus den Rechten der einzelnen Gläubigen logisch und praktisch vorausgehen muß.[191]

In der Tat ist, wie oben bereits dargelegt, durch den konstitutiven communio-Bezug, den Gliedschaftscharakter kirchlicher Rechte, das Moment der den einzelnen betreffenden Pflichtenordnung von der Kirchenverfassung her vorgegeben. Denn nur so läßt sich der entsprechende Rahmen und das Milieu für die Verwirklichung der Glaubensfreiheit des einzelnen in der Gemeinschaft herstellen. Anders als bei manchen staatlichen Grundrechten gibt es keinen vorgegebenen kirchlichen Raum der communio, in den der einzelne Gläubige mit kirchlicher Rechtsgarantie eintreten könnte. Die Realisierung seiner kirchlichen Grundrechte bedarf seiner aktiven Mitwirkung (bzw. bei der Säuglingstaufe der Mitwirkung seiner Eltern), da die kirchliche Glaubensgemeinschaft je neu geschichtlich von den Gliedern des Gottesvolkes gebildet und aktualisiert werden muß.[192]

Die symmetrische Verknüpfung von Rechten und Pflichten in der kirchlichen communio ist daher durch diese Eigenart der communio selbst begründet, nicht aber durch ein Mißtrauen der kirchlichen Amtsträger gegenüber reinen Rechtsgarantien. Die Kirche muß daher die Lebensfähigkeit ihrer Gesamtgemeinschaft immer wieder in Betracht ziehen und kann sich nicht gegenüber den Erfordernissen der communio gleichsam in eine neutrale Position begeben, aus der heraus sie den einzelnen Gläubigen subjektive Freiheitsräume je nach deren Bedürfnissen garantierte. Da die kirchlichen Grundrechte zugleich Grundwerte darstellen, die nur in der communio fidelium verwirklicht werden können, sind sie nicht nur als Freiheitsrechte anzusehen, sondern zugleich als Zielvorgaben und Ordnungsideen der kirchlichen Orts–

189 So CORECCO, Katalog der Pflichten, a. a. O., S. 180; auch AYMANS, Erwägungen zu Geist und Gestalt des neuen CIC, in: A. Gabriels, H. Reinhardt (Hrsg.), Ministerium Iustitiae – Festschrift für H. Heinemann zum 60. Geburtstag, Essen 1985, S. 41.

190 Vgl. hierzu AYMANS, Erwägungen zu Geist und Gestalt, a. a. O., S. 41, der den Katalog der Grundrechte der christifideles die statusrechtliche Magna Charta des neuen CIC nennt.

191 G. Luf, Grundrechte im CIC / 1983, in: ÖAKR 35 (1985), S. 119ff.

192 AYMANS, Munus, a. a. O., S. 199 Fn. 41.

und Gesamtgemeinschaft. Sie müssen daher in den Rahmen der legitimen Erfordernisse der Gemeinschaft eingeordnet werden.

Da die Kirche keine religiös neutrale Gemeinschaft, sondern eine Gemeinschaft mit einem verpflichtenden Bekenntnis ist, gilt für sie gerade im Bereich der religiösen Grundrechte ihrer Mitglieder nicht der aus dem staatlichen Recht bekannte Grundsatz der Nichteinmischung und Nichtintervention in den persönlichen religiösen Bereich. Denn das gemeinsame Bekenntnis erfordert ein bestimmtes Maß an aktiver Identifikation von den Mitgliedern der communio. Diese Grundpflicht zur Identifikation mit den fundamentalen Werten und Prinzipien der Glaubensgemeinschaft ist der Geltungsgrund für die religiösen Grundpflichten, die das neue Kirchenrecht den Gläubigen auferlegt.

3.4.2 Grundrechte zur Gewährleistung des kirchlichen Heiligungsdienstes (vgl. can. 210, 835 CIC)

Die Grundrechte der cann. 211, 213, 214 und 215 CIC können als Einheit in Bezug auf den kirchlichen Heiligungsdienst angesehen werden, da sie die besondere Intention verfolgen, das sakramentale und liturgische Leben in der Kirche zu fördern. Dies gilt auch von can. 211 CIC, der sich zwar für sich betrachtet auf den Verkündigungsdienst (munus docendi) bezieht, aber im Kontext des vorangehenden can. 210 CIC auch als Norm verstanden werden muß, die ihre volle Verwirklichung gerade im liturgischen und sakramentalen Dienst der Kirche erfährt. Der Verkündigungsdienst hat ja seinen hervorragenden Ort gerade in der sonntäglichen Eucharistiefeier der Gemeinde (vgl. can. 767 CIC).

3.4.2.1 Recht und Pflicht zur Evangelisation (can. 211 CIC)

Can. 211 CIC ist nach seinem Wortlaut als Recht und Pflicht konzipiert und bringt durch diesen Doppelcharakter als subjektives Recht und als objektive Pflicht in der communio der Gläubigen die soeben erörterte Problematik von Individuum und Gemeinschaft sehr plastisch zum Ausdruck. Die Verkündigung und Verbreitung des Evangeliums ist deshalb ein Grundanliegen der kirchlichen Gemeinschaft, weil hierdurch die tragenden christlichen Grundwerte vermittelt werden und damit die Evangelisation zugleich ein wichtiger Beitrag zur Humanisierung des menschlichen Zusammenlebens ist.

Die Einordnung der Evangelisation in ein juristisches Schema von Rechten und Pflichten wird von Luf als unangebrachte Verrechtlichung und moralisierende Betrachtungsweise in einem höchst persönlichen Glaubensbereich kritisiert. Sie gehe letztlich ins Leere, da das Glaubensbekenntnis ein freier, personaler, letztlich auch durch moralische Appelle oder Statuierung von Rechtspflichten nicht erzwingbarer Akt sei.[193]

---

193 Luf, a. a. O., S. 122, mit weiteren Hinweisen.

Die von Luf hier vorgetragenen Bedenken sind jedoch deswegen letztlich nicht stichhaltig, weil es hier um einen grundlegenden Akt der Identifikation mit den tragenden Zielen und Werten der Glaubensgemeinschaft geht, der auch nach kirchlicher Auffassung frei ist und als Gewissensentscheidung nur frei getroffen werden kann. Zugleich ist can. 211 CIC der kanonistische Ausdruck der Teilhabe jedes Gläubigen am dreifachen Amt Christi. Es geht hier also um die Zuschreibung einer Betätigungsvollmacht. Die Gesamtgemeinschaft verleiht dem einzelnen Gläubigen ein Mandat, ein Initiativrecht, um sein eigenverantwortliches Handeln beim Aufbau der kirchlichen Liebesgemeinschaft zu verdeutlichen.[194] Die innere Legitimation dieses Mandats als Grundpflicht folgt aus den Erfordernissen der religiösen Gemeinschaftsziele der communio, dem aktiven Mittragen des kirchlichen Selbstverständnisses, das mit einer Kirchenmitgliedschaft notwendig verbunden ist. Die Pflicht des einzelnen, die ihm die kirchliche communio auferlegt, dient also der Verwirklichung auch seiner eigenen religiösen Betätigungsfreiheit.

Die Kodifikation einer Grundpflicht zur Evangelisierung hat aus den genannten Gründen keinen rein appellativen oder moralisierenden Charakter. Es ist daher auch unzutreffend, hier eine sozialpädagogische Intention des kirchlichen Gesetzgebers zu vermuten. Can. 211 sei nämlich, so Luf, aus einer betreuungskirchlichen Mentalität heraus als eine Art religiöser Tugendkatalog formuliert worden. Dies mißachte die Selbstverantwortlichkeit der Gläubigen, indem der Canon ihre legitimen religiösen Freiheitsrechte mit allerlei Einschränkungen und Bedingungen erschwere.[195] Luf beachtet hier zu wenig die legitimen Erfordernisse der communio als objektiver Größe. Sie kommt ohne ein verpflichtendes Bekenntnis, das das kirchliche Selbstverständnis in seinem grundlegenden inhaltlichen Gehalt in die profane Gesellschaft hinein vermittelt, nicht aus. Diese Aufgabe der Vermittlung muß wesentlich auch persönlich durch die Gläubigen geschehen und kann nicht nur der Institution Kirche als rein amtliche Aufgabe zugewiesen werden.

Freilich ist es richtig, daß sich für einen überzeugten Christen die Notwendigkeit der Evangelisation schon aus seiner persönlichen Gewissensentscheidung heraus ergibt. Im übrigen hat auch der kirchliche Gesetzgeber durchaus gesehen, daß niemand befugt ist, Menschen zur Annahme eines Glaubensbekenntnisses gegen ihr Gewissen zu zwingen (can. 748 § 2 CIC). Damit ist sichergestellt, daß die Pflicht zur Evangelisierung gemäß can. 211 CIC ihre immanente Grenze in der Respektierung der Gewissensfreiheit und der persönlichen Glaubensentscheidung des konkreten Mitmenschen findet.

Can. 211 setzt die eigene Gewissensentscheidung des Gläubigen voraus, und die Kirche legt ausdrücklich Wert darauf, daß der einzelne Gläubige sich um diese Entscheidung mit allen Kräften bemüht (vgl. can. 748 § 1 CIC). Daher stellt die

---

194 Vgl. dazu SCHWARZ, a. a. O., S. 358, 360.

195 Luf, a. a. O., S. 124, 126.

Erfüllung der Pflicht aus can. 211 CIC nicht einen Akt rein formalen Gehorsams gegenüber der kirchlichen Obrigkeit dar.

Can. 211 CIC enthält vielmehr als tragenden Grundgedanken, daß sich jeder Mensch der Frage nach der eigentlichen Bestimmung, nach dem Sinn und dem Ziel seiner Existenz stellen muß. Bei diesem Entscheidungsprozeß hin zu einer personal verantworteten Gewissensentscheidung kann ihm durch die Verkündigung der Frohbotschaft in sinnvoller Weise geholfen werden, und dies insbesondere, da das Evangelium nach christlicher Überzeugung die von Christus geoffenbarte Wahrheit ist (vgl. dazu can. 747 § 1 CIC). Can. 211 CIC stellt die Umsetzung des institutionellen Auftrages des can. 747 CIC in den gemeindlichen Alltag des Gläubigen dar.[196]

3.4.2.2 Recht auf Hilfe aus den geistlichen Gütern der Kirche (can. 213 CIC)

Can. 213 CIC steht im systematischen Zusammenhang mit can. 211 CIC, da Evangelisierung geistige und geistliche Kompetenz und Vertrautheit mit der Botschaft des Evangeliums erfordert. Can. 747 § 1 CIC handelt insofern von dem entscheidenden Vermächtnis, das der Kirche durch alle Zeiten der Menschheitsgeschichte anvertraut ist, indem er sagt, daß die geistlichen Güter von Christus der Kirche für die Menschen anvertraut worden sind.[197]

Der Begriff der geistlichen Güter umfaßt nicht nur den Anspruch auf die Verkündigung des Glaubensgutes (depositum fidei), die sich nach der Norm des can. 747 § 1 CIC immer wieder historisch neu in der Erforschung, Auslegung und Bewahrung des Wortes Gottes vollzieht. Die Dimension des Wortes stellt nur eine Weise der Darreichung der bona spiritualia Ecclesiae dar und bedarf der Ergänzung durch die Sakramente, die von Christus eingesetzt und der Kirche anvertraut sind (can. 840 CIC). Gemäß can. 840 CIC sind die Sakramente als Handlungen Christi und der Kirche Zeichen und Mittel, durch die der Glaube ausgedrückt und bestärkt, Gott Verehrung erwiesen und die Heiligung der Menschen bewirkt wird. Nach can. 840 CIC besteht die Wichtigkeit und die spezifische Funktion der Sakramente im Rahmen der kirchlichen communio außerdem darin, daß die Sakramente in sehr hohem Maße dazu beitragen, daß die kirchliche Gemeinschaft herbeigeführt, gestärkt und dargestellt wird.

Der im letzten Abschnitt angesprochene Kontext zu can. 213 CIC aus dem vierten Buch des neuen Codex, das über den Heiligungsdienst der Kirche handelt, macht deutlich, daß can. 213 auch eine Konkretisierung der allgemeinen Pflicht der Gläubigen, die Gemeinschaft mit der Kirche zu wahren, darstellt.

Luf kritisiert auch an can. 213 CIC, daß er in seinem Wortlaut ein betreuungskirchliches Denken zum Ausdruck bringt, da den Gläubigen ein Recht zuerkannt wird, Hilfen von den geistlichen (eigentlich: »heiligen«) Hirten zu empfangen. Damit dominiere hier immer noch die Mentalität einer Trennung von Klerikern und

196 Vgl. dazu KAISER, in: Handbuch des katholischen Kirchenrechts, a. a. O., S. 176.

197 Vgl. hierzu näheres bei KAISER, in: Handbuch des katholischen Kirchenrechts, a. a. O., S. 180.

Laien. Aber auch die Hirten seien Christgläubige und hätten so ein Recht auf geistliche Hilfe, offenbar aber nicht gegenüber den anderen Gläubigen der kirchlichen communio.[198]

Diese Sichtweise Lufs wird aber, so muß hier kritisch angemerkt werden, nicht dem spezifischen Charakter der Norm des can. 213 CIC gerecht. Can. 213 statuiert immerhin ein echtes Teilhaberecht für jeden Christgläubigen, übrigens auch für die Kleriker, nur daß sie die besonderen sakramentalen Hilfen gemäß der kirchlichen Ordnung des Sakramentendienstes eben auch von anderen Klerikern zu empfangen haben. Man könnte insofern von einem allgemeinen Recht jedes Christgläubigen auf Teilhabe am kirchlichen Heiligungsdienst sprechen, das von R. Schwarz treffend als Grundrecht auf Erlangung des übernatürlichen Personseins in der Kirche bezeichnet wird.[199] Das Recht des Gläubigen gegenüber seiner Kirche auf Spendung von Gnadenmitteln, die die Taufgnade bewahren und mehren, stellt grundrechtstypologisch gesehen ein Gewährleistungsrecht dar. Es kann in Analogie zu den sozialen Grundrechten im säkularen Bereich gesehen werden, da den Gläubigen hier das zum übernatürlichen Leben, zum Heil der Seelen notwendige Gut vermittelt wird.[200]

Das munus sanctificandi ist im übrigen in can. 835 CIC näher geregelt. Nach can. 835 § 1 und 2 CIC ist der Heiligungsdienst besonders den Bischöfen anvertraut, aber auch ihren Helfern, den Priestern. Can. 835 § 4 CIC beschreibt den Anteil, den die Gläubigen am munus sanctificandi haben, und spricht davon, daß sie einen eigenen Anteil am Heiligungsdienst dadurch haben, daß sie in tätiger Weise an den liturgischen Feiern, insbesondere der Eucharistiefeier, teilnehmen. Gegenüber dem generellen Duktus des can. 213 CIC enthält aber can. 835 § 4 CIC noch einen wichtigen weiteren Hinweis auf eine tatsächlich bestehende eigenständige Aufgabe der Christgläubigen. Er spricht nämlich davon, daß die Eltern durch eine bewußt christlich geführte Ehe und eine christliche Erziehung ihrer Kinder einen besonderen Beitrag zum kirchlichen Heiligungsdienst leisten. Interpretiert man die Grundaussage des can. 213 CIC in diesem durch can. 835 eröffneten Kontext, so kann von einer rein betreuungskirchlichen Mentalität nicht mehr gesprochen werden.

Can. 213 CIC trägt zudem der Teilhabe aller Gläubigen an der Sendung der Kirche (can. 208 CIC) in konkreter Weise Rechnung und formuliert ein Basisrecht für alle Christgläubigen. Dies bildet eine spirituelle und inhaltliche Voraussetzung für die Erfüllung einiger Rechte und Pflichten der Gläubigen im Rahmen der communio. Zu erwähnen sind hier can. 209 (Pflicht zur Gemeinschaft mit der Kirche), can. 211 (Recht und Pflicht zur Evangelisation), can. 217 (Recht zur religiösen Kindererziehung) und schließlich auch can. 216 CIC (Recht auf apostolische Betätigung). Ohne die Möglichkeit, Zugang zu den geistlichen Gütern der Kirche zu

---

198 Luf, a. a. O., S. 127.

199 Vgl. Schwarz, a. a. O., S. 355.

200 Näheres hierzu bei Schwarz, a. a. O., S.356–357.

erhalten, ist ein Leben nach der Lehre des Evangeliums kaum recht vorstellbar, um das sich die Gläubigen mit all ihren Kräften bemühen sollen (vgl. dazu der programmatische can. 210 CIC, der die volle Kirchengliedschaft der christifideles besonders unterstreicht).

3.4.2.3 Recht auf Gottesdienst im eigenen Ritus und auf eine eigene Form des geistlichen Lebens (can. 214 CIC)

Can. 214 CIC ist lex specialis zu can. 213 CIC insofern, als hier zwei konkrete geistliche Güter aus dem durch can. 213 CIC geschützten Schatz der geistlichen Güter der Kirche besonders hervorgehoben und dadurch in ihrer Bedeutung für eine christliche Lebensführung vom kirchlichen Gesetzgeber unterstrichen werden. Gerade durch den Gottesdienst und die Spiritualität ihrer Gläubigen erfüllt die Kirche ja eine wesentliche, zeugnishafte Seite ihres Öffentlichkeitsauftrags. Von seiten der Gesamtkirche wird Rücksicht auf die gewachsene persönliche und gemeinschaftliche Spiritualität der Gläubigen genommen. Als ausdrückliche Schranke wird aus der Sicht der kirchlichen communio her nur die Übereinstimmung mit der kirchlichen Lehre gefordert.

Wie can. 213 CIC bedeutet auch can. 214 ein echtes Teilhaberecht für die Gläubigen, das den partizipativen Charakter der Kirchengliedschaft zum Ausdruck bringt.

Die Regelung des can. 214 CIC trägt aber auch aus der Sicht des Gesetzgebers der Universalkirche dem Ortskirchenprinzip (can. 368 CIC) Rechnung, da sich die Weltkirche in der konkreten Gestalt der Einzelkirche vor Ort verwirklicht und somit aus den verschiedenen Ortskirchen gebildet wird (vgl. dazu can. 368 CIC: Ecclesiae particulares, in quibus et ex quibus una et unica Ecclesia catholica exsistit). Ergänzend ist hier noch can. 372 § 2 CIC zu erwähnen, wonach in einem bestimmten Gebiet auch Ortskirchen entsprechend dem Ritus der Gläubigen errichtet werden können.

Die entsprechende Norm im Sakramentenrecht für den kirchlichen Gottesdienst im allgemeinen ist can. 834 CIC, wonach der kirchliche Heiligungsdienst in besonderer Weise durch die heilige Liturgie vollzogen wird, da hierin durch sinnenhafte Zeichen die Heiligung der Menschen bezeichnet und bewirkt wird. Die Ähnlichkeit mit can. 840 CIC bis in die Terminologie hinein unterstreicht den gemeinsamen spirituellen Charakter und die gemeinsamen biblischen Wurzeln, die der kirchliche Gottesdienst und die kirchlichen Sakramente aufweisen.

Der kirchliche Gottesdienst hat daher eine fundamentale Bedeutung für die kirchliche Grundordnung, er steht zeichenhaft für die Öffentlichkeit des Evangeliums und des kirchlichen Dienstes und dient in herausragender Weise dem Aufbau der communio, die durch die wechselseitige soziale Anerkennung und die lebendige Kommunikation der Kirchenmitglieder ihre besondere, partizipative Prägung erhält.[201]

Die Bedeutung, die das Grundrecht der Gläubigen auf Gottesdienst im eigenen Ritus und auf eine eigene Form des geistlichen Lebens auch für die konkrete Ortskirche hat, wird durch die Norm des can. 387 CIC zum Ausdruck gebracht. Can. 387 CIC statuiert in diesem Zusammenhang eine besondere Förderungspflicht des Diözesanbischofs, die sich auf die Heiligkeit der Gläubigen entsprechend der je eigenen Berufung des einzelnen bezieht. Diese Pflicht bezieht sich zwar nicht speziell auf die Punkte Gottesdienst und geistliches Leben, aber der allgemeine Auftrag des Ortsbischofs umfaßt im Rahmen der vocatio natürlich auch diesen Bereich. Die besondere Sorge und Verantwortlichkeit des Ortsbischofs für die Berufungen in seiner Diözese wird durch can. 385 CIC eigens zum Ausdruck gebracht.

In diesen Normen des neuen Kirchenrechts kommt die wechselseitige Bezogenheit und Verwiesenheit von Charisma und Amt in der kirchlichen communio exemplarisch zum Ausdruck. Es wird deutlich, daß das Amt der Leitung in der Kirche sich nie primär auf die Wahrnehmung administrativer oder ordnungsrechtlicher Funktionen beschränken darf, sondern sich im Interesse der inneren Lebendigkeit und Zeugniskraft der Kirche nach Kräften um die Förderung des spirituellen Wachstums der Gläubigen zu bemühen hat. Der Bischof selbst hat in seiner persönlichen Lebensführung Vorbildcharakter (vgl. dazu can. 387 CIC!).

Der can. 214 CIC ist daher nicht als reine Schutznorm für eine kirchliche Sondergruppe oder spirituell besonders geprägte Einzelpersonen anzusehen, sondern er bringt die exemplarische Bedeutung der gemeinschaftlichen und der persönlichen Spiritualität für das geistliche Leben der Universalkirche zum Ausdruck.

3.4.2.4 Recht auf Gründung caritativer und religiöser Vereine (can. 215 CIC)

Can. 215 CIC ist die korrespondierende Norm des Kirchenrechts zum allgemeinen staatlichen Grundrecht der Vereinigungs- und Versammlungsfreiheit. Das kirchliche Vereinigungs- und Versammlungsrecht eröffnet nicht nur einen individuell und sozial bedeutsamen Freiheitsraum, sondern verdeutlicht auch, daß die kirchliche Sendung nicht nur von einzelnen erfüllt werden kann, sondern der sozialen Kraft einer gemeinschaftlichen Willensbildung bedarf.[202] Pflege und Intensivierung christlichen Gemeinschaftslebens und soziales Engagement als Kennzeichen kirchlicher Vereine stehen nicht nur im Dienste christlicher Nächstenliebe, sondern stärken auch den Zusammenhalt der gesamten kirchlichen Gemeinschaft. Der kirchliche Verein leistet außerdem durch seine Versammlungen, Diskussionen und konkreten Initiativen einen wichtigen Beitrag zur Verwirklichung der Meinungsfreiheit und zur Förderung der Kommunikation innerhalb der Kirche. Can. 215 CIC ist

201 Vgl. hierzu H. HEIMERL, Zum kirchlichen Grundgesetz, in: ÖAKR 25 (1974), S. 220.

202 Vgl. dazu KAISER, in: Handbuch des katholischen Kirchenrechts, a. a. O., S. 177; SCHNIZER, in: Handbuch des katholischen Kirchenrechts, a. a. O., S. 454.

zugleich eine weitere Norm, die verdeutlicht, daß der Gläubige innerhalb der Gemeinschaft der Kirche die Pflicht – und aufgrund dieser Pflicht dann auch das Recht – hat, sich aktiv an der Verfolgung des Gemeinschaftszieles zu beteiligen und als Teil des Ganzen sein Recht auf Initiative auszuüben.[203]

Das kirchliche Vereinswesen bildet eine historisch gewachsene Form der Teilhabe der Gläubigen an der Sendung der Kirche und stellt eine eigenständige Kraft im kirchlichen Leben dar. Kirchliche und christliche Grundwerte werden so nicht nur im Bewußtsein der Mitglieder der konkreten Vereinigung in der Kirche gestärkt, sondern strahlen durch Zeugnis und Tätigkeit dieser Vereinigungen in die ganze communio aus. Die in can. 215 CIC ausdrücklich hervorgehobenen kirchlichen Vereinigungszwecke der Caritas, der Frömmigkeit und der Förderung der christlichen Berufung in der Welt (consociationes ad fines caritatis vel pietatis, aut ad vocationem christianam in mundo fovendam) sind unverzichtbare Bestandteile eines praktizierten Christentums.

In diesen Vereinigungen besteht im übrigen weitestgehend eine praktische Möglichkeit für die Gläubigen, ihr Recht auf Hilfe aus den geistlichen Gütern der Kirche gegenüber den Hirten der Kirche (can. 213 CIC) in besonderer Weise zu verwirklichen, da vielfach die Leitung oder zumindest die Funktion eines geistlichen Beirates von einem Priester ausgeübt wird.

Im 5. Titel des zweiten Buches des neuen CIC (cann. 298–311 CIC) finden sich einige wichtige ergänzende Regelungen, die für das Verständnis des kirchlichen Vereinswesens und Vereinsrechts hilfreich sind. Eine allgemeine Definition des kirchlichen Vereins in Abgrenzung von den Begriffen der Institute des geweihten Lebens und der Gesellschaften des apostolischen Lebens enthält can. 298 § 1 CIC, der die in can. 215 CIC genannten allgemeinen Zweckbestimmungen für kirchliche Vereinigungen wiederaufgreift und präzisiert. Kirchliche Vereinigungen (consociationes) setzen sich aus Gläubigen zusammen, wobei es sowohl reine Kleriker- wie reine Laienvereine wie auch gemischte Vereine gibt, die einen gemeinsamen Zweck verfolgen und sich hierzu zusammengeschlossen haben. Die Grundform der Vereinigung ist die private Vereinigung, deren Konstitutivum die Vereinbarung unter den Gläubigen darstellt, sich zur Verfolgung eines gemeinsamen Zweckes zusammenzuschließen (vgl. can. 299 § 1 CIC). Ihren Charakter als private Vereinigung verliert dieser Zusammenschluß von Gläubigen nicht schon dadurch, daß die Vereinigung von der kirchlichen Autorität gelobt oder empfohlen wird (can. 299 § 2 CIC). Jede private Vereinigung von Gläubigen kann nur dann die kirchliche Anerkennung erhalten, wenn ihre Statuten zuvor von der kirchlichen Autorität gebilligt worden sind (vgl. can. 299 § 3 CIC). In Konsequenz dieser Regelung liegt die Vorschrift des can. 300 CIC, wonach sich eine Vereinigung von Gläubigen nur mit Zustimmung der kirchlichen Autorität »katholisch« nennen darf.

---

203 Vgl. dazu SCHWARZ, a. a. O., S. 353, 358.

Im Unterschied zu den privaten Vereinigungen von Gläubigen (consociationes privatae), die nach can. 299 CIC durch einfache private Vereinbarung errichtet werden können, kennt das kirchliche Vereinsrecht noch die kirchlichen öffentlichen Vereinigungen, die nicht in privatautonomer Weise, sondern nur durch einen hoheitlichen konstitutiven Akt der zuständigen kirchlichen Autorität errichtet werden können (vgl. dazu die einschlägige Norm des can. 301 § 3 CIC). Die Zuständigkeit zur Errichtung von öffentlichen kirchlichen Vereinigungen (consociationes publicae) liegt auf Diözesanebene beim Ortsbischof, auf der nationalen Ebene bei der Bischofskonferenz und auf internationaler und gesamtkirchlicher Ebene beim Hl. Stuhl (vgl. dazu can. 312 § 1 Nr. 1–3 CIC).

Eine bedeutsame Einschränkung des Rechtes der Gläubigen, in privater Initiative kirchliche Vereine zu gründen, enthält can. 301 § 1 CIC. Er besagt, daß die Errichtung von Vereinen für gesamtkirchlich bedeutsame Zwecke, so z. B. für die Überlieferung der kirchlichen Lehre oder die Förderung des öffentlichen kirchlichen Gottesdienstes, allein der zuständigen kirchlichen Autorität vorbehalten ist. Diese Vereine können also nicht durch schlichte private Vereinbarung von Gläubigen gegründet werden. Die inhaltliche Legitimation für diese ausdrückliche Einschränkung der Vereinigungsfreiheit der Gläubigen liegt natürlich in der besonderen Verantwortung der kirchlichen Autorität für die Überlieferung, Auslegung und Bewahrung des Glaubensgutes, deren sie sich nicht entledigen darf (vgl. can. 747 § 1 CIC). Die Vereinigungsfreiheit soll nicht den inneren Zusammenhalt einer Glaubensgemeinschaft, der durch das einigende Band des gemeinsamen Glaubensbekenntnisses und des amtlichen Gottesdienstes in hohem Maße gewährleistet wird, gefährden.

Im übrigen hat die zuständige kirchliche Autorität auch in dem der Privatautonomie der Gläubigen freistehenden Bereich das Recht, wenn sie es für nützlich erachtet, durch Hoheitsakt öffentliche Vereinigungen von Gläubigen zur Verfolgung von geistlichen Zwecken zu errichten, falls die angestrebten Ziele durch bestehende private Vereinigungen allein nicht erreicht werden können (vgl. can. 301 § 2 CIC).

Eine weitere Beschränkung der kirchlichen Vereinigungsfreiheit, die ebenfalls aus Rücksichtnahme auf die Erfordernisse der communio begründet ist, enthält can. 305 § 1 CIC, der festlegt, daß alle Vereinigungen von Gläubigen der kirchenamtlichen Aufsicht unterliegen. Dieses Aufsichtsrecht über alle consociationes privatae et publicae bezieht sich gemäß can. 305 § 1 CIC auf die Wahrung der Unversehrtheit von Glaube und Sitte (integritas fidei ac morum) sowie auf die Verhinderung von Mißbräuchen in der kirchlichen Disziplin (invigilare ne in disciplinam ecclesiasticam abusus irrepant). Eine Zuständigkeitsregelung für dieses Aufsichtsrecht enthält can. 305 § 2 CIC.

Das kanonische Recht enthält also immer dort Einschränkungen der Vereinigungsfreiheit und der Privatautonomie der Gläubigen, wo dies aus Gründen gesamtkirchlich bedeutsamer Ordnungsziele und kirchlicher Grundwerte von überragender Bedeutung erforderlich ist.

Can. 215 CIC muß natürlich in praktischer Hinsicht ergänzt werden durch die Norm des can. 222 § 1 und 2 CIC, der etwas über die erforderliche materielle Basis zur Gründung von Vereinigungen aussagt. Denn nach der Norm des can. 222 § 1 CIC sind die Gläubigen verpflichtet, für Werke des Apostolates und der Nächstenliebe, also für Zwecke, die ausdrücklich im kirchlichen Grundrecht der Vereinigungsfreiheit erwähnt werden, Beiträge zu leisten, soweit dies zur Durchführung dieser Werke notwendig ist. Die Förderung der sozialen Gerechtigkeit und die Unterstützung der Armen und Bedürftigen wird gemäß can. 222 § 2 CIC den Gläubigen zur Pflicht gemacht.

Einen weiteren Schrankenvorbehalt, der sich auch auf das kirchliche Vereinigungsrecht bezieht, enthält can. 223 CIC in seinen §§ 1 und 2. Can. 223 enthält eine Schrankentrias, die sich auf alle kirchlichen Grundrechte im neuen CIC bezieht. Er legt fest, daß die Christgläubigen sowohl als einzelne als auch in Vereinigungen bei der Ausübung ihrer Rechte Rücksicht zu nehmen haben auf das kirchliche Gemeinwohl, auf die Rechte anderer sowie auf ihre eigenen Pflichten gegenüber anderen. Als immanente Grundrechtsschranke erfüllt die Trias aus can. 223 § 1 CIC auch den Zweck, zu einem möglichst schonenden Ausgleich der kirchlichen Individualrechte zu führen und damit zu verhindern, daß Grundrechte in ihrem Kern ausgehöhlt werden.[204] Sie soll aber auch zu einem Interessenausgleich zwischen den legitimen Rechten der Gläubigen und den notwendigen Erfordernissen der communio beitragen.

Ein konkretes Beispiel für eine gesetzliche Einschränkung der kirchlichen Vereinigungsfreiheit aus Gründen des kirchlichen Gemeinwohls enthält das neue kirchliche Strafrecht mit can. 1374 CIC, wo der Beitritt zu einer kirchenfeindlichen Vereinigung unter Strafe gestellt wird. Für die Einschätzung als kirchenfeindliche Vereinigung wird vom Tatbestand des can. 1374 CIC her gefordert, daß gegen die Kirche gerichtete Machenschaften bzw. Tätigkeiten der Vereinigung vorliegen müssen.

3.4.3 Grundrechte zur Gewährleistung des kirchlichen Verkündigungsdienstes und des Apostolates (vgl. cann. 747, 793 CIC)

Die Grundrechte der cann. 216–219 CIC und, hierauf bezogen, auch can. 220 CIC sollen insbesondere dazu dienen, den kirchlichen Verkündigungsdienst in Wort und Tat zu garantieren. Die praktische Verkündigung geschieht ja durch das Apostolat, das Zeugnis der Tat und des persönlichen Lebens. Daher läßt sich die Art und Weise kirchlicher Verkündigung und auch ihre würdige Form nicht getrennt von Lebensstil und Lebensstand der verkündigenden Personen betrachten. Wenngleich sich Heiligungs- und Verkündigungsdienst nicht immer streng voneinander trennen lassen, läßt sich doch feststellen, daß der inhaltliche Schwerpunkt der Normen der

---

204 Vgl. dazu KAISER, in: Handbuch des katholischen Kirchenrechts, a. a. O., S. 181.

cann. 216–219 CIC das Amt der Verkündigung in Theorie und Praxis betrifft. Can. 220 CIC läßt sich insofern systematisch in diesen Kontext einordnen, als er durch die von ihm genannten Grundelemente des christlichen Persönlichkeitsschutzes Schranken für den Verkündigungsdienst und das Apostolat aufstellt. Er verbietet aggressive und indiskrete Missions- und Apostolatsmethoden, die den guten Ruf und die Intimsphäre von Menschen verletzen; solche von manchen Sekten bekannten rüden Methoden sind im Bereich der katholischen Kirche nicht zulässig.

3.4.3.1 Recht auf Ausübung einer apostolischen Tätigkeit (can. 216 CIC)

Can. 216 CIC steht insofern in logischer Verbindung mit dem vorhergehenden can. 215 CIC, weil die Ausübung des kirchlichen Apostolates nach der bereits erwähnten Norm des can. 298 § 1 CIC ein nach der Intention des kirchlichen Gesetzgebers wichtiges und fundamentales Betätigungsfeld kirchlicher Vereinigungen darstellt. Es handelt sich somit auch hier um eine den Gläubigen verliehene Betätigungsvollmacht, um ein Recht, das im Dienste der Gemeinschaft und ihres Öffentlichkeitsauftrags steht.

Can. 216 CIC umfaßt als praktische juristische Konsequenz aus der Teilhabe aller Gläubigen an der Sendung der Kirche sowohl das Recht auf individuelle wie auf gemeinschaftliche Ausübung eines Apostolates durch eigene Unternehmungen. Er stellt eine rechtliche Konkretisierung der in can. 208 CIC getroffenen allgemeinen Grundaussage des kirchlichen Selbstverständnisses dar, daß alle Gläubigen am Aufbau des Leibes Christi mitwirken. Teilnahme an der kirchlichen Sendung und Berufung zum Apostolat sind also eng miteinander verknüpft, was auch in der Norm des can. 225 § 1 CIC zum Ausdruck kommt. Diese Norm steht zwar im Abschnitt über die Rechte und Pflichten der Laien, enthält aber in ihrem § 1 eine Aussage, die für alle Christgläubigen gilt, nicht nur für die Laien. Es heißt dort nämlich, daß die Laien wie alle Christgläubigen zum Apostolat von Gott durch die Taufe und durch die Firmung bestimmt sind. Dieser allgemeine Auftrag zum Apostolat bedarf dann noch der Umsetzung durch konkrete rechtliche Regelungen, um eine geordnete Durchführung der Apostolatsaufgaben im Interesse der kirchlichen communio zu ermöglichen.

Auch aus praktischen Gründen ist es bei einer weltweit verbreiteten Glaubensgemeinschaft erforderlich, daß die verantwortlichen Leitungsorgane den notwendigen Überblick über die verschiedenen apostolischen Werke und Initiativen innerhalb der Kirche behalten. Ihnen steht die Urteilskompetenz darüber zu, was dem Aufbau des gesamten Leibes der Kirche dient und was nicht hilfreich ist; eine apostolische Unternehmung von Gläubigen darf sich daher nur mit Zustimmung der kirchlichen Autorität »katholisch« nennen.

Auf diözesaner Ebene ist für den Bereich der Koordination des kirchlichen Apostolates die Norm des can. 394 § 1 und 2 CIC zu beachten. Sie bestimmt, daß der Diözesanbischof zuständig ist für die Aufsicht über die verschiedenen Apostolatswerke in seiner Diözese. Er soll den Apostolatsgedanken in der Diözese wach halten und dafür sorgen, daß die spezifische Eigenart der verschiedenen Werke gewahrt wird (can. 394 § 1 CIC). Nach can. 394 § 2 CIC hat der Bischof außerdem die Pflicht, die Gläubigen an ihre Verpflichtung zu erinnern, je nach ihren Lebensumständen und Fähigkeiten das Apostolat auszuüben und die bestehenden Apostolatswerke tatkräftig zu unterstützen.

Auf die besondere Kompetenz der Bischofskonferenz für den Bereich des Apostolates weist can. 447 CIC hin. Nach der Intention dieses Kanons soll sich die Bischofskonferenz besonders um geeignete und zeitnahe Formen und Methoden des Apostolates kümmern, die auf die spezifischen Erfordernisse der Kirche in ihrem Konferenzgebiet zugeschnitten sind. Dies entspricht dem Subsidiaritätsprinzip ebenso wie auch dem Vertrauen der Gesamtkirche in die pastorale Kompetenz und apostolische Erfahrung der Bischöfe der jeweiligen Ortskirchen.

3.4.3.2 Recht auf christliche Erziehung (can. 217 CIC)

Die christliche Erziehung ist eine fundamental wichtige Aufgabe der christlichen Glaubensgemeinschaft, und die Erziehung im Glauben ist nicht nur innerkirchlich eine Notwendigkeit für den Bestand und die Zukunft der katholischen Kirche, sondern sie ist auch gesamtgesellschaftlich von hoher Bedeutung, weil so die Förderung und das Wachstum von christlichem Geist und echter, von den Werten des Evangeliums inspirierter Humanität erfolgen kann.[205] Can. 217 CIC betrifft eigentlich, präzise gesagt, nur das Recht, christlich erzogen zu werden, sozusagen die passive Seite des Erziehungsauftrages. Die aktive Seite des Erziehungsauftrages, d. h. das Recht, jemanden christlich zu erziehen, ist in can. 226 § 2 CIC, im Rechte- und Pflichtenkatalog der Laien, als Elternrecht normiert. Rechtssystematisch gesehen stellt can. 217 CIC zwar ein Teilhaberecht dar, das auf die Teilhabe an den kirchlichen Heilsgütern vorbereitet. Der Kanon betont aber deutlich, daß christliche Erziehung kein Selbstzweck ist, sondern dazu befähigen soll, ein aktives Glied der kirchlichen Gemeinschaft zu werden und so im Sinne des kirchlichen Heilszweckes zu wirken.

Can. 217 CIC versteht unter dem Begriff der christlichen Erziehung zum einen die Anleitung zur Erkenntnis des christlichen Heilsmysteriums und zu einem Leben entsprechend dieser Heilsbotschaft, zum andern die Förderung der Entfaltung und Reifung der menschlichen Person. Das erste Begriffsmoment drückt das unterscheidende Spezifikum christlicher Erziehungstätigkeit aus, während das zweite Moment zum Grundbestand menschlicher Erziehung und Entwicklung gehört.

Can. 217 CIC enthält auch neben dem Hinweis auf die Notwendigkeit der Erziehung eine innere Begründung für eine spezifisch christliche Erziehung, die aus den Erfordernissen der communio hergeleitet werden kann. Er erinnert daran, daß jeder Christgläubige durch die Taufe zu einem mit der christlichen Lehre übereinstim-

---

205 Vgl. hierzu KAISER, in: Handbuch des katholischen Kirchenrechts, a. a. O., S. 180.

menden Leben berufen wird, und verdeutlicht damit den unlösbaren Zusammenhang, in dem nach christlicher Auffassung Taufe und christliche Erziehung miteinander stehen. Nicht umsonst verpflichten sich ja die katholischen Eltern bei der Taufe ihres Kindes dazu, dieses Kind gewissenhaft im christlichen Glauben zu erziehen.

Hierdurch erfüllen sie ihre Pflicht, mit allen ihnen verfügbaren Kräften zum Wachstum und zur Heiligkeit der Kirche beizutragen (can. 210 CIC).

Spezielle Normen für die verschiedenen kirchlichen und gesellschaftlichen Bereiche, in denen sich christliche Erziehung ereignet, enthält das dritte Buch des neuen Kirchenrechts über den Verkündigungsdienst der Kirche für die kirchliche und schulische Erziehung der Jugend (cann. 793–807 CIC) sowie für die universitäre Erziehung (cann. 807–821 CIC).

Es liegt in der Verantwortung der zuständigen kirchlichen Autorität, die für eine vollständige christliche Erziehung erforderlichen Mittel und Einrichtungen zur Verfügung zu stellen, damit das Recht der Gläubigen auf eine christliche Erziehung auch in der Praxis verwirklicht werden kann. Dies bringt die Vorschrift des can. 794 § 1 CIC zum Ausdruck. Der Kirche kommt in besonderer Weise die Pflicht und das Recht zur Erziehung zu. Das primäre und natürliche Elternrecht auf Kindererziehung erkennt die Kirche in can. 793 § 1 CIC ausdrücklich an und versteht nach der oben zitierten Begründung des can. 794 § 1 CIC ihre Erziehungsverantwortung ausdrücklich als Hilfe und Unterstützung der primär Erziehungsberechtigten.

In ähnlicher Weise ist die Norm des can. 794 § 2 CIC zu verstehen, wonach die Seelsorger die Pflicht haben, alle Vorkehrungen dafür zu treffen, daß alle Gläubigen in den Genuß einer katholischen Erziehung gelangen. Der hiermit angesprochene Religionsunterricht in der Pfarrei ist ebenfalls als Unterstützung und Ergänzung der religiösen Erziehung in der Familie gedacht. Er kann durchaus als ein sehr geeignetes Mittel im Sinne einer Begründung des can. 793 § 1 CIC angesehen werden, wessen sich die katholischen Eltern bedienen können, um für eine gute katholische Erziehung ihrer Kinder Vorsorge zu tragen (can. 793 § 1).

Can. 795 enthält dann eine sorgfältige inhaltliche Beschreibung der Erziehungsziele, die zu einer umfassenden christlichen und katholischen Erziehung gehören. Zunächst wird eine allgemeine Definition des christlichen Erziehungsideals vorgelegt. Hiernach ist die Formung der christlichen Persönlichkeit darauf ausgerichtet, daß der Mensch das letzte Ziel und die letzte Bestimmung seines Lebens vor Augen hat und zugleich ein waches Verantwortungsbewußtsein für das gesellschaftliche Gemeinwohl ausgebildet hat. Danach folgt die konkrete Explikation der einzelnen Erziehungsschritte, die zu einer Verwirklichung dieses Ideals gehören. Es wird darauf verwiesen, daß die Erziehung der Kinder und Jugendlichen deren körperliche, moralische und geistige Fähigkeiten und Talente zu einer harmonischen Entwicklung führen soll. Hierdurch will man ein höheres Maß an Verantwortungsbewußtsein erreichen, um so zu einem vernünftigen Gebrauch der eigenen Freiheit und zu einer aktiven Teilnahme am sozialen Leben hinzuführen. Can. 795 CIC enthält also eine nähere Umschreibung und auch eine Vertiefung dessen, was in can. 217 CIC unter den Zielen einer christlichen und katholischen Erziehung allgemein zusammengefaßt wurde.

Die religiöse und sittliche Dimension als immanente, unverzichtbare Bestandteile einer echten christlichen Erziehung tauchen nicht nur in der Norm des can. 795 CIC auf, sondern werden auch in dem Abschnitt über die schulische Erziehung wiederaufgegriffen. In can. 799 CIC wird zum Ausdruck gebracht, daß sich die Gläubigen dafür einsetzen müssen, damit in der zivilen Gesetzgebung der notwendige Stellenwert der religiösen und sittlichen Erziehung der Jugend erhalten bleibt.

Die Verantwortlichkeit der katholischen Kirche für die Errichtung und Organisation der katholischen Erziehung und des Religionsunterrichtes an den Schulen kommt durch die Norm des can. 804 CIC zum Ausdruck. Hiernach ist die Bischofskonferenz zuständig für die Herausgabe der allgemeinen Normen. Es fällt aber in den Verantwortungsbereich des Diözesanbischofs, diese in seinem Jurisdiktionsbereich einzuführen und ihre Einhaltung zu überwachen (can. 804 § 1 CIC). Dem Ortsbischof steht auch das Aufsichtsrecht über die Ausbildung und Anstellung der Lehrer zu, die den katholischen Religionsunterricht erteilen werden. Er hat hier insbesondere auf Übereinstimmung mit der amtlichen kirchlichen Lehre, auf einen untadeligen christlichen Lebenswandel sowie auf entsprechende pädagogische Fähigkeiten zu achten.

So kann sichergestellt werden, daß die programmatische Aussage, die can. 796 § 1 CIC über die unverzichtbare pädagogische Bedeutung der Schulen macht, auch in der gesellschaftlichen Wirklichkeit eingelöst werden kann.

Dafür ist allerdings eine wichtige Voraussetzung die vertrauensvolle Zusammenarbeit zwischen Lehrern und Eltern, die can. 796 § 2 CIC hervorhebt. Er weist auf die große Bedeutung regelmäßig abgehaltener Elternversammlungen hin, auf denen allgemein interessierende Fragen und altersspezifische Erziehungsprobleme behandelt werden können. Can. 797 CIC enthält das Recht der Eltern auf freie Wahl der Schule für ihr Kind, während can. 798 CIC es den Eltern nahelegt, ihr Kind auf eine katholische Schule zu schicken. Falls dies nicht möglich ist, sollen sie wenigstens dafür Sorge tragen, daß ihre Kinder außerhalb der Schule eine katholische Erziehung genießen (beispielsweise durch den außerschulischen pfarrlichen Religionsunterricht).

Schließlich legt can. 800 § 2 CIC den Gläubigen die katholische Schule noch einmal besonders an Herz und schärft ihnen ein, diese nach Kräften zu unterstützen, insbesondere auch Neugründungen von Schulen finanziell zu fördern und nach ihren Möglichkeiten zur Erhaltung der bestehenden Schulen beizutragen. Auf die wichtige Rolle der katholischen Orden im Erziehungswesen weist can. 801 CIC hin, während can. 802 CIC die Verantwortung des Diözesanbischofs festlegt, notfalls katholische Schulen dort zu gründen, wo andernfalls eine katholische Erziehung für die Gläubigen in der Schule nicht zu ermöglichen wäre (can. 802 § 1 CIC).

Can. 802 § 2 CIC erwähnt die technischen Schulen und die Schulen zur Berufsausbildung, die Bedeutung insbesondere in Afrika und Lateinamerika, aber auch auf dem indischen Subkontinent haben und dem allgemeinen Ansehen und dem missionarischen Wirken der Kirche dort Auftrieb gegeben haben.

Can. 803 § 1 CIC enthält die rechtliche Definition der katholischen Schule, die wesentlich zweierlei voraussetzt, daß nämlich zum einen die Schule von der zuständigen kirchlichen Autorität (Bistum) oder von einer öffentlichen kirchlichen juristischen Person (z. B. Ordensinstitut) geleitet wird und zum andern die Schule durch ein schriftliches Dokument der kirchlichen Autorität als katholische Schule kirchenamtlich anerkannt ist. Vorher ist die Schule nicht berechtigt, den Titel »katholische Schule« zu führen (vgl. can. 803 § 3 CIC).

Es bleibt noch zu ergänzen, daß der Diözesanbischof im Rahmen seines bereits erwähnten Aufsichtsrechts über alle katholischen Schulen seiner Diözese, nicht nur die Schulen, die sich in der Trägerschaft des Bistums befinden, sondern auch alle Schulen, die sich in der Trägerschaft von Ordensinstituten befinden (vgl. dazu can. 806 § 1 CIC), das Recht hat, Lehrer nicht nur anzustellen, sondern auch zu entlassen, wenn dies aus Gründen der Religion und der Sitte erforderlich ist (vgl. can. 805 CIC).

Eine Ergänzung und Vervollkommnung der christlichen Erziehung und insbesondere der wissenschaftlichen Durchbildung der Gläubigen soll das oberste Ziel der universitären Ausbildung sein und bleiben. Can. 807 CIC bringt dies in programmatischer Weise zum Ausdruck, indem er davon spricht, daß die Universitäten zur höheren Kultur der Menschen und zur volleren Entfaltung der menschlichen Person sowie nicht zuletzt zur Erfüllung des kirchlichen Lehrauftrages in der Welt beitragen.

Denn gerade auch durch die Ausübung der Forschungs- und Veröffentlichungsfreiheit der Lehrenden wird das für die rechte Durchführung des Erziehungsauftrages notwendige Wissen gesellschaftlich immer wieder neu vermittelt und vertieft.[206]

3.4.3.3 Recht auf theologische Forschungs- und Lehrfreiheit (can. 218 CIC)

Im Interesse einer zeitgemäßen Darlegung und Erforschung der Grundlagen der katholischen Glaubensgemeinschaft garantiert can. 218 CIC die Freiheit der wissenschaftlichen Betätigung in der Kirche, die die notwendige Bedingung für den substantiellen Erhalt und die weitere Entwicklung von theologischer Forschung und Lehre ist. Can. 218 CIC ist konkreter Ausdruck der Teilhabe der Gläubigen am dreifachen Amt Christi (can. 204 § 1 CIC) und ihrer spezifischen Teilhabe an der kirchlichen Sendung. Die Forschungs- und Lehrfreiheit ist daher aus der Perspektive der kirchlichen Gemeinschaft ein Mandatsrecht, das im Dienste des Aufbaus der

206 Vgl. dazu KAISER, in: Handbuch des katholischen Kirchenrechts, a. a. O., S. 181.

kirchlichen Gemeinschaft steht. Die communio– und die Bekenntnisbindung dieses Rechtes, seine Ausrichtung auf das kirchliche Gemeinwohl kommt durch die Statuierung der Pflicht zum Gehorsam gegenüber dem kirchlichen Lehramt, die für alle Lehrenden in der Kirche gilt, zeichenhaft zum Ausdruck.

Von daher gewährt can. 218 CIC dem in der kirchlichen Lehre Tätigen eine »iusta libertas«, die ein kluges und sachverständiges Vorgehen der Theologen bei ihren Veröffentlichungen voraussetzt.[207] Es kann jederzeit für den Theologen eine Interessenkollision zwischen der gebotenen intellektuellen Redlichkeit und der Ehrlichkeit gegenüber den Ergebnissen der wissenschaftlichen Forschung auf der einen Seite und der Loyalität gegenüber den verbindlichen Lehren des kirchlichen Lehramtes und dem gemeinsamen Glaubensgut der communio auf der anderen Seite entstehen. Daher sollen die Theologen bei ihrer Interessenabwägung bedenken, daß sie ihre wissenschaftliche Tätigkeit im Dienste und im Auftrag der kirchlichen Gemeinschaft ausüben, nicht als individuellen Selbstzweck (vgl. die Begründung der Zentralnorm des can. 747 § 1 CIC über den kirchlichen Verkündigungsauftrag).

Die theologische Forschung findet nie in einem akademischen Vakuum statt, sondern steht immer schon im Raum der kirchlichen Gemeinschaft. Sie wird von deren Selbstverständnis und Glaubenspraxis geprägt und hat ihrerseits auch wieder Rückwirkung auf die communio, wobei es eine ihrer vornehmsten und wichtigsten Aufgaben ist, deren geistige Lebendigkeit und geistliche Tiefe zu fördern[208]. Die verschiedenen Grade der Verbindlichkeit der entsprechenden Lehren des kirchlichen Lehramtes sind in den cann. 749–752 CIC festgelegt, wonach die Gläubigen in diesen Fällen gehalten sind, entgegenstehende oder der kirchlichen Lehre nicht entsprechende Lehren zu meiden. Dennoch ist es generell nicht zu vermeiden, daß Kontinuität und Innovation innerhalb der kirchlichen Lehre in Spannung zueinander geraten. Denn bereits eine Darstellung der überlieferten kirchlichen Lehre in neuen, bisher so nicht verwandten Begriffen und Erklärungsmustern, die Ergebnisse theologischer Reflexion sind, stellt eine Lehrinnovation dar.[209] Pottmeyer macht in diesem Zusammenhang auf den interessanten Umstand aufmerksam, daß die frühe Kirche sich des eigenständigen Charakters ihrer theologischen innovativen Begriffsentscheidungen und Distinktionen als amtlicher kirchlicher Entscheidungen erst im Laufe ihrer Geschichte bewußt geworden ist. Anfangs versuchte sie die Schriftgemäßheit ihrer eigenen lehrmäßigen begrifflichen Neuerungen aufzuweisen, um sie so in die Autorität Jesu Christi bzw. der Apostel hineinzustellen. Dies bereitete zunehmende Schwierigkeiten, da die konkreten Lehrstreitigkeiten aus der frühkirchlichen Zeit (beispielsweise die christologischen Streitfragen) in der Zeit der Ent-

---

207 Vgl. hierzu die Hinweise von KAISER, in: Handbuch des katholischen Kirchenrechts, a. a. O., S. 181.

208 Vgl. KAISER, in: Handbuch des katholischen Kirchenrechts, a. a. O., S. 181.

209 Vgl. zu diesem Problem H. POTTMEYER, Kontinuität und Innovation in der Ekklesiologie des Zweiten Vaticanums, in: G. Alberigo, Y. Congar, H. Pottmeyer (Hrsg.), Kirche im Wandel. Eine kritische Zwischenbilanz nach dem Zweiten Vaticanum, Düsseldorf 1982, S. 102.

stehung des Neuen Testamentes noch nicht existierten.[210] Geschichtlich hat sich die sachliche Berechtigung der Einführung neuer theologischer Begriffe und Distinktionen schon allein dadurch erwiesen, daß sich diese als geeignet erwiesen, neue Streitfragen zu lösen bzw. einer Lösung näher zu führen. Es entstanden so notwendige neue Konkretionen, in denen sich die Dynamik und Aktualität der christlichen Botschaft im je neuen geistigen Umfeld zeigen konnte.[211]

Can. 386 § 2 CIC geht auf dieses Problem der kirchlichen Lehrtradition ein. Nach dieser Norm ist es Aufgabe des Diözesanbischofs, die Unversehrtheit und Einheit der Glaubenslehre mit geeigneten Mitteln zu schützen. Gleichzeitig verpflichtet can. 386 § 2 CIC den Bischof aber auch dazu, den notwendigen Freiraum für die Weiterentwicklung der theologischen Forschung anzuerkennen und zu garantieren, wobei hier der wichtige Terminus »iusta libertas« aus der Grundnorm des can. 218 CIC wiederauftaucht. Can. 386 § 2 CIC enthält somit eine weitere Konkretisierung zu can. 218 CIC. Die besondere Aufgabe des Bischofs ist im Zusammenhang damit zu sehen, daß ihn das kirchliche Gesetzbuch für den Bereich seiner Ortskirche als exemplarischen Lehrer der Glaubenswahrheiten und ihrer Anwendung auf dem Gebiet der individuellen und sozialen Ethik ansieht (can. 386 § 1 CIC).

Einzelfragen der allgemeinen wissenschaftlichen und speziell auch der theologischen Lehr- und Forschungsfreiheit werden im neuen Kirchenrecht in den cann. 807–821 CIC im Kapitel über die katholischen und die kirchlichen Universitäten und Fakultäten näher geregelt. Can. 809 CIC ist hier zu erwähnen, der die Verantwortlichkeit der Bischofskonferenz für die theologischen Universitäten bzw. Fakultäten ihres Konferenzgebietes festschreibt. Auf dem Gebiet einer Bischofskonferenz soll es nach Möglichkeit wenigstens eine kirchliche Universität oder theologische Fakultät geben, in der die verschiedenen Disziplinen unter Wahrung der erforderlichen Wissenschaftsfreiheit gepflegt werden können. Für die Berufung der Dozenten sind die in can. 810 § 1 CIC niedergelegten Voraussetzungen zu beachten, nämlich die wissenschaftliche und pädagogische Eignung sowie Rechtgläubigkeit und untadeliger Lebenswandel. Bei definitiver kirchenamtlicher Feststellung des Wegfalls dieser genannten Voraussetzungen ist die zuständige kirchliche Autorität zur Abberufung des Dozenten verpflichtet, wobei das hierfür in den einschlägigen Statuten vorgesehene Verfahren eingehalten werden muß.

Can. 810 § 2 CIC schreibt vor, daß die Bischofskonferenz und die beteiligten Diözesanbischöfe berechtigt und verpflichtet sind, die Beachtung der verbindlichen kirchlichen Glaubenslehre in den kirchlichen Universitäten zu überwachen. Can. 811 CIC bestimmt für die kirchlichen Universitäten, daß dort die katholische Theologie entweder durch eine Fakultät oder ein Institut oder wenigstens durch einen Lehrstuhl vertreten sein muß und daß dort theologische Vorlesungen angeboten

---

210 Pottmeyer, a. a. O., S. 102.

211 So Pottmeyer, a. a. O., S. 102.

werden müssen, zu denen auch Laienstudenten als Hörer zugelassen sind. Ergänzend legt can. 812 CIC fest, daß die Dozenten für Theologie an diesen Universitäten oder Fakultäten einen Lehrauftrag der zuständigen kirchlichen Autorität haben müssen. Die seelsorgliche Betreuung der Studenten durch Studentengemeinden ist in can. 813 CIC geregelt.

Besondere Normen über die Errichtung kirchlicher Fakultäten und Universitäten und auch die von ihnen verliehenen akademischen Grade finden sich in den cann. 815–821 CIC. Hier erscheint die Vorschrift des can. 820 CIC beachtenswert, in der die Verpflichtung zur interdisziplinären Zusammenarbeit und zur gegenseitigen Hilfeleistung für die kirchlichen Universitäten und Fakultäten festgelegt wird. So kann die Forschungs- und Lehrtätigkeit besser aufeinander abstimmen werden, und man kann sich, wo nötig, gegenseitig mit Fachkräften unterstützen und so eventuelle Defizite in bestimmten Teildisziplinen ausgleichen.

Von eminenter Bedeutung für die praktische Ausübung der theologischen Lehr- und Forschungstätigkeit ist der folgende Abschnitt über die kirchlichen Bücher. Die Notwendigkeit der kirchlichen Erlaubnis für Gläubige zur Herausgabe von Büchern, die den Glauben oder die Sitten betreffen, wird mit der Verantwortlichkeit der kirchlichen Autorität für die Wahrung des Glaubensgutes und der christlichen Ethik begründet (vgl. can. 823 § 1 CIC). Sie ist gemäß can. 823 § 1 CIC zu versagen bei Büchern oder Schriften, die dem Glauben oder den guten Sitten schaden. Zuständig sind insoweit die Bischöfe, sowohl als Einzelbischöfe als auch als Kollegium beispielsweise der Bischofskonferenz für den Bereich des ihrer Jurisdiktion unterstellten Gebietes, bzw. der Heilige Stuhl für die gesamte kirchliche Glaubensgemeinschaft (vgl. can. 823 § 2 CIC).

Mit der Beurteilung bzw. Begutachtung der theologischen Bücher können die Bischöfe gemäß can. 830 CIC ihnen geeignet erscheinende Personen beauftragen (can. 830 § 1 CIC). Aufgabe der Bischofskonferenz ist es nach dieser Norm, ein Verzeichnis geeigneter und bewährter Gutachter zu erstellen oder eine Gutachterkommission zu bilden, die den Bischof bei seinen diesbezüglichen Entscheidungen beraten kann (can. 830 § 1 CIC). Die Zensoren müssen sich ihrerseits durch Fachwissen, Rechtgläubigkeit und kluges Urteil ausgewiesen haben (vgl.can. 830 § 1 CIC) und sollen sich in ihrer Gutachtertätigkeit um persönliche Neutralität bemühen und nur auf die verbindliche kirchliche Lehre abstellen (can. 830 § 2 CIC).

Can. 831 § 1 CIC enthält eine weitere wichtige Einschränkung der theologischen Meinungs- und Veröffentlichungsfreiheit. Er regelt die Frage der Veröffentlichung von Artikeln und Schriften durch Gläubige, indem er vorschreibt, daß diese in kirchenfeindlichen Zeitungen oder Magazinen nur ausnahmsweise und bei Vorliegen eines gerechten und vernünftigen Grundes geschehen darf. Kleriker und Ordensleute bedürfen für eine derartige Veröffentlichung der ausdrücklichen Erlaubnis des Ortsordinarius. Der Gedanke, der hinter dieser Vorschrift steht, ist unschwer nachzuvollziehen: man will eine Instrumentalisierung von Schriften kirchlich gesonnener Personen für antikirchliche Zwecke verhindern.

Wer für die kirchliche theologische Forschung und Lehre in besonderer Weise Verantwortung trägt, ist nach can. 833 CIC zur persönlichen Ablegung des Glaubensbekenntnisses verpflichtet. Zu diesem Personenkreis zählen die Rektoren kirchlicher und katholischer Universitäten, die Professoren für Theologie und Philosophie an den Seminaren sowie die Theologieprofessoren an den katholischen theologischen Fakultäten an staatlichen Universitäten.

3.4.3.4 Recht auf freie Wahl des Lebensstandes (can. 219 CIC)

Dieses Recht ist seinem Charakter nach als ein Teil des allgemeinen Persönlichkeitsrechtes des Menschen anzusehen, das in den cann. 219 und 220 CIC nunmehr auch ausdrücklich kirchenrechtlich geschützt wird. Die freie, unverfügbare Entscheidung über den eigenen Lebensstand, der Anspruch auf einen gesetzlich garantierten Schutz des guten Rufes und der menschlichen Intimsphäre sind wichtige Elemente, die die menschliche Würde ausmachen. Dennoch handelt es sich bei dem durch can. 219 CIC garantierten Persönlichkeitsrecht auch um ein genuin christliches Recht, nämlich das Recht, seiner persönlichen Berufung zu folgen, die den jeweiligen Lebensstand beeinflußt. Durch can. 219 CIC macht sich die Kirche zum Anwalt der grundsätzlichen Freiheit der persönlichen Lebensentscheidung des Menschen.

Can. 219 CIC weist eine Verbindung zu can. 214 CIC auf: Die Frage der Entscheidung eines Gläubigen für einen bestimmten Lebensstand – Ehe oder Ehelosigkeit – kann die Entscheidung für eine eigene Form des geistlichen Lebens (z. B. im Priester- oder Ordensberuf) beinhalten. Die Entscheidung für einen bestimmten Lebensstand kann zudem Ausdrucks des Strebens des Gläubigen nach Heiligung seines Lebens sein (can. 210 CIC), seiner Mitwirkung am Aufbau des Leibes Christi (can. 208 CIC) und seiner Entschiedenheit, zur Verbreitung der christlichen Heilsbotschaft beizutragen (can. 211 CIC). Der Lebensstand eines Menschen hat also Bedeutung für seine ganz persönliche Verwirklichung einer christlichen Lebensführung in der Kirche. Christlicher Lebensstand und christliches Lebenszeugnis sind nicht voneinander zu trennen. Von daher ist die Frage des Lebensstandes von Christen in der Kirche von einiger Bedeutung für die Verwirklichung des kirchlichen Öffentlichkeitsauftrags.

Die in can. 219 CIC garantierte Wahlfreiheit des Gläubigen darf nicht durch Zwang eingeschränkt werden. Für die Entscheidung zur Eheschließung spricht dies ausdrücklich can. 1103 CIC aus, der eine aufgrund von Zwang oder aufgrund anderer fremdbestimmter psychischer Einflüsse (von außen eingeflößte schwere Furcht) geschlossene Ehe für ungültig erklärt.

Für die Entscheidung zum Empfang der heiligen Weihe bestimmt in entsprechender Weise can. 1026 CIC, daß jedermann für einen gültigen Weiheempfang über die notwendige Freiheit verfügen muß. Es ist daher sowohl verboten, jemand zum Empfang der Weihe zu zwingen, als auch, ihn durch Zwang vom Empfang der Weihe abzuhalten.

Jede Lebensentscheidung bleibt ein Wagnis. Dennoch nimmt die Kirche die verbindliche Lebensentscheidung, die der Ehekonsens für die beiden Ehegatten, die die Entscheidung für den Priester- bzw. Ordensberuf für die betroffene Person bedeutet, als originäre Äußerung ihres Persönlichkeitsrechtes unbedingt ernst.

In diesem Zusammenhang ist darauf hinzuweisen, daß das Recht auf freie Wahl des Lebensstandes auch die menschliche Entscheidungsfreiheit meint und den Gläubigen damit in seinem höchstpersönlichen Bereich betrifft, in dem er sich persönlich und auch verbindlich äußern will und soll; es geht also nicht nur um das Problem der Wahlfreiheit. Das Treffen einer verbindlichen Lebensentscheidung ist aber notwendig und konsequenterweise mit einem Verzicht auf alternative Möglichkeiten verbunden; dies meint der Terminus Wahl eines Lebensstandes (status vitae) als Realisierung menschlicher Entscheidungsfreiheit.

3.4.3.5 Recht auf guten Ruf und Schutz der persönlichen Intimsphäre (can. 220 CIC)

Das in can. 220 CIC gewährleistete Persönlichkeitsrecht bezieht sich auf zwei wichtige Schutzgüter. Das erstgenannte Schutzgut ist der gute Ruf eines Menschen, der vor rechtswidriger Rufschädigung – durch üble Nachrede oder Verleumdung – bewahrt werden muß. Zum zweiten schützt can. 220 CIC die persönliche Intimsphäre und beinhaltet damit ein Recht auf Diskretion in dem persönlichsten und daher auch verletzlichsten Bereich eines Menschen.

Das Recht auf guten Ruf und auf Schutz der Intimsphäre bildet eine Schranke für die Wahrnehmung des kirchlichen Öffentlichkeitsauftrags. Evangelisation und christliches Zeugnis entbinden den Christen natürlich nicht von der Pflicht, seinem Gewissen entsprechend zu handeln und damit Mißstände innerhalb und auch außerhalb der Kirche notfalls beim Namen zu nennen und offen zu kritisieren. Dies ist ein Gebot des Einsatzes der Kirche für die Gerechtigkeit. In der Pastoralkonstitution finden wir diese freimütige Kritik beispielsweise in der bereits erwähnten Nr. 71, wo die in spekulativer Absicht begründete schwache ökonomische Nutzung von Latifundien in manchen Entwicklungsländern vom Konzil erwähnt wird. Dennoch vermeidet es das Konzil hier aus gutem Grunde, Namen zu nennen und bestimmte Personen verbal zu attackieren. Der Schutz der Intimsphäre wiederum verpflichtet die Kirche und ihre Amtsträger zu äußerster Diskretion und zu sensiblem Umgang mit dem, was Menschen ihr im Rahmen ihrer Tätigkeit, also in Wahrnehmung ihres öffentlichen Auftrages anvertrauen. Dies gilt insbesondere für den gesamten Bereich der Erfahrung von menschlicher Schuld und dem Versuch ihrer Bewältigung.

Das Beichtgeheimnis, das dem Beichtvater verbietet, durch Worte oder auf irgendeine andere Weise, aus welchem Grunde auch immer, den Pönitenten zu verraten (vgl. can. 983 § 1 CIC), ist ein konkreter Beispielsfall für den Schutz des guten Rufes eines Menschen und seiner persönlichen Intimsphäre. Wegen der besonderen Verletzlichkeit beider Schutzgüter ist die Beichte bei Vorliegen eines gerechten Grundes außerhalb des Beichtstuhles erlaubt.

Der gute Ruf eines Gläubigen bildet aber auch eine Voraussetzung für die Übernahme von Tätigkeiten in der Kirche, die mit ihrem Öffentlichkeitsauftrag zusammenhängen. Der Nachweis des guten Rufes eines Gläubigen ist eine Eignungsvoraussetzung insbesondere für Ämter im Bereich der kirchlichen Gerichtsbarkeit.

So müssen beispielsweise die Kanzler und Notare der Diözesankurie unbescholten und über jeden Verdacht erhaben sein (can. 483 § 2 CIC). Die diözesanen Gerichtsvikare (Offiziale) müssen neben anderen Voraussetzungen über einen guten Leumund verfügen (can. 1420 § 4 CIC). Gleiches gilt für die Diözesanrichter gemäß can. 1421 § 3 CIC. Auch für die kirchliche Ehegerichtsbarkeit finden sich entsprechende Regelungen. Der Kirchenanwalt und der Bandverteidiger müssen sich gemäß can. 1435 CIC eines guten Rufes erfreuen, ebenso nach can. 1483 CIC auch die Prozeßbevollmächtigten und der Anwalt.

Aber auch für die Übernahme wichtiger Aufgaben in der Seelsorge ist der gute Ruf eines Menschen eine nahezu unerläßliche Voraussetzung. So zählt der Verlust des guten Rufes in seiner Gemeinde unter bestimmten Voraussetzungen kirchenrechtlich zu den Gründen, aus denen ein Pfarrer seines Amtes enthoben werden kann (can. 1741 n. 3 CIC). Diese Regelung ist Ausdruck der Überzeugung des kirchlichen Gesetzgebers, daß eine seelsorgliche Tätigkeit ohne ein Minimum an Vertrauen und gegenseitiger Akzeptanz auf Dauer nicht in sinnvoller Weise durchgeführt werden kann.

Nach can. 1390 § 2 CIC stellt die Rufschädigung auch einen Tatbestand des kirchlichen Strafrechts dar und kann mit einer gerechten Strafe, auch einer Beugestrafe, geahndet werden. Can. 1390 § 1 CIC regelt einen speziellen Fall bewußt fälschlicher Rufschädigung gegen einen Beichtvater, der zu einem fundamentalen Vertrauensverlust in der Seelsorge führen kann (falsche Verdächtigung der Verführung eines Pönitenten), während can. 1390 § 3 CIC bei erwiesener Verleumdung die Möglichkeit eröffnet, dem Täter eine angemessene Wiedergutmachung aufzuerlegen.

Der Beichtvater ist ohnehin in besonderer Weise zum Schutz der Intimsphäre des Gläubigen verpflichtet. Dies kommt in instruktiver Weise zum Ausdruck in der Vorschrift des can. 979 CIC, wonach der Priester, sofern er dem Pönitenten Fragen stellt, in behutsamer und kluger Weise vorzugehen hat und insbesondere auf die psychische Verfassung und das Alter des Beichtenden Rücksicht nehmen und auch nicht nach Namen von Mitschuldigen einer Sünde forschen soll. Das normative Leitbild enthält insofern can. 978 § 1 CIC, wonach der Beichtvater sowohl Richter wie Arzt sein soll.

Das neue kirchliche Strafrecht enthält, auch im Verfahrensrecht, auf das hier aus Platzgründen nicht näher eingegangen werden soll, viele Einzelnormen, die den Schutz des guten Rufes und der Intimsphäre von Gläubigen bezwecken. Besonders innerhalb der kirchlichen Gemeinschaft sollen die Gläubigen vor der Verletzung ihres Persönlichkeitsrechtes und ihrer Intimsphäre geschützt werden. Dies geschieht nicht nur aus der Erkenntnis heraus, daß diese Rechte den Gläubigen auch nach den weltlichen Rechtsnormen zustehen. Can. 220 CIC berücksichtigt vielmehr die allgemeine Erfahrungstatsache, daß es bei der Verkündigung der kirchlichen Botschaft und bei der Wahrnehmung des kirchlichen Öffentlichkeitsauftrags immer wieder zu Situationen kommen kann, in denen Konflikte, innerkirchliche Auseinandersetzungen, Richtungsdiskussionen und gegenseitige Kritik unausweichlich sein können. Aber auch der Gegner in der innerkirchlichen Diskussion hat selbstverständlich einen Anspruch auf Respektierung seines Rufes und seiner Intimsphäre.

3.4.4 Recht auf kirchlichen Rechtsschutz (can. 221 CIC)

Den Gläubigen wird in can. 221 CIC allgemein das Recht garantiert, ihre Rechte notfalls vor dem kirchlichen Gericht geltend zu machen und dort einzuklagen. Diese prozeßrechtlich wichtige Norm bezieht sich ihrem Inhalt nach allgemein auf alle den Gläubigen im Kirchenrecht garantierten Rechte. Sie schützt auch die bereits erwähnten Grundrechte, die eng mit dem kirchlichen Öffentlichkeitsauftrag verbunden sind, wie beispielsweise das Recht auf Evangelisation und apostolische Betätigung, das Recht auf Gottesdienst im eigenen Ritus und auf Bildung von christlichen Vereinigungen.

Denn ohne gerichtliche Durchsetzbarkeit würden ja viele Rechte bei kontroverser Sachverhaltsbeurteilung zwischen den kirchlichen Amtsträgern und den betreffenden Gläubigen nur auf dem Papier Gültigkeit besitzen.

Can. 221 § 2 CIC betrifft den Fall, daß sich ein Gläubiger vor der zuständigen kirchlichen Autorität gerichtlich verantworten muß. Für diesen Fall wird ihm Rechtsschutz in einem fairen Verfahren entsprechend den rechtsstaatlichen Grundsätzen zugesichert. Prozessual hat der Gläubige als Beklagter im kirchlichen Prozeß nicht nur die dauerhafte Verteidigungsmöglichkeit der Einrede gemäß cann. 1491, 1492 § 2 CIC, sondern auch das Recht zur Widerklage gemäß den cann. 1494, 1495 CIC.

Der kirchliche Rechtsschutz wird dem Gläubigen im Konfliktfall verbürgt durch die kirchliche Gerichtsbarkeit, die analog der territorialen Gliederung der Kirche eine dreifache Stufung aufweist. Die erste Instanz bilden die bischöflichen Gerichte (cann. 1419–1422 bzw. 1424–1437 CIC), ihr folgen als nächsthöhere Instanz die Metropolitangerichte (cann. 1438, 1440, 1441 CIC) sowie dann die päpstlichen Gerichte (Römische Rota, Apostolische Signatur) als oberste Appellations- bzw. Beschwerdeinstanzen (cann. 1442–1445 CIC). Die Apostolische Signatur ist gemäß can. 1445 § 2 CIC auch als Verwaltungsgericht zuständig für die richterliche Nachprüfung kirchlicher Verwaltungsakte. Die kirchlichen Gerichte sind im Rahmen der Norm des can. 1446 CIC gegenüber den Gläubigen zur Rechtsschutzgewährung verpflichtet, sollen aber in jeder Lage des Verfahrens auf eine gütliche Einigung bzw. einen schiedsrichterlichen Vergleich zwischen den Parteien hinwirken (vgl. dazu cann. 1446 § 2, 1713–1716 CIC). Das gerichtliche Verfahren als solches ist dann näher geregelt in den cann. 1447ff CIC, auf deren nähere Kommentierung hier aus Platzgründen verzichtet wird.

Einen eingehenden Überblick über das kirchliche Verwaltungsverfahren, über die verschiedenen Organe und Instanzen der kirchlichen Verwaltungsgerichtsbarkeit und über die neueren Entwicklungen des kirchlichen Verwaltungsrechts nach dem Zweiten Vaticanum gibt Strigl.[212]

Das kirchliche Prozeßrecht sieht auch die Möglichkeit der Gewährung unentgeltlichen Rechtsschutzes bzw. der Ermäßigung der Gerichtskosten gemäß can. 1649 CIC vor. Auf erstinstanzlicher Ebene hat der zuständige Bischof gemäß can. 1649 § 1 Nr. 3 CIC die entsprechenden Normen hierfür zu erlassen.

3.5 Besondere Grundrechte der Laien (cann. 224–231 CIC)

Nach dem grundlegenden allgemeinen Abschnitt über die Rechte und Pflichten der Christgläubigen folgen nun noch spezielle Rechte- und Pflichtenkataloge für die unterschiedlichen Teilgruppen der kirchlichen communio, denen das Kirchenrecht eine eigene Rechtsstellung zuweist. Systematisch an erster Stelle steht der Katalog »Über die Pflichten und Rechte der Christgläubigen«. Die Eingangsnorm des hier zu erörternden Abschnitts, can. 224 CIC, stellt klar, daß dieser Abschnitt nur ergänzende Funktion hat und im übrigen der Katalog der Rechte und Pflichten der Christgläubigen (cann. 208–223 CIC) volle Anwendung auf die katholischen Laien findet.

Krämer verwendet in diesem Zusammenhang den Begriff der Laienrechte, den er neben die vorgeordneten, vorher behandelten Begriffe der Menschenrechte und der Christenrechte (Rechte der christifideles) stellt.[213] Bei der Suche nach einer Definition des kirchenrechtlichen Begriffs des Laien, der systematisch gut an den Anfang dieses Abschnitts passen würde, stößt man zunächst auf die Norm des can. 207 § 1 CIC, die jedoch nur eine negative Definition des Laien als Nichtkleriker bietet und gegenüber dem Grundbegriff des christifidelis keine weiteren positiven Begriffsmerkmale enthält. Kaiser[214] spricht daher vom kirchenrechtlichen Laienbegriff als einem »technischen Hilfsbegriff«, der den Laien nichts von ihrer rechtlichen Grundstellung als christifideles nimmt, aber zur Unterscheidung der verschiedenen Teilgemeinschaften der kirchlichen communio notwendig und sinnvoll ist, da der Begriff des christifidelis die Differenzierung zwischen Klerikern und Laien nicht enthält. Die hier verwandte Definition des Laien hat den Vorteil, inhaltlich-funktional offen zu sein und daher die kirchliche Gruppe der Laien nicht von vornherein auf bestimmte Funktionen innerhalb der kirchlichen Gemeinschaft festzulegen. Dies wäre etwa der Fall gewesen, hätte man in den kirchenrechtlichen Begriff des Laien auch den »Weltcharakter«, d. h. den besonderen Auftrag zum

---

212 Vgl. STRIGL, in: Handbuch des katholischen Kirchenrechts, a. a. O., S. 1014–1018.

213 Vgl. KRÄMER, a. a. O., Band 2, S. 33.

214 Vgl. KAISER, in: Handbuch des katholischen Kirchenrechts, a. a. O., S. 185–186.

Weltdienst innerhalb der communio (vgl. LG Kap.31) als festes Begriffselement übernommen. Kaiser[215] weist darauf hin, daß hierdurch eine juridische Fixierung des Selbstverständnisses einer Teilgruppe der kirchlichen Gesamtgemeinschaft erfolgt wäre. Dies wäre für die Entwicklung eines eigenständigen, auf die jeweiligen pastoralen und apostolischen Erfordernisse der Ortskirche abgestimmten Selbstbewußtseins der Laien nicht unbedingt förderlich gewesen.

Krämer ist der Auffassung, daß ein eigener Rechtekatalog für die katholischen Laien nur dann gerechtfertigt wäre, wenn es einen einheitlichen, kirchenrechtlich präzise definierten kirchlichen Laienbegriff gäbe, der die spezifische kirchliche Sendung und Berufung des Laien angemessen integriert. Dies habe das neue Kirchenrecht nicht geleistet, was sich auch darin zeige, daß der Rechtekatalog für die Laien viele Christenrechte unnötig wiederhole.[216]

In eine ähnliche Richtung weist die Kritik, daß der zusätzliche Katalog für die Laien bewußtseinsmäßig einen Rückschritt in der kirchlichen Entwicklung darstelle, da er die alte Vorstellung von getrennten kirchlichen Ständen festschreibe und den ekklesiologisch bedeutsamen Grundgedanken der einen Gemeinschaft aller Gläubigen, wie ihn die neue Grundfigur des christifidelis programmatisch zum Ausdruck bringe, verwässere.[217]

Demgegenüber ist darauf hinzuweisen, daß ein gesonderter Katalog für die Laien schon deswegen notwendig ist, weil die Laien eine eigene, zum Wesen der Kirche als religiöse und soziale Körperschaft gehörige Teilgemeinschaft innerhalb der kirchlichen communio darstellen, die ein eigenes Selbstverständnis und einen spezifischen Status in der Gesamtgemeinschaft besitzt. Sie können daher nicht einfach in der Groß- oder Gesamtgruppe mit ihrem allgemeinen Selbstverständnis und ihren übergeordneten rechtlichen Kategorien aufgehen und damit sozusagen rechtlich wie soziologisch eingeschmolzen werden.

Die Teilhabe der Laien an der allgemeinen kirchlichen Sendung bringt can. 225 § 1 CIC zum Ausdruck und unterstreicht dadurch noch einmal die Einheit der kirchlichen Sendung, die allen kirchlichen Teilgemeinschaften gemeinsam ist (vgl. dazu can. 208 CIC). Can. 225 CIC enthält ausdrücklich das kirchliche Mandat für die Laien, am kirchlichen Verkündigungsauftrag aktiv mitzuwirken. Er macht deutlich, daß die Kirchengliedschaft aktives und initiatives Handeln für jedes Mitglied beinhaltet. Puza weist darauf hin, daß can. 225 CIC in systematisch glücklicher Weise die volle Kirchengliedschaft der Laien betont und so ihre besondere Würde als aktive Mitglieder des Gottesvolkes unterstreicht.[218] Trotz der notwendigen Ver-

---

215 KAISER, in: Handbuch des katholischen Kirchenrechts, a. a. O., S. 186.

216 Vgl. KRÄMER, a. a. O., Band 2, S. 33, mit erläuternden Beispielen.

217 So H. MÜLLER, Zur Frage nach der Stellung des Laien im CIC / 1983, in: A. Gabriels, H. Reinhardt (Hrsg.), Ministerium Iustitiae - Festschrift für H. Heinemann zum 60. Geburtstag, Essen 1985, S. 203–216, hier S. 205; auch KAISER, in: Handbuch des katholischen Kirchenrechts, S. 187, Fn. 15.

218 R. PUZA, Der Laie im neuen CIC, in: ThQ 164 (1984), S. 88.

schiedenheit der spezifischen Dienste und Funktionen innerhalb der kirchlichen communio legt der neue Codex Wert darauf, das diese Dienste einigende geistige und religiöse Band deutlich herauszustellen. Es ist die Einheit der kirchlichen Sendung in ihren spezifischen Dimensionen der Evangelisierung und Heiligung und christlichen Weltdurchdringung.[219] Daß die Letztverantwortung für die kirchliche Sendung bei den kirchlichen Leitungsorganen verbleibt und der Dienst der Laien als Mitarbeit sich nicht in diesem hierarchischen höchst- und letztverantwortlichen Bereich vollzieht, macht can. 225 § 1 CIC durch den subordinativen Terminus »allaborandi« deutlich.

Insofern konkretisiert can. 225 § 1 CIC die allgemeine Norm des can. 216 CIC, als er in seinem letzten Teil die besondere Wichtigkeit des Dienstes und des Apostolates der Laien dort anerkennt, wo – etwa aus Gründen des Priestermangels oder der Kirchenverfolgung – die Verkündigung des Evangeliums und die Verbreitung der christlichen Lehre nur durch sie erfolgen kann. Einerseits ist damit der Dienst der Laien nach dem kirchlichen Selbstverständnis nachrangig im Verhältnis zur primären Sendungsaufgabe der Kleriker und kirchlichen Amtsträger. Andererseits wird aber durch diese Norm auch anerkannt, daß es besondere historische und lokale Konstellationen gibt, in denen der Dienst der Laien für Leben und Wachstum der Kirche unverzichtbar ist. Es geht damit nicht nur um eine Option, von der die Kirche je nach Gutdünken Gebrauch machen kann oder nicht.[220]

Can. 225 § 2 CIC hebt den Weltcharakter als spezifische Eigenart und Stärke des Dienstes der katholischen Laien an der kirchlichen Sendung in besonderer Weise hervor, ohne damit allerdings schon Funktionszuweisungen vornehmen zu wollen. Aufgrund der gewählten Formulierung des can. 225 § 2 CIC könnte man statt von Weltcharakter vielleicht besser von welthafter Spiritualität sprechen, die in ein spezifisches Zeugnis mündet, das in der eigenen Lebensform grundgelegt ist und daher von den anderen kirchlichen Teilgemeinschaften der Kleriker und der Ordensleute gerade aufgrund ihrer anderen Lebensform nicht einfach übernommen werden kann. Dies kommt in can. 225 § 2 CIC dadurch zum Ausdruck, daß von einer besonderen Pflicht der Laien gesprochen wird, nach den ihnen eigenen Möglichkeiten die Ordnung der zeitlichen Dinge im Geiste des Evangeliums zu gestalten und zur Vollendung zu bringen. Die in can. 225 § 2 CIC gewählte Formulierung darf nicht in dem Sinne mißverstanden werden, daß die katholischen Laien die weltliche Ordnung in Alleinverantwortung zu gestalten und mit christlichem Geist zu durchdringen hätten; sie sollen vielmehr nach der Begründung des can. 225 CIC ihr spezifisches Apostolat in vertrauensvoller Abstimmung und Zusammenarbeit mit der kirchlichen Leitung mit Rücksicht auf die verbindlichen Weisungen des Lehramtes ausüben.[221]

---

219 Vgl. dazu PUZA, a. a. O., S. 92.

220 Vgl. dazu KAISER, in: Handbuch des katholischen Kirchenrechts, a. a. O., S. 187.

221 Vgl. hierzu KAISER, in: Handbuch des katholischen Kirchenrechts, a. a. O., S. 187.

Die beiden einleitenden Canones 224 und 225 CIC bilden damit den allgemeinen Rahmen und Hintergrund des kirchlichen Selbstverständnisses im Hinblick auf die gegenseitige Zuordnung der kirchlichen Teilgemeinschaften und deren spezifischen Standort innerhalb der communio. Zum Verständnis der nachfolgenden Normen, die konkretere Grundrechte und Grundpflichten der Laien betreffen, war es daher wichtig, zunächst auf diese Grundnormen einzugehen.

Im folgenden werden spezifische, für katholische Laien geltende Normen betrachtet, die im Katalog für die Gläubigen nicht ausdrücklich enthalten sind.

3.5.1 Recht auf christliche Kindererziehung (can. 226 § 2 CIC)

Can. 226 § 2 CIC statuiert hier ebenfalls ein für den Aufbau der kirchlichen Gemeinschaft unabdingbares Recht. Die christliche Kindererziehung ist notwendige Voraussetzung für die Weitergabe des Glaubens an die jeweils nächste Generation. Damit die Kirche auch in Zukunft ihren Öffentlichkeitsauftrag in seinen Kernbestandteilen Evangelisation und Apostolat erfüllen kann, liegt es in ihrem eigenen Interesse, für die religiöse Kindererziehung die bestmöglichen Rahmenbedingungen zu schaffen. Can. 226 CIC stellt, wie bereits dargelegt, die aktive Seite des kirchlichen Erziehungsauftrages dar und ergänzt so die Norm des can. 217 CIC, der einen Anspruch auf christliche Erziehung für alle Getauften enthält. Am Beispiel der cann. 217 und 226 CIC wird deutlich, daß die kirchlichen Grundrechtskataloge als ein System korrespondierender Rechte und Pflichten konzipiert sind. Die praktische Erfüllung von kirchlichen Gliedschaftsrechten von Gläubigen wird systematisch dadurch sichergestellt, daß diese Rechte zugleich Pflichten anderer Glieder der kirchlichen communio darstellen. Die Solidarbindung der Gläubigen in der kirchlichen Gemeinschaft und ihre Verwiesenheit aufeinander in der jeweiligen Sendung wird dadurch deutlich.

Das Recht auf religiöse Kindererziehung ist, streng genommen, kein Recht, das nur den christlichen Laien zusteht, wie seine Einordnung in den Katalog der Rechte und Pflichten der katholischen Laien aus systematischer Hinsicht erwarten läßt. Denn es gibt auch Kleriker, die rechtmäßig verheiratet sein können und demgemäß auch eine Familie gründen können. Hierunter fallen z. B. die ständigen Diakone gemäß cann. 281 § 3 und 1031 § 2 CIC. Aber auch katholische Priester können im Ausnahmefall legitimerweise verheiratet sein; denn die Ehe stellt zwar gemäß can. 1042 Nr. 1 CIC ein Weihehindernis für den Kandidaten dar, aber der Apostolische Stuhl kann von diesem Weihehindernis gemäß can. 1047 § 2 Nr. 3 CIC dispensieren. Von dieser Möglichkeit wurde auch bereits faktisch Gebrauch gemacht, beispielsweise in den Fällen eines Kirchenübertritts von Geistlichen der anglikanischen Kirche.

Vom Gesichtspunkt strenger Systematik her hätte also das Recht auf christliche Kindererziehung einen Platz im Katalog der Rechte und Pflichten der Christgläubigen erhalten müssen, da es beide hierarchisch bedeutsamen Teilgemeinschaften der communio betrifft, Kleriker und Laien. Der Verweis auf die Norm des can. 217

CIC aus dem Katalog der christifideles, auf die sich ja auch die getauften Kinder von Klerikern berufen können, kann demgegenüber nicht völlig befriedigen, weil hier nur das Recht, christlich erzogen zu werden (passives Erziehungsrecht), garantiert wird, nicht dagegen das Recht zur aktiven christlichen Erziehung anderer. Insofern besteht eine kleine systematische Lücke. Gegen diese Ansicht könnte man natürlich das prinzipielle Argument anführen, daß die jetzige Systematik insofern konsequent ist, als die Kleriker grundsätzlich ehelos leben und nur in eng begrenzten Ausnahmefällen heiraten dürfen, ohne ihren klerikalen Status zu verlieren (vgl. dazu die cann. 290–293 CIC). Die Ehe ist, aus der grundsätzlichen Sicht des kirchlichen Gesetzgebers, den Laien vorbehalten.

Andererseits gibt es nicht unbeträchtliche Gruppen von Laien, die unverheiratet sind und teils als Schwestern oder Brüder in geistlichen Gemeinschaften ehelos leben, es gibt aber auch kinderlose Ehepaare. Das Recht auf christliche Kindererziehung betrifft somit, weil es nur in der spezifischen Lebensform der Ehe Bedeutung erlangen kann, demgemäß nur einen Teil der christlichen Laien, nämlich die Eltern.

Leider hat can. 226 § 2 CIC es versäumt, das Recht zur christlichen Kindererziehung ausdrücklich nicht nur den Eltern, sondern auch den Erziehungsberechtigten, die die Stelle etwa verstorbener Elternteile einnehmen, zu garantieren. Das Erziehungsrecht der Erziehungsberechtigten ist zwar in can. 793 § 1 CIC garantiert, hätte aber aus allgemein-systematischen Gründen besser in can. 226 § 2 CIC seinen Platz erhalten.

Aus dem soeben zitierten ersten Halbsatz von can. 226 § 2 CIC wird deutlich, daß die katholische Kindererziehung nach dem Selbstverständnis der Kirche einen Doppelcharakter aufweist. Sie ist nicht nur Recht, sondern zugleich eine sehr schwerwiegende und bedeutende Pflicht.

Die Pflicht und das Recht zur religiösen Kindererziehung ist gemäß can. 226 § 1 CIC rechtssystematisch eingebettet in die umfassendere Pflicht der katholischen Eheleute, durch ihre Berufung zur Ehe und Familie zum Aufbau des Volkes Gottes beizutragen. Die erneute Verwendung des bereits in can. 225 § 1 CIC aufscheinenden Terminus »allaborandi« verdeutlicht, daß der kirchliche Gesetzgeber gerade die katholische Kindererziehung als eine spezifische Form des Ausdrucks der Mitwirkung der Laien an der allgemeinen kirchlichen Sendung ansieht. Ehe und Familie sind die typischen Keimzellen eines organischen Aufbaus des Gottesvolkes, der primäre Bezugsrahmen, in dem sich die Verkündigung und Weitergabe der Heilsbotschaft von einer Generation zur nachfolgenden vollzieht.[222]

Es läßt sich übrigens auch eine systematische Parallele zwischen den Normen des can. 225 § 2 CIC und 226 § 2 CIC ziehen, nicht nur zwischen can. 225 § 1 CIC und can. 226 § 1 CIC, wie oben illustriert. Das Recht auf religiöse Kindererziehung

---

222 Vgl. dazu KAISER, in: Handbuch des katholischen Kirchenrechts, a. a. O., S. 188, mit dem Hinweis auf die gesetzgeberische Sicht der Familie als »Hauskirche«.

ist nämlich ein exemplarisches Beispiel für die Realisierung der Pflicht zur Erfüllung der Ordnung der zeitlichen Dinge mit christlichem Geist. Denn gerade das originäre Recht der Eltern auf Kindererziehung ist ein stabiles, durch die jeweilige Staatsverfassung abgesichertes Element jedweder staatlichen Ordnung.

Can. 226 § 2 CIC spricht übrigens über das Thema der Erziehung in zwei Stufen, die voneinander abgehoben und differenziert betrachtet werden können. Der erste Halbsatz betrifft die allgemeine, menschliche Erziehung und begründet das allgemeine Erziehungsrecht und die Erziehungspflicht der Eltern rein anthropologisch, nämlich aus der Tatsache, daß sie den Kindern das Leben geschenkt haben.

Erst der zweite Halbsatz spricht explizit von christlicher Erziehung und der Verpflichtung der christlichen Eltern, ihre Kinder gemäß der von der Kirche überlieferten Lehre zu erziehen. Trotz dieser Differenzierung muß natürlich eingeräumt werden, daß Erziehung ein ganzheitlicher, personal-anthropologisch geprägter Prozeß ist. Dieser hat zwar unterschiedliche Dimensionen, doch lassen sich diese in der pädagogischen Praxis nicht immer sauber unterscheiden. Hier ist es überhaupt fraglich, ob eine Unterscheidung der Bereiche sinnvollerweise anzustreben ist. Die Motivation der christlichen Eltern zur religiösen Erziehung ihrer Kinder kommt natürlich aus ihrer eigenen christlichen Überzeugung.

Das Elternrecht auf christliche Erziehung wird noch an zwei weiteren Stellen des Codex erwähnt, nämlich in can. 793 CIC und in can. 1136 CIC. Can. 793 CIC, der im Abschnitt über die katholische Erziehung steht, bringt insofern eine Ergänzung zu can. 226 § 2 CIC, als er das Recht und die Pflicht der katholischen Eltern statuiert, sich um geeignete Erziehungsmittel und -einrichtungen für die katholische Erziehung ihrer Kinder zu kümmern.

Can. 1136 CIC, der im Abschnitt über die Wirkungen der Ehe steht, bringt eine Aufzählung der verschiedenen Dimensionen der Erziehung, nämlich die leibliche, soziale und kulturelle sowie die moralische und religiöse Erziehung, und nennt die Kindererziehung eine »schwerwiegende Pflicht und ein erstrangiges Recht« der Eltern. Die hier aufgezählten Dimensionen einer Elternpädagogik könnte man systematisch zwei verschiedenen Bereichen zuordnen. Da ist zum einen der anthropologische Bereich der Erziehung, der die leibliche, die soziale und die kulturelle Dimension der Erziehung umfaßt, und zum andern der christliche Bereich, der die religiöse und moralische Dimension beansprucht.

Konkretere Erziehungsziele enthält die Norm des can. 795 CIC, der das Idealbild einer »wahren Erziehung« vorstellt. Es geht hier um eine ganzheitliche Formung der menschlichen Person, die ausgerichtet ist auf das letzte Ziel des menschlichen Lebens und zugleich auf das Gemeinwohl der menschlichen Gesellschaft.

Die Erziehung soll zu einer harmonischen Entwicklung aller menschlichen Fähigkeiten beitragen und nicht einseitig spezifische Begabungen fördern und andere Dimensionen vernachlässigen, wobei der leibliche, der moralische und der intellektuelle Bereich ausdrücklich genannt sind. Am Endpunkt dieser Entwicklung sollen dann ein gestärktes Verantwortungsbewußtsein, Gemeinschaftsfähigkeit und soziales

Bewußtsein stehen sowie eine menschliche Reife, die zum rechten Umgang mit der menschlichen Freiheit befähigt.

Can. 796 § 1 CIC bringt in diesem Zusammenhang zum Ausdruck, daß die Schulen als Mittel erzieherischer Vervollkommnung einen besonderen Wert haben und den Eltern bei der Erfüllung ihrer Erziehungsaufgabe eine vorzügliche Hilfe sein können. Weitere Erziehungshilfen sind Bücher und soziale Kommunikationsmittel. In Erkenntnis der wachsenden Bedeutung der Kommunikationstechnik für das menschliche Zusammenleben und die menschliche Kultur erinnert can. 822 § 2 CIC die Gläubigen an ihre Pflicht, mitzuarbeiten, damit das Programm der sozialen Kommunikationsmittel von Humanität und christlichem Geist geprägt wird. Die Bedeutung des Christentums als Kulturfaktor und als Ferment des ethischen und religiösen Bewußtseins in der Welt wachzuhalten ist ein anschauliches Beispiel dafür, wie gemäß can. 225 § 2 CIC die Ordnung der zeitlichen Dinge durch den Geist des Evangeliums beeinflußt werden kann.

Die Ausübung des elterlichen Erziehungsrechtes setzt voraus, daß die christlichen Eltern auch die Gelegenheit haben, sich selbst in der Kenntnis der christlichen Lehre weiterzubilden und zu vervollkommnen. Das Recht und die Pflicht der Eltern aus can. 226 § 2 CIC fußen auf ihrem insoweit grundlegenden Recht, selbst die notwendige Kenntnis in der christlichen Lehre zu erwerben (can. 229 § 1 CIC). Der kirchliche Gesetzgeber geht hierbei völlig zu Recht davon aus, daß der elterliche Beitrag zur Erziehung der Kinder, und zwar nicht nur zur fundamental menschlichen und ethischen, sondern auch zur christlichen Erziehung, für den Bestand und das Wachstum der communio unverzichtbar ist. Es ist mit Defiziten in der Entwicklung des Kindes zu rechnen, wenn die Eltern ihren Erziehungsbeitrag an Schule oder Kirche delegieren.

Darüber hinaus ist aufgrund der vielfältigen und noch steigenden Beeinflussung durch die Medien eine auch methodische pädagogische Schulung der Erziehungsberechtigten gerade für die Katechese für die eigenen Kinder von Vorteil.

3.5.2 Recht auf christliche Bildung, Zugang zu Studium und Lehre der Theologie und auf den Erwerb theologischer akademischer Grade (can. 229 CIC)

Die im neuen Codex ausdrücklich verankerte aktive Teilhabe aller Christgläubigen an der allgemeinen Sendung der Kirche (can. 208 CIC), ihre Verpflichtung, nach Kräften zum Wachstum der Kirche beizutragen und die weltweite Verkündigung der Evangeliums zu unterstützen (cann. 210, 211 CIC) und das Recht, innerhalb der communio auch in eigener Initiative apostolische Tätigkeiten zu entfalten (can. 216 CIC), sind ein deutlicher Ausdruck für den Willen des kirchlichen Gesetzgebers, den katholischen Laien künftig eine aktivere Rolle im Leben der Kirche zuzubilligen.

Diese neue aktivere Funktion der Laien kann aber nur dann in wirklich sinnvoller Weise wahrgenommen werden, wenn die Laien Gelegenheit dazu erhalten, ihre religiösen und theologischen Kenntnisse zu erweitern, zu ergänzen und zu vertiefen. Durch die Möglichkeit einer tieferen christlichen Bildung bzw. Weiterbildung sind sie unter den heutigen, gegenüber früher schwieriger gewordenen Bedingungen eher in der Lage, ihre neuen Verpflichtungen innerhalb der communio in angemessener Weise zu erfüllen und ihren Beitrag auf dem Gebiet der Glaubensverkündigung und der Katechese zu leisten.

Can. 229 CIC ist Ausdruck dieser Einschätzung der kirchlichen Situation und des neuen, gesamtkirchlich anerkannten Selbstverständnisses der Laien, wonach eine Unterrichtung der Laien allein auf dem Wege der Gemeindekatechese und der Sonntagspredigt (vgl. can. 213 CIC) als nicht mehr ausreichend empfunden wird. Er schreibt deswegen das Recht und die Pflicht der Laien in verbindlicher Weise fest, die notwendigen Kenntnisse in der christlichen Lehre entsprechend den eigenen Möglichkeiten und Fähigkeiten zu erwerben (can. 229 § 1 CIC). Er sieht dies ausdrücklich als eine Voraussetzung dafür an, daß katholische Laien in authentischer Weise nach der christlichen Botschaft leben, den christlichen Glauben verkünden und verteidigen und so einen aktiven Beitrag zum Apostolat leisten können. Es geht somit in can. 229 § 1 CIC um den Erwerb eines christlichen Basiswissens, wie es etwa ein Katechismus vermitteln kann; von der wissenschaftlichen Form der Beschäftigung mit dem Glauben, die ja schwerlich allen Gläubigen zur Pflicht gemacht werden kann, handelt dann can. 229 § 2 CIC.

Can. 229 § 2 CIC garantiert allen katholischen Laien das Recht, die vollere Kenntnis in den heiligen Wissenschaften zu erwerben, die man durch das Theologiestudium an kirchlichen Universitäten oder Fakultäten erlangen kann, und schließt den Erwerb theologischer akademischer Grade ein. Es ist richtig, daß das Recht auf Studium der Theologie nunmehr nach dem neuen Kirchenrecht ein Recht aller Christgläubigen ist, nicht nur der Laien, und deswegen systematisch eigentlich in den Rechtekatalog der christifideles gehören würde.[223] Die Einordnung dieses Rechtes im Laienkatalog erscheint aber ekklesiologisch sinnvoll, insofern dieses Recht durch das Zweite Vaticanum den Laien neu eröffnet wurde und damit zu einer wesentlichen Aufwertung der Rolle der Laien in der communio beigetragen hat. Die Eröffnung der Möglichkeit, theologische akademische Vorlesungen zu besuchen und ein ordentliches Theologiestudium einschließlich der damit verbundenen Examina zu absolvieren, stellt eine wichtige Neuerung gegenüber dem früheren Codex dar, da nach dem alten Kirchenrecht der Besuch theologischer Vorlesungen und der Erwerb kirchlicher theologischer Grade Klerikern vorbehalten waren.[224] Durch die Öffnung des Theologiestudiums für die Laien wird zugleich eine neue Standort- und Zweckbestimmung für die katholische Theologie und das Studium

---

223 So KRÄMER, a. a. O., Band 2, S. 33.

224 Vgl. dazu KAISER, in: Handbuch des katholischen Kirchenrechts, a. a. O., S. 187.

innerhalb der allgemeinen Sendung der communio vorgenommen. Es wird damit stärker verdeutlicht, daß theologische Lehre und Forschung aus der Sicht des kirchlichen Gesetzgebers kein Inseldasein führen, sondern vielfältig mit dem Leben der kirchlichen Gemeinschaft und ihrer Mitglieder und ihren verschiedenen Apostolatsformen verbunden sein sollen.

Eine weitere wichtige Ergänzung, die für die Aufwertung der Rechtsposition des katholischen Laien durch den neuen Codex spricht, bringt can. 229 § 3 CIC: das Recht der Laien, bei Vorliegen der in den einschlägigen Statuten niedergelegten Eignungsvoraussetzungen einen wissenschaftlichen theologischen Lehrauftrag von der zuständigen kirchlichen Autorität zu erhalten.

Durch diese Regelung ist die jahrhundertealte Tradition des Privilegs der Kleriker, die lehrende Kirche zu bilden, während die Laien ihrerseits die hörende Kirche darstellten, juristisch durchbrochen und das Lehrmonopol des Klerus aufgehoben worden. Damit haben alle Christgläubigen prinzipiell Zugang nicht nur zum theologischen Studium, sondern auch zur theologischen Lehre und Forschung. Es wird sicher noch Zeit brauchen, bis an den kirchlichen Hochschulen und katholischen theologischen Fakultäten der dozierende Laie zu einer Selbstverständlichkeit geworden ist. Die neue kirchenrechtliche Regelung beruht auf der neuen Weichenstellung, die das Zweite Vaticanum für den theologischen Lehrbetrieb vorgenommen hat. Art. 62 GS betont nämlich, daß es wünschenswert sei, wenn eine große Zahl von Laien eine solide und fundierte theologische Bildung erlangen und etliche unter ihnen sich der Theologie im Hauptstudium widmen könnten. Außerdem erklärte das Konzil in demselben Artikel zusätzlich, daß das Recht auf den Zugang zum Theologiestudium für die katholischen Laien auch die Freiheit des theologischen Forschens, des Denkens und der demütigen und entschiedenen Meinungsäußerung in allen Bereichen, in denen sie über Sachkenntnis verfügen, beinhaltet. Das Konzil eröffnete hierdurch neue Wege für die katholische theologische Lehre und Forschung und war bestrebt, zu einem Klima beizutragen, in dem sich theologische Forschung in fruchtbarer Weise entfalten kann.[225]

Der oben zitierte neue Gedanke aus Art. 62 der Pastoralkonstitution hat Eingang gefunden in den can. 218 CIC aus dem Katalog der Rechte und Pflichten der Christgläubigen. Dieser Canon ist sogar in der Formulierung weitgehend identisch, wenn er von einer gerechten Forschungsfreiheit (iusta libertate inquirendi) spricht, die auch das Recht zur klugen und sachverständig fundierten Meinungsäußerung miteinschließt. Hinzugefügt ist allerdings der notwendige Vorbehalt des Gehorsams gegenüber dem kirchlichen Lehramt.

Für die Erteilung eines wissenschaftlichen Lehrauftrages gemäß can. 229 § 3 CIC ist die Norm des can. 810 § 1 CIC zu beachten, wonach die zuständige kirchliche Autorität bei ihrer diesbezüglichen Entscheidung nicht nur die wissenschaftli-

225 So TUCCI, in: LThK Ergänzungsband, GS, S. 485.

che und pädagogische Qualifikation des Bewerbers zu beachten, sondern auch auf Rechtgläubigkeit und untadeligen Lebenswandel zu achten hat.

3.5.3 Recht auf Übernahme kirchlicher Ämter und Aufgaben nach Maßgabe von can. 228 § 1 CIC

Durch diese Vorschrift des neuen Kirchenrechts ist nunmehr festgelegt, daß kirchliche Ämter (officia ecclesiastica et munera) nicht mehr nur den Klerikern - als den ordentlichen kirchlichen Amtsträgern gemäß can. 207 § 1 CIC (Trägern originärer, nicht delegierter Amtsgewalt) - vorbehalten sind, sondern daß jetzt prinzipiell alle Christgläubigen, also auch die Laien, Zugang zu kirchlichen Ämtern haben. Dennoch kann man nicht einfach von einer neuen Rechtsgarantie sprechen, die jetzt für alle Mitglieder der communio eröffnet ist, wie die gewählte Überschrift des Abschnitts vielleicht vom ersten Eindruck her nahelegen könnte. Denn can. 228 § 1 CIC spricht nur davon, daß geeignete Laien von den geistlichen Hirten für bestimmte, gesetzlich umschriebene Ämter und Aufgabenbereiche herangezogen werden können. Die Verantwortung für die Ordnung der kirchlichen Dienste und die Besetzung kirchlicher Ämter verbleibt damit grundsätzlich bei dem Kreis der ordentlichen Inhaber der kirchlichen Amtsgewalt, den Klerikern.

Der Status der Kleriker als der Amtsträger in der Kirche (ministri sacri) wird damit nicht grundsätzlich in Frage gestellt, aber es wird nunmehr kanonisch fixiert, daß die Kleriker nicht mehr ausschließlich und exklusiv Zugang zum kirchlichen Amt haben.

Als reine Garantie- und Grundnorm bedarf can. 228 § 1 CIC wegen der in ihm enthaltenen allgemeinen Legalverweisung (secundum iuris praescripta) der konkreten Ausfüllung durch spezialgesetzliche Ämter- und Aufgabenzuweisungen, damit Konturen und Inhalt der den Laien zugänglichen Aufgabenbereiche deutlich werden.

Was ein Kirchenamt ist, wird im Codex in can. 145 CIC definiert. Can. 149 CIC enthält die persönlichen Zugangsvoraussetzungen für die Übernahme eines Kirchenamtes.

An erster Stelle ist hier can. 228 § 2 CIC als eine solche spezielle Ermächtigungsnorm zu erwähnen, die den Laien - und damit allen Christgläubigen - die Befähigung und das Recht zuerkennt, in der Kirche eine beratende Tätigkeit, auch als Sachverständige, auszuüben. Nach dem Zweiten Vaticanum sind ja nicht nur auf gesamtkirchlicher, sondern auch auf ortskirchlicher Ebene kirchliche Beratungsgremien neu geschaffen worden (z. B. Diözesanpastoralrat [vgl. can. 512 § 1 CIC], Diözesansynode [vgl. can. 463 CIC] und Pfarrgemeinderat).

Can. 230 §§ 1, 2 und 3 CIC enthalten eine solche spezielle Aufgabenzuweisung für den liturgischen Dienst, für die Aufgaben des Lektors und des Akolythen, des Kantors und des Kommentators. Allerdings verwendet can. 230 CIC keinen einheitlichen Laienbegriff, er differenziert zwischen der Teilgruppe der viri laici in can. 230 § 1 CIC und der Gesamtgruppe der laici in can. 230 §§ 2 und 3 CIC. Deshalb können nur männliche Laien durch den rechtlich vorgeschriebenen liturgischen Ritus (gemäß can. 230 § 1 CIC) auf Dauer für die Dienste des Lektoren und Akolythen bestellt werden, weibliche Laien dagegen den Dienst des Lektors nur aufgrund einer zeitlich begrenzten Beauftragung ausüben (vgl. can. 230 § 2 CIC). Zum Akolythen können sie nicht beauftragt werden, können aber diesen Dienst – wie auch den Lektorendienst – im Notfall, wenn hierfür Beauftragte nicht zur Verfügung stehen, gemäß can. 230 § 3 CIC ausüben. Puza[226] bedauert diese Differenzierungen im kirchlichen Laienbild, merkt aber andererseits in seinem Fazit an, daß durch das neue Kirchenrecht die kirchliche Stellung des Laien aufgewertet wurde und der Laie zu einer festen kirchenrechtlichen Größe geworden ist. Die Differenzierung zwischen männlichen und weiblichen Laien in ihrer Grundstellung widerspricht nach Krämer der Grundnorm des can. 208 CIC.[227] Allerdings muß hier angemerkt werden, daß can. 208 CIC von Gleichheit aller Christgläubigen »secundum propriam cuiusque condicionem et munus« spricht, also von vornherein in differenzierter Weise.

Can. 208 CIC beläßt dem kirchlichen Gesetzgeber also den Freiraum, den Zugang zu kirchlichen Ämtern und Aufgaben differenziert zu regeln und auch innerhalb der kirchlichen Teilgemeinschaften eigene Stufungen einzuführen. Daher ist auch Krämers weitere Folgerung nicht zwingend, wonach die Dienste des Lektoren und Akolythen gemäß dem Rechtsgedanken des can. 208 CIC Männern und Frauen gleichermaßen offenstehen müßten, sofern sie nicht gemäß can. 1035 CIC als Vorbereitungsstufen zum Weihesakrament angesehen werden müßten.[228] Der Gesetzgeber ist nicht zur Gleichbehandlung gezwungen, wobei im übrigen auch darauf zu verweisen ist, daß das Lektorat und das Akolythat frühere niedere Weihestufen abgelöst haben und nach can. 1035 CIC ausdrücklich genannte Voraussetzungen für den Diakonat sind. Von daher kann die Auffassung, daß es sich hier von der Konzeption des Gesetzgebers her um selbständige, allen Laien prinzipiell gleichermaßen zugängliche Dienste handelt, die nicht nur bei Bedarf von Laien ausgeübt werden, bezweifelt werden, da der Diakonat insgesamt Frauen nicht offensteht.

Laien können auch gemäß can. 776 CIC zur Katechese beauftragt werden, wobei der Dienst des Katechisten in can. 785 § 1 CIC besonders herausgehoben wird.

Aus den zahlreichen Einzelnormen, die den Zugang von Laien zu kirchlichen Ämtern und Aufgaben regeln, sollen noch einige beispielhaft genannt werden. Can. 1282 CIC setzt voraus, daß Laien auch an der kirchlichen Vermögensverwaltung beteiligt werden können. Die Mitwirkung und Mithilfe der Laien im seelsorglichen Dienst der Pfarrei ist durch die cann. 519 und 529 § 2 CIC geregelt, wonach der

---

226 Puza, a. a. O., S. 92ff. mit weiteren Hinweisen.
227 Krämer, a. a. O., Band 2, S. 33.
228 Krämer, a. a. O., Band 2, S. 33.

Pfarrer ausdrücklich zur Respektierung und Förderung des eigenen Anteils der Laien an der kirchlichen Sendung verpflichtet wird.

Nach can. 129 § 2 CIC haben die Laien die Möglichkeit, bei der Ausübung der kirchlichen Jurisdiktionsgewalt mitzuwirken. Diese Generalnorm hat im kirchlichen Gerichtswesen zu vielen speziellen Entsprechungsnormen geführt, die Laien die Ausübung vieler Ämter und Funktionen ermöglichen (Beisitzer im Diözesangericht 1. Instanz [can. 1424 CIC], Vernehmungsrichter oder Berichterstatter im Kollegialgericht [can. 1428 § 2, 1429 CIC], Kirchenanwalt oder Bandverteidiger im Eheprozeß [can. 1435 CIC]).

Dieser kurze Überblick hat deutlich gemacht, daß der kirchliche Gesetzgeber von der Ermächtigungsnorm des can. 228 § 1 CIC einen vielfältigen Gebrauch gemacht hat. Man will damit sowohl den ständigen Bedarf nach kompetenter und sachverständiger Mitwirkung kirchlicher Laien in den unterschiedlichen kirchlichen Aufgabenfeldern berücksichtigen als auch im Rahmen des Möglichen auf pastorale Notfälle und Sondersituationen (Diaspora) Rücksicht nehmen.

3.5.4 Recht auf Ausübung der bürgerlichen Freiheiten in den Angelegenheiten des weltlichen Gemeinwesens (can. 227 CIC)

Durch diese grundsätzlich gehaltene Norm macht die Kirche deutlich, daß sie nicht bereit ist, einen minderen gesellschaftlichen oder rechtlichen Status von Katholiken in der staatlichen Ordnung hinzunehmen. Katholiken sollen, so die Quintessenz von can. 227 CIC, in einem Staat nicht »Bürger zweiter Klasse« sein, weder aus rechtlichen noch aus tatsächlichen, beispielsweise historischen Gründen. Dieses Postulat ist eine Konsequenz aus der Notwendigkeit einer gerechten Sozialordnung, die Menschenrechte und grundsätzliche Rechtsgleichheit unter den Staatsbürgern zu garantieren hat. Zudem ist es ein praktischer, gesellschaftlicher Ausdruck der Religionsfreiheit und der in can. 747 § 2 CIC niedergelegten Kompetenz, aber auch Pflicht der Kirche, die Stellung ihrer Gläubigen in der staatlichen Rechts- und Sozialordnung zu schützen und zu verteidigen.

Gleichwohl ist die Frage, wie es möglich ist, einen tatsächlich bestehenden minderen rechtlichen oder gesellschaftlichen Status für Katholiken zu verbessern, offensichtlich kein Regelungsgegenstand innerkirchlichen Rechts. Insofern mag es verwundern, daß can. 227 Eingang in den Katalog der Rechte und Pflichten der Laien gefunden hat.

Can. 227 CIC entfaltet insoweit aber kollektive Bindungswirkung für die Kirche, als er ihr untersagt, durch Kirchenverträge oder Konkordate mit Staaten oder Bundesländern der juristischen Fixierung eines minderen Rechtsstatus von Gläubigen zuzustimmen. Die kirchliche Vertragsfreiheit wird insoweit wegen des höheren Rechtsgutes des can. 227 CIC eingeschränkt.

Die Rechtsgarantie des can. 227 CIC verleiht dem einzelnen Gläubigen kein prozessual einklagbares, wohl aber ein moralisches Recht auf Beistand, Solidarität und Hilfe seiner Kirche, wenn er rechtlichen oder faktischen Diskriminierungen ausgesetzt ist (wie dies aus Art. 73 und 74 GS deutlich wird!). Dies kann beispielsweise in autoritären kommunistischen oder islamischen Regimen durchaus faktisch der Fall sein.

Can. 227 CIC stellt damit eine wichtige Voraussetzung für die Durchführung des christlichen Weltauftrages der Laien gemäß can. 225 § 2 CIC dar, da christliche Weltdurchdringung und -gestaltung ohne Gewährleistung der Religions- und Meinungsfreiheit erschwert ist. Die Wahrnehmung der säkularen Verantwortung durch die christlichen Laien erfordert es auch, daß die Welterfahrung der Laien in kirchliche Gemeinden und Gruppen zurückfließt und dort in Reflexion, gemeinschaftlicher Kommunikation und gemeinsamen religiösen Vollzügen eingebracht und verarbeitet werden kann.

Can. 227 CIC kann auch als ein kirchlicher Appell an die Staatengemeinschaft als ganze und an die Einzelstaaten der Welt, aber auch an die außerkirchlichen gesellschaftlichen Kräfte verstanden werden, in der Verfassungsordnung und der konkreten Gesetzgebung keine Diskriminierung, aber auch keine Privilegierung von Katholiken zuzulassen.[229] Der - vor dem Konzil noch verschiedentlich vertretene - Gedanke einer berechtigten privilegierten Stellung des Katholizismus als einer Staatsreligion, wenn sich die überwiegende Zahl der Bürger eines Staates hierzu bekennt, ist damit ausdrücklich aufgegeben. Denn can. 227 CIC bindet auch die kirchliche Autorität (entsprechend Art. 76 Abs. 5 GS).

3.5.5 Recht auf angemessene Vergütung und soziale Sicherung bei Beschäftigung im kirchlichen Dienst (can. 231 CIC)

Can. 231 CIC ist ein erstes Beispiel dafür, daß der neue Kodex auch eine Gruppe von Grundrechten enthält, die man - in Abgrenzung zu den bereits erwähnten Mandatsrechten, den Teilhaberechten und den Persönlichkeitsschutzrechten - kirchliche Statusrechte bzw. soziale Sicherungsrechte nennen könnte (vgl. auch can. 281 bzw. 670 CIC!). Dies sind soziale Grundrechte, die mit einer bestimmten Stellung und Funktion innerhalb der kirchlichen communio verbunden und den Sozialrechten im weltlichen Bereich nachgebildet sind. Es ist dies eine Konsequenz aus der Tatsache, daß die Wahrnehmung des kirchlichen Öffentlichkeitsauftrags nicht mehr nur durch Priester und ehrenamtlich tätige Laien, sondern seit dem Zweiten Vaticanum zunehmend auch durch hauptamtlich bei der Kirche Beschäftigte erfolgt.

Es handelt sich bei den Statusrecht des can. 231 CIC nicht um ein spezifisches, Laienrecht, wie die entsprechende Vorschrift des can. 281 CIC für die Kleriker zeigt. Die Rechtsnorm des can. 231 CIC knüpft vielmehr an ein dauerhaftes und regelmäßiges Beschäftigungsverhältnis im kirchlichen Dienst als entscheidendes, den Vergütungs- und sozialen Sicherungsanspruch auslösendes Kriterium an.

---

229 Vgl. hierzu KAISER, in: Handbuch des katholischen Kirchenrechts, a. a. O., S. 187.

Der Hinweis von Krämer, daß es sich bei dem Anspruch auf Vergütung und soziale Sicherung um ein Recht handelt, das allen Gläubigen zusteht,[230] und das darum schon aus systematischen Gründen Eingang in den Rechte- und Pflichtenkatalog der christifideles hätte finden müssen, ist berechtigt. Hierdurch wäre auch deutlich gemacht worden, daß es einen für alle im kirchlichen Dienst Beschäftigten gemeinsamen sozialen Mindeststatus gibt.

Die Norm des can. 231 CIC gilt nicht für ehrenamtlich ausgeübte Tätigkeiten von Laien, sondern erfaßt die auf Dauer oder auf Zeit in einem rechtlich verbindlich geschlossenen, vertraglich geregelten Beschäftigungsverhältnis geleisteten Dienste von Laien in den verschiedenen kirchlichen Tätigkeitsbereichen. Er gilt also ebenso beispielsweise für die Tätigkeit von Reinigungskräften wie für den kirchlichen Verwaltungsdienst, für die Mitarbeiter eines kirchlichen Kindergartens wie für die in Seelsorge und Katechese tätigen Laien.

Nähere Einzelregelungen enthält das kirchliche Dienstrecht, das insbesondere in Ländern, in denen die Kirche zahlreiche Laienmitarbeiter hauptamtlich beschäftigt (wie z. B. in Deutschland), über eingehende und detaillierte Vorschriften für alle Problembereiche verfügt.

Can. 231 CIC setzt voraus, daß die Kirche zur Erfüllung ihrer finanziellen Aufgaben und ihrer gegenüber ihren Bediensteten bestehenden finanziellen Verpflichtungen über die hierfür erforderlichen finanziellen Mittel verfügt. Der kirchliche Gesetzgeber hat dieses Problem gesehen und durch die Norm des can. 222 § 1 CIC einer Lösung zugeführt. Hiernach sind die Gläubigen ausdrücklich verpflichtet, zur Unterstützung der Kirche und ihrer notwendigen Aufgaben ihren finanziellen Beitrag zu leisten. Daß diese Norm eine für die Kirche wichtige, existenzsichernde Funktion hat, erhellt auch daraus, daß gemäß can. 1261 § 2 CIC der Diözesanbischof verpflichtet ist, die Gläubigen an ihre Pflicht zur finanziellen Unterstützung der Kirche zu erinnern und in geeigneter Weise für ihre Erfüllung zu sorgen.

Eine eigentliche kirchliche Steuer- oder Abgabenpflicht der Gläubigen besteht nach can. 1263 CIC gesamtkirchlich nicht. Der Gesetzgeber bleibt universalkirchlich bei dem Prinzip der Finanzierung der Kosten der kirchlichen Bediensteten durch freiwillige Beiträge und Spenden, da grundsätzlich nur kirchlichen juristischen Personen, nicht aber natürlichen Personen eine Steuerpflicht auferlegt werden darf, außer in einem außerordentlichen Notfalle. Gleichwohl enthält can. 1263 CIC eine sog. »clausula teutonica«, die die Erhebung einer regelmäßig, also nicht nur im Notfall, fälligen und der Höhe nach festgesetzten Kirchensteuer ermöglicht. Damit wird die z. B. in Deutschland übliche Praxis gesamtkirchlich legitimiert durch den in dieser Norm enthaltenen, dem ortskirchlich gewachsenen Partikularrecht Vorrang gebenden Zusatz »salvis legibus et consuetudinibus particularibus quae eidem potiora iura tribuant«.

230 KRÄMER, a. a. O., Band 2, S. 33.

Die konkrete Abwicklung der finanziellen Leistungen der Kirche gegenüber ihren Mitarbeitern erfolgt auf diözesaner Ebene durch die Errichtung eines allgemeinen Vermögensfonds (massa communis), der auch in einem überdiözesanen Verbund erstellt werden kann (vgl. can. 1274 §§ 3 und 4 CIC). Aus diesem Fonds werden nicht nur die laufenden Kosten für Lohn und Einkommen der kirchlichen Mitarbeiter bestritten, sondern auch (bei bestehender praktischer Trennung zwischen einem Fonds für die laufenden Kosten und einem für das Rücklagevermögen) die Bildung eines Rücklagevermögens für den Arbeitgeberanteil der Kirche zur Sozialversicherung (vgl. can. 231 § 2 CIC).

3.6 Besondere Rechte der Kleriker (cann. 273–289 CIC) und der Ordensleute (cann. 662–672 CIC)

Um ihre besondere Stellung innerhalb der kirchlichen communio zu verdeutlichen und ihren spezifischen Anteil an der kirchlichen Sendung klar zu konturieren, enthält das neue Kirchenrecht systematisch folgerichtig auch eigene Rechte- und Pflichtenkataloge für die kirchlichen Teilgemeinschaften der Kleriker und der Ordensleute.

Damit soll nicht die traditionelle Dreiständelehre der Kirche zementiert werden, wohl aber doch das einerseits traditionell durch die kirchliche Geschichte und Kultur geprägte, andererseits sich weiterentwickelnde Selbstverständnis der drei Teilgruppen in der communio verdeutlicht werden. Weiter wird herausgestellt, daß gewachsene und auch neue Berufungen und Charismen ihren legitimen Ort in der Kirchenverfassung besitzen. Die Dreiständelehre ist nach dem neuen Kirchenrecht nunmehr generell seit Schaffung der neuen statusrechtlichen Grundfigur des christifidelis überholt. Sie behält aber sendungsspezifisch weiterhin ihre Bedeutung, weil der gemeinsame Grundstatus und die Gemeinsamkeit der Sendung entsprechend dem Gedanken der Einheit in Vielfalt eine Verschiedenheit der inividuellen Berufung und des konkreten Dienstes nicht aus–, sondern einschließt.[231]

In diesem Zusammenhang ist auch bedeutsam, darauf hinzuweisen, daß der neue Codex die im alten Kirchenrecht noch enthaltenen klerikalen Standesprivilegien nicht mehr übernommen hat, die rechtlicher Ausdruck einer herkömmlichen bevorzugten Stellung der Geistlichkeit in der Gesellschaft waren (cann. 119–122 CIC / 1917: besondere Ehrenstellung, qualifizierte Schutzrechte im Falle von Tätlichkeiten, eigener kirchlicher Gerichtsstand, generelle Befreiung vom Militärdienst).

Die Rechte– und Pflichtenstellung der Kleriker ist in ausgeprägter Weise von ihrer durch die sakramentale Weihe erfolgten Bestellung zu einem besonderen Dienst in der Kirche gekennzeichnet (vgl. cann. 1008, 1025 § 2 CIC). Demzufolge ist der Kleriker verpflichtet, die ihm vom Ordinarius übertragenen Aufgaben zu übernehmen (can. 274 § 2 CIC), und hat seinerseits ein Recht darauf, nach erfolgter

---

231 Vgl. PUZA, a. a. O., S. 91, mit weiteren Hinweisen.

Inkardination (vgl. can. 269 CIC) im geistlichen Dienst der Kirche Verwendung zu finden. Er kann diese Rechtsstellung verlieren aufgrund einer rechtskräftig festgestellten schweren Dienstpflichtverletzung oder aufgrund von Untauglichkeit, z. B. im Falle einer Geisteskrankheit.[232]

Durch seine spezifische geistliche Begründung und Ausprägung, die Ausdruck seiner Lebensentscheidung für einen besonderen Dienst in der Kirche ist, ist das Dienstverhältnis des Klerikers deutlich unterschieden von einem weltlichen, durch arbeitsvertragliche Regelungen arbeitszeitmäßig genau festgelegten, die private Lebensgestaltung regelmäßig nicht betreffenden Dienstverhältnis.[233] Der Kleriker stellt sich voll und ganz für den Dienst der Kirche zur Verfügung, die ihrerseits an den Kleriker für die Ausübung des von ihm erwarteten umfassenden Dienstes besondere Anforderungen hinsichtlich seiner persönlichen Lebensgestaltung stellt.[234] Dies bedeutet allerdings nicht, daß der Kleriker hauptamtlich im kirchlichen Dienst beschäftigt ist; er kann seinen Dienst für die Kirche auch als staatlicher Beamter oder Angestellter ausüben, so wie dies in Deutschland bei Religionslehrern, Theologieprofessoren oder auch Militärpfarrern geschehen kann.

Da der Kleriker die Institution Kirche in besonderer Weise repräsentiert, erwartet die Kirche von ihm eine besondere Identifikation in Lehre und Lebensführung, die im neuen kirchlichen Gesetzbuch in einigen Einzelpflichten ihren konkreten Ausdruck gefunden hat. Es sind dies die Pflicht zur geistlichen Lebensführung (can. 276 CIC), zu einfachem Lebensstil (can. 282 CIC) und zum Tragen kirchlicher Kleidung (can. 284 CIC), zum Zölibat, soweit die Kleriker nicht, wie die ständigen Diakone, rechtmäßig dieser Pflicht nicht unterstellt sind (can. 277 § 1 CIC), sowie zur Distanz gegenüber weltlichen Aufgaben und Ämtern (cann. 285–287 CIC).

Auch die Ordensleute sind nach den cann. 663–665 CIC zu einer geistlichen Lebensführung verpflichtet sowie zur Pflege des ihnen eigenen Ordensgeistes und Gemeinschaftslebens. Dies gilt besonders mit Rücksicht auf ihre Identität, die Bewahrung und zeitgemäße Fortentwicklung des ihnen eigenen Charismas und den kirchlichen Charakter ihrer Berufung, nicht aber wegen einer besonderen Inanspruchnahme für den kirchlichen Dienst. Deshalb gelten Klerikerpflichten auch für Ordensleute (z. B. Pflicht zum Tragen des eigenen Ordenskleides, Zölibatsverpflichtung, Distanz gegenüber weltlichen Ämtern).

Der besonderen Pflichtenstellung der Kleriker korrespondieren einige Rechte, die einen Ausgleich für den von ihnen erwarteten und geleisteten umfassenden Dienst in der Kirche bieten sollen, den Sinn für Gemeinschaft im Klerus fördern wollen und der Erhaltung der Arbeitskraft dienen. Es sind dies das Recht auf Bildung von Vereinigungen (can. 278 CIC), das Recht auf theologische Fortbildung

---

232 Vgl. dazu KRÄMER, a. a. O., Band 2, S. 36.

233 Vgl. hierzu auch AYMANS, in: Handbuch des katholischen Kirchenrechts, a. a. O., S. 196.

234 So zusammenfassend KRÄMER, a. a. O., Band 2, S. 37.

(can. 279 CIC) sowie das Recht auf Pflege des Gemeinschaftslebens (can. 280 CIC), auf Urlaub und Erholung (can. 283 § 2 CIC).

Die Existenz von selbständigen Rechte- und Pflichtenkatalogen auch für die Teilgemeinschaften der communio ist als Konkretisierung des Subsidiaritätsprinzips ein festes Element der Kirchenverfassung. Die Dokumentierung von aufeinander bezogenen Rechten und Pflichten ist Ausdruck eines universalkirchlichen gesetzgeberischen Willens und einer Ordnungsidee, die die unterschiedlichen Charismen, Ämter und Funktionen in ihrem Eigenwert anerkennt und ernstnimmt. Erst in zweiter Linie sollen sie im Dienste der Gesamtgemeinschaft koordiniert und gebündelt werden und so zu einer fruchtbaren Vernetzung der der Kirche eigenen Potentiale beitragen. Dabei sollen Personen wie Charismen und gewachsene Institutionen in der Kirche nicht vorschnell aus übergeordneten Erwägungen heraus instrumentalisiert werden.

Die kirchliche communio wird vom neuen Codex somit als eine Gemeinschaft gesehen, die gemäß can. 210 CIC vom geistlichen und menschlichen Austausch und von den vitalen Beziehungen und Lebensäußerungen ihrer verschiedenen Glieder und Organe lebt, sodaß, worauf Kaiser verweist, der Lebensstrom in der Kirche nicht versiegt, sondern in lebendigen Beziehungen zwischen ihren verschiedenen Gliedern und Gemeinschaften fließen kann.[235]

3.6.1 Besondere Grundrechte der Kleriker: Das Recht auf Übernahme kirchlicher Leitungsämter (can. 274 § 1 CIC i. V. m. can. 207 § 1 CIC)

Dieses spezifische Klerikerrecht ist begründet in der Verknüpfung von Weihe und kirchlicher Leitungsgewalt, die in can. 129 § 1 CIC statuiert wird, wo es heißt, daß zur Übernahme kirchlicher Leitungsgewalt diejenigen befähigt sind, die die heilige Weihe empfangen haben. Folgerichtig formuliert can. 274 § 1 CIC, daß nur Kleriker Ämter übernehmen und ausüben dürfen, zu deren Ausübung Weihegewalt oder kirchliche Leitungsgewalt erforderlich ist.

Laien können darum nicht Träger kirchlicher Leitungsgewalt sein, können aber an ihrer Ausübung entsprechend den gesetzlichen Regelungen des kirchlichen Gesetzgebers mitwirken gemäß can. 129 § 2 CIC.

In den Klerus aufgenommen wird der Christgläubige durch die Diakonenweihe, durch die er auch dem Kirchenverband, dem er zugehört, inkardiniert wird (can. 266 § 1 CIC). Der Träger des kirchlichen Leitungsamtes repräsentiert die Kirche institutionell natürlich in herausgehobener, exponierter Weise. Darum kann die Regelung der Voraussetzungen einer Übernahme von Kirchenämtern von den inhaltlichen Aufgaben der Kirche und damit von ihrem Öffentlichkeitsauftrag nicht völlig isoliert betrachtet werden. Die Personen, die die Kirche gerade in ihrem öffentli-

235 Kaiser, in: Handbuch des katholischen Kirchenrechts, a. a. O., S. 175.

chen Tun in besonderer Weise repräsentieren, stehen auch mit ihrer Person für die Botschaft der Kirche ein.

Der Kleriker ist geistlicher Amtsträger (minister sacer, vgl. can. 207 § 1 CIC), wobei die durch das Weihesakrament konstituierte kirchliche Institution des Klerus aufgrund der Autorität göttlichen Rechtes in der Kirche Bestand hat. Der Geweihte erhält durch das Weihesakrament ein unauslöschliches, ihn zum heiligen Dienst bezeichnendes Prägemal (character indelebilis; vgl. can. 1008 CIC).

Der Bereich der kirchlichen Leitungsgewalt umfaßt analog zur staatlichen Gewalt die legislative, die exekutive und die jurisdiktionelle Gewalt. Träger der höchsten und vollen universalen Gewalt in der Kirche ist der Papst (can. 331 CIC) sowie das Bischofskollegium zusammen mit dem Papst als seinem Haupt, aber nie ohne ihn (can. 336 CIC), wodurch die monarchische und zugleich kollegiale Struktur der kirchlichen Hierarchie deutlich wird.

Auf teilkirchlicher Ebene ist gemäß can. 381 § 1 CIC der Diözesanbischof der eigenberechtigte Träger der vollen unmittelbaren potestas ordinaria, die nur durch ausdrückliche, von Rechts wegen erfolgte Reservationen zugunsten des Papstes oder einer anderen kirchlichen Autorität eingeschränkt werden kann (vgl. can. 381 § 1 CIC).

Weitere Inhaber ordentlicher Leitungsgewalt, die auch berechtigt sind, den Titel Ordinarius zu führen, sind gemäß can. 134 § 1 CIC andere Vorsteher von Teilkirchen (z. B. bei Rituskirchen) sowie innerhalb der Diözesen die Generalvikare und die Bischofsvikare als Träger allgemeiner ordentlicher Exekutivgewalt und schließlich für die Mitglieder von Orden und Kongregationen ihre höheren Oberen (Provinzial- und Generalobere).

Neben der ordentlichen, mit einem kirchlichen Amt verbundenen Leitungsgewalt (potestas regiminis ordinaria) kennt das Kirchenrecht gemäß can. 131 CIC auch die delegierte, d. h. vom Amtsinhaber ad personam übertragene Leitungsgewalt (can 131 § 1 CIC). Hinsichtlich der ordentlichen Leitungsgewalt wird noch zwischen eigenberechtigter (potestas propria) und stellvertretender (potestas vicaria) Gewalt unterschieden (vgl. can. 131 § 2 CIC).

3.6.2 Recht zur Bildung von Vereinigungen bzw. Mitgliedschaft in Vereinigungen im Rahmen der Standespflichten (can. 278 CIC)

Can. 278 § 1 CIC ergänzt die allgemeine Norm des can. 215 CIC, der allen Christgläubigen die Vereinigungsfreiheit im Rahmen der Förderung der kirchlichen Zwecke einräumt, für die Kleriker insofern, als hier das Vereinigungsrecht in den Rahmen der klerikalen Lebensführungspflichten eingeordnet wird. Wegen der besonderen Stellung der Kleriker innerhalb der Kirche kommt ihren Vereinigungen auch im Rahmen des Öffentlichkeitsauftrages Bedeutung zu.

Wegen der umfassenden Verfügungsbereitschaft, zu der sich der Kleriker gegenüber der Kirche verpflichtet hat, und wegen der Vorbildfunktion, die er hinsichtlich seiner persönlichen Lebensgestaltung in wichtigen Lebensbereichen gemäß dem aus den cann. 276, 277 und 282 CIC erkennbaren Leitbild übernommen hat, ist der Kleriker auch in seinem sozialen Leben in besonderer Weise gehalten, auf die kirchlichen Belange Rücksicht zu nehmen.

So empfiehlt can. 278 § 2 CIC die Mitgliedschaft in Vereinigungen, die die Einheit und Brüderlichkeit im priesterlichen Dienst fördern und der Einheit des Klerus mit dem Bischof dienen.

Im übrigen sind die Kleriker auch in ihrem Vereinsleben gehalten, die in can. 298 § 1 CIC beispielhaft aufgezählten kirchlichen Zwecke zu unterstützen: die Förderung der Frömmigkeit und christlicher Lebenskultur, des Gottesdienstes und der christlichen Lehre, der Caritas, des Apostolatsgeistes und der Evangelisierung.

Nach can. 278 § 3 CIC haben sich die Kleriker von Vereinigungen fernzuhalten, deren Zweck oder Tätigkeit sich mit ihren Lebensführungs- oder Dienstpflichten nicht vereinbaren läßt. Auch in dieser Norm kommt die Vorbildrolle der Kleriker deutlich zum Ausdruck, wonach alles zu vermeiden ist, was bei den Gläubigen Anstoß erregen könnte.

Im Zweifel verdienen die von der kirchlichen Autorität errichteten oder empfohlenen Vereine gemäß can. 298 § 2 CIC den Vorrang. Zwei Formen von Vereinen, die von der besonderen Mitarbeit und Leitungstätigkeit von Klerikern leben, seien hier besonders erwähnt. Das ist einmal der in can. 303 CIC beschriebene klerikale Verein als kirchlich anerkannter Verein von Gläubigen unter der Leitung von Klerikern, sowie und dann sind es die in can. 303 CIC genannten Vereinigungen von Gläubigen, die in der Welt am Geist eines Ordensinstitutes teilnehmen und unter der Leitung von Mitgliedern eben dieses Institutes sich um eine Lebensführung aus christlichem Geist und um apostolischen Einsatz bemühen. Die Ordensinstitute sind ihrerseits gemäß can. 677 § 2 CIC zur besonderen Förderung und spirituellen Unterstützung dieser Vereinigungen, die auch Dritte Orden genannt werden, verpflichtet.

Das Recht der Kleriker zur Bildung bzw. Mitgliedschaft in Vereinigungen steht also nach der Intention des kirchlichen Gesetzgebers klar im Dienste des Apostolates und der christlichen Weltdurchdringung und ist keinesfalls nur als eine Form der Pflege klerikal geprägten Gemeinschaftslebens gedacht. Dies wird auch aus can. 280 CIC deutlich, der den Klerikern (neben ihrem Vereinsleben) die Pflege eines Gemeinschaftslebens empfiehlt.

Das Vereinsleben eines Klerikers hat auch die dem Klerus eigene Distanz zu weltlichen Ämtern und Angelegenheiten (vgl. cann. 285–287 CIC) zu berücksichtigen. Deswegen darf ein Kleriker nach can. 285 §§ 3 und 4 CIC in Vereinigungen keine öffentlichen Ämter, weder auf regionaler noch auf nationaler Ebene, wahrnehmen, die mit der Ausübung weltlicher Gewalt verbunden sind (z. B. Bürgermeisteramt). Er darf auch keine Ämter ausüben, die mit Aufgaben der weltlichen Vermögensverwaltung, insbesondere der Rechenschaftslegung und der auch bürgerlichrechtlich bedeutsamen Übernahme von Obligationen verbunden sind (z. B. Vorstandsmitglied in einem weltlichen Verein).

Can. 287 § 2 CIC schließt eine rein passive Mitgliedschaft in einer politischen Partei oder Gewerkschaft nicht dezidiert aus, verbietet aber eine aktive Tätigkeit in einer Partei bzw. eine leitende Tätigkeit in einer Gewerkschaft, da das hiermit verbundene Eintreten für eine bestimmte politische Überzeugung im politischen Meinungskampf dazu zwingt, Position zu beziehen. Nach can. 287 § 1 CIC sind die Kleriker verpflichtet, Frieden und Eintracht unter den Menschen soweit als möglich zu fördern und insbesondere nicht aktiv zu Polarisierungen oder Spaltungen innerhalb von Kirchengemeinden aus politischen Gründen beizutragen.

Aus den genannten Gründen der gebotenen Weltdistanz ist auch die Mitgliedschaft in kommerziell geprägten Vereinigungen mit dem Klerikerstand nicht vereinbar und somit als Verstoß gegen die Norm des can. 278 § 3 CIC anzusehen. Schon der Anschein der Vermischung von weltlicher Geschäftstätigkeit und pastoralem wie spirituellem Dienst beim einzelnen Geistlichen kann die Glaubwürdigkeit der Kirche erheblich beeinträchtigen.

Aus der Zielsetzung des can. 278 § 3 CIC heraus ist für Kleriker ebenso Distanz geboten gegenüber Vereinigungen, die sich der Zuschaustellung von gesellschaftlich tolerierten Formen von Gewalt und Aggression verschrieben haben (Jagd oder Treibjagd oder auch bestimmte Kampfsportarten) und auch zu gesellschaftlichen Formen reinen Zeitvertreibs, die ausschließlich Unterhaltungszwecken und weder der körperlichen noch der sittlichen Bildung und Ausbildung des Menschen dienen (z. B. kommerzieller Spielbetrieb, vgl. can. 282 § 1 CIC: Clerici ab omnibus quae vanitatem sapiunt se abstineant).

Dies hat auch Rückwirkungen auf eine seelsorgliche Tätigkeit an Personen, die in diesem Milieu (oder auch im sog. Rotlichtmilieu) beheimatet sind; bei der gebotenen Hilfstätigkeit für gefährdete Personen hat der Kleriker heikle Situationen zu vermeiden und in kluger Weise vorzugehen.

Auch in der Praxis seines Vereinslebens hat der Kleriker in seiner Rede und in seinem Auftreten alles zu vermeiden, was insbesondere bei Gläubigen Anstoß erregen könnte (vgl. can. 277 § 2 CIC).

Schließlich ist noch die Vorschrift des can. 1374 CIC zu erwähnen, wonach allen Gläubigen (also auch Klerikern) die Mitgliedschaft in einer Vereinigung, die aktiv Machenschaften betreibt, die gegen die Kirche gerichtet sind, unter Androhung einer kirchlichen Strafe verboten ist.

Das Vereinsleben der Kleriker dient damit vorrangig der Förderung und Unterstützung des Lebens und der Sendung der Kirche und ist durch das in den Vereinen gestaltete Zusammenleben und Wirken von Klerikern und Laien ein Beispiel für einen Beitrag der Kleriker zur Förderung und Anerkennung der Sendung der Laien in Kirche und Welt (vgl. dazu can. 275 § 2 CIC).

3.6.3 Recht auf angemessene Vergütung, Sozial- und Krankheitsfürsorge (can. 281 CIC), auf Urlaub und Erholung (can. 283 § 2 CIC)

Als Ausgleich für ihren Dienst für die Kirche genießen die Kleriker das Recht auf eine angemessene Vergütung, die ihrer Stellung entspricht und der Höhe nach so bemessen ist, daß sie davon ihren Lebensunterhalt bestreiten und auch die Personen angemessen bezahlen können (z. B. Pfarrhaushälterin), auf deren Dienste sie angewiesen sind (can. 281 § 1 CIC).

Can. 281 § 2 CIC enthält - entsprechend der in can. 231 § 2 CIC getroffenen Regelung für die hauptamtlich im kirchlichen Dienst beschäftigten Laien - eine Rechtsgarantie für kirchliche Vor- und Fürsorge für den Fall von Krankheit, Alter oder Arbeitsunfähigkeit. Das Recht auf Unterhalt und Sozialfürsorge entsteht für den Kleriker regelmäßig mit Beginn des Inkardinationsverhältnisses, d. h. mit seiner Eingliederung und Zugehörigkeit zu einem geistlichen Heimatverband durch die Diakonatsweihe (can. 266 § 1 CIC).[236]

Das Recht auf eine angemessene Vergütung entbindet die Kleriker nicht von ihrer Pflicht zur einfachen Lebensführung (can. 282 § 1 CIC). Nach can. 282 § 2 CIC sind die Kleriker vielmehr gehalten, etwaige nach Abzug ihrer Unterhaltskosten überschüssige Finanzmittel zum Wohle der Kirche oder für Zwecke der Caritas zu verwenden.

Obwohl hier wieder die früher bereits angesprochene Problematik der rechtlichen Fixierung einer reinen ethischen, nicht mit juristischen Zwangsmitteln durchsetzbaren Pflicht auftaucht, ist doch das gesetzgeberische Bemühen um die Förderung eines gemeinsamen Standesethos unter den Klerikern durch diese Regelung deutlich zum Ausdruck gekommen.

Die Vergütung dient nach can. 281 § 1 CIC der Bestreitung aller Kosten des Klerikers, umfaßt somit die Lebensführungs- und Arbeitskosten, berücksichtigt der Höhe nach die Natur der Aufgabe des Klerikers und die Umstände des Ortes und der Zeit und soll somit der Höhe der Lebenshaltungskosten des betreffenden Landes sowie den eventuellen repräsentativen Pflichten des Klerikers angemessen sein.

Zum Ausgleich für seinen Dienst in der Kirche und für die Kirche steht dem Kleriker nach can. 283 § 2 CIC auch das Recht auf eine gebührende und ausreichende jährliche Urlaubszeit zu, die der Regeneration und der Erhaltung der Arbeitskraft dienen soll; den notwendigen Urlaub muß der Kleriker natürlich auch als Kostenfaktor berücksichtigen, einschließlich des Honorars für einen Vertreter.

Kleriker sind auch die verheirateten ständigen Diakone; sie haben daher gemäß can. 281 CIC wie die anderen Kleriker Anspruch auf eine angemessene Vergütung und auf soziale Vor- und Fürsorge, die auch die Unterhaltskosten für ihre Familie umfaßt, soweit sich nicht aufgrund ihrer beruflichen Situation eine andere Aus-

---

236 Vgl. hierzu SCHWENDENWEIN, in: Handbuch des katholischen Kirchenrechts, J. Listl, H. Müller, H. Schmitz (Hrsg.), Regensburg 1983, S. 200–201.

gangslage ergibt. Der besonderen finanziellen und familiären Situation verheirateter Diakone trägt die Norm des can. 281 § 3 CIC Rechnung. Von verheirateten Diakonen, die aufgrund eines Zivilberufes eine Vergütung erhalten, erwartet die Kirche, daß sie von ihren beruflichen Einkünften ihren Lebensunterhalt sowie den ihrer Familie bestreiten. Soweit die Einkünfte aus dem Zivilberuf für den angemessenen Lebensunterhalt nicht ausreichen, hat der Diakon Anspruch auf eine ergänzende kirchliche Versorgung.[237]

Adressat des Vergütungsanspruchs des Klerikers gemäß can. 281 CIC ist regelmäßig gemäß can. 384 CIC sein Diözesanbischof, dem die Fürsorgepflicht für die Priester seiner Diözese als geistlichem Heimatverband anvertraut ist. Der Inhalt der Fürsorgepflicht des Bischofs umfaßt nach dieser Vorschrift den Schutz und die Sicherung der legitimen Rechte der Priester (beispielsweise aus can. 281 CIC), die Aufsicht über die Erfüllung ihrer Dienst- und Lebensführungspflichten sowie die Förderung der geistigen und spirituellen Lebenskultur im Klerus seiner Diözese.

Neben dem Anspruch auf eine angemessene kirchliche Vergütung ist noch das herkömmliche Recht der Priester, sich durch Entgegennahme von Meßstipendien gemäß can. 945 § 1 CIC ihren finanziellen Unterhalt zu sichern, gesamtkirchlich zu beachten. Es stellt insbesondere für weniger begüterte Kirchen und Diözesen eine wichtige Einnahmequelle dar. Eindeutig ist es die Absicht des kirchlichen Gesetzgebers, wie es die Norm des can. 947 CIC unmißverständlich ausdrückt, von der Praktizierung des Stipendienwesens im kirchlichen Leben jeden Anschein von Geschäft oder Handel fernzuhalten, der dem Wesen der Kirche als religiöser und spiritueller Gemeinschaft widerspricht.

Insgesamt zeigen diese Regelungen, daß nach den Vorstellungen des kirchlichen Gesetzgebers durch die Garantie einer angemessenen Vergütung und einer ausreichenden sozialen Sicherung der Kleriker die nötige Absicherung seines Lebensunterhaltes erhält. Diese bildet die Voraussetzung für gute Arbeitsbedingungen und dient dazu, finanzielle Abhängigkeiten von der eigenen Familie oder von anderen gesellschaftlichen Institutionen und Gruppen gar nicht erst entstehen zu lassen.

3.6.4 Recht der Ordensleute auf angemessene Versorgung durch ihr Institut (can. 670 CIC)

Can. 670 CIC enthält eine dem can. 281 CIC korrespondierende Regelung, die der besonderen Lebenssituation und Berufung der Ordensleute und ihrer vita communis angepaßt ist, wie sie der programmatische can. 607 § 1 CIC durch den Verweis auf die besondere Lebensweihe und Hingabe der Ordensleute an Gott beschreibt. Charakteristisch ist neben dem geschwisterlichen Gemeinschaftsleben (vgl. can. 607 § 2 CIC) auch die Trennung von der Welt, die den spezifischen Zeugnischarakter des Ordenslebens ausmacht (can. 607 § 3 CIC). Die Unabhängigkeit der Ordensinstitu-

237 Vgl. Schwendenwein, in: Handbuch des katholischen Kirchenrechts, a. a. O., S. 208.

te, ihres besonderen Charismas und ihrer gewachsenen Arbeiten im Dienste des kirchlichen Öffentlichkeitsauftrags hängt natürlich mit der Sicherung ihrer Fähigkeit zusammen, ihren Mitgliedern eine angemessene Versorgung zuteil werden zu lassen.

Die sehr allgemein und spirituell gehaltene, an den besonderen Geist der Gemeinschaften der evangelischen Räte anknüpfende Formulierung des can. 670 CIC bezieht sich auf alles, was gemäß den Konstitutionen der Gemeinschaft zur Erreichung des Zieles ihrer Berufung erforderlich ist.

Hierdurch sind der persönliche Unterhalt ebenso wie die notwendigen Kosten zur Vorsorge für den Fall des Alters, der Krankheit und der Arbeitsunfähigkeit erfaßt. Dem Anspruch der Ordensleute auf Unterhalt gegenüber ihrem Institut kommt wegen der Rechtsfolgen des Armutsgelübdes, die in can. 668 CIC konkret festgelegt worden sind, besondere Bedeutung zu. Denn gemäß can. 668 § 3 CIC erwirbt der Ordensangehörige grundsätzlich für das Institut. Dies gilt nicht nur für Arbeitshonorare, Einkünfte aus Gestellungsverträgen und Seelsorgsalmosen, sondern auch für Einkünfte aus Pensionen, Versicherungen oder sonstigen Unterstützungsgeldern.

Der materiellen Absicherung des Ordenslebens dienen weitere Vorschriften des Ordensrechtes des neuen Codex, der damit ein Rahmenrecht für alle Religioseninstitute geschaffen hat, das stärker als der alte Codex der Ausfüllung durch das jeweilige Eigenrecht bedarf.[238] So muß nach can. 610 § 1 CIC bei der Errichtung von Ordensniederlassungen der Unterhalt der Mitglieder sichergestellt sein. Es darf keine Niederlassung errichtet werden, wenn zum Gründungszeitpunkt eine materielle Absicherung des Hauses nicht gesichert ist und dies auch für die Zukunft nicht mit Wahrscheinlichkeit zu erwarten ist (vgl. can. 610 § 2 CIC).

Gemäß der besonderen Berufung der Ordensleute und ihrem spezifischen Zeugnis gegenüber der Welt sollen sie sich bemühen, gemäß can. 640 CIC den örtlichen Verhältnissen entsprechend ein kollektives Zeugnis der Liebe und der Armut abzulegen und sich auch für den Unterhalt der Armen und Bedürftigen und die Erfordernisse der Kirche einzusetzen. Dem kirchlichen Gesetzgeber geht es wie bei der entsprechenden Norm des can. 282 CIC aus dem Klerikerrecht darum, bei den Ordensleuten das Bewußtsein ihrer Vorbildfunktion für die Gläubigen wachzuhalten und insbesondere die Gemeinschaftlichkeit ihres Zeugnisses hervorzuheben.

Deshalb gelten die aus Gründen der Distanz zu weltlichen Geschäften und Handelsgeschäften erlassenen Normen der cann. 285–287 CIC gemäß der ausdrücklichen Verweisungsnorm des can. 672 CIC auch für die Ordensleute, um die Trennung von der Welt sichtbar zu machen, die jedem Ordensinstitut eigentümlich ist (can. 607 § 3 CIC).

Die speziellen Normen der cann. 634–640 CIC über Vermögen und Vermögensverwaltung in den Orden unterstreichen die Wichtigkeit dieses Anliegens. Insbesondere legt die Kirche Wert darauf, daß die Armut nicht nur für das einzelne Ordens-

238 Vgl. dazu P. KRÄMER, Kirchenrecht, Band 1, Stuttgart 1992, S. 153–154.

mitglied gilt, sondern auch für die jeweiligen Institute, Provinzen und Häuser. So soll nach can. 634 § 2 CIC jedwede Art von Luxus, unmäßigem Gewinn und Güteranhäufung vermieden werden. Dieser Intention dienen auch die cann. 636 § 2 und 637 CIC über die Pflicht zur Rechenschaftslegung gegenüber der zuständigen Autorität sowie die cann. 638 und 639 CIC über die Geschäftsführung und das Eingehen von Verbindlichkeiten.

3.7 Die kirchlichen Grundrechte nach dem neuen CIC / 1983 im Vergleich zum Grundrechtskatalog des Entwurfs einer Lex Ecclesiae Fundamentalis (LEF)

Die institutionelle Gestalt der katholischen Kirche ist seit alters her rechtlich geprägt. Die Kirche verfügte daher schon immer über ein materielles Verfassungsrecht. Nach dem Zweiten Vaticanum entstand aber im Zuge der Reform des kanonischen Rechts die Überlegung, das materielle Verfassungsrecht auch formell als Grundgesetz der Kirche in einer eigenen Urkunde zusammenzufassen, und zwar als gemeinsames Gesetzbuch (Codex fundamentalis) der lateinischen und der orientalischen Kirche.[239] Die Idee, die kirchlichen Verfassungsnormen in einem Grundgesetz zusammenzufassen, war nur in formaler Hinsicht neu und stellte daher mehr ein legislatorisches als ein theologisches Problem dar.[240]

Im folgenden soll nicht näher auf die umfangreiche und wechselvolle Vorgeschichte und auf die Kritik des Projekts einer Lex Ecclesiae Fundamentalis (LEF) eingegangen werden,[241] da durch die Promulgation des neuen Codex, der ja kein formell als solches ausgewiesenes und proklamiertes Grundgesetz enthält, dieses Projekt sozusagen in Stille zu Grabe getragen wurde.[242] Der Verzicht auf die Promulgation einer Lex Ecclesiae Fundamentalis hat nach Aymans[243] neben gesetzgebungstechnischen hauptsächlich kirchenpolitische Gründe.

239 Vgl. hierzu AYMANS, Grundriß, S. 39, 40ff mit detaillierten Angaben zur Vorgeschichte des Projekts der LEF.

240 Vgl. hierzu auch AYMANS, Grundriß, a. a. O., S. 44.

241 Vgl. hierzu die umfassende Darstellung von AYMANS, Grundriß, S. 40–51. Einen guten Überblick bietet auch H. HEINEMANN, Lex Ecclesiae Fundamentalis – eine verpaßte Chance?, in: »Die Kirche und ihr Recht«, Theologische Berichte Band 15, 1986, S. 139–158, bes. S. 139–144. Der hier besprochene Entwurf der Reformkommission ist in lateinischer Fassung enthalten in: Communicationes Band XII (Nr. 1) 1980, S. 26–47. Die nicht autorisierte deutsche Übersetzung des Entwurfs einer Lex Ecclesiae Fundamentalis vom Stande des Jahres 1976 findet sich in der Herder-Korrespondenz, Band 32 (1978), S. 623–632, im Rahmen eines Artikels von A. ABELLI mit dem Titel »Kirchenrecht im Geist des Konzils?« (ebenda, S. 617 ff).

242 Vgl. hierzu AYMANS, in: Handbuch des katholischen Kirchenrechts, a. a. O., S. 69.

243 Vgl. AYMAN, in: Handbuch des katholischen Kirchenrechts, a. a. O., S. 70–71, mit näheren Hinweisen zur Problematik.

Es soll an dieser Stelle vielmehr ein kurzer Vergleich zwischen den entsprechenden Normen in den beiden Rechtskatalogen vorgenommen werden, der Gemeinsamkeiten und Unterschiede deutlich werden läßt.[244]

Der Katalog der Rechte und Pflichten aller Gläubigen (cann. 208–223 CIC / 1983), der hier zunächst betrachtet werden soll, entspricht Teil I, Kapitel I, Art. 2 (can. 9–24) des Entwurfs einer LEF.

Dem can. 211 CIC (Recht und Pflicht zur Evangelisation) entspricht insoweit can. 11 des LEF–Entwurfs. Es gibt hier nur eine kleine Modifikation, da statt des Ausdrucks »Heilsplan« (can. 11 LEF) der neue Codex »Heilsbotschaft« formuliert hat. Damit ähnelt die Formulierung des neuen Codex sogar stärker can. 64 des Entwurfs einer LEF, der die Pflicht aller Christgläubigen zur Mitarbeit an der Ausbreitung der Botschaft des Evangeliums betont.

Dem can. 213 CIC (Recht auf Hilfe aus den geistlichen Gütern der Kirche) entspricht der can. 13 LEF, dem can. 214 CIC (Recht auf Gottesdienst im eigenen Ritus und auf eigene Form des geistlichen Lebens) entspricht der can. 14 LEF (mit unerheblichen sprachlichen Modifikationen).

Can. 215 CIC (Recht auf Gründung caritativer und religiöser Vereine und auf Versammlungen) entspricht mit gewissen Modifikationen dem can. 15 LEF. Der Hinweis auf die ihrem Wesen nach allein der kirchlichen Autorität vorbehaltenen Zielsetzungen findet sich inhaltlich jetzt an seinem systematischen Ort, im Vereinsrecht des neuen CIC, in can. 301 CIC.

Can. 216 CIC (Recht auf Apostolat) entspricht dem can. 16 LEF, wobei hier praktisch nur der Satzbau etwas umgestellt wurde.

Can. 217 CIC (Recht auf christliche Erziehung) entspricht dem can. 17 § 1 LEF, can. 218 CIC (Theologische Forschungs- und Lehrfreiheit) dem can. 18 LEF, can. 219 CIC (Recht auf freie Wahl des Lebensstandes) dem can. 19 LEF, wobei die legislatorische Schranke »gemäß den kirchlichen Vorschriften« natürlich implizit auch für can. 218 CIC gilt, auch wenn dies in den neuen Kanon ausdrücklich nicht aufgenommen wurde.

Can. 220 CIC (Recht auf guten Ruf und Schutz der persönlichen Intimsphäre) entspricht teilweise dem can. 20 LEF (Recht auf guten Ruf), erweitert den Schutzbereich dieses Kanons aber auf den Bereich der »eigenen Intimsphäre«.

Can. 221 §§ 1 und 2 CIC (Recht auf kirchlichen Rechtsschutz) entspricht mit Modifikationen dem can. 22 §§ 1 und 2 LEF, can. 221 § 3 CIC dem can. 21 LEF. Die Modifikationen beziehen sich allerdings nur auf den can. 221 § 1 CIC bzw. can. 22 § 1 LEF. Die allgemeine Norm des neuen Kirchenrechts enthält hier nicht mehr den ausdrücklichen Verweis auf die Möglichkeit der Geltendmachung des Verwaltungsrechtsschutzes. Diese Auslassung ist im Sinne einer besseren Trans-

244 Unter Bezugnahme auf die deutsche Übersetzung des Entwurfs einer LEF in dem erwähnten Artikel von A. ABELLI, Herder–Korrespondenz 1978, S. 617–632.

parenz der Möglichkeiten des kirchlichen Rechtsschutzes, beispielsweise des Verwaltungsbeschwerdeverfahrens gemäß cann. 1732ff CIC, zu bedauern.

Der Entwurf einer LEF enthält keine eigenen Rechte- und Pflichtenkataloge für Laien, Kleriker und Ordensleute. Gleichwohl gibt es hier einzelne Normen, die inhaltlich den Normen des CIC entsprechen.

Aus dem Katalog der Pflichten und Rechte der Laien entspricht can. 226 § 2 CIC (Recht auf christliche Kindererziehung) dem can. 17 Abs. 2 LEF, wobei aber der Hinweis auf die Eltern als die »erste und besondere Erzieher« (can. 17 § 2 S. 1 LEF) im neuen Codex entfallen ist, sowohl in der allgemeinen Norm des can. 226 § 2 CIC wie in der besonderen Norm des can. 793 § 1 CIC, in der bezeichnenderweise neben den Eltern die an ihrer Stelle Erziehungsberechtigten in gleicher Weise aufgeführt sind. Es handelt sich hier somit um eine berechtigte Korrektur des kirchlichen Gesetzgebers, der in einer realistischen Sicht der gegenwärtigen Familiensituation eine Minderbewertung der Erziehungsberechtigten gegenüber den leiblichen Eltern des Kindes vermieden hat.

Can. 227 CIC (Recht auf Ausübung der legitimen bürgerlichen Freiheiten im Staat) findet im Entwurf der LEF eine gewisse Entsprechung im can. 52 § 2, soweit er die Ausübung der Religionsfreiheit für die Katholiken beansprucht; soweit can. 227 CIC aber die Pflicht der Gläubigen zu Gehorsam und Loyalität gegenüber dem kirchlichen Lehramt bei Ausübung ihrer bürgerlichen Freiheiten regelt, entspricht dies inhaltlich weitgehend der generellen Norm des can. 12 § 1 LEF sowie den allgemeinen Normen der LEF über das kirchliche Lehramt, insbesondere den cann. 59 bis 61.

Can. 228 § 1 CIC (Recht auf Übernahme kirchlicher Ämter und Aufgaben) hat eine Entsprechung in can. 56 § 3 LEF.

Can. 228 § 2 CIC findet seine Entsprechung in can. 80 LEF, der im übrigen noch allgemeiner formuliert (»verschiedene Aufgaben«) und auch auf den Bereich von can. 228 § 1 CIC anwendbar ist.

Can. 228 §§ 1 und 2 CIC können als eine Art praktische Ausführungsnorm zur allgemeinen Norm des can. 225 §§ 1 und 2 CIC angesehen werden. Can. 225 CIC hat seinerseits eine Entsprechung in can. 28 LEF, wobei die jeweiligen §§ 1 und 2 bei abweichender Formulierung inhaltlich praktisch weitgehend identisch sind. Der besondere Auftrag der Laien zum christlichen Dienst an und in der Welt (can. 225 § 2 CIC) ist im Entwurf der LEF außer in can. 28 § 2 zusätzlich noch in can. 51 § 1 enthalten.

Can. 28 § 1 LEF betont über den Inhalt von can. 225 § 1 CIC hinaus den eigenen Anteil der Laien an den Aufgaben, die zur Heilssendung der Kirche gehören. Der eigene Anteil der Laien an der Sendung der Kirche und ihre Teilhabe am priesterlichen, prophetischen und königlichen Amt Christi werden zusätzlich in besonderer Weise durch die Norm des can. 56 § 2 LEF betont.

Der Laienkatalog des neuen Codex enthält hier keine entsprechende Formulierung. Der hier in can. 28 § 1 LEF enthaltene Gedanke ist aber in ähnlicher Formulierung im Klerikerkatalog enthalten, und zwar in can. 275 § 2 CIC, wo es heißt, daß die Kleriker die Sendung der Laien in Kirche und Welt anzuerkennen haben.

Can. 230 CIC (Recht auf Mitwirkung an der kirchlichen Liturgie und auf Ausübung liturgischer Dienstämter) findet – in Verbindung mit der allgemeinen Norm des can. 228 § 1 CIC – eine gewisse Entsprechung in der Norm des can. 67 § 4 LEF, die allerdings viel allgemeiner gefaßt ist und keinen Hinweis auf konkrete liturgische Dienstämter wie z. B. das Lektorat oder das Akolythat enthält. Die Notwendigkeit einer Sendung durch die zuständige kirchliche Autorität für die Ausübung des Dienstes am Wort Gottes im Namen der Kirche, die durch Übertragung eines kirchlichen Dienstamtes geschehen kann, ist in can. 64 S. 2 LEF bestimmt.

Was den Katalog der Rechte und Pflichten der Kleriker betrifft, so ist das Recht der Kleriker auf Übernahme kirchlicher Leitungsämter (can. 274 § 1 i. V. m. can. 207 § 1 CIC) inhaltlich in can. 25 § 1 und can. 26 LEF enthalten.

Das Recht der Kleriker auf angemessenen Lebensunterhalt gegenüber der Kirche (can. 281 CIC) ist – mehr indirekt – in can. 82 § 2 LEF, in Verbindung mit den in can. 81 LEF enthaltenen Regelungen, niedergelegt.

Im übrigen enthält der Entwurf der LEF keine weiteren konkreten Rechte, die dem detaillierten Katalog des neuen CIC (cann. 273–289 CIC) entsprechen würden.

Dies gilt im übrigen auch für die Rechte und Pflichten der Ordensleute, die in can. 27 LEF als eigener Stand der Kirche (entsprechend can. 207 § 2 CIC) erwähnt und in allgemeiner Weise charakterisiert werden. Die Mitarbeit der Ordensleute am Heiligungsdienst der Kirche, besonders am kirchlichen Stundengebet, hat in can. 69 § 2 LEF Erwähnung gefunden.

Der knappe Vergleich zwischen den jeweiligen Regelungen von CIC / 1983 und dem Entwurf einer LEF hat gezeigt, daß doch eine erhebliche Anzahl von Normen der LEF, teils in modifizierter Gestalt, Eingang in den neuen Codex gefunden haben. Dies gilt insbesondere für den die christifideles betreffenden Katalog, aber in etwas abgeschwächter Weise auch für den Laienkatalog des neuen CIC.

4. Einige Problemfelder des kirchlichen Öffentlichkeitsauftrages

Die öffentliche Tätigkeit der Kirche vollzieht sich immer neu in einer konkreten Weltsituation, die durch bestimmte historische und gesellschaftliche Grundbedingungen und Entwicklungen gekennzeichnet ist.

Die Geistesgeschichte unserer jetzigen Epoche ist geprägt durch die Entdeckung des Subjektes und der subjektiven Rechte. Hierfür steht in exemplarischer Weise die globale ethische Wertschätzung der Menschenwürde und der grundlegenden Menschenrechte sowie des Partizipationsgedankens, mögen sie auch im konkreten Leben der Völkergemeinschaft und der einzelnen Nationen vielfach noch nicht verwirklicht sein. Ihr universaler Geltungsanspruch wird jedenfalls kaum mehr bezweifelt.

Die Sensibilität für die Bedeutung von Freiheit und Teilhabe nicht nur im persönlichen Leben des Individuums, sondern auch in allen gesellschaftlichen Bezügen ist stark gewachsen. Gesellschaftliche Institutionen müssen sich vermehrt mit dem Vorwurf der Bürokratisierung, beispielsweise im Bereich der Information und Personalführung, aber auch der Transparenz ihrer hierarchischen Strukturen und Kommunikationsabläufe und der kritischen Analyse bestehender Partizipationsstrukturen auseinandersetzen. Der Vorrang autonomer Freiräume im Leben des Individuums hat bereits dazu geführt, daß gesellschaftliche Großorganisationen von vornherein den Verdacht der Fremdbestimmung des Individuums erwecken. Damit scheinen sie schon strukturell dem Selbstverständnis des autonomen Freiheitsethos und des autonomen Subjektes in der Gesellschaft zu widersprechen.[1]

Da der Mensch als soziales Wesen in seinen Lebensvollzügen auf die Existenz von Institutionen angewiesen ist und diese nicht abschaffen kann und will, bricht sich die Freiheitsidee in der Suche nach gesellschaftlichen Nischen – als Schutzräumen vor der Macht gesellschaftlicher Großorganisationen – Raum. Hier will man personale Werte, humane Kommunikation und selbstbestimmte soziale Aktivität in intensiverer Weise verwirklichen, als dies in großen bürokratisierten Institutionen möglich ist. Bürgerinitiativen, Selbsthilfegruppen, studentische Initiativkreise und andere Gruppierungen der sozialen Bewegungen sind oft Ausdruck dieser Versuche, der Macht großer, oft unüberschaubarer Institutionen ein Gegengewicht in Form einer basisdemokratisch organisierten Gruppe entgegenzustellen. Transparenz, Selbstbestimmung, Diskussion der Handlungsziele und der einzelnen Initiativen und Projekte gehören zu den wesentlichen Merkmalen dieser Gruppen der neuen sozialen Bewegungen. Sie verstehen ihre Existenz und Arbeit ausdrücklich als Beitrag zu mehr gesellschaftlicher Partizipation und zur Verwirklichung individueller Grund- und Menschenrechte.

Die Menschenrechte werden gesamtgesellschaftlich besonders in der Sicht sozialer Bewegungen und Initiativen als rechtliche und ethische Integrationsfiguren be-

---

1 F. HAFNER, Kirchen im Kontext der Grund- und Menschenrechte, Fribourg 1992, spricht in diesem Zusammenhang von einer »grundrechtsgefährdenden Macht« von gesellschaftlichen Institutionen.

trachtet, als Klammerbegriffe, die zugleich den individuellen Freiraum des Menschen schützen und ihn möglichst unversehrt in die soziale Lebenssphäre des Menschen übertragen sollen.[2]

Wenn die Kirche sich in ihrem offiziellen Selbstverständnis und in ihrem Öffentlichkeitsauftrag seit dem Zweiten Vaticanum als Anwalt der Menschenrechte versteht, muß sie zugleich ihre eigene, zeitgeschichtlich bedingte und geschichtlich geprägte Tradition als Großinstitution und das dadurch geprägte gesellschaftliche Image mitbedenken.

Dabei spielt für die Frage der Akzeptanz der Inhalte der kirchlichen öffentlichen Verkündigung ganz besonders die Art und Weise des innerkirchlichen Umgangs mit dem sensiblen Problemkreis der Grund- und Menschenrechte und der Partizipation der Mitglieder eine Rolle. Aber auch die Fähigkeit der Kirche, aktuelle gesellschaftliche Entwicklungen zu sehen und Bedürfnisse aufzugreifen, Grundwerte zu erhellen und Zukunftsvisionen zu entwickeln, wird von der Gesellschaft aufmerksam registriert.

Im folgenden sollen einige Schwierigkeiten, die sich in der gegenwärtigen historischen Situation dem kirchlichen Öffentlichkeitsauftrag darbieten, exemplarisch beleuchtet werden.

4.1 Kirchliche Urteilskompetenz in menschlichen Dingen und Autonomie der irdischen Wirklichkeiten

Die Kirche will nach der programmatischen Aussage der Pastoralkonstitution »Zeichen und Schutz der Transzendenz der menschlichen Person« (vgl. GS 76,2) und damit Anwalt für die Würde und Selbstzwecklichkeit der menschlichen Person sein und wendet sich damit ausdrücklich gegen jeden staatlichen und gesellschaftlichen Totalanspruch. Sie will dazu die Universalität und den unbedingten Geltungsanspruch ethischer Normen verdeutlichen und interpretieren und so das Wertbewußtsein wecken und zur Schaffung und zeitgemäßen Erneuerung eines tragfähigen gesellschaftlichen Wertekonsenses ihren Beitrag leisten.

Dies tut sie auf der Grundlage und aus dem Geiste der Botschaft des Evangeliums in der Ausprägung, wie sie durch die Tradition der zwei christlichen Jahrtausende geformt worden ist. Die praktische Verwirklichung des Evangeliums im privaten und gesellschaftlichen Leben durch die Anwendung der christlichen ethischen Grundsätze kann grundsätzlich keinen Teilbereich des Lebens aussparen.

Aus diesem Grunde beansprucht die Kirche in Treue zu ihrer Botschaft die Kompetenz, auch über weltliche Sachverhalte aus ethischer Sicht zu urteilen und gegebenenfalls verbindliche Weisungen für die Lebensführung des Christen zu erlassen.

---

2 Vgl. HAFNER, a. a. O., S. 16–17.

In diesem Sinne versteht sich die Kirche nach dem Zweiten Vaticanum als »Sauerteig und Seele der menschlichen Gesellschaft zur Erneuerung in Christus« (GS 40).

Zugleich erkennt das Zweite Vatikanische Konzil die Eigengesetzlichkeit der irdischen Wirklichkeiten und der in ihnen wirkenden Sachlogik bzw. der dort vorhandenen Werte an, betont aber, daß die göttliche Heilsordnung und die ihr eigenen Werte alle immanenten Werte noch einmal umfassen und transzendieren.[3] Die Rede von der berechtigten Eigengesetzlichkeit bestimmter weltlicher Lebensbereiche meint damit nicht den Verzicht auf die ethische Beurteilung gesellschaftlicher oder politischer Vorgänge, sondern unterstellt dieses ethische Urteil nur besonderen sachlichen Voraussetzungen. Es gibt eine legitime Autonomie der wissenschaftlichen Forschung, die je nach Einzelwissenschaft (z. B. in der Mathematik oder Physik) über eigene anerkannte Methoden verfügt (vgl. GS 36 Abs. 2). Dies ist eine Konsequenz aus der Schöpfungsordnung und der in ihr geschaffenen Einzelwirklichkeiten. Unter der Voraussetzung, daß die wissenschaftliche Forschung streng methodisch und unter Achtung der Normen der Sittlichkeit vorgeht, wird es, so das Konzil, keinen echten Konflikt oder Widerspruch zwischen Glauben und Wissenschaft geben, weil die profane Wirklichkeit und die Wirklichkeit des Glaubens ein und denselben Ursprung in Gott haben (vgl. GS 36 Abs. 2). Das Konzil bedauert, daß die Kirche in früheren Zeiten die legitime Autonomie und Eigengesetzlichkeit wissenschaftlicher Methodik nicht respektiert hat, stellt aber klar, daß es eine absolute Autonomie der Schöpfungswirklichkeit, also eine Leugnung der Abhängigkeit von Gott ablehnt (GS 36 Abs. 2,3).

Christus und sein Evangelium besitzen, so die Quintessenz aus Art. 76 GS, gegenüber den vielfältigen innerweltlichen Geltungsansprüchen der irdischen Teilbereiche für den Christen für den Bereich der Menschenrechte und das Heil der Seelen einen ethischen Ganzheits- und Unbedingtheitsanspruch. Dieser rechtfertigt sich in seiner besonderen Verbindlichkeit und universalen Gültigkeit aus seiner transzendenten und transimmanenten Sollenslegitimation. Die Ausübung der kirchlichen ethischen Urteilskompetenz soll vor allem sicherstellen, daß der Mensch von Staat und Gesellschaft nicht in totalitärer Weise vereinnahmt wird.[4] Diese Verbindlichkeit kommt in der katholischen Kirche institutionell im autoritativen Charakter des Lehramtes zum Ausdruck.

Durch die unbedingte Verbindlichkeit und Universalität der Geltung christlicher sittlicher Normen wird somit jeder staatliche, aber auch gesellschaftliche Totalitätsanspruch abgewiesen, doch will die Kirche nicht in gesellschaftliche und staatliche Kompetenzbereiche hineinregieren. Es geht vielmehr um die Entfaltung und Ver-

---

3 Vgl. dazu A. GRILLMEIER, Die Rolle der Kirche in der modernen Welt, in: J. Chr. Hampe (Hrsg.), Die Autorität der Freiheit. Gegenwart des Konzils und Zukunft der Kirche im ökumenischen Disput, Band 3, München 1967, S. 143.

4 Vgl. hierzu P. HINDER, Die Grundrechte in der Kirche, Fribourg 1977, S. 50, Fn. 4.

breitung wichtiger menschlicher und ethischer Werte und damit letztlich um die Erschließung des sozialen und politischen Sinnes menschlicher Existenz, wie dies die Pastoralkonstitution in Art. 76 in plastischer Sprache verdeutlicht:

> »Indem sie (die Kirche) nämlich die Wahrheit des Evangeliums verkündet und alle Bereiche menschlichen Handelns durch ihre Liebe und das Zeugnis der Christen erhellt, achtet und fördert sie auch die politische Freiheit der Bürger und ihre Verantwortlichkeit.«

Die kirchliche Anerkennung der Eigengesetzlichkeit weltlicher Lebensbereiche ist auch Ausdruck des Respektes der Kirche vor der gewachsenen Eigenständigkeit der Kultur. Die Erforschung der Welt und die schrittweise Entdeckung der ihr innewohnenden Gesetzlichkeit ist Voraussetzung für eine sinnvollen und verantwortlichen Umgang mit der Schöpfung Gottes (vgl. GS 36 Abs. 2 S. 1).[5] Ganz in der Linie dieser Gedanken der Pastoralkonstitution liegt auch der vor einigen Jahren auf ökumenischer Basis gegründete konziliare Prozeß, der sich für Frieden, Abrüstung und die Bewahrung der Schöpfung vor Umweltzerstörung einsetzt.

Es ist richtig und notwendig, in einem zweiten Denkschritt nach der prinzipiellen Anerkennung des Eigenwertes der geschaffenen Dinge ihre religiöse und moralische Finalität im System der christlichen Heilsordnung herauszustellen. Vor einer vorschnellen ethischen Finalisierung der geschaffenen Dinge und damit der autonomen säkularen Sachbereiche, die gleichsam noch im gleichen Atemzuge mit der Anerkennung ihres Eigenwertes erfolgt, muß indes mit Auer gewarnt werden. Dies ruft im modernen Menschen den Argwohn einer typisch klerikalen Moralisierung hervor, gegen die er instinktiv Widerstand leistet.[6] Außerdem ist an dieser Stelle noch darauf hinzuweisen, daß die kirchliche Anerkennung der Autonomie der weltlichen Sachbereiche eine Absage an eine integralistische Grundhaltung einschließt, die weltliche und gesellschaftliche Institutionen und Lebensbereiche prinzipiell bevormunden und in ihrer Kompetenz letztlich nicht ernst nehmen will.

Durch diese prinzipiell weltoffene, dialogbereite Haltung der Kirche nach dem Zweiten Vaticanum wird die immer neu notwendige Inkulturation der christlichen Botschaft und ihrer Verkündigungsformen ermöglicht. Damit kann die latent vorhandene Gefahr des kulturellen Rückzugs der Kirche, eines bildungs- und kulturfeindlichen Dogmatismus, indem die Kirche nicht mehr ein Anwalt der Welt und der Menschen ist, sondern sich zu beider Denunzianten entwickelt, gebannt werden.[7]

Die Eigenständigkeit säkularer Einzelwissenschaften und ihrer spezifischen Erkenntnismethoden sind von besonderer Bedeutung für die Abklärung konkreter Sachverhalte und Tatsachenfragen, die die empirische Grundlage für die ethische Beurteilung bilden. Für die ethischen Stellungnahmen der Kirche sind nicht nur die

---

5 Vgl. dazu J. C. HAMPE, Kultur und Bildung, in: ders. (Hrsg.), Die Autorität der Freiheit. Gegenwart des Konzils und Zukunft der Kirche im ökumenischen Disput, Band 3, München 1967, S. 317.

6 Vgl. dazu AUER, in: LThK Ergänzungsband, GS, S. 383.

7 Vgl. dazu TUCCI, in: LThK Ergänzungsband, GS, S. 482.

jeweiligen Tatsachenfragen und der empirische Kontext eines bestimmten gesellschaftlichen Problembereiches (wie z. B. Gentechnologie oder auch Asyl- und Flüchtlingsfragen) wichtig. Eine besondere Rolle spielt auch die Frage nach den Handlungsmitteln und den Handlungszwecken sowie die Frage nach der Verhältnismäßigkeit zwischen den angewandten Mitteln und dem hiermit verfolgten Zweck (sog. Zweck-Mittel-Relation). N. Soe weist mit Recht darauf hin, daß die Frage der Anwendung der Mittel sowie die Zweck-Mittel-Relation immer eine ethische Dimension hat. Die Notwendigkeit einer kirchlichen ethischen Beurteilung und erforderlichenfalls auch einer öffentlichen Stellungnahme darf nicht mit dem Hinweis auf problemimmanente Sachlogik und Eigengesetzlichkeit abgetan werden.[8]

Eigengesetzlichkeit kann darum keine - auch nur partielle - Loslösung von den christlichen Grundgeboten bedeuten, sie ist in ihrer eigenen Logik aus der Natur der jeweiligen Sache begründet.

Es kann darum in einer Gesellschaft dem christlichen Ethos widersprechende, menschliche Sozialgestalten, Institutionen und Verhaltensweisen geben, gegen die der Christ, wenn er sein eigenes Bekenntnis ernst nimmt, protestieren muß. Dies ist insbesondere dann der Fall, wenn der Staat fundamentale Menschenrechte nicht gewährt und humane Grundbedürfnisse nicht erfüllt.[9]

Die Eigengesetzlichkeit der weltlichen Lebensbereiche kann sich im konkreten Handeln der beteiligten Menschen mit praktizierter Selbstgesetzlichkeit des Menschen verbinden. Das Konzil hat die Gefahr einer autonomen Selbstgesetzlichkeit des Menschen in GS 36 gesehen. Die berechtigte Eigengesetzlichkeit geschaffener Dinge kann sich nämlich in der Praxis mit ethischem Subjektivismus verbinden. Der Mensch gibt sich dann seine eigenen sittlichen Normen selbst und fühlt sich nicht mehr an vorgegebene, für den einzelnen unverfügbare sittliche Normen gebunden. Hierauf spielt das Konzil in GS 36,3 an. Wenn der Mensch die geschaffenen Dinge nicht mehr in ihrer Abhängigkeit vom Schöpfer sieht und sie demzufolge ohne Bezug auf Gott gebraucht, verfällt er nicht allein der Gottvergessenheit, sondern kann auch, so das Konzil, das Geschöpf selbst nicht mehr verstehen (GS 36,3). Eine solche Gefahr kann durch einen in einer modernen Gesellschaft herrschenden praktischen Atheismus und ethischen Libertinismus durchaus akut werden. Die die verschiedenen Lebensbereiche prägenden Institutionen (z. B. Gewerkschaften und andere Verbände, Universitäten, Krankenhäuser oder Schulen) sind ja keine starren, unveränderlichen Größen, sondern vollziehen den geistesgeschichtlichen und kulturellen Gestaltwandel der jeweiligen Geschichtsepoche mit. Sie können allerdings eine eigene Zweckrationalität und Dynamik der Eigeninteressen entwickeln, die

8 Vgl. dazu N. Soe, in: Glaube und Handeln, Grundprobleme evangelischer Ethik. Texte aus der evang. Ethik der Gegenwart, ausgewählt von H. H. Schrey, Sammlung Dieterich, Bremen 1961, S. 258-259.

9 Vgl. dazu Walther, Art. »Königsherrschaft Jesu Christi«, in: TRE, G. Krause, G. Müller (Hrsg.), Band 19, Berlin - New York 1990, S. 317.

nicht unbedingt mit den Erfordernissen des gesamtgesellschaftlichen Gemeinwohls in Einklang zu bringen ist.[10] Die maßgeblichen Institutionen der verschiedenen unabhängigen gesellschaftlichen Sektoren (Politik, Wirtschaft, Kultur oder Wissenschaft) können durchaus rivalisierende Partikularinteressen hervorbringen und so für die jeweiligen anderen Sektoren der pluralen Gesellschaft ein bedrohliches Potential darstellen, das noch dazu durch sektorspezifische Ideologien gerechtfertigt wird. Die Aufgabe der Kirche in einer solch komplexen gesellschaftlichen Situation kann darin bestehen, die konkurrierenden Eigengesetzlichkeiten in ihrem relativen Charakter herauszustellen und so deren ideologisches Potential zu entschärfen.[11]

Die Kirchen können so zum Anwalt des Gemeinwohls werden, auch und gerade wegen ihres universalen gesellschaftlichen Auftrages, der sich nicht auf bestimmte gesellschaftliche Sektoren begrenzen läßt.

Die Pastoralkonstitution konkretisiert diesen Auftrag der Kirche durch die Heraushebung erzieherisch zu vermittelnder tragender Gemeinschaftswerte und ethischer Maximen. Genannt werden Freiheit und Verantwortung, Respekt vor der personalen Würde und den Rechten der Person, Stärkung der Partizipationsrechte der Staatsbürger, Minderheitenschutz sowie Betonung der Gemeinwohl- und Gerechtigkeitsverpflichtung des Staates und aller seiner Organe. Man statuiert damit auch eine wichtige sozial-integrative Funktion der Kirche (vgl. Art. 73–76 GS). Durch die Stärkung des Bewußtseins für Gemeinschaftswerte und Ziele des Gemeinwohls, durch die Praktizierung von Kooperation von Staat und gesellschaftlichen Institutionen (sog. runder Tisch, Konsensgespräche) können gesellschaftliche Konflikte besser bewältigt und kanalisiert werden.[12] Wichtiger scheint indes zu sein, gesamtgesellschaftlich das Bewußtsein für universal gültige Gemeinschaftswerte wie Personalität, Sozialität und Gemeinwohl zu stärken und zu vertiefen. So werden die Grenzen der Autonomie der Sachbereiche deutlich markiert und wird die ethische Verpflichtung der Menschen inmitten des raschen technischen Fortschritts besser herausgestellt (vgl. dazu Art. 34 und 35 GS).

Die besondere Schwierigkeit, die sich durch die Anerkennung einer legitimen Eigengesetzlichkeit weltlicher Sachbereiche für die Kirche ergibt, besteht darin, daß kirchliche Stellungnahmen, je nach Fachgebiet, humanwissenschaftlich fundiert sein müssen, um überhaupt eine genügende gesellschaftliche und fachliche Akzeptanz zu erreichen. Außerdem wird die Einbeziehung weltlicher Sachverständiger sowie Gesprächs- und Diskussionspartner, je nach Sachgebiet, mitunter fast unerläßlich sein. Bei unabgeschlossener fachlicher Diskussion in wichtigen Fragen (z. B. Gentechnik) wird sich das kirchliche Lehramt auf allgemeine, fundamentale Ethikrichtlinien beschränken müssen.

---

10 Vgl. dazu AMELUNG, Art. »Autonomie«, in: TRE, G. Krause, G. Müller (Hrsg.), Band 5, Berlin – New York 1980, S. 13–14.

11 Vgl. dazu AMELUNG, in: TRE, Band 5, a. a. O., S. 16–17.

12 Vgl. dazu AMELUNG, in: TRE, Band 5, a. a. O., S. 16–17.

4.1.1 Die Sicht des Zweiten Vaticanums (Art. 33–36, 76 GS) und des neuen Kirchenrechts (can. 747, 227 CIC)

Art. 36 GS beginnt seine Ausführungen mit einer Klärung des Begriffs der »berechtigten Eigengesetzlichkeit irdischer Wirklichkeiten«, der bereits in der Überschrift des Kapitels auftaucht.

Nach der Pastoralkonstitution zeichnet sich eine berechtigte Autonomie weltlicher Lebensbereiche dadurch aus, »daß die geschaffenen Dinge und auch die Gesellschaften ihre eigenen Gesetze und Werte haben, die der Mensch schrittweise erkennen, gebrauchen und gestalten muß«. Auer spricht insoweit von der Anerkennung einer spezifischen Seinsqualität, eigenen Ordnungsstrukturen und Sachgesetzlichkeiten und, daraus folgend, einer immanenten Rationalität und Sinnhaftigkeit.[13] Der Umgang mit den Ergebnissen der Forschung der Einzelwissenschaften untersteht den Normen des Sittengesetzes, auch wenn sich die Erforschung der empirischen Tatsachen und Gesetzlichkeiten der einzelnen Wissenschaftszweige nach den jeweiligen spezifischen Methoden richten muß.

Dies bedeutet für die sachgemäße Ausübung der kirchlichen ethischen Urteilskompetenz, daß die Kirche fachspezifischen Kenntnissen Rechnung tragen und darum gegebenenfalls das Urteil kompetenter Fachleute einholen muß, um überhaupt zu begründeten ethischen Werturteilen in wichtigen Problemkomplexen gelangen zu können. Das Konzil fordert dann auch alle katholischen Laien zu vermehrten wissenschaftlichen Anstrengungen auf (vgl. Art. 43 Abs. 2 GS).

Demnach gebietet es die Redlichkeit, wie die Konzilsväter ausdrücklich betonen, mit Rücksicht auf den jeweiligen Forschungsstand in einer konkreten Sachfrage (z. B. auf dem Gebiet der Gentechnologie), sofern sich unter den maßgeblichen Fachleuten noch keine einheitliche Meinung gebildet hat, daß sich das kirchliche Lehramt mit einer definitiven Stellungnahme zurückhält (vgl. Art. 43 Abs. 3 GS). Die Kirche darf insbesondere bei ungeklärtem Sach- und Streitstand nicht den Fehler machen, sich autoritativ auf die Seite der einen Meinung zu stellen, auch wenn kirchliche Laien und gläubige Fachleute in dieser Richtung Druck ausüben und für die eigene fachliche Meinung die Autorität des kirchlichen Lehramtes reklamieren wollen.[14]

In Art. 36 GS definieren die Konzilsväter auch die Grenzen der Autonomie der weltlichen Lebensbereiche in konkreter Weise, wie dies im vorigen Abschnitt bereits angedeutet wurde. Es dürfe im Rahmen der Schöpfungsordnung keine falsche Autonomie der irdischen Sachbereiche geben, da der Mensch die geschaffenen Dinge nicht ohne ihren Bezug auf ihren Schöpfer gebrauchen könne. Die Autonomie der zeitlichen Dinge ist nur soweit legitim, als sie die Abhängigkeit der Dinge von ihrem Schöpfer respektiert (GS 36,3).

---

13 Vgl. Auer, in: LThK Ergänzungsband, GS, a. a. O., S. 385.

14 So Grillmeier, a. a. O., S. 152.

Hierzu bedarf es einer gesamtgesellschaftlichen Erziehung zur Solidarität. Denn wichtiger als der technische Fortschritt ist für die Menschheit die Erreichung einer größeren Gerechtigkeit, einer umfassenden Geschwisterlichkeit und einer humaneren Ordnung der Gesellschaft (GS 35,1).

Das Anliegen der umfassenden Humanisierung des technischen Fortschritts, das eine unerhörte Herausforderung für die kirchliche ethische Urteilskompetenz und ihr ethisches Engagement darstellt, kommt in den folgenden programmatischen Worten der Pastoralkonstitution (vgl. Art. 33 Abs. 2 GS) pointiert zum Ausdruck:

> »Angesichts dieses unermeßlichen Unternehmens (gemeint ist der technische Fortschritt), das schon die ganze Menschheit erfaßt, stellen sich den Menschen viele Fragen: Was ist der Sinn und der Wert dieser angestrengten Tätigkeit? Wie sind all diese Güter zu nutzen? Was ist das Ziel dieses individuellen und kollektiven Bemühens? Die Kirche hütet das bei ihr hinterlegte Wort Gottes, aus dem die Grundsätze der religiösen und sittlichen Ordnung gewonnen werden, wenn sie auch nicht immer zu allen einzelnen Fragen eine fertige Antwort bereit hat; und so ist es ihr Wunsch, das Licht der Offenbarung mit der Sachkenntnis aller Menschen in Verbindung zu bringen, damit der Weg, den die Menschheit neuerdings nimmt, erhellt werde.«

Aus diesen Ausführungen wird deutlich, daß die einzelnen autonomen Lebensbereiche in ihrer speziellen Rationalität und Zielsetzung nicht die Aufgabe umfassender Lebensorientierung haben, sodaß sie dem Menschen auch keine Zielwerte für sein humanes Handeln angeben können. Diese ethischen Ziel- und Letztwerte lassen sich vielmehr, so die feste Überzeugung der Konzilsväter, aus der Vernunft und auch aus der Heiligen Schrift entnehmen. Auer merkt zu dieser für die prinzipielle ethische Weichenstellung entscheidenden Passage der Pastoralkonstitution an, daß das Konzil hier eine Wende gegenüber der traditionellen kirchlichen Lehre vollzogen hat. Man rekurriert angesichts der sich vermehrt, auch global, stellenden Sinnfrage nicht mehr selbstverständlich nur auf die Prinzipien der Naturrechtslehre, sondern bezieht sich explizit auf das bei der Kirche hinterlegte Wort Gottes, das Glaubensgut der Offenbarung (GS 33,2).[15] Für die Erarbeitung sachgerechter Einzelfallösungen setzen die Konzilsväter auf einen dialogisch orientierten Erkenntnisprozeß, in dem die in den autonomen Teilbereichen gewonnenen Erkenntnisse und Forschungsergebnisse mit den ethischen Maximen der Kirche in Beziehung gesetzt werden. Dieses methodische Vorgehen bei kirchlichen Stellungnahmen in ethischen Fragen bedeutet eine Absage an frühere Formen monologischer Verkündigung.[16]

Die Pastoralkonstitution kommt noch an einer anderen Stelle, im Zusammenhang der Verhältnisbestimmung zwischen politischer Gemeinschaft und Kirche, auf das Problem der richtigen Bestimmung und Würdigung der Autonomie der irdischen Sachbereiche zu sprechen.

Die Kirche betrachtet es nach den Worten des Konzils als ihre entscheidende Aufgabe, als Gewissen der menschlichen Gesellschaft zu fungieren, bedrohte

15 Vgl. AUER, in: LThK Ergänzungsband, a. a. O., S. 380.
16 So AUER, in: LThK Ergänzungsband, a. a. O., S. 380.

Grundwerte und Rechte der Menschen einzuklagen, und dies aus dem Selbstverständnis einer gesellschaftlich unabhängigen und unparteiischen, von einem gemeinsamen Ethos geprägten Kraft. Hierin, in der Humanität der christlichen Ethik, die die menschliche transzendente Würde schützt und wahrt, liegt die Begründung der Wahrnehmung ihrer ethischen Urteilskompetenz. In diesem Selbstverständnis ist es für die Kirche und die Authentizität ihrer religiös-ethisch begründeten Stellungnahmen eine unerläßliche Voraussetzung, daß sie die notwendige institutionelle Distanz zu dem jeweiligen Staat und politischen System, in dem sie existiert und wirkt, hält.

Genau dieses Problemfeld sprechen die Konzilsväter an, wenn sie in Art. 76 Abs. 3 GS feststellen, daß Staat und Kirche auf ihren jeweiligen Aufgabengebieten und Kompetenzbereichen unabhängig und autonom sind. Der gemeinsame Dienst am Menschen, zu dem Staat und Kirche in der Gesellschaft gerufen sind, erfordert aber zu seiner Erfüllung nach der Auffassung der Konzilsväter ein beiderseitiges vernünftiges Zusammenwirken.

Hierzu ist insbesondere das wache Bemühen um das Verstehen der Zeichen der Zeit eine unerläßliche Voraussetzung für die Christen, wie die Pastoralkonstitution hervorhebt:

> »Die Gläubigen sollen also in engster Verbundenheit mit den anderen Menschen ihrer Zeit leben und sich bemühen, deren Denk- und Urteilsweisen, die in der Geisteskultur zur Erscheinung kommen, vollkommen zu verstehen.«

Die Lauterkeit des christlichen Zeugnisses ist nach Art. 76 Abs. 5 GS eine entscheidende Voraussetzung für den Dialog von Kirche und Welt und auch für das Gelingen einer fruchtbaren Zusammenarbeit von Kirche und Staat bzw. Kirche und anderen gesellschaftlichen Gruppen. Sie kann auch einen Verzicht der Kirche auf hergebrachte gesellschaftliche und staatliche Privilegien miteinschließen, nicht nur aus Gründen der Glaubwürdigkeit der Kirche, sondern auch aufgrund veränderter gesellschaftlicher Lebensumstände. Die Kirche versteht sich als Ecclesia semper reformanda.

Art. 76 GS enthält neben der Statuierung des kirchlichen Rechtes, weltliche und politische Angelegenheiten ethisch zu beurteilen, auch wichtige katholische ethische Maximen und Grundpositionen, die dem kirchlichen Öffentlichkeitsauftrag Konturen geben. Dazu gehören der kirchliche Anspruch auf die Freiheit der Glaubensverkündigung sowie auf die Verkündigung der tragenden Grundprinzipien der katholischen Soziallehre und der Einsatz für die Grundrechte der menschlichen Person und das Heil der Seelen (vgl. can. 747 CIC / 1983).

Die Art. 73–76 GS enthalten daneben noch weitere wichtige ethische Maximen, die nach kirchlicher Auffassung für eine humane politische und gesellschaftliche Kultur wesentliche Bedeutung haben und die Voraussetzung für eine verantwortliche Teilhabe der Staatsbürger am öffentlichen Leben bilden. Dazu gehören die Achtung der Rechte von Minderheiten bzw. vor anderen politischen und religiösen Auffassungen (GS 73, 2 und 3). Art. 73 Abs. 5 und Art. 74 Abs. 2 GS fügen diesem Katalog noch die staatliche Verpflichtung auf das Gemeinwohl und den staatlichen

Schutz wichtiger Gemeinschaftswerte wie Gerechtigkeit und Solidarität, Freiheit und Verantwortlichkeit hinzu. Das Konzil formuliert damit ethische und politische Staatszielbestimmungen.

Art. 74 Abs. 5 GS enthält das prinzipielle Recht der Staatsbürger zum Widerstand gegen eine Regierung, die ihre Kompetenz überschreitet. Die Konzilsväter betonen allerdings, daß die Frage der Erlaubtheit der Mittel eines solchen zivilen Widerstandes innerhalb der durch Evangelium und Naturrecht gezogenen sittlichen Grenzen beantwortet werden muß. Genaue Angaben zu diesen Grenzen sittlich erlaubten Widerstandes finden sich allerdings in GS 74,5 nicht, insbesondere auch nicht zu der Frage, ob nur passiver oder auch aktiver Widerstand gegen eine Regierung geleistet werden kann, die ihre Zuständigkeit überschreitet und das Gemeinwohl gravierend mißachtet.

Art. 75 GS enthält die Forderung nach einem allgemeinen Diskriminierungsverbot und die entschiedene Absage der Konzilsväter gegenüber allen Regierungssystemen totalitärer bzw. diktatorischer Prägung, die schon rein strukturell inhuman sind.

Das neue Kirchenrecht hat die hier erläuterten und dargestellten Ergebnisse der sozialethischen Lehre des Zweiten Vaticanums rezipiert. Die Befürchtung mancher Kritiker, daß die dialogische Öffnung der katholischen Kirche zur Welt nur eine Episode bleiben könnte und die Kirche danach wiederum in autoritativer Weise in weltliche Sachbereiche hineinregieren könnte, hat sich in legislativer Hinsicht angesichts der einschlägigen Normen des CIC / 1983 nicht erfüllt.

Die Kirche behält sich gemäß can. 747 CIC vor, alle weltlichen Sachfragen einer ethischen Beurteilung zu unterziehen; aber sie beansprucht eben nicht mehr eine potestas directa in rebus temporalibus. Dies bedeutet einen endgültigen Verzicht auf eine kirchliche Lehrposition, die aus dem Glauben allein die Antwort auf alle Fragen des öffentlichen und privaten Lebens entnehmen und auch die weltliche Betätigung der Gläubigen der kirchlichen Aufsicht unterstellen will. Nell-Breuning bezeichnet eine solche integralistische Lehrposition als religiösen Totalitarismus.[17] Demgegenüber bedeutet eine Respektierung der Eigengesetzlichkeit weltlicher Lebensbereiche, daß die Kirche bei der Erörterung von Einzelfragen in diesen Themenbereichen mit großer Diskretion vorgeht und aus der immanenten Sinnstruktur dieser Bereiche die Anknüpfungspunkte entnimmt, die für das sachgerechte Verhalten des Menschen Bedeutung haben.

Die cann. 229 und 212 § 2 CIC enthalten die kirchenrechtliche Umsetzung der Anerkennung des Autonomiegedankens und des Dialogprinzips auch für den innerkirchlichen Kommunikationsbereich, indem sie festlegen, daß die katholischen Laien die Freiheit zur wissenschaftlichen Forschung und zur Meinungsäußerung haben. Dementsprechend bestimmt ergänzend can. 228 § 1 N.2 CIC, daß die Hirten der

---

17 NELL-BREUNING, Art. »Integralismus«, in: LThK, J. Höfer, K. Rahner (Hrsg.), Band 5, 2. Aufl., Freiburg - Basel - Wien 1960, Sp. 717.

Kirche das Recht haben, bei ihren Lehräußerungen die Fachkompetenz katholischer Laien in Anspruch zu nehmen.

Damit ist abschließend festzuhalten, daß Zweites Vaticanum und neues Kirchenrecht die dialogische Öffnung der Kirche auch in ihrem rechtlich verbindlichen Selbstverständnis erneut anerkannt und bestätigt haben.

4.1.2 Zur Praxis der Anwendung des Prinzips der Autonomie der irdischen Lebensbereiche in den Dokumenten des Zweiten Vaticanums

Das Prinzip der richtigen Autonomie irdischer Lebensbereiche markiert ein wichtiges Element kirchlicher sozialethischer lehramtlicher Verkündigung. Im folgenden soll anhand von einigen konkreten Beispielen aus dem Ende des ersten Teiles bzw. dem Beginn des zweiten Teiles der Pastoralkonstitution der Frage nachgegangen werden, wie das Lehramt der katholischen Universalkirche die neu formulierten Kompetenzbereiche in konkreten ethischen Fragen weltlicher Problembereiche berücksichtigt hat.

Die Pastoralkonstitution befaßt sich ab den Art. 40ff besonders mit drei ausgewählten Themenbereichen, die sie für die Zukunft der Menschheit als besonders wichtig erachtet: Die Würde der menschlichen Person, die Natur der menschlichen Gemeinschaft sowie die Frage nach dem letzten Sinn des menschlichen Schaffens. Sie stellt hierbei besonders in den einzelnen Kapiteln das Proprium der kirchlichen Lehrposition heraus.

Zur Frage der Würde der menschlichen Person führen die Konzilsväter in Art. 41 GS aus, daß die Kirche durch ihre feste, auf der Basis des Menschenbildes des Evangeliums verankerte Position in der Lage sei, die Idee der Menschenwürde allen Auffassungen zu entziehen, die den Menschen – insbesondere den menschlichen Körper vergötzen oder dämonisieren wollen. Das Zweite Vaticanum hat ein waches Gespür für menschliche Problembereiche bewiesen. Das Bewußtsein für die Bedeutung der Menschenwürde hat heute weltweit einen sehr hohen Grad erreicht, der allerdings nicht ihrer globalen Respektierung entspricht, wie viele Stellungnahmen von Gefangenenhilfsorganisationen und anderen humanitären Organisationen über Folter, willkürliche Verhaftung und Mißhandlung von Menschen zeigen.

Im folgenden hebt das Konzil hervor, daß die Menschenrechtsidee nicht individualistisch verkürzt werden darf. Ihr universaler Wertgehalt könne nur dann voll zum Tragen kommen, wenn neben der Idee der Personalität die übrigen menschenrechtlichen Dimensionen der Sozialität und der Solidarität stärker zur Geltung kämen. Diese Grundsätze gelten natürlich auch für den Bereich der internationalen Beziehungen. Die Menschenwürde ist unteilbar; sie kann nicht lediglich im Individualbereich, auch nicht rein national oder kontinental verwirklicht werden, sondern hat einen universalen ethischen Geltungsanspruch (vgl. dazu Art. 41 Abs. 3 GS). Auch dieses Postulat besitzt heute unverminderte Aktualität, insbesondere auf dem

Hintergrund des Entstehens neuer nationaler, ethnischer oder religiös-fundamentalistischer Gewaltpotentiale.

Art. 42 GS widmet sich im Anschluß an diese grundsätzlichen Ausführungen insbesondere dem inhaltlichen Proprium und der spezifischen Kompetenz, die die Kirche in den Dialog über fundamentale Fragen menschlicher Gemeinschaft einbringen kann. Die Kirche ist selbst, so der einleitende Gedanke, aufgrund des allgemeinen göttlichen Heilswillens ein Symbol der einen Menschheitsfamilie (vgl. Art. 42 Abs. 3 GS), eine Leitidee, auf die die Konstitution an verschiedenen Stellen immer wieder zurückkommt.

Einen spezifischen Beitrag zur Einigung der Menschheit kann die Kirche vor allem dadurch leisten, daß sie die Idee eines universal gültigen Ethos weiter vorantreibt. Dazu gehört die Herstellung eines Grundkonsenses, der sich auf gemeinsame Wertvorstellungen auf der Basis der Menschenrechte bezieht. Zudem kann sie durch ihren eigenen weltweiten Hilfseinsatz die Idee einer globalen menschlichen Hilfe zur Selbsthilfe weiter verbreiten (vgl. dazu Art. 42 Abs. 2 GS). Besonders wird in diesem Artikel die Notwendigkeit der Einheit der Herzen hervorgehoben, die durch einen rein äußeren Zusammenschluß, auch in einer gemeinsamen Weltorganisation, noch nicht verbürgt werden kann.

Nichtsdestoweniger spricht das Konzil allen Organisationen und Institutionen, die im Dienste der Einheit der Menschheit arbeiten, und hier sind insbesondere die Vereinten Nationen und ihre Unterorganisationen gemeint, seinen Respekt aus und versichert sie der besonderen kirchlichen Unterstützung (vgl. Art. 42 Abs. 5 GS). Leider haben die Konzilsväter es an dieser Stelle versäumt, auf den besonderen Dienst der ökumenischen Bewegung der Kirchen hinzuweisen, die nicht nur einen wichtigen Beitrag zur Aufarbeitung historisch gewachsener Gegensätze und Vorurteile leisten, sondern auch politische Fragen und Probleme in einem größeren Kontext angehen kann.[18]

In Art. 43 GS gehen die Konzilsväter auf den dritten Punkt, die Frage nach dem Sinn der menschlichen Tätigkeit und die damit zusammenhängende Frage nach dem rechten Menschenbild ein. Die Anerkennung eines relativen, nicht absoluten Wertes der Schöpfung ist die Voraussetzung dafür, daß der Mensch nicht in einer hektisch-aktivistischen Diesseitsmentalität aufgeht und den Sinn für tiefere, religiöse Werte mehr und mehr verliert. So wirkt man auch einer resignativen Grundhaltung entgegen, in der der Mensch seine sozialen Grundpflichten vernachlässigt und fatalistisch die Augen vor den fundamentalen globalen Problemen verschließt. Die in der Öffentlichkeit weit verbreitete Spaltung zwischen religiösem und weltlichem Leben und die daraus resultierende Privatisierung der Religion wird von den Konzilsvätern zu den schwerwiegenden Zeitirrtümern gerechnet. In Wirklichkeit handelt es sich, so die Quintessenz der Pastoralkonstitution, hierbei nur um einen künstlichen Ge-

---

18 Y. CONGAR, in: LThK Ergänzungsband, GS 42, S. 411–412, weist hier auf den wichtigen Beitrag der ökumenischen Bewegung im Ringen um eine Lösung des Ost-West-Konfliktes hin.

gensatz, der zwischen den gesellschaftlichen und den religiösen Pflichten aufgebaut wird, da es um den Einsatz für das Wohl des einen, unteilbaren Menschen geht.

Das Konzil ermutigt alle Laien dazu, sich das nötige Fachwissen in den konkreten Einzelwissenschaften anzueignen; die Kirche lehnt es aber in Konsequenz der Autonomie ab, sich als Schiedsrichter in fachwissenschaftliche Streitfragen hineinziehen zu lassen (Art. 43 Abs. 3 GS). In Art. 44 GS erkennt die Kirche an, daß sie selbst in ihrer Lehrtätigkeit stark vom Fortschritt der säkularen Wissenschaften profitiert. Es sei insbesondere in der heutigen schnellebigen Zeit unerläßlich, den Dialog mit der Wissenschaft zu suchen, um die herrschende Vielfalt der Denkweisen besser verstehen zu können.

Nach diesen für das allgemeine Verhältnis Kirche-Welt prinzipiell wichtigen Abschnitten wendet sich das Konzil in den Art. 47ff GS ausgewählten wichtigen Problemkomplexen unserer heutigen Zeit zu.

4.1.2.1 Ehe und Familie (Art. 47ff GS)

In diesem wichtigen Lebensbereich haben sich gerade in den letzten Jahrzehnten aus fachwissenschaftlicher Sicht wichtige Umbrüche ergeben. Neben der traditionell wichtigen Rolle der Medizin und auch der Theologie, und hier insbesondere der Ethik, haben sich in der letzten Zeit Psychologie, Soziologie und Anthropologie verstärkt ins Blickfeld der interessierten Öffentlichkeit geschoben. Dies hängt mit den in diesem Jahrhundert feststellbaren starken zivilisatorischen Veränderungen zusammen, die diesen Kernbereich des menschlichen Zusammenlebens besonders getroffen haben.

Beispiele dieser neuen Entwicklung sind die zunehmende Verstädterung der Bevölkerung und der Trend hin zur Kleinfamilie bzw. zu kleinen Wohneinheiten in den westlichen Industrieländern, die natürlich nicht ohne Rückwirkung auf die hergebrachte Gestalt der Institutionen von Ehe und Familie geblieben sind.

Das Konzil sieht diese Entwicklung bedingt durch soziopsychologische Faktoren und durch grundlegende Veränderungen im Wirtschaftsleben, die mancherorts zu einem rasanten Wandel traditionell herrschender Wertvorstellungen und Lebensmodelle geführt haben. Die Erschütterungen der Institutionen von Ehe und Familie und ihres Wertefundamentes zeigen sich nach der Auffassung der Konzilsväter in unerlaubten Praktiken und Entartungen im ehelichen Bereich. Es werden hier als Beispiele der Gebrauch von kontrazeptiven Mitteln (GS 51) sowie die Zunahme des vorehelichen Geschlechtsverkehrs erwähnt, was als Vordringen einer hedonistisch-unverbindlichen Mentalität auf sexuellem Gebiet bewertet wird. Diese Haltung bedroht generell die Stabilität personaler, ehelicher und familiärer Beziehungen (vgl. dazu Art. 47 Abs. 2 S. 2 GS). Im Unterschied zu früheren biologistischen und rigoristischen Stellungnahmen auf dem Gebiet der Ehemoral ist das Bemühen um eine personale und pastorale Sicht hier positiv hervorzuheben (vgl. besonders GS 51 und 52).

Nicht erwähnt wird leider der gesellschaftliche Anpassungsdruck durch faktisch-akzeptierte oder weithin tolerierte Verhaltensweisen, der für katholische Paare ein Leben nach den verbindlichen Normen der katholischen Ehelehre zusätzlich erschwert. Das läßt viele Ausführungen des Konzils, besonders in GS 51 und 52, als zu idealistisch und schönfärberisch erscheinen. Die nachkonziliare Entwicklung hat denn auch in der Frage der Stabilität und personalen Tragfähigkeit vieler Ehen den skeptischen Stimmen eher Recht gegeben. Als objektive Faktoren, die zu der heute spürbaren Erschütterung der hergebrachten Formen ehelich-familiären Zusammenlebens geführt haben, müssen an dieser Stelle noch erwähnt werden: Der Verlust gelebter Formen und Traditionen des Zusammenhalts der Generationen, der Verlust der Großfamilie, die Veränderung der Arbeitszeiten sowie die zunehmende Berufstätigkeit der Frau, auch aufgrund von Scheidung bzw. sonstigem Auseinanderbrechen von Partnerbeziehungen, und der gesellschaftliche Wandel des Rollenverständnisses von Mann und Frau.

Die Ausführungen der Pastoralkonstitution zum Thema von Ehe und Familie berücksichtigen insgesamt nicht genügend die prägenden Faktoren des gesellschaftlichen Strukturwandels in diesem pastoral sensiblen Problemfeld. Man hätte sich hier gewünscht, daß insbesondere die nur stichwortartig angesprochenen soziopsychologischen Veränderungen noch näher konkretisiert worden wären. So bleibt der Eindruck einer zu wenig tiefgehenden Analyse der empirischen Grunddaten zurück.

4.1.2.2 Kultur (Art. 53ff GS)

Der diesen Problemkomplex einleitende Art. 53 GS beginnt mit einer Situationsanalyse der wichtigsten Momente der Gegenwartskultur. Die Konzilsväter setzen sich in ihren Ausführungen dabei insbesondere mit der pädagogischen Dimension der Kultur und den verschiedenen Ausdrucksformen menschlicher Bildung in Wissenschaft, Literatur, Kunst und Technik und den ihnen eigenen Kommunikationsformen und -mitteln auseinander.

Die Problematik der praktisch universalen Verbreitung der modernen Massenkultur, die vielerorts einen radikalen Bruch mit den vorhandenen traditionellen Kulturformen bedeutet, mit ihrem vielleicht markantesten Phänomen, den Massenmedien, und den hierauf zugeschnittenen Formen der Kommunikation wird, so meinen kritische Stimmen, in ihrer grundsätzlichen Bedeutung für die Veränderung menschlicher Lebens- und Umgangsformen in Beruf, Familie und Freizeit nicht immer eingehend diskutiert und analysiert.[19]

In der Beurteilung der modernen Kulturphänomene scheint mitunter ein etwas unkritischer Fortschrittsoptimismus zu dominieren. Die besondere Belastungsprobe, der in der heutigen Zeit Kunst und Literatur, Publizistik und Pädagogik ausgesetzt

---

19 Dies betont HAMPE, a. a. O., S. 317–318.

ist, insbesondere durch die Vermassung und Kommerzialisierung der gesamten Zivilisation wird manchmal nicht recht zur Kenntnis genommen.[20]

Ein Beispiel hierfür ist GS 55, wonach die Konzilsväter sich als Zeugen der Geburt eines neuen Humanismus sehen, der von einem neuen schöpferisch-gestalterischen Kulturbewußtsein und einem gestiegenen Verantwortungsbewußtsein des Menschen gegenüber der Menschheit und der Geschichte geprägt sei. Dieser optimistische Grundzug in der Beurteilung der Zeitphänomene ist heute, eine Generation nach dem Zweiten Vaticanum, kirchlicherseits einer realistischeren und nüchterneren Perspektive gewichen.

Allerdings setzt das Konzil hierzu wenig später ein Gegengewicht, wenn nämlich in GS 56 auch ein skeptischer, ja sorgenvoller Grundton erkennbar wird. Es wird hier deutlich, daß die Konzilsväter beide Seiten gesehen haben und insgesamt nicht einer zu optimistischen Zukunftsbetrachtung zuneigen. Das Konzil blickt hier nämlich auch »mit Angst auf die vielfältigen Antinomien unserer Kultur«, die der Mensch selber auflösen müsse (Art. 56 Abs. 1 GS). Die folgende skeptische Passage steht in einem auffälligen Kontrast zu dem noch in Art. 55 beschworenen Fortschrittsoptimismus der Konzilsväter und ihrem Glauben an die Entstehung eines neuen Humanismus. Inhaltlich sieht man durch die skizzierte neue Entwicklung Gefahren für den Traditionsbestand hergebrachter Kulturen. Man ist sich nicht sicher, ob die neue kulturell-zivilisatorische Dynamik positiv zu bewerten ist oder nicht, ob die wissenschaftliche Ausdifferenzierung in immer mehr Spezialdisziplinen und der hiermit verbundene Rückgang klassischer Allgemeinbildung auch einen humanen Fortschritt beinhaltet. Das Konzil befürchtet schließlich, daß die Anerkennung der Autonomie der Kultur einem rein diesseitig orientierten Denken, einer ausschließlichen Kultur der Immanenz Vorschub leisten könnte (vgl. Art. 56 Abs. 2–6).

Als wirksames Gegenmittel angesichts der genannten Gefahren und Krisen für die Gegenwartskultur wird die Besinnung auf die menschlichen Grundwerte der Personalität und der Solidarität vorgeschlagen (Art. 56 Abs. 7 GS).

Das Konzil hat in dem Kapitel über die Kultur viele Fragen der Gegenwartskultur in offenem und tolerantem Geist behandelt, wobei man vielfach wegen der gebotenen Kürze nicht alle Detailprobleme erschöpfend behandeln konnte. Die Darstellung bleibt aber vorsichtig, ausgewogen und differenziert und vermeidet ebenso einen unkritischen Optimismus wie auch eine resignativ wirkende, von Nostalgie geprägte Zukunftsperspektive. Der Pluralismus der Gegenwartskultur und die Spezialisierung der Einzelwissenschaften werden, was sehr begrüßenswert ist, in ihrem kulturellen Wert anerkannt (GS 56–58). Einzelne Fehlentwicklungen werden nicht zum Anlaß genommen, gleich eine allgemeine Tendenz zum kulturellen Niedergang konstatieren zu wollen (vgl. GS 57). Allerdings wird in Art. 62 GS sehr stark betont, daß die Christen sich bemühen müßten, die Geisteskultur der Gegen-

20 Vgl. dazu HAMPE, a. a. O., S. 318.

wart »vollkommen zu verstehen« und in ihrem Wissen mit ihrer Umwelt Schritt zu halten. Hier scheint das Gefühl einer kulturellen bzw. bildungsmäßigen Inferiorität der Katholiken im Vergleich zu ihrer nichtkatholischen Umwelt durch, das vom Konzil nicht mit konkreten Hinweisen belegt wird. Das Konzil hat sich bedauerlicherweise offenbar noch nicht völlig vom früher verbreiteten katholischen Minderwertigkeitskomplex im Bereich von Bildung und Kultur lösen können.[21]

4.1.2.3 Wirtschaft (Art. 63ff GS)

Der Ausgangspunkt des Konzils ist auch auf diesem wichtigen gesellschaftlichen Sektor die Wahrung der Würde und der grundlegenden Rechte des Menschen, der niemals zu einem reinen Objekt ökonomischen Planens und Handelns reduziert werden darf, sowie die menschliche Verantwortung für einen gerechten wirtschaftlichen Fortschritt. Die Grundprinzipien der Personalität und der Solidarität müssen im Wirtschaftsleben ihre Bedeutung behalten und dürfen nicht den Gesetzen des Marktes, dem Prinzip von Konzentration und Wachstum, geopfert werden. Das Konzil formuliert hierzu prägnant, daß der Mensch Urheber, Mittelpunkt und Ziel alles wirtschaftlich-sozialen Lebens ist (GS 63, 1). Der Mensch ist somit anderen ökonomischen Faktoren wie Eigentum, Geld oder Produktionsmitteln übergeordnet.

Die Analyse des empirischen Grundbefundes auf dem Gebiet der Wirtschaft ist hier im großen und ganzen sorgfältig und solide ausgefallen, ohne unangemessene Beschönigung wie auch Dramatisierung der globalen ökonomischen Realitäten. Die ökonomische Brisanz des Nord-Süd-Gefälles wird ebenso deutlich beim Namen genannt (Art. 63 Abs. 4 GS) wie die sozialen und kulturell-zivilisatorischen Veränderungen, die der technische Fortschritt mit sich gebracht hat (Art. 63 Abs. 5 GS).

Nell-Breuning kritisiert an dieser Stelle, daß das Konzil den Begriff des Ungleichgewichtes in ökonomischer Hinsicht zu wenig konkretisiert hat. Es bleibt so unklar, ob es sich um Unterschiede in der Leistungsbilanz oder beim Bruttosozialprodukt bei verschiedenen Ländern handelt oder ob die Versorgungslage, Einkommensunterschiede oder Unterschiede in der Arbeitszeit gemeint sind.[22]

Obwohl die Konzilsväter aus naheliegenden Gründen es vermeiden, allzu tief in die komplizierten ökonomischen Detailfragen einzusteigen, wird aus Art. 63 GS deutlich, daß hier jedenfalls große Unterschiede im Lebensstandard bzw. in der materiellen Grundversorgung der Bevölkerung gebrandmarkt werden, wenn es heißt, daß einer ungeheuren Menge das Lebensnotwendige fehle, während einige ein üppiges Leben führen.

Art. 64 GS stellt in aller Klarheit fest, daß der wirtschaftliche Fortschritt auch im Bereich der Gütererzeugung und Produktion kein Selbstzweck ist, sondern im

---

21 Hierauf weist Karl Rahner hin, in: K. RAHNER, H. VORGRIMLER, Kleines Konzilskompendium, 21. Aufl., Freiburg 1989, S. 438.

22 Vgl. hierzu NELL-BREUNING, in: LThK Ergänzungsband, GS 63, S. 488–489.

Dienst des Menschen steht, der neben seiner ökonomischen Tätigkeit und seinen materiellen Bedürfnissen eine geistig-sittliche und religiöse Anlage hat. Man teilt damit allen ökonomisch-reduktionistischen Theorien und materialistischen Geschichtsbildern eine eindeutige Absage.

Dennoch leidet die Darstellung der ökonomischen Sachproblematik durch das Konzil unter einigen Defiziten, was beispielsweise die Würdigung der spezifischen Rolle der jeweils ökonomisch handenden Subjekte angeht. So beklagt Nell-Breuning mit Recht, daß das Konzil die Schlüsselfunktion des Unternehmers in der Marktwirtschaft nicht gesehen habe und auch die unterschiedlichen Rollen der verschiedenen ökonomischen Gebilde (Aktiengesellschaften, Personenhandelsgesellschaften bis hin zu Unternehmenskonglomeraten) und ihrer Anteilseigner im gesamtwirtschaftlichen Prozeß nicht gewürdigt habe.[23]

In den Art. 67–72 GS stellt das Konzil dann einige für das gesamte sozio-ökonomische Leben wichtige Grundsätze auf. Da der Mensch im Zentrum allen wirtschaftlichen Handelns steht und die wirtschaftliche Entwicklung und Planung an das unaufgebbare Gebot der Humanität gebunden bleibt, ist es notwendig, daß der Vorrang der menschlichen Arbeit vor allen anderen Faktoren des Wirtschaftslebens an dieser Stelle betont wird. Speziell mit der Frage der inner- und überbetrieblichen Partizipation (sog. Mitbestimmung) der Arbeitnehmer im Wirtschaftsleben befaßt sich Art. 68 GS. Partizipation umfaßt nicht nur das partielle Bemühen um die Schaffung eines gesunden Betriebsklimas oder um die innerbetriebliche Transparenz unternehmerischer Entscheidungen. Sie realisiert sich generell in der Arbeit von betrieblichen Zwischeninstanzen (Betriebs- und Personalräte oder vergleichbare Gremien) und erfordert die Beteiligung der Arbeitnehmer am ökonomischen Planungs- und Entscheidungsprozeß, von dem sie existentiell betroffen sind. Das Konzil betont dann auch, daß die Beteiligung der Arbeitnehmer an allen für die Betriebe wirtschaftlich und sozial relevanten Entscheidungen notwendig ist, auch wenn diese nicht auf Unternehmensebene, sondern höheren Orts gefällt werden. Die Form der Beteiligung der Arbeiterschaft, ob direkt oder durch Delegierte, wird offengelassen.

Diese klare Option der Konzilsväter zugunsten der wirtschaftlichen Mitbestimmung der Arbeitnehmer erfolgt aus der Konsequenz des christlichen, personal geprägten Menschenbildes. Man will nicht, wie das Konzil ausdrücklich hervorhebt, die bestehenden Leitungsstrukturen und Verantwortlichkeiten in den Unternehmen in Frage stellen. Die Rolle der Gewerkschaften bei der Mitbestimmung wurde im Konzilstext bewußt nicht angesprochen, vermutlich wegen der historisch gewachsenen, sehr unterschiedlichen nationalen Gewerkschaftstraditionen allein in Europa.[24]

Der Begriff der Arbeit wird in der Konstitution nicht immer in einheitlicher Bedeutung verwendet. Mitunter hat man den Eindruck, es sei damit eine abhängige,

---

23 Vgl. NELL-BREUNING, in: LThK Ergänzungsband, GS 63 / 65, S. 488; 493–494.

24 Vgl. NELL-BREUNING, in: LThK Ergänzungsband, GS 68, S. 503.

manuell geprägte Tätigkeit (in Landwirtschaft, Handwerk oder Produktion) gemeint (vgl. GS 67,2), wieder an anderen Stellen scheint es, als ob von einer leitenden Tätigkeit die Rede sei (GS 67,3 bzw. 68,1). Jedoch ist dies nicht als begrifflich-systematische Ungenauigkeit zu werten. Die Konstitution macht vielmehr terminologisch durch die unterschiedliche Wahl des Kontextes die große Bandbreite menschlicher Tätigkeiten, die unter den Begriff der Arbeit subsumiert werden können, deutlich.[25] Allerdings sind die Konzilsväter mit ihrem Begriff der Arbeit immer noch traditionellen Begriffsmustern von Güterproduktion verhaftet (so in GS 67,3) und nehmen den in seiner Bedeutung wachsenden Bereich des Dienstleistungsgewerbes kaum in den Blick.[26]

Im übrigen leiden die Ausführungen der Konzilsväter mancherorts unter dem Manko, daß sie, wie bereits erwähnt, die Probleme des ökonomischen Bereiches kaum aus der Perspektive des Unternehmensleiters beleuchten. So wird in Art. 68 Abs. 3 GS bei den Arbeitskampfmitteln nur der Streik, nicht dagegen die Aussperrung erwähnt, so daß offenbleibt, ob die Konstitution sie als zulässiges Kampfmittel betrachtet. Beachtlich und begründet erscheint generell die Erwartung der Konzilsteilnehmer, daß durch eine geordnete Beteiligung der Arbeitnehmer an den wirtschaftlichen Entscheidungsprozessen und durch die geordnete Ausübung des Koalitionsrechtes das Verantwortungsbewußtsein der Beteiligten wachsen wird und daß sie aus dieser Haltung heraus ihren spezifischen Beitrag zum Gemeinwohl leisten werden.

Die unterschiedliche Interessenlage, ja der strukturell gegebene Interessengegensatz von Arbeitnehmerschaft und Unternehmensleitung gerät hier nicht deutlich genug ins Blickfeld des Konzils. Priorität hat meist in der jeweiligen Konfliktsituation die Verteidigung der eigenen Verbandsinteressen und der erworbenen Besitzstände.

In Art. 70 und 71 GS widmet sich das Konzil speziellen Fragen des Wirtschaftslebens, nämlich den Fragen von Investition und Währung, Eigentum und Grundbesitz. Das Konzil ist hier in seinen Stellungnahmen an die Grenze seiner Kompetenz gestoßen, leider ohne sich dies einzugestehen. Bischof Höffner konstatiert schlicht, daß über Einzelfragen der Investitionen oder des Währungsgefüges keine verbindlichen Weisungen aus dem Bereich des Glaubens oder des Naturrechtes entnommen werden können.[27] Die Kirche sollte keine Ratschläge zu den diffizilen Problemen der Währungs- und Zinspolitik geben, da ihre Äußerungen mangels hinreichender Fachkompetenz hauptsächlich einen ethisch-appellativen Charakter gegenüber der

---

25 Vgl. hierzu NELL-BREUNING, in: LThK Ergänzungsband, GS 68, S. 504.

26 Vgl. die Stellungnahme Bischof J. HÖFFNERS, Für mehr Klarheit und weniger Optimismus, Konzilsintervention des Bischofs von Münster vom 4.10.65, in: J. Chr. Hampe (Hrsg.), Die Autorität der Freiheit. Gegenwart des Konzils und Zukunft der Kirche im ökumenischen Disput, Band 3, München 1967, S. 386–387, die der Konstitution Simplizierung des Problemfeldes vorhält.

27 HÖFFNER, a. a. O., S. 386–387; ähnlich auch NELL-BREUNING, in: LThK Ergänzungsband, a. a. O., S. 509.

jeweiligen Regierung haben, ihre gesamtwirtschaftliche Verantwortung ernst zu nehmen; sie könnten daher ohne erkennbaren Schaden für die Konstitution entfallen.[28]

Sachlich ist natürlich richtig, daß gravierende Änderungen des Geldwertes primär die Armen in der Gesellschaft treffen, und daß die Kirche darum in einer solchen ökonomischen Situation sehr aufmerksam für die soziale Lage sein muß. Dennoch bleibt die Frage nach der rechten ökonomischen Politik in einer solchen Wirtschaftslage der Verantwortung der Fachleute und der Regierung überlassen. Es ist außer in den Fällen einer akuten wirtschaftlichen Notlage des betreffenden Landes für die Kirche ratsamer, den Hebel ihrer Kritik in erster Linie bei der staatlichen Sozialpolitik anzusetzen, um für ein Korrektiv zu sorgen.[29]

Ein weiteres Manko in den Aussagen der Konstitution besteht darin, daß in der Passage über das Privateigentum neben der individuellen Sicht die nationalökonomische Bedeutung des Privateigentums nicht gebührend gewürdigt worden ist. Das Privateigentum spielt im marktwirtschaftlichen System eine wichtige Rolle im investiven Bereich. Es kann dort, wo es breit gestreut und somit sozialwirtschaftlich sinnvoll verteilt ist (z. B. Aktien oder Anteilseignertum), zu einem Motor der wirtschaftlichen Entwicklung werden. Andererseits kann es dort, wo es in einer Hand konzentriert ist (Kartelle, Monopole), zur Aufhebung des Marktmechanismus führen. Es hätte hier der gesamtwirtschaftliche Nutzen staatlicher Interventionspolitik (z. B. Kartellgesetzgebung) gewürdigt werden können.[30]

Als Fazit dieses kurzen Überblicks über die konziliare Behandlung wesentlicher menschlicher Lebensbereiche läßt sich festhalten, daß die Konstitution sich bemüht hat, dem Prinzip der Autonomie weltlicher Lebensbereiche in ihrer allgemeinen Anthropologie und in den konkreten Lehraussagen gerecht zu werden.

Dennoch sind einzelne Kompetenzüberschreitungen (im Fachgebiet Wirtschaft) nicht zu übersehen. Im Bereich der Ehe und Familie überzeugt die pastorale Sichtweise und die Hervorhebung des hohen personalen und menschlichen Wertes des ehelichen Zusammenlebens, die eine Abkehr von früheren biologistischen und rigoristischen Darstellungen beinhaltet. Allerdings erscheinen die institutionelle Krise von Ehe und Familie und ihre vielfältigen, psychologisch und kulturell bedingten anthropologischen Ursachen nicht deutlich genug im Blickfeld der Konzilsväter. Die Analyse der globalen kulturellen Fragen ist erfreulich offen und tolerant ausgefallen und vermeidet extreme Interpretationen, ist aber insgesamt zu breit angelegt worden und konnte dadurch bei Einzelfragen nicht genug in die Tiefe gehen.

---

28 So NELL-BREUNING, in: LThK Ergänzungsband, a. a. O., S. 509–510.

29 So zutreffend NELL-BREUNING, in: LThK Ergänzungsband, a. a. O., S. 509.

30 Vgl. HÖFFNER, a. a. O., S. 386.

4.2 Innerkirchlicher Grundrechtsschutz nach dem neuen Kirchenrecht

Der hiermit bezeichnete Problemkreis läßt sich mit Felix Hafner[31] auf folgende Frage zuspitzen: Wie läßt sich die subjektive, autonome Bindung des einzelnen Gläubigen mit seiner religiösen Inpflichtnahme durch die kirchliche Gemeinschaft, deren Mitglied er ist, vereinbaren?

In einem ersten Zugang zu dieser Problematik läßt sich feststellen, daß Individuum und Gesamtgemeinschaft in der Kirche in ihrem wechselseitigen Verhältnis von Rechten und Pflichten aufeinander bezogen sind, aber auch in einer dialektischen Spannung zueinander stehen, die davon lebt, daß sie von keiner Seite einseitig aufgehoben werden kann, ohne die Gemeinschaft der Kirche zu zerstören.[32] Individualrechte, und hier besonders Persönlichkeitsrechte, aber auch sakramentale Teilhaberechte, treffen in den kirchenrechtlichen Rechtskatalogen zusammen mit Gliedschaftsrechten und -pflichten, mit Betätigungsvollmachten, die sich auf Kirchenzwecke und -ziele beziehen. Die gegenseitigen Rechtspositionen von Individuen, Gruppen von Gläubigen und der gesamten kirchlichen communio müssen deshalb so gegeneinander ausbalanciert werden, daß sie in ihrem Wesensgehalt und Kern nicht beeinträchtigt werden.

Wie Hafner ausführt, besteht ein innerkirchlicher Bedarf an Grundrechtsschutz aus zwei unterschiedlichen Gründen: aus kirchensoziologischen Gründen zum einen und zum andern aus Gründen der kirchlichen, kanonistisch geprägten Struktur.[33]

Wenn man zunächst die Kirche aus empirisch-soziologischer Sicht betrachtet, so stellt sie sich als Großinstitution dar, als großer Personenverband, mit entsprechender beträchtlicher Finanzkraft und einer gesamtgesellschaftlichen Einfluß- und Machtposition. Die Kirche ist damit ein gesellschaftlich bedeutsamer Machtfaktor, der aufgrund seiner Organisation, Größe, hierarchischen Struktur und historisch geprägten Bedeutung ein gesellschaftlicher Interessenverband erster Größenordnung ist. Aufgrund aller dieser prägenden Merkmale enthält er, so wird gefolgert, ein subjektiv grundrechtsgefährdendes Potential in sich.[34] Hafner sieht hier konkret aufgrund der straffen Organisation und umfassenden Bürokratie in der Kirche die Gefahr einer strukturellen Entmündigung der Gläubigen und empfiehlt als Gegenmittel die Stärkung der Glaubensautonomie der einzelnen Kirchenmitglieder.[35] Auch Pirson betont, daß die Funktion von Grundrechten im Rahmen eines Gemeinschaftswesens in ihrem Beitrag zur Sicherung und Realisierung einer gerechten

---

31 HAFNER, a. a. O., S. 173ff.

32 Zur Problematik von Individuum, Menschenrechten und kirchlicher Gemeinschaft und Gliedschaft aus lutherischer Perspektive ist lesenswert der Beitrag von D. PIRSON, Grundrechte in Recht und Tradition der reformatorischen Kirchen, in: E. Corecco, N. Herzog, A. Scola (Hrsg.), Die Grundrechte des Christen in Kirche und Gesellschaft, Akten des IV. Internationalen Kongresses für Kirchenrecht, Fribourg 1981, S. 683-712.

33 HAFNER, a. a. O., S. 185.

34 Vgl. dazu HAFNER, a. a. O., S. 185-186.

35 HAFNER, a. a. O., S. 186.

Gemeinschaftsordnung besteht. Grundrechte sollen wichtige und notwendige individuelle Rechtspositionen schützen und für diese ein rechtliches Korrektiv gegenüber bestimmten Gefährdungen, so z. B. in aus korporations- und institutionsspezifischen Machtkonzentrationen sich ergebenden Konfliktlagen, bilden.[36] Grundrechte dienen außerdem der Formalisierung und Rationalisierung des Individualschutzes in der Gemeinschaft und sind damit ein stabilisierendes Moment für die kommunikative Kultur einer Gemeinschaft und einer Institution. Staatsrechtlich gesehen, markieren die Grundrechte über ihren Charakter als subjektive Rechte hinaus auch objektive Prinzipien der Gemeinschaftsordnung, die das Gemeinwesen in ihrem tragenden Sinn konstituieren und Kompetenzgrenzen für staatliches Handeln festlegen. Sie stehen damit nicht nur im Dienste der Daseins-, sondern auch der Freiheitsvorsorge des Gemeinwesens.[37]

Aus ekklesiologischer Sicht läßt sich nach Hafner der innerkirchliche Grundrechtsbedarf v. a. aus dem kirchenrechtlich rezipierten Selbstverständnis des Zweiten Vaticanums begründen, da man die Grundrechte im institutionellen Verständnis als Elemente der Rechtsstruktur der Communio auffassen muß, die nicht nur die sakramentalen, sondern auch die kommunikativen Strukturen in der Kirche garantieren.[38]

Das neue Kirchenrecht hat der Communio unter ihren Gliedern durchaus eine die Grundrechte berücksichtigende Rechtsstruktur gegeben. Man kann darauf verweisen, daß das Verwaltungsrekursverfahren ebenso wie die verwaltungsgerichtlichen Beschwerdemöglichkeiten die Rechtsgarantie des can. 221 § 1 CIC in einem gewissen Umfang konkretisieren. In diesem Zusammenhang ist das Fehlen einer teilkirchlich organisierten Beschwerde- und Kontrollinstanz zu bedauern, die rechtstechnisch im Wege der Delegation von seiten der bischöflichen Gewalt hätte eingerichtet werden können.

Es bleibt gegenüber der Forderung nach möglichst umfassendem Rechtsschutz allerdings festzuhalten, daß der Communio-Gedanke im Einklang mit der biblischen Tradition voraussetzt, daß man sich bemüht, innerkirchliche Konflikte zunächst auf schiedlich-friedlichem Wege auszutragen und möglichst auch auf diesem Wege einer Lösung zuzuführen. Nur als ultima ratio ist es darum nach dem Willen des kirchlichen Gesetzgebers so eingerichtet, daß der innerkirchlich zuständige Richter den Streitfall entscheidet.

---

36 Vgl. PIRSON, a. a. O., S. 695.

37 Vgl. hierzu A. HOLLERBACH, Grundwerte und Grundrechte in der Gesellschaft und im Staat, in: E. Corecco, N. Herzog, A. Scola (Hrsg.), Die Grundrechte des Christen in Kirche und Gesellschaft, Akten des IV. Internationalen Kongresses für Kirchenrecht, Fribourg 1981, S. 811–833, hier S. 816–817.

38 HAFNER, a. a. O., S. 187ff; Hafner spricht in diesem Kontext später von der »libertas sacra« der Gläubigen in der communio als Gegenbegriff zur hierarchischen »potestas sacra« (a. a. O., S. 202–204).

Die legitimen Einschränkungen der innerkirchlichen Grundrechtsbetätigung sind in der Wahrung der kirchlichen Einheit und im Schutz des kirchlichen Glaubensgutes zu sehen. Dies erfordert vom einzelnen Gläubigen eine höhere Identifikation mit der Gemeinschaft, der er angehört, als für den Staatsbürger dem Staat gegenüber, da er durch seine Glaubensentscheidung zusammen mit den anderen Mitgliedern der Communio auf eine gemeinsame bekenntnismäßig und ethisch verpflichtende Grundlage gestellt ist.[39] Kirchliche Grundrechte dienen im Verständnis der Communio zugleich dem Gemeinwohl, sie sind nach ihrem spezifischen Charakter im Sinne des Gemeinschaftszweckes zu nutzen. Der kirchliche Rechtsgüterschutz wird im Sinne eines solidarischen Rechtsverständnisses wesentlich durch die Auferlegung von Pflichten gegenüber den anderen Gemeinschaftsmitgliedern gewährleistet.[40]

Es gibt also durchaus einen innerkirchlichen Grundrechtsschutz, der aber wegen der spezifischen Glaubens- und Gemeinschaftsprägung der kirchlichen communio individualrechtlich anders aussehen muß als in einem pluralistisch-demokratischen Gemeinwesen. Die Kirche würde sich sonst als geprägte Glaubensgemeinschaft selbst aufheben, sie würde ihr konfessionelles und ethisches Profil verlieren.

4.3 Grundsätze einer Mitarbeit von Laien in politischen Gremien und Parteien

Die Kirche setzt im neuen Kirchenrecht für katholische Laien durchaus eine Priorität für ein auch politisches, öffentliches Engagement in kirchlichen und katholischen Verbänden (vgl. die cann. 298–329 CIC). Daher ist es verständlich, wenn sie universalkirchlich verbindliche Aussagen trifft, die auf eine Mitarbeit von katholischen Christen in politischen Gremien und Parteien anwendbar sind.

So befassen sich die Art. 73–76 der Pastoralkonstitution mit dem politischen Leben der Nationen und der internationalen Staatengemeinschaft und ermutigen ausdrücklich auch katholische Laien, sich ehren- und hauptamtlich auf dem Felde der Politik zu betätigen.

Die Konzilsväter haben in ihrer Beschreibung und Analyse des politischen Bereiches zunächst den Bereich des Einzelstaates vor Augen. Die von ihnen verwandten Termini »communitas politica« und »auctoritas publica« meinen hier zuerst die Gemeinschaft der Staatsbürger eines Einzelstaates sowie dessen staatliche Autorität; erst später (GS 82) kommen überstaatliche Institutionen in den Blick des Konzils.[41]

In seiner Erhebung des Befundes stellt das Konzil besonders auf den umfassenden Gestaltwandel des gesellschaftlichen Lebens ab, der auch den politischen Be-

39 Vgl. hierzu HAFNER, a. a. O., S. 246, mit weiteren Nachweisen.

40 Vgl. hierzu auch PIRSON, a. a. O., S.698–699.

41 NELL-BREUNING, in: LThK Ergänzungsband, GS 73, S. 517, merkt an, daß das Konzil in der Überschrift zum 4. Kapitel (GS 73) noch der klassischen, nationalstaatlich geprägten Perspektive verhaftet ist.

reich ergreift, hier insbesondere die Rechte und Pflichten der Staatsbürger, die Mitarbeit am Gemeinwohl und die Beziehungen der Staatsbürger untereinander und zur Staatsautorität.

Im einzelnen wird eine gestiegene Sensibilität für die Bedeutung subjektiver öffentlicher Rechte festgestellt (Art. 73 Abs. 2 GS), verbunden mit dem Wunsch nach mehr Partizipation der Einzelnen und der Gruppen am politischen Leben und an politischen Entscheidungsprozessen (Art. 73 Abs. 3 GS). In Mitteleuropa hat sich dies in den letzten Jahrzehnten im Entstehen neuer Parteien, aber auch von Bürgerinitiativen und freien Wählergruppierungen gezeigt.

Es fällt auch hier in der Darstellung auf, daß sich das Konzil an dieser Stelle auf die nationalstaatliche Ebene beschränkt, und deshalb regionale Phänomene nicht besonders in den Blick nimmt.[42] Die staatlichen Autoritäten und politischen Parteien werden keiner dezidierten Kritik unterzogen. Man hat sich bemüht, populäre negative Klischeebilder von Politik als einem schmutzigen Geschäft, das den Charakter beinahe zwangsläufig verdirbt, zu vermeiden.

Statt dessen werden konkrete positive Ziele politischer Betätigung deutlich hervorgehoben, so die Bedeutung der Verwirklichung verfassungsmäßig garantierter Grundrechte und Freiheiten, die Notwendigkeit eines wirksamen Schutzes von Minderheiten, Toleranz gegenüber anderen politischen Meinungen und religiösen Bekenntnissen sowie die Öffnung des Zuganges zu politischen Ämtern für alle Staatsbürger (Art. 73 Abs. 3 GS).

Leider hat das Konzil es in diesem Zusammenhang versäumt, auf die noch bestehende rechtliche oder jedenfalls faktische Benachteiligung von Frauen im öffentlichen gesellschaftlichen Leben hinzuweisen, die im übrigen in den letzten Jahrzehnten auch das politische und gesellschaftliche Engagement vieler Frauen zur Folge gehabt hat.[43]

Die Bedeutung wertorientierter politischer Erziehung wird am Beispiel gesellschaftlicher Grundwerte wie der Gerechtigkeit und der Solidarität erläutert. Der Dienst am Gemeinwohl und die allgemeine Festigung der Grundüberzeugung der Wichtigkeit der Politik als notwendiger Gemeinschaftsaufgabe in einem Staatswesen werden dazu im einzelnen hervorgehoben.

Art. 74 GS beschäftigt sich dann zunächst mit der wichtigen Grundsatzfrage nach dem Sinn und Zweck des Bestehens und des Wirkens der politischen Gemeinschaft. Die Pastoralkonstitution betont, daß Politik nie primär Selbstzweck oder Verwirklichung von Gruppen– oder Sonderinteressen sein darf. Sie ist wesentlich Dienst am Allgemeinwohl, der den koordinierten und zielgerichteten Einsatz aller gesellschaftlichen Kräfte erfordert.[44]

---

42 Vgl. NELL-BREUNING, in: LThK Ergänzungsband, a. a. O., S. 518, der hier einen Einfluß romanistischen Rechtsdenkens vermutet.

43 Vgl. NELL-BREUNING, in: LThK Ergänzungsband, GS 73, S. 519.

44 Man kann hier auch auf Aussagen der Enzyklika »Mater et magistra« (Nr. 65 / 66) verweisen, die

In Art. 74 Abs. 2 GS ist der lateinische Text in der deutschen Übersetzung teilweise inhaltlich verkürzt wiedergegeben worden, sodaß die Bedeutungsbreite der Konzilsaussage nicht deutlich genug geworden ist. Bei der Beschreibung der staatlichen Autorität und ihrer Lenkungspolitik wurden die Adverbien »mechanice« mit »durch die Automatismen des Institutionellen« und »despotice« mit »durch brutale Gewalt« übersetzt. Nell-Breuning moniert hier zu Recht, daß es Automatismen im ökonomischen Bereich (Warenaustausch) gibt, nicht aber im institutionellen Bereich, der immer eine – wenn auch im Einzelfall unterschiedlich ausgestaltete – Willensbildung voraussetzt.[45] Inhaltlich ist mit dem Verweis auf institutionelle Automatismen gemeint, daß die staatliche Lenkungspolitik sich nicht primär nur an Institutionen halten darf, auch wenn dies gewohnten politischen Handlungsmustern entspricht, sondern nötigenfalls einen Konsens aller gesellschaftlichen Kräfte suchen muß. Die staatliche Koordinationspolitik darf nicht in stereotypen Bahnen verlaufen, sondern muß in dynamischer Weise den jeweiligen sich verändernden Gegebenheiten angepaßt werden. Dennoch verkürzt die Bezugnahme auf den institutionellen Bereich die Perspektive des lateinischen Originaltextes: Das Adverb »mechanice« meint hier über den institutionellen Bereich hinaus generell eine gewohnheitsmäßige, starre, nicht bewußt und überlegt gesteuerte staatliche Lenkungspolitik.[46]

Das Adverb »despotice« kann weitaus treffender im Sinne der Bedeutung des Fremdwortes »despotisch« mit »herrisch, willkürlich« oder »rücksichtslos, gewalttätig, selbstherrlich«, d. h. ohne Bindung an Gesetze, moralische Prinzipien, die Zustimmung der Beherrschten oder Traditionen, wiedergegeben werden.[47] Somit bezeichnet dieses aus dem Griechischen stammende Wort nicht primär Gewalttätigkeit, sondern vielmehr eine Fehlform der Herrschaftsausübung über andere, die letztlich keinen Raum für Partizipation, demokratische Formen der Kontrolle und Mitbestimmung läßt.

Demgegenüber heben die Konzilsväter mit Recht hervor, daß echte Regierungsautorität immer in einer moralischen Autorität – nicht nur in einer Fachautorität! – wurzelt, die Freiheit und Verantwortungsbewußtsein der Bürger respektiert, ja zu wecken und zu motivieren versucht für den Dienst am Gemeinwohl.

---

die Wichtigkeit der Ausrichtung privater Aktivitäten und Interessen am Gemeinwohl hervorhebt und auch die Notwendigkeit der staatlichen Ordnung und Förderung privater Unternehmungen betont.

45 Vgl. NELL-BREUNING, in: LThK Ergänzungsband, GS 74, S. 521.

46 Zu der hier verwandten Übersetzung von »mechanice« vgl. die Hinweise zum deutschen Fremdwort »mechanisch« in: DUDEN: DAS GROßE WÖRTERBUCH DER DEUTSCHEN SPRACHE, G. Drosdowski u. a. (Hrsg.), Band 5, 2. Aufl., Mannheim, Leipzig 1994, S. 2224.

47 Vgl. hierzu die Angaben zu »despotisch« bei DUDEN: DAS GROßE WÖRTERBUCH DER DEUTSCHEN SPRACHE. G. Drosdowski u. a. (Hrsg.), Band 2, 2. Aufl., Mannheim, Leipzig 1993, S. 704; die BROCKHAUS ENZYKLOPÄDIE, Art. »Despot, despotisch«, Band 5, 19. Aufl., Mannheim 1988, S. 280 weist auf das entscheidende Moment, das Fehlen der Herrschaftsbindung des Despoten an die genannten essentiellen demokratischen Prinzipien der Gewaltentrennung und Volkssouveränität hin.

Jede öffentliche Gewalt bleibt – unabhängig von ihrer institutionellen Verfaßtheit – dem Sittengesetz verpflichtet, auf das Gemeinwohl hin orientiert und an die objektive Rechtsordnung gebunden. Hierdurch stellt sie ihre Dignität unter Beweis und verpflichtet dadurch die Staatsbürger zu Loyalität und Gehorsam (vgl. Art. 74 Abs. 4 GS).

Überschreitet sie die ihrer Machtausübung gesetzten Grenzen, so haben die Staatsbürger ein Recht zum Widerstand, das in den sittlichen Grenzen des Naturrechts bzw. Evangeliums ausgeübt werden muß. Wir befinden uns hier auf dem weiten Feld des »zivilen Ungehorsams«, das von der Pastoralkonstitution aus guten Gründen nur sehr allgemein angesprochen wird. So bleibt die Frage offen, ob es unter bestimmten Umständen nicht nur ein Widerstandsrecht, sondern sogar eine Pflicht zum Widerstand geben kann.[48]

Art. 74 Abs. 5 GS hebt die erzieherische Funktion und Bedeutung der staatlichen verfassungsmäßigen Grundordnung hervor. Die Erziehung zum Frieden und die Offenheit für friedliche Beziehungen zu den jeweiligen Nachbarstaaten gehören zu den unverzichtbaren Elementen verantwortungsbewußter Staatspolitik.

Art. 75 GS stellt sich dann der Frage nach den richtigen Strukturen und Werten des öffentlichen und gesellschaftlichen Lebens und betont, daß volle Partizipation aller Staatsbürger erst dann möglich sein kann, wenn rechtliche oder faktische Diskriminierung von Einzelnen oder Gruppen abgeschafft bzw. wirksam bekämpft werden kann. Dies berührt die wichtige Frage der gesellschaftlichen Bewußtseins- und Meinungsbildung, die gegenseitige Kontrolle der staatlichen Gewalten und die Presse- und Informationsfreiheit.

Die Forderung nach einem allgemeinen, rechtlich nicht beschränkten Zugang zu den Staatsämtern für alle Staatsbürger beinhaltet ein nachdrückliches Bekenntnis der Konzilsväter zur Demokratie. Allerdings vermeiden sie den ausdrücklichen Gebrauch des Terminus »Demokratie« mit Rücksicht auf die global sehr unterschiedlichen staatlichen und gesellschaftlichen Verhältnisse. Sie fügen aber an dieser Stelle hinzu, daß der unbeschränkte Zugang zu den verantwortlichen Ämtern und Aufgaben des Gemeinwesens der menschlichen Natur vollkommen entspricht (Art. 75 Abs. 1 GS).

Das neue Kirchenrecht enthält für den hier angesprochenen Komplex die allgemeinen Normen der cann. 225 und 227 CIC, auf deren Inhalt bereits näher eingegangen wurde. Es hat damit die Grundsätze des Konzils zum weltlichen und politischen Engagement von Laien auch juristisch ratifiziert, enthält aber über die Aussagen der Konzilsdokumente hinaus keine neuen inhaltlichen Aussagen. Die Normen des kirchlichen Vereinsrechts (cann. 298ff CIC) sind darüber hinaus auf katholische politische Parteien anwendbar, die ja auch den Zweck verfolgen wollen, die weltlichen Lebensbereiche mit christlichem Geist und christlichen Werten zu erfüllen.

---

48 Vgl. dazu NELL-BREUNING, in: LThK Ergänzungsband, GS 74, S. 522.

Staat und gesellschaftliche Institutionen sollen die jeweiligen Kompetenzen und Arbeitsschwerpunkte respektieren und zum Wohle des Ganzen zusammenarbeiten. Damit dies praktisch in den unterschiedlichen Lebensbereichen gelingen kann, ist nach Auffassung des Konzils eine staatliche regulative Interventionspolitik nicht nur im ökonomischen Bereich, sondern auch auf dem sozialen und kulturellen Sektor erforderlich (vgl. Art. 75 Abs. 3 GS).

4.3.1 Grundzüge eines staatsbürgerlichen und politischen Ethos nach den Konzilsdokumenten

Die Ausübung einer verantwortlichen Tätigkeit im Rahmen des Öffentlichkeitsauftrags ist ohne politisches und staatsbürgerliches Ethos, das entscheidend für die Ziele und die hierfür gewählten Handlungsmittel ist, nicht vorstellbar. In diesem Abschnitt sollen die vom Konzil hervorgehobenen Prinzipien näher dargestellt werden.

Im vorhergehenden Abschnitt waren bereits einige wichtige Schwerpunkte der politischen Ethik genannt worden: Demokratisches Prinzip, Rechtsstaatsprinzip, staatliche Gewaltentrennung und Gewaltenkontrolle, staatliche Gemeinwohlverpflichtung.

Dazu kommen für den inhaltlichen individuellen und sozialen Bereich der politischen Ethik wichtige Grundrechte und Grundwerte und gesellschaftliche Grundverhaltensregeln unabdingbar hinzu. Zu nennen sind hier Autorität und Freiheit, Gerechtigkeit und Solidarität, Toleranz und Achtung Andersdenkender, Friedenserziehung, das Verbot jeglicher Diskriminierung, besonders von Minderheiten, sowie der besondere Vorrang des Gemeinwohls vor dem Gruppen- und Einzelwohl. Diese Grundwerte und Grundsätze des Gemeinwohls sollen durch eine fruchtbare Verbindung von staatlicher Koordination, persönlicher Initiative und solidarischer Verbundenheit der Staatsbürger und der gesellschaftlichen Verbände und Gruppen verwirklicht werden.

Art. 75 Abs. 4 GS geht in Fortführung der allgemeinen Grundlinie der Art. 73ff GS auf das staatsbürgerlich-politische Ethos und auf die Rolle der katholischen Laien im Gemeinwesen ein. Hierbei wird zunächst das Gemeinwohl in den Blick genommen: die katholischen Laien sollen sich generell durch vorbildlichen Einsatz für die Belange des Gemeinwohls auszeichnen. Dies bedeutet zunächst konkret den Einsatz für die personalen Grundrechte, für Toleranz und Achtung gegenüber Andersdenkenden und damit überhaupt für die Ablehnung jedweden totalitären Anspruchs, ganz gleich, ob dieser von Staatsorganen oder gesellschaftlichen Gruppierungen erhoben wird. Die moralische Verpflichtung auf das Gemeinwohl beinhaltet für den katholischen Christen die Absage gegenüber jeder partikularen Interessenvertretungsmentalität, auch gegenüber einem katholischen Lobbyismus.

Der Beruf des Politikers wird wegen seines berufenen Dienstes am Gemeinwohl, an den tragenden Werten des Gemeinwesens, grundsätzlich positiv gesehen. Katholische Laien sollen sich nicht davor scheuen, Politiker zu werden, falls Neigung und hinreichende Eignung bei ihnen vorhanden ist, und der Politikerberuf wird als schwer, aber ehrenvoll bezeichnet (Art. 75 Abs. 6 GS).

Neben der Pastoralkonstitution finden sich auch im Dekret über das Laienapostolat »Apostolicam Actuositatem« einige Hinweise zum Thema. Das Dekret sieht eine Gefährdung des bestehenden sozialen und politischen Ethos im gesamtgesellschaftlichen Maßstab durch die weite Verbreitung eines unkritischen, nur immanente Kategorien anerkennenden Fortschrittsglaubens, der mindestens in Teilbereichen zu einer Vergötzung von Wissenschaft und Technik geführt hat. Zugleich wird die menschliche Würde immer wieder mit Füßen getreten (vgl. Art. 7 des Dekrets). Die Laien werden aufgefordert, in den verschiedenen Lebensbereichen die Grundsätze christlicher Ethik offensiv zu vertreten und einzubringen, um einem weiteren Werteverlust entgegenzuwirken.

Gerade in den konkreten weltlichen Lebensbereichen ist die Kirche auf das Zeugnis des einzelnen Christen angewiesen, der als Weltbürger in ihnen tätig ist. Ihm verbleibt die Aufgabe, die prinzipiellen ethischen Positionen der Kirche im Einzelfall gestaltend zu verwirklichen. Aus den ethischen Prinzipien der Kirche lassen sich im konkreten Einzelfall oftmals nicht eindeutige Lösungen deduzieren. Die Entscheidung für die letztlich sachgerechte und ethisch vertretbare Einzelfallösung setzt profane Sachkenntnis und christliches Ethos zugleich voraus und muß von den katholischen Laien in eigener Verantwortung gefällt werden.[49]

In allen Apostolatsbereichen, besonders aber auch im Bereich des öffentlichen, politischen Handelns müssen die katholischen Laien gewissenhaft unterscheiden zwischen dem, was sie als Weltbürger im eigenen Namen und damit auf eigene Verantwortung unternehmen, und dem, was sie in Gemeinschaft mit der Kirche und ihrer Leitung im Namen der Kirche, als Einzelne oder Gruppe tun (vgl. dazu Art. 76 GS). Es gibt somit ganz unterschiedliche Zurechnungskriterien bei den jeweiligen politischen Handlungsformen, wenn katholische Laien im Namen der Kirche und mit kirchlichem Auftrag tätig werden oder wenn sie sich als Privatpersonen politisch engagieren; wo es nötig ist, muß der einzelne Katholik deutlich machen, in welchem Namen er handelt.

Klostermann nennt in diesem Zusammenhang die zwei klassischen, oben bereits näher beleuchteten möglichen Fehlformen politischen Handelns von Gläubigen, die beide auf einem grundlegenden Mißverständnis des Verhältnisses von Glaube und Welt beruhen. Zum einen ist es eine Verwässerung der christlichen ethischen Normen aus Gründen einer falsch verstandenen Anpassung an die herrschenden Normen und den Verhaltenskodex in den einzelnen Lebensbereichen, die die Gefahr der Kompromittierung und »Verweltlichung« der kirchlichen Botschaft in sich birgt. Zum andern ist es eine Verweigerung jeglichen ernsthaften Dialoges mit der Welt, insbesondere in den einschlägigen Fachfragen, die die Sachkompetenz der Fachleute

---

49 Vgl. hierzu KLOSTERMANN, in: LThK Ergänzungsband, AA 7, S. 629–630.

für einzelne Lebensbereiche prinzipiell leugnet. Man kommt so zu einer fundamentalistisch-integralistischen Weltsicht, zum Bemühen, die Zivilisation zu »verkirchlichen«, und damit zum gegenteiligen Extrem, der »Entweltlichung« der kirchlichen Botschaft und ihrer fundamentalen ethischen Normen.[50]

Das Laiendekret bezeichnet die katholischen Laien als »Mitarbeiter der christlichen Weisheit« (Art. 14 AA). Die Notwendigkeit des Dialoges der Laien mit allen Menschen guten Willens im Geiste des gegenseitigen Verständnisses und der Toleranz wird klar hervorgehoben (Art. 14 Abs. 2 AA). Auch das Laiendekret betont für den Bereich der internationalen politischen Beziehungen die Wichtigkeit der Erziehung zu Brüderlichkeit und Solidarität im Verhältnis zu den verschiedenen Staaten und besonders in den Beziehungen der reichen Länder zu den armen. Hier tut sich ein weites Feld des politischen Engagements für katholische Laien auf (Art. 14 Abs. 3 AA).

Art. 31 des Laiendekretes enthält – in einem anderen Zusammenhang – noch eine weitere Aussage zu einem politischen Zeitproblem. Die katholischen Laien sind hiernach verpflichtet, sich mit ihrem christlichen Zeugnis in Wort und Tat dem Materialismus in seinen verschiedenen Ausprägungen entgegenzustellen. Hiermit ist nicht nur der dogmatische Materialismus als Weltanschauung und politisch herrschende Kraft in den Ostblockländern gemeint, sondern auch der praktische, nicht systematisch-lehrhaft verbreitete Materialismus in den westlichen Industrieländern. Beide Formen verhindern in letzter Konsequenz die volle Verwirklichung der Menschenwürde und der Menschenrechte und leugnen die Transzendenz des Menschen. Das Dekret empfiehlt den katholischen Laien, um die notwendige geistige Auseinandersetzung besser führen zu können, aber auch, um aus dem Kontrast zur christlichen Botschaft heraus die geistigen Wurzeln des Materialismus besser verstehen zu können, ein intensives und gründliches Studium der katholischen Glaubenswahrheiten (vgl. Art. 31 Abs. 3 AA).

4.3.2 Grundlegende Eigenschaften eines christlichen Politikers (Art. 75 GS, Art. 14 AA)

Die Pastoralkonstitution betont, daß ein christlicher Politiker neben der notwendigen intellektuellen und fachlichen Eignung vor allem durch seine Charaktereigenschaften überzeugend wirken muß. Dies manifestiert sich in einem aufrichtigen und ausgewogenen, von Augenmaß für das politisch Notwendige und Durchsetzbare geprägten Einsatz für das Allgemeinwohl, der von zwei prägenden, charakteristischen Eigenschaften getragen sein muß, der caritas politica und der fortitudo politica (vgl. Art. 75 Abs. 6 GS). Nell-Breuning merkt hierzu an, daß sich der Begriff

---

50 Vgl. Klostermann, in: LThK Ergänzungsband, AA 1 und 2, S. 607–610. Die zugrundeliegende Problematik war ja bereits bei der Frage der Autonomie der weltlichen Sachbereiche erörtert worden.

der fortitudo politica dem interessierten Leser eher erschließt. Denn mit diesem Terminus verbindet man sogleich Charakterfestigkeit und persönlichen Mut, politisches Stehvermögen, was auch dem Normalbürger in seiner Wichtigkeit für das öffentliche Leben unmittelbar einleuchtet.[51]

Schwieriger ist der Terminus »caritas politica« zu verstehen, da im politischen Alltagsgeschäft die Auseinandersetzung mit dem politischen Gegner zum täglichen Brot gehört und es im Zusammenhang mit dem Streben nach der Übernahme oder der konkreten Ausübung der Regierungsverantwortung, in Abstimmungen und Sachdiskussionen oft um Machtfragen geht. Der Raum, der für Barmherzigkeit oder Mitgefühl bleibt, scheint jedenfalls in einer Umgebung, in der Machtbewußtsein, persönliche Rivalitäten und Intrigen zum Alltag gehören, eng bemessen. Viel eher erscheint der Wille zur Selbstbehauptung und zur geistigen und konzeptionellen Dominanz zum genuinen Rüstzeug eines erfolgreichen Politikers zu gehören.

Demgegenüber zeichnen die Konzilsväter bewußt ein kontrastierendes Bild eines guten Politikers, der von dem Bewußtsein durchdrungen ist, daß seine Hauptaufgabe im selbstlosen Dienst am Allgemeinwohl besteht.[52] Ein Politiker darf somit nicht hauptsächlich Sachwalter einer bestimmten Bevölkerungsschicht oder Klientel sein, von der er vielleicht seiner Herkunft nach geprägt ist. Er muß vielmehr die Interessen, Werte und Güter der gesamten communitas politica berücksichtigen und damit eine Liebe zur Gesamtbevölkerung entwickeln, besonders aber für Arme und Notleidende, und keine gesellschaftliche Teilgruppe ausschließen, sondern für alle im Rahmen des Möglichen tätig werden.

Das ist die eigentliche Bedeutung und der Sinn einer caritas politica.

Der christliche Politiker kennt und respektiert die Grenzen zwischen staatlicher und kirchlicher Kompetenz und Verantwortung und ist sich dessen bewußt, daß es im Leben der Gesamtgesellschaft Kompetenzüberschreitungen auf beiden Seiten geben kann. Dies muß aber nicht die grundsätzliche Fähigkeit und den Willen beider gesellschaftlichen Institutionen zur Kooperation beeinträchtigen. Geschichtlich hat sich die Zusammenarbeit von Staat und Kirche in vielen gesellschaftlichen Bereichen, besonders auf dem sozialen Gebiet und auf dem Bildungssektor als fruchtbar erwiesen.

Dies ist insbesondere dann der Fall gewesen, wenn die staatlichen Organe den Dienst der Kirche auf den genannten Gebieten in unbürokratischer Weise ermöglicht und gefördert haben und ihm einen entsprechenden Platz im gesamtgesellschaftlichen Rahmen eingeräumt haben.

Art. 76 GS weist in diesem Zusammenhang darauf hin, daß die Kirche bei einem tiefgreifenden Wandel der gesellschaftlichen Lebens- und Bewußtseinsverhältnisse gut daran tut, nicht starr an historisch überkommenen staatlichen Privilegien und Vergünstigungen festzuhalten. Dadurch kann die Lauterkeit ihres Zeugnisses und

---

51 NELL-BREUNING, in: LThK Ergänzungsband, GS 75, a. a. O., S. 528.

52 NELL-BREUNING, in: LThK Ergänzungsband, GS, S. 528.

die Glaubwürdigkeit ihres Dienstes an der Gesellschaft in Zweifel gezogen werden und so das Erscheinungsbild der Kirche in der Öffentlichkeit Schaden nehmen. Vielfach geht es in diesem Problembereich nicht allein darum, daß die Kirche staatlicherseits keine Vergünstigungen erfahren darf. Viel wichtiger ist der saubere und transparente Umgang mit Fördermitteln und Spendengeldern und ihre nachgewiesene soziale Verwendung, die den eigentlichen Prüfstein der Glaubwürdigkeit darstellen. Dazu kommt der berechtigte Wunsch aus der Bevölkerung, daß die Vertreter der Kirche selbst einen ihrem Dienst und Auftrag angemessenen und nicht aufwendigen Lebensstil pflegen.

Die Kirche wird es somit tunlichst vermeiden, durch ein unangemessenes Beharren auf Privilegien gerade christliche Politiker in Schwierigkeiten zu bringen. Nell-Breuning weist in diesem Zusammenhang darauf hin, daß ein Abbau überholter Privilegien oft den ersten Schritt zur Erneuerung des Verhältnisses von Kirche und Gesellschaft darstellt und mancherorts Kirchen erst dazu befähigt hat, sich den gesellschaftlichen Unterschichten, den Armen und den Randgruppen wirklich zuzuwenden.[53]

Das Laiendekret des Zweiten Vaticanums enthält in seinem Art. 4 einige wichtige Hinweise für eine genuine Spiritualität des katholischen Laien, die auch für den christlichen Politiker Maßstäbe aufzeigen. Das Dekret nennt in diesem Zusammenhang zunächst die Selbstheiligung durch die gewissenhafte Erfüllung der weltlichen Pflichten und Aufgaben als ein wesentliches Moment welthafter Spiritualität, für die Klugheit und Geduld wichtige Eigenschaften darstellen (vgl. Art. 4 Abs. 1 AA). Diese Verbindung von alltäglichem Tun und christlicher Geisteshaltung wird gut verdeutlicht in einer spezifischen Passage aus der Kirchenkonstitution »Lumen Gentium«, Art. 41:

> »Alle Christgläubigen werden in ihrer Lebenslage, ihren Pflichten und Umständen und durch dies alles von Tag zu Tag mehr geheiligt, wenn sie alles von der Hand des himmlischen Vaters im Glauben entgegennehmen und mit Gottes Willen zusammenwirken und so die Liebe, mit der Gott die Welt geliebt hat, im zeitlichen Dienst selbst allen kundmachen.«

Die geistliche Durchdringung und Bewältigung von Alltag und Beruf ist nach der Aussage der Konzilsväter eine bleibende Aufgabe aller Christen, auch der katholischen Laien, und ist ohne den ständigen Vollzug und das Ineinanderwirken von Glaube, Hoffnung und Liebe als den christlichen Grundtugenden nicht vorstellbar (Art. 4 Abs. 2 AA).

Konkret geschieht dies in der ständigen Bemühung darum, in allen weltlichen Geschehnissen nach dem Willen Gottes zu forschen, in allen Menschen Christus zu sehen und sich ständig um eine Schärfung des geistigen und geistlichen Unterscheidungsvermögens zu bemühen und bei all dem das Gemeinwohl und die personale,

---

53 NELL-BREUNING, in: LThK Ergänzungsband, GS, S. 532.

transzendente Berufung des Menschen nicht aus dem Auge zu verlieren (vgl. dazu Art. 4 Abs. 3 AA).

Berufliche Sachkenntnis, Familien- und Bürgersinn gehören zu den charakteristischen Eigenschaften des christlichen Laien, der sich zudem noch durch menschliche Qualitäten wie Rechtschaffenheit und persönliche Integrität, Gerechtigkeitssinn und Aufrichtigkeit, Menschlichkeit und Starkmut auszeichnen soll (vgl. dazu Art. 4 Abs. 9 AA). Diese Eigenschaften sind auch für einen christlichen Politiker von großer Bedeutung. Sie können ihm helfen, in seinem weltlichen Alltag seine christliche Identität zu bewahren, seine christlich geprägten Wert- und Zielvorstellungen besser zu verwirklichen und damit einen wichtigen Beitrag dazu zu leisten, daß Karriere, Macht und Einfluß nicht zu Haupttriebfedern der Politik werden.

Die Konzilsdokumente zeichnen somit eine Vorbildfigur eines christlichen Politikers, der vor allem in ethischer und sozialethischer Hinsicht dem Gemeinwesen wichtige Dienste leisten und auch auf die Umwelt prägend wirken kann. Das Konzil möchte hierdurch engagierte und fähige Katholiken zum Einsatz auf dem Feld der Politik motivieren.

4.4 Zur Frage der Beteiligung der Kirche am öffentlichen Diskurs gesellschaftlicher Grundfragen

Diese Frage ist deshalb nicht leicht zu beantworten, weil in einer pluralistischen Gesellschaft mit relativ autonomen Lebensbereichen gesellschaftliche und politische Grundfragen von den unterschiedlichen Gruppen und Interessenverbänden oft auch unterschiedlich beantwortet werden. Die Kirche muß in einer differenzierter werdenden Gesellschaft darum ihren Ort oft neu bestimmen und für ihre konkreten Ziele Bündnispartner suchen. Es geht darum, die Wirkmächtigkeit der kirchlichen Botschaft in der Deutung der realen Lebenswirklichkeit immer wieder aufscheinen zu lassen, sowie gesellschaftliche Ziele und Werte aufzuzeigen oder wiederzuentdecken. Auch stellt sich die Aufgabe, das latent vorhandene ideologische Potential politischer und gesellschaftlicher Sprache und ihre dadurch immer wieder ausgeübte reale manipulative Macht über Menschen zu entlarven, wo dies von der konkreten gesellschaftlichen Situation her gefordert ist.[54]

Eine Beteiligung an der öffentlichen Diskussion von gesellschaftlichen Problemen stellt schon eine Form aktiver Politik dar. Dabei wird eine kirchliche Stellungnahme immer beeinflußt sein vom christlichen Menschenbild, das seinerseits durch die christliche Gottesvorstellung und Botschaft vorgeprägt ist. Das christliche Menschenbild setzt die Bindung des Menschen in freier sittlicher Entscheidung an die normative Geltung und die verbindlichen Inhalte des von Gott gegebenen Sittengesetzes (Dekalog) voraus. Dies wird von der kirchlichen Autorität für jede Genera-

54 Vgl. dazu ERMECKE, Stichwort »Politik« I, in: LThK, J. Höfer, K. Rahner (Hrsg.), Band 5, 8–10, Band 8, 2. Aufl., Freiburg - Basel - Wien 1963, Sp. 589.

tion neu ausgelegt und verkündet. Der Dekalog bildet das Fundament aller humanen Werte und mitmenschlichen Vollzüge und gestattet dem Menschen, nach seiner wahren Bestimmung zu leben. Dieses normative christliche Ethos, das in den Zehn Geboten enthalten ist, hat Bedeutung für alle weltlichen Lebensbereiche und muß in seiner Verbindlichkeit immer wieder bekräftigt werden. Entscheidend ist aber, daß die Verbindlichkeit und universale Gültigkeit sittlicher Normen, insbesondere auch der Inhalte des Dekalogs, ein Gebot menschlicher Vernunft ist. Dies gilt besonders dort, wo durch menschliche gesellschaftliche Politik menschliche Würde und Grundrechte (z. B. durch Krieg oder Gewalt) verletzt werden oder inhumane Lebensverhältnisse (Krankheit, Hunger) dominieren. Hier kann sich die Kirche an alle Menschen guten Willens, nicht nur die Gläubigen, wenden, hier darf sie nicht schweigen, wenn sie nicht ihre Glaubwürdigkeit verlieren will.

Hierunter fallen auch Folter, bürgerkriegsähnliche Verhältnisse, grassierende Korruption und moderne Formen gesellschaftlicher Diskriminierung aus ethnischen, rassischen, sprachlichen oder kulturellen Gründen, der Sklaverei und des Menschenhandels, die die Pastoralkonstitution in ihren Artikeln 27 und 29 deutlich beim Namen genannt hat. Die Kirche muß sich in dieser Situation einmischen und die Zusammenarbeit mit anderen gesellschaftlichen Kräften guten Willens suchen. Es gilt, der Gesellschaft eine ethisch begründete Grundordnung zu geben, die dann auch in Krisenzeiten Tragfähigkeit besitzt. Die Kirche trägt dazu bei durch die Verkündigung der Grundsätze ihrer Soziallehre und durch die kritische und unbestechliche ethische Beurteilung der herrschenden gesellschaftlichen und politischen Zustände, die jeweils am gesellschaftlichen Gesamtwohl ihren Gradmesser hat (Art. 76 GS). Die notwendige Unparteilichkeit dieses Beobachteramtes hat zur Konsequenz, daß die Kirche sich nie ganz mit einem weltlichen Regierungssystem und seinem spezifischen Menschenbild identifizieren darf. Sie muß die notwendige Distanz wahren, die die wechselseitige Autonomie von Kirche, Staat und Gesellschaft erfordert.

Eine Kirche, die in dieser geschilderten Weise ihr öffentliches Mandat ausübt, setzt sich natürlich auch dem Vorwurf der politischen Parteilichkeit aus. Dies kann schon aufgrund eines konkreten Engagements für wirtschaftlich oder ethnisch benachteiligte Bevölkerungsgruppen geschehen, aber auch beispielsweise aufgrund des Einsatzes für Flüchtlinge und Asylbewerber.

Umgekehrt besteht für die Kirche aufgrund ihres institutionellen Status in der Gesellschaft die Gefahr, sich zu sehr und vor allem zu unkritisch den jeweils herrschenden Tendenzen und Zeitströmungen – dem Zeitgeist – anzupassen. W. Huber spricht hier in pointierter Weise vom »institutionellen Dilemma«, das sich darin äußert, daß größere Institutionen dazu tendieren, exponierte und kritische Positionen in ihren eigenen Reihen zu vermeiden. Zu diesem Zweck können auch institutionelle Mechanismen in Bewegung gesetzt werden, um unbequeme Kritiker in den eigenen Reihen zum Verstummen zu bringen. Das Resultat dieses institutionellen Dilemmas ist daher oft, daß die Institution sich auf gesellschaftlich akzeptierte Durchschnitts- und Mehrheitspositionen zurückzieht.[55] Nur die stete Übung der Fähigkeit zur Selbstkritik im Dialog aller verantwortlichen Glieder und Gruppen der Kirche kann ihr helfen, aus dieser ein echtes gesellschafts-solidarisches und gesellschaftskritisches Engagement verhindernden Sackgasse herauszukommen.[56]

Vermieden werden muß im öffentlichen Diskurs auch eine allzu starke kirchliche Verbandsmentalität, die in der Gesellschaft den Eindruck erweckt, als handle die Kirche primär als Interessenvertreterin in eigener Sache und sei deshalb vornehmlich auf gesellschaftliche Machterhaltung und Sicherung etablierter Positionen aus. Art. 76 Abs. 5 der Pastoralkonstitution spricht sich ja gerade, wie oben näher dargelegt wurde, nicht zuletzt im Hinblick auf eine solche Sichtweise in deutlichen und pointierten Worten dafür aus, im Interesse der kirchlichen Glaubwürdigkeit oder auch als Konsequenz veränderter gesellschaftlicher Lebensverhältnisse auf kirchliche Privilegien und auch legitim erworbene Rechte zu verzichten. Denn der kirchliche Öffentlichkeitsauftrag verpflichtet die Kirche primär dazu, dem Evangelium treu zu bleiben und aus seinem Geist heraus sich als Überzeugungsgemeinschaft in solidarischer und kritischer Weise der gesellschaftlichen Not anzunehmen und so Kirche für andere zu sein.[57]

4.4.1 Das Problem möglicher Reglementierung, Domestizierung oder Instrumentalisierung der Kirche und ihrer Tätigkeit durch den Staat, gesellschaftliche oder politische Gruppierungen

Die Kirche ist von ihrem Auftrag und ihrem Erbe her verpflichtet, das Evangelium jeder Generation neu zu verkünden, ob gelegen oder ungelegen. Sie darf auch nicht den Staat oder andere einflußreiche gesellschaftliche Kräfte von ihrer Kritik ausnehmen, wenn dies zum Schutz der Menschenrechte oder zur Verteidigung der Freiheit des Glaubens und der legitimen Rechte der Kirche erforderlich ist (vgl. can. 747 CIC). Zum Schutz ihres gesellschaftlichen Status oder zur Wahrung ihres guten Verhältnisses zu den staatlichen Institutionen kann sie sich somit nicht zu einer Art Stillhalteabkommen gegenüber dem Staat oder einflußreichen gesellschaftlichen Kräften verpflichten, wenn sie nicht ihrer Botschaft untreu werden will.

Die konkrete kirchliche Strategie ist dabei nicht immer leicht festzulegen, besonders in totalitären Staaten, wo die Verantwortlichen der Kirche die kirchliche Gemeinschaft vor staatlicher Verfolgung schützen müssen. Es droht aber immer eine Verfälschung der christlichen Botschaft, wenn man staatlichen Forderungen zu stark

---

55 Vgl. W. Huber, Kirche und Öffentlichkeit, Habilitation Heidelberg 1972, Stuttgart 1973, S. 647–648.

56 Huber, a. a. O., S. 648, betont hier, daß in diesem Bereich besonders der Kontakt zwischen den institutionellen Repräsentanten und Gremien und den kirchlichen Initiativgruppen helfen kann, die nötige kritische Distanz zur Gesellschaft wiederzugewinnen.

57 Vgl. Huber, a. a. O., S. 545, 549.

nachgibt und sich zu sehr an die offizielle staatliche Politik und Ideologie anpassen will. Man steht dann vor der Schwierigkeit, die noch bestehenden Freiräume kirchlicher Tätigkeit vor staatlicher administrativer Beschneidung zu schützen, die Infiltration durch kirchenfremde Kräfte abzuwehren und zugleich nicht vor dem staatlichen totalitären Anspruch zurückzuweichen.

Art. 76 GS betont in diesem Zusammenhang, daß es die bleibende Pflicht der Kirche ist, gegen jede Behinderung ihres religiösen oder ethischen Verkündigungsauftrags zu protestieren, insbesondere, wenn es um den kirchlichen Auftrag geht, Stimme der Sprachlosen zu sein, der materiell, sozial oder geistig an den Rand Gedrängten.[58] Die Theologie der Befreiung stellt einen – von den Impulsen des Zweiten Vaticanum inspirierten – Versuch dar, ausgehend vom Evangelium und von den Erfahrungen von Menschen in Lateinamerika, einem von Unterdrückung, Gewalt und Beraubung beherrschten Kontinent, den Glauben und die christliche Hoffnung in Gemeinschaft und Solidarität zu bezeugen und zu reflektieren.[59] Dabei wird der Prozeß der Befreiung als ein umfassender, alle Dimensionen der menschlichen Existenz einschließender Heilsprozeß betrachtet. Er erweist sich von Christus her als Geschenk und läßt dem armen und an den Rand der Gesellschaft gedrängten Menschen das Bewußtsein für die Fülle und den Sinn seines Lebens neu aufleuchten.[60]

Auch nationalkirchliche Strömungen können eine Gefahr für die kirchliche öffentliche Tätigkeit darstellen, denen schon aus den Gründen der Universalität und Katholizität der Kirche heraus Widerstand entgegengestellt werden muß. Eine rein national organisierte Kirche ist sehr viel stärker der Gefahr von Pressionen ausgesetzt als eine kirchliche Gemeinschaft, deren Leitungszentrum sich außer Landes befindet. Zudem muß die Kirche auch in ihrem öffentlichen Erscheinungsbild in einer solchen gesellschaftlichen Situation deutlich machen, daß sie sich von jeglichem fremden Einfluß, insbesondere von nationalistischen Bestrebungen distanziert und damit eine Neuauflage des früheren Bündnisses von Thron und Altar ablehnt. Dies erfordert öffentliche Stellungnahmen der Kirche, die eindeutig Position beziehen.

Auch wenn die Kirche vom Staat nicht ideologisch bekämpft, reglementiert oder unter Druck gesetzt wird, sondern als sinnstiftende und wertbildende, erzieherisch tätige gesellschaftliche Kraft anerkannt ist, kann natürlich im Einzelfall immer noch die Gefahr einer Instrumentalisierung für staatliche oder gesellschaftliche Zwecke bestehen. Die Weitergabe und Bewußtmachung gesellschaftlich tragender und prägender Grundwerte stellt auch nach kirchlichem Selbstverständnis eine eigene Aufgabe der Kirche dar, die dem gesellschaftlichen Gemeinwohl verpflichtet ist und bleibt. Die Kirche behält sich aber auch in einer pluralistischen Gesellschaft die

---

58 Vgl. dazu die klare Aussage von NELL-BREUNING, in: LThK Ergänzungsband, GS, S. 532.

59 So G. GUTIERREZ, Theologie der Befreiung, 2. Aufl., München 1976, S. 2.

60 Vgl. hierzu GUTIERREZ, a. a. O., S. 3.

konkrete Art und Weise ihres Vorgehens vor und entscheidet demgemäß von Fall zu Fall, ob sie sich an staatlichen Projekten und Initiativen (beispielsweise im Schul- oder Bildungsbereich) beteiligt oder nicht, wie der Konflikt um den Ethikunterricht im Bundesland Brandenburg zeigt.

Die Kirche gerät erst dann in Gefahr, zum Instrument staatlicher oder gesellschaftlicher Kreise zu werden, wenn sie die in Art. 76 der Pastoralkonstitution genannten beiden Eckpfeiler ihres Öffentlichkeitsauftrages verläßt und sich nicht mehr unzweideutig dem Schutz der menschlichen Grundrechte und dem Heil der Seelen verpflichtet weiß. Historisch betrachtet, haben patriotische oder auch ethnisch geprägte Strömungen oder auch ideologisch bestimmte Feindbilder immer wieder einflußreiche kirchliche Kreise dazu verführt, Kriege oder Gewalt oder andere Zwangsmaßnahmen gutzuheißen und sich so zum Instrument staatlicher Propaganda und Manipulation machen zu lassen.

Solche Instrumentalisierungs- und Reglementierungsversuche haben sich in diesem Jahrhundert besonders in faschistisch oder kommunistisch regierten Ländern und in politischen oder religiösen Krisengebieten ereignet.

Die sog. patriotische Kirche in der VR China ist ein Beispiel dafür, wie eine Regierung versucht, die katholische Kirche auf ihrem Staatsgebiet durch die Gründung einer von ihr abhängigen oder zumindest stark beeinflußbaren nationalen Kirche von ihrem hierarchischen Leitungszentrum in Rom abzukoppeln. In ähnlicher Weise wurde es von den maßgeblichen politischen Stellen in der früheren CSSR unternommen, durch die Gründung der staatlich beeinflußten Priestervereinigung »Pacem in terris« den Klerus zu spalten und ideologisch zu infiltrieren. Es handelt sich hier um Versuche einer staatlichen Instrumentalisierungs- und auch Domestizierungspolitik. Es wird einerseits versucht, die Kirche oder auch nur bestimmte kirchliche Kreise für politische Ziele zu vereinnahmen und sich so gleichsam Hofpropheten zu verschaffen, andererseits sollen kritische kirchliche Gruppen eingeschüchtert oder ausgegrenzt werden (so bei der Vorgehensweise gegen die kirchliche Friedensbewegung in der früheren DDR).

Nicht nur kirchliche Gruppen können zu politischen Zwecken vereinnahmt und instrumentalisiert werden, sondern auch die kirchliche Botschaft, insbesondere das durch die Bibel der Menschheit offenbarte Wort Gottes. Auch allgemein lassen sich religiöse Gefühle und ethnisch geprägte religiöse Zugehörigkeit für politische und militärische Ziele mißbrauchen. Dies wußten geschickte Demagogen besonders in wirtschaftlich unterentwickelten Regionen und politischen Spannungs- oder Kriegsgebieten (Nordafrika, Naher Osten) durch Schaffung und Aufrechterhaltung von Feindbildern immer wieder auszunutzen.

Fundamentalistischer Umgang mit der Bibel zeichnet sich generell dadurch aus, daß er den geschichtlichen Charakter der Offenbarung negiert, auf einer bis in letzte Einzelheiten wortwörtlichen Auslegung besteht und dadurch oft einem ideologischen Umgang mit der Schrift verfällt. Nicht nur wird dadurch der notwendige Dialog zwischen Glaube und Kultur unmöglich gemacht, es wird so auch die kirchliche

Tradition als Interpretations- und Auslegungshilfe überflüssig gemacht.[61] Zulehner sieht im innerkirchlichen Fundamentalismus den Ausdruck einer Verbindung von bestimmten Strömungen des Gegenwartskatholizismus mit der vormodernen Welt, wobei die Öffnung der Kirche zur Welt hin, die mit dem Zweiten Vaticanum eingeleitet wurde, als ein Übel angesehen wird, das nur zur Verweltlichung der Kirche geführt habe.[62] Kennzeichnend für diese geistigen Strömungen, die im Grunde das Rad der Geschichte zurückdrehen wollen, sei ein ausgeprägter Wunsch nach einer starken religiösen Autorität, nach festen Ordnungen und klaren Weisungen angesichts der zunehmenden Unübersichtlichkeit und Kompliziertheit der modernen Welt, auch die Sehnsucht nach kirchlicher Uniformität. Der Fundamentalismus wird daher als ein Mittel betrachtet, sich vor Lebensproblemen abzusichern – eine Sicherheit, die allerdings trügerisch ist, da sie nicht auf eigener Einsicht beruht, sondern um den Preis des Verzichtes auf eigenes Denken erkauft ist.[63] Demgegenüber kann die Hl. Schrift nicht isoliert von der Tradition interpretiert werden, da sie einen Kanonisationsprozeß durchlaufen hat. Man kann die Bibel daher mit einem Spiegel vergleichen, in dem die Kirche ihre eigene Identität erkannt hat, immer neu überprüft und durch die Jahrhunderte hindurch ihre jeweilige Antwort auf Glaubens- und Lebensfragen legitimieren kann.[64]

Auch das neue Kirchenrecht enthält Vorschriften, die eine Instrumentalisierung von Kirchen oder kirchlichen Gruppen für politische oder ideologische Zwecke oder auch eine Infiltrierung von kirchenfremden Personen verhindern sollen. Das kirchliche Vereinsrecht (cann. 298–329 CIC) will den Gläubigen helfen, in der Frage ihres Beitritts zu kirchlichen Vereinigungen die rechte Auswahl zu treffen, indem es Vereinigungen mit geistlicher oder apostolischer Zielsetzung empfiehlt (vgl. can. 327 CIC). Der kirchlichen Lehrautorität werden Aufsichtsrechte eingeräumt, besonders im Hinblick auf die Treue zur katholischen Lehre und auf die Disziplin der Mitglieder (vgl. can. 323 § 1 CIC). Diesem Zweck dient auch die Vorschrift des can. 323 § 2 CIC, die die Verantwortlichen der kirchlichen Aufsicht verpflichtet, darauf zu achten, daß im kirchlichen Vereinswesen eine Zersplitterung der Kräfte vermieden wird und daß die Ausübung des Apostolates auf das Gemeinwohl hingeordnet wird. Im übrigen bleibt dem Gläubigen das Recht unbenommen, auch

---

61 Vgl. hierzu das neue Dokument der Päpstlichen Bibelkommission »Die Interpretation der Bibel in der Kirche« (Verlautbarungen des Apostolischen Stuhles, Nr. 115, DBK Hrsg., Bonn 1994), S. 61–63, das hier auch die Entstehung und Prägung des Begriffs »fundamentalistisch« darlegt.

62 P. M. ZULEHNER in dem Aufsatz: »Fundamentalismus in der katholischen Kirche«, in: Materialdienst des konfessionskundlichen Instituts Bensheim, 46. Jg. (1995), S. 90.

63 Vgl. das zitierte Dokument der Päpstlichen Bibelkommission »Die Interpretation der Bibel in der Kirche«, a. a. O., S. 63; auch ZULEHNER, a. a. O., S. 91, 93, hält ein solches Verhalten für eine »tragische Form von Selbstsicherung«.

64 Dieses instruktive Bild, das aus der dogmatischen Konzilskonstitution »Dei Verbum«, Nr. 7 stammt, wird durch das neue Dokument der Päpstlichen Bibelkommission »Die Interpretation der Bibel in der Kirche« aufgegriffen, vgl. a. a. O., S. 83.

hinsichtlich des Beitritts zu einer Vereinigung die kirchlichen Oberhirten um Rat anzugehen (can. 212 § 1 und 2 CIC).

Der kirchliche Gesetzgeber gibt dem Beitritt zu kirchlichen Vereinigungen den Vorzug gegenüber rein weltlichen Vereinigungen, obschon den Gläubigen das Recht des Beitritts zu säkularen Vereinigungen nicht beschnitten oder genommen wird. Aber der katholischen kirchlichen Vereinigung wird eine größere Durchschlagskraft im Apostolat und in der christlichen Weltdurchdringung zugetraut.

Man ist auch bemüht, kirchenfremde Einflüsse zurückzudrängen bzw. von vornherein auszuschalten. So sieht die Norm des can. 317 § 4 CIC vor, daß in öffentlichen Apostolatsvereinigungen von Gläubigen, beispielsweise caritativen Organisationen, Personen, die in politischen Parteien Leitungsfunktionen ausüben, nicht den Vorsitz haben dürfen.

Schließlich kann eine Infiltrierung bzw. Unterwanderung katholischer Vereinigungen durch kirchenfremde Personen ein Beispiel für einen Anwendungsfall der Norm des can. 326 § 1 CIC darstellen. Hiernach darf bei schwerwiegenden Verstößen gegen die kirchliche Lehre oder Disziplin ein privater Verein von Gläubigen durch die zuständige kirchliche Autorität aufgelöst werden. Ebenso kann dies gemäß can. 320 CIC bei einem öffentlichen kirchlichen Verein geschehen, wobei hier die kirchliche Autorität bestimmte Verfahrenserfordernisse zu beachten hat (vorherige Anhörung des Vereinsvorsitzenden und der anderen Vorstandsmitglieder).

Gemäß can. 318 CIC hat das zuständige kirchliche Leitungsorgan aber auch noch eine weitere Eingriffsmöglichkeit zum Schutz der Kirchlichkeit und Katholizität der Vereinigung. Es kann unter bestimmten Voraussetzungen den bisherigen Vereinsvorsitzenden absetzen oder kann, ohne den bisherigen Vorsitzenden formell abzusetzen, einen kommissarischen Leiter des Vereins für einen befristeten Zeitraum einsetzen.

Dem Schutz der Integrität der Zielsetzung und Tätigkeit der Vereinigung dient auch die Norm des can. 316 § 1 n.2 CIC, wonach Personen, die den katholischen Glauben aufgegeben bzw. die Gemeinschaft der Kirche verlassen haben, nicht Mitglied einer katholischen Vereinigung sein oder bleiben können.

Die Kirche sieht damit in der ungehinderten Durchführung ihres spezifischen Öffentlichkeitsauftrages ein hohes Gut, das durch entsprechende kirchenrechtliche Normen vor möglichem Mißbrauch, insbesondere spiritueller oder ethischer Aushöhlung geschützt werden und den Erfordernissen der jeweiligen zeitlichen und kulturellen Situation angepaßt werden muß. Die Kirchenleitung hat die besondere Verantwortung, über die Authentizität der Botschaft und die Glaubwürdigkeit und Loyalität der Personen zu wachen, die mit dem Öffentlichkeitsauftrag betraut sind.

4.4.2 Zur Frage nach einer besonderen kirchlichen Kompetenz im sozial-caritativen Bereich und im Erziehungsbereich

Die Kirche hat seit alters her in der Erziehung der Jugend ihre besondere Aufgabe gesehen und hierin nicht nur ein praktisches Mittel der Glaubensweitergabe, sondern auch zur gesellschaftlichen Verbreitung christlicher Ethik erblickt und war sich immer dessen bewußt, daß sie hiermit einen wichtigen Beitrag zum Allgemeinwohl geleistet hat.

So betont das Dekret über die christliche Erziehung »Gravissimum educationis« des Zweiten Vaticanums vom 28.10.65 in seinem Art. 3, daß die Kirche nicht nur über die notwendige Fähigkeit zur Erziehung verfügt (die sie ja mit verschiedenen gesellschaftlichen Institutionen und Gruppen teilt, die einen ähnlichen Anspruch erheben), sondern von ihrer Gründung her die Kompetenz und den Auftrag hat, allen Menschen den Weg zum Heil zu verkünden und ihnen mit unablässiger Sorge zu helfen, daß sie die Fülle des Lebens erlangen können.

Die Kirche hat somit aufgrund ihres eigenen Auftrags und Erbes nicht nur ein Erziehungsrecht, sondern auch eine Erziehungspflicht, die wegen des wesenhaft missionarischen Charakters der Kirche nicht nur auf den Kreis der Gläubigen beschränkt bleiben kann, sondern sich auf die gesamte Gesellschaft bezieht.[65]

Art. 3 des Erziehungsdekretes bringt diesen Grundgedanken einer spezifischen erzieherischen Berufung der Kirche zum Wohle der menschlichen Gesellschaft klar zum Ausdruck:

> »Zugleich aber bietet sie (d. h. die Kirche) ihre wirksame Hilfe allen Völkern an zur Vervollkommnung der menschlichen Persönlichkeit, zum Wohl der irdischen Gesellschaft und zum Aufbau einer Welt, die menschlicher gestaltet werden muß.«

Dezza weist in seinem Kommentar zu dieser Passage aus dem Erziehungsdekret darauf hin, daß das Ziel der universalen Humanisierung der Menschheit eine Vorgabe und Formulierung der Konzilsväter darstellt, in der sich »der sich selbst interpretierende Geist des Vaticanum II« artikuliert.[66]

Die erzieherische Berufung der Kirche hat sich historisch in einem reichen kulturellen und geistesgeschichtlichen Erbe niedergeschlagen, das die Kirche besonders in Europa, aber auch in anderen Erdteilen als kulturprägenden, ethosbegründenden und -formenden und auch sinnstiftenden gesellschaftlichen Faktor ausgewiesen hat. Auch zum zivilisatorischen Fortschritt leistete die Kirche ihren Beitrag, aber erwähnenswert sind auch die Bereiche der Musik und der bildenden Kunst, der Literatur und der Wissenschaft, in denen vielfach kirchliche Erzieher und Fachleute gewirkt haben.

Auch auf sozial-caritativem Gebiet brachte die Kirche neue Einrichtungen und Initiativen hervor, so auf dem Gebiet der ambulanten und stationären Krankenpfle-

---

65 Vgl. dazu Dezza, in: LThK Ergänzungsband, GE, S. 378.

66 Dezza, in: LThK Ergänzungsband, a. a. O., S. 378.

ge, der Fürsorge für arme, obdachlose und gefährdete Personen und der Pflege alter und gebrechlicher Menschen.

Auf dem Sektor der Erziehung, den wir zunächst näher betrachten möchten, besitzt die Schule eine herausragende Bedeutung. Sie beruht auf dem gemeinschaftlichen Charakter des Lernens, der institutionell garantierten und geregelten Weitergabe kultureller Werte und Traditionen und der hierdurch vermittelten gesamtgesellschaftlichen Identitätsbildung, sowie ihrer Kontinuierlichkeit und der Verbindung von Wissensvermittlung und charakterlichen Formation (vgl. Art. 5 des Erziehungsdekretes). Die Konzilsväter stellen im Erziehungsdekret klar, daß Charakterbildung für sie Vorrang vor Wissensvermittlung und Vorbereitung auf den späteren Beruf hat. Zur praktischen Erreichung dieses Zieles ist eine entsprechende Bewußtseinsbildung der gesellschaftlich für den Erziehungsbereich verantwortlichen Kräfte (Familien, Lehrpersonal, Staat und freie Träger) im gegenseitigen Kontakt und Austausch zur Erneuerung der Erziehung notwendig.

Es verwundert darum nicht, daß die Kirche im Schulbereich immer selbst aktiv war und eine Trägerfunktion wahrgenommen hat. Der Bereich der sittlichen und der religiösen Kindererziehung wird hierbei als bedeutsame und schwerwiegende Pflicht bezeichnet (Art. 7 Abs. 1 GE: Gravissimum officium), die mit dem Niveau der profanen Ausbildung Schritt halten muß (Art. 7 Abs. 2 GE). Erziehung im christlichen Glauben ist dabei immer auch Hinführung zum christlichen Leben.

Das Konzil formuliert auch religiöse Ziele und Leitbilder für die katholische Schule, die wegen ihres programmatischen Charakters über den Rahmen des im konkreten schulischen Alltag Erreichbaren weit hinausgehen. Es geht darum, einen Lebensraum zu schaffen, der vom Geist der Freiheit und der Liebe des Evangeliums beseelt ist (Art. 8 Abs. 1 GE).

Diese Ziele lassen sich nicht isoliert im Bereich der Wissensvermittlung anstreben und erreichen, sondern erfordern eine ganzheitlich-personale Formation der Schüler. Sie kann durch Bildungs- und Erholungsreisen, Tage der persönlichen Einkehr und Identitätsfindung, Angebote im musisch-künstlerischen Bereich (Chor, Orchester, Theater) sowie das Angebot von Sport- und Jugendgruppen (vgl. dazu Art. 4 Abs. 1 GE) erfolgen. Hierin kommt das pädagogische Ideal einer Lebensgemeinschaft von Lehrenden und Lernenden zum Ausdruck, die gemeinsame Lern- und Lebensvollzüge miteinschließt und nicht nur kognitive, sondern auch emotionale und kreative Elemente einbezieht. Praktisch befinden sich in diesem Erziehungssystem, das in Kollegien und Internaten seine Verwirklichung gefunden hat und auch heute findet, die verschiedenen Sektoren und Fachbereiche menschlicher Erziehung unter einem Dach zusammen. Die Schulgemeinschaft ist durch gemeinsame Glaubens- und Lebensüberzeugungen und Werte gekennzeichnet. Innovativ haben im Bereich der katholischen Schulerziehung insbesondere kirchliche Ordensgemeinschaften gewirkt.

Im sozial-caritativen Bereich muß ebenso auf die traditionell wichtige Rolle der katholischen Orden, und hier insbesondere der Frauenorden verwiesen werden.

Die Orden haben sich in ihrer Zeit in besonderer Weise bemüht, das christliche Hauptgebot der Gottes- und Nächstenliebe im praktischen Tun zu aktualisieren und dabei auf die spezifischen Sorgen und Nöte der jeweiligen Zeit einzugehen. Die Notwendigkeit, die charakteristischen Zeichen der Zeit gerade auch im sozialen und caritativen Bereich zu sehen und von der christlichen Botschaft her zu deuten, betont das Dekret des Zweiten Vaticanums über die zeitgemäße Erneuerung des Ordenslebens »Perfectae caritatis« in seinem allgemeinen Teil. Es verweist darauf, daß die Ordensleute sich mit den Lebensverhältnissen der Menschen, der geistigen Situation der Zeit und den besonderen Erfordernissen der Kirche vertraut machen müssen, um die Weltsituation im Lichte des Glaubens beurteilen und ihren spezifischen Dienst an den Menschen hierauf abstimmen zu können (vgl. dazu Art. 2 PC).

Eine aktuelle Herausforderung für die Kirche stellt nicht nur die sog. neue Armut in den Industrieländern dar, die mit der gestiegenen Arbeitslosigkeit im Zusammenhang steht. Immer mehr Beachtung findet auch das weltweit immer akuter werdende Flüchtlingsproblem, das sich in der gestiegenen Zahl der Asylbewerber und illegal Einreisenden in den westlichen Industrieländern manifestiert. Zwar ist mit der staatlichen Anerkennung des Asylrechts als Menschenrecht der ursprüngliche Sinn des kirchlichen Asylrechts (Kirchenasyl), einen Ausgleich für fehlende Rechtsstaatlichkeit zu bieten, formalrechtlich entfallen. Trotzdem versteht sich die Kirche aber weiterhin aufgrund des zentralen Gebotes der Gottes- und Nächstenliebe als Anwältin der Fremden, Heimatlosen, Verfolgten, Armen und Entrechteten. Diese Beistandspflicht der Kirche ist Bestandteil ihres Öffentlichkeitsauftrages und ihrer Heilssendung, in der es ihr um die Gewährung des Lebens- und Rechtsschutzes für alle Menschen geht.[67] Schon im 4. und 5. nachchristlichen Jahrhundert wurde es als Pflicht des Bischofs betrachtet, sein Interzessionsrecht gegenüber der staatlichen Justiz auszuüben. Es beinhaltete die Aufgabe, für Unglückliche und Verfolgte, auch für bereits Verurteilte einzutreten, für sie die Begnadigung zu erwirken und jedenfalls aus dem christlichen Gedanken der Barmherzigkeit heraus Todes- und Verstümmelungsstrafen zu verhindern.[68] Landau hebt hervor, daß der bei aller Modernisierung der Rechtsordnungen bleibende Inhalt des Interzessionsrechts darin besteht, daß die Kirche dadurch den Rechtsgedanken der Barmherzigkeit und der Versöhnung im allgemeinen Bewußtsein der Gesellschaft wachhalten kann. Dies stellt gegenüber gegenläufigen gesellschaftlichen Tendenzen zur Abschreckung und zur Vergeltung im Strafrecht und im Bereich der öffentlichen Sicherheit und Ordnung ein wichtiges gesellschaftliches Korrektiv dar.[69] Riedel-Spangenberger betont, daß can. 747 § 2 CIC die neue Rechtsgrundlage für das

---

67 Vgl. I. RIEDEL-SPANGENBERGER, Der Rechtsschutz des Asyls im Kirchenrecht, in: TThZ (100) 1991, S. 126–142; hier S. 128–129. Zum geschichtlichen Hintergrund vgl. P. Landau, Art. »Asylrecht« III, in: TRE, G. Krause, G. Müller (Hrsg.), Band 4, Berlin – New York 1979, S. 319ff.

68 Vgl. dazu LANDAU, in: TRE, a. a. O., S. 320–321.

69 Vgl. LANDAU, in: TRE, a. a. O., S. 326–327.

kirchliche Interzessionsrecht darstellt. Hieraus ergibt sich für die Kirche das Recht, ihren Beistand auszuüben, wenn sie nach Ausübung ihrer Urteilskompetenz in menschlichen Dingen zu dem Schluß kommt, daß Asylbewerbern und Flüchtlingen staatlicherseits kein hinreichender Rechtsschutz garantiert wird.[70]

Von Seiten des Staates, der zumindest in Westeuropa derzeit auch unter Berufung auf das Gemeinwohl den wachsenden Strom der Asylbewerber und illegal Einreisenden begrenzen will, muß sich die Kirche allerdings die Frage gefallen lassen, ob sie ein solches Beistandsrecht auch über den Kreis ihrer Mitglieder, also der Gläubigen hinaus, wahrnehmen will und kann. Darüber hinaus stellt sich natürlich die Frage, ob der Staat oder die Kirche mit ihren jeweils unterschiedlichen Interessen und Maßnahmen im Ausländer- und Flüchtlingsbereich dem Gemeinwohl besser dienen. Die Pastoralkonstitution betont demgegenüber in GS 76 zwar die wechselseitige Unabhängigkeit und Autonomie von Staat und Kirche. Sie betont aber andererseits, daß die Kirche »immer und überall das Recht in Anspruch nimmt, ihre Soziallehre kundzumachen und auch politische Angelegenheiten einer sittlichen Beurteilung zu unterstellen, wenn die Grundrechte der menschlichen Person oder das Heil der Seelen es verlangen« (GS 76,5). Zur Durchsetzung ihres Standpunktes nimmt die Kirche nur diejenigen Mittel in Anspruch, die dem Evangelium und dem Gemeinwohl entsprechen (GS a. a. O.). Diese Formulierungen sind so offen gehalten, daß man in ihnen eine Legitimationsgrundlage für ein kirchliches Interzessionsrecht in menschlichen Härte- und Notfällen auch gegenüber Nichtgläubigen erblikken darf.

Speziell mit dem konkreten caritativen Dienst der Orden beschäftigt sich Art. 8 des Dekretes über das Ordensleben, das diese Aufgabe als »heiligen Dienst« und als ureigenstes Liebeswerk bezeichnet, das den Orden von der Kirche anvertraut ist. Der jeweilige apostolische Dienst muß dabei, so die Forderung der Konzilsväter, vom Ordensgeist durchdrungen sein, sodaß Spiritualität und konkrete Tätigkeit eine lebendige Einheit bilden (vgl. Art. 8 Abs. 2 PC).

F. Wulf weist in seinem Kommentar zum Ordensdekret darauf hin, daß die heutigen Umweltbedingungen und der allgemeine Lebensstil, insbesondere die Hektik des Berufslebens und die steigende Mobilität, Technisierung und Automatisierung der Gesellschaft, zur Auflösung traditioneller Bindungen beitragen. Es wird damit gesellschaftlicher Orientierungslosigkeit und Entwurzelung Vorschub geleistet und eine Lebenskultur geschaffen, die der persönlichen und gemeinschaftlichen Sammlung und dem Gebet wenig förderlich ist.[71] Auch den Klöstern, insbesondere den apostolisch aktiven Ordensgemeinschaften gelingt es darum nicht immer und überall, Kontemplation und Aktivität zu einer fruchtbaren Einheit zusammenzubringen und gleichsam eine geistliche und geistige Oase oder ein Kraftzentrum in der Welt zu bilden.

---

70 Vgl. RIEDEL-SPANGENBERGER, a. a. O., S. 141.

71 Vgl. dazu WULF, in: LThK Ergänzungsband, PC, S. 284.

Der sozial-caritative Bereich ist aber traditionell nicht nur eine Stärke der kirchlichen Orden, sondern auch ein großes Tätigkeitsfeld für die katholischen Laien gewesen und ist es auch heute. Das Konzilsdekret über das Laienapostolat bemerkt hierzu, daß die soziale Tätigkeit der Laien heute, den Erfordernissen der Zeit entsprechend, auch auf den kulturellen Sektor ausgedehnt werden muß (Art. 7 Abs. 5 AA). Jegliche sozial-caritative Tätigkeit will ja eine Antwort auf die Not des Menschen sein. Der Dienst der Helfer kann sich auf das Vorbild und die Lehre Christi berufen, der Arzt und Hirte für viele notleidende Menschen war. Der Hilfsdienst lebt von der brüderlichen Gesinnung Christi, die im Mitmenschen jederzeit das Antlitz Gottes entdeckt (Mt 25,40; Art. 8 Abs. 2 AA).

Die heutige, sich universal zeigende Not erfordert eine umfassende caritative Hilfe, die bereit ist, alle trennenden Barrieren sprachlicher, kultureller und ethnischer Art zwischen den Helfern und den Opfern zu überwinden. Sie soll die nötige materielle und geistige Hilfe vorbehaltlos dort leisten, wo das Konzil besonders an die Hilfspflicht der Einwohner der reichen Länder der Erde erinnert (Art. 8 Abs. 4 AA). Jeder caritative Dienst muß aufrichtig und im Geiste der Brüderlichkeit geleistet werden, er darf nicht von Herrschsucht, Selbstdarstellungssucht und Streben nach materiellen Vorteilen geprägt sein. Die Bedürftigen und Armen müssen in ihrer menschlichen Würde ernstgenommen werden und dürfen nicht zum passiven, fremdbestimmten Objekt von Hilfeleistung oder Therapie werden (Art. 8 Abs. 5 AA). Es geht also darum, Hilfe zur Selbsthilfe zu leisten, nicht darum, wirtschaftliche Abhängigkeitsverhältnisse auch noch auf den caritativen Bereich auszudehnen.

Caritative Hilfe darf auch nicht als Instrument der Evangelisierung mißbraucht und so von bestimmten Vorbedingungen beim Empfänger abhängig gemacht werden.[72] Auch eine Erwartung einer etwaigen nachfolgenden Bekehrung als Bedingung für eine Hilfeleistung widerspricht dem Gebot einer vorbehaltlosen Hilfe.

Das Laiendekret sieht neben der Pfarrei besonders die Familie als hervorragenden Ort und als Schule sozialen und caritativen Verhaltens; die christlichen Eltern werden an ihre Verantwortung erinnert, wenn das Dekret sie als »Mitarbeiter der Gnade und Zeugen des Glaubens« (vgl. Art. 11 Abs. 1 AA) bezeichnet. Das Konzil empfiehlt auch den christlichen Familien, sich zu Gruppen zusammenzuschließen, um dadurch Anregungen zu erhalten und einen Erfahrungsaustausch pflegen zu können. Art. 11 des Dekrets zählt auch einzelne wichtige Tätigkeitsfelder des Familienapostolates auf: Adoption von verlassenen Kindern, Gastfreundschaft gegenüber Fremden, Übernahme von Mitverantwortung im Schulbereich, Betreuung Heranwachsender, Hilfe für Familien in materieller und sittlicher Not, Hilfe für alte Menschen. Allerdings ist dazu aus heutiger Sicht anzumerken, daß die Familie selbst als Institution noch stärker in die Krise geraten ist, was natürlich das Familienapostolat erschwert. Dadurch wächst die Bedeutung einer guten, vielfältig orien-

---

72 Vgl. dazu KLOSTERMANN, in: LThK Ergänzungsband, AA, S. 633.

tierten Ehevorbereitung und auch die einer verantwortlichen Begleitung und Beratung von Ehepaaren.

Art. 13 des Laiendekretes hebt die besondere Bedeutung des Apostolates im sozialen Milieu hervor, die alle Lebensbereiche des modernen Menschen erreichen soll.

Auch die Pastoralkonstitution enthält wichtige Aussagen zur Bedeutung des caritativ-sozialen Bereiches für die Kirche. In diesem Zusammenhang muß an die bereits erwähnte Forderung des Konzils nach einem Recht auf Kultur für alle Menschen erinnert werden. Es ist, so das Konzil in Art. 60 GS, eine dringliche Aufgabc aller Christen, dafür zu kämpfen, daß Grundbedingungen für eine humane Kultur und Zivilisation überall geschaffen werden, damit Hunger, Krankheit und Analphabetismus überhaupt wirksam bekämpft werden können. Dieser Hinweis der Konzilsväter ist deswegen besonders wichtig, weil er die humane und kulturelle Dimension des sozial-caritativen Bereiches verdeutlicht und sich damit gegen eine einseitige, ökonomisch geprägte Betrachtungsweise des sozialen Sektors wendet.

Erst auf dem Boden einer solchen Basiskultur kann eine christlich geprägte, mitmenschliche Kultur mit Gerechtigkeit und Solidarität als wichtigen Eckpfeilern verwirklicht werden. Die Pastoralkonstitution spricht in diesem Zusammenhang von der Notwendigkeit einer menschlichen Erziehung hin zu einer integralen Gesamtkultur (Art. 61 GS), die von kulturellen, ökonomischen, und sozialen Grundbedingungen lebt und als Leitbild die Entfaltung einer im wahrsten Sinne des Wortes integren menschlichen Persönlichkeit vor Augen hat.

Aus heutiger Sicht bedürfen die Ausführungen der Konzilsväter in Art. 61 allerdings einiger Ergänzungen, insbesondere im Hinblick auf Möglichkeiten und Grenzen familiärer und kirchlicher Erziehung in einer immer stärker von den Medien als »heimlicher Erzieher« der Jugend geprägten Gesellschaft. Auch die Würdigung des Bereiches des Tourismus und allgemein der Freizeit erscheint insgesamt zu positiv, wobei auf negative Faktoren wie die wachsende Verbreitung von Alkohol und Drogen, den Prostitutionstourismus und die Zerstörung gewachsener Kulturformen in Ländern der Dritten Welt durch den organisierten Tourismus aus den Industrieländern hingewiesen werden muß.

Zu nennen sind in diesem Zusammenhang auch die sozialen Grundsätze der Kirche im sozio-ökonomischen Bereich, insbesondere der Vorrang der menschlichen Arbeit vor allen anderen Wirtschaftsfaktoren (vgl. Art. 67 GS), der die kirchliche Sozialarbeit besonders in ihrem Einsatz für Arbeitslose und allgemein an den Rand der Gesellschaft Gedrängte (Obdachlose, Flüchtlinge) verpflichtet. Die menschliche Gesellschaft auch in den reicheren Ländern der Erde muß immer wieder an ihre sozialen Pflichten erinnert werden, jedem Menschen ein Dach über dem Kopf und ausreichende materielle und medizinische Versorgung zur Verfügung zu stellen. Es muß die stete Bemühung von Staat und Gesellschaft sein, Arbeitsplätze in hinreichendem Umfang für die Bevölkerung zu schaffen, für eine angemessene

Entlohnung zu sorgen und humane Grundbedingungen im Arbeitsprozeß und am Arbeitsplatz zu schaffen (vgl. dazu Art. 67 GS).

Die Art. 67–72 GS zeigen das Bemühen des Konzils um eine Erneuerung und Aktualisierung der kirchlichen Sozialethik im Bereich des Wirtschafts- und Arbeitslebens. Art. 69 GS beschäftigt sich speziell mit der Sozialfürsorge und Sozialhilfe und betont hier die Bedeutung von Familien- und Gemeinschaftsdiensten in Ergänzung zu den staatlichen Einrichtungen und Angeboten auf dem sozialen Sektor. Deutlich und klar sieht man aber auch das Problem eines möglichen Mißbrauchs von Sozialleistungen und der Verweigerung gesellschaftlicher Pflichten oder Dienstleistungen, was zur Folge hat, daß staatliche und auch kirchliche Hilfeleistungen generell nicht ohne tatsächliche Prüfung der Voraussetzungen für die Hilfeleistung ausgegeben werden können.

Art. 75 GS enthält dann noch einige wichtige Grundsätze, die für die praktische Alltagsarbeit kirchlicher Sozialdienste und caritativer Einrichtungen von Bedeutung sind. Da es sich hier um wichtige Gemeinschaftsaufgaben des Gemeinwohls handelt, so das Konzil, ist der Staat verpflichtet, alle Gruppen und freien Träger großzügig und geregelt zu fördern und ihrem Wirken keine bürokratischen oder ideologischen Hindernisse in den Weg zu stellen (vgl. Art. 75 Abs. 2 GS). Die freien Träger, die mit ihrer Tätigkeit den Staat entlasten, sollen ihrerseits im sozialen Bereich ihre eigene Initiative und Kompetenz voll einbringen, sich aber im Verhältnis zu Staat und Gesellschaft davor hüten, ungebührlich hohe staatliche Zuwendungen oder Vergünstigungen zu fordern und so alle Lasten auf die Gemeinschaft abzuwälzen.

Als Ergebnis der Aussagen der Konzilsdokumente läßt sich festhalten, daß die Kirche im Erziehungsbereich und im sozial-caritativen Bereich aufgrund ihrer jahrhundertelangen Tradition und Erfahrung eine eigene Kompetenz erworben hat, die sie auch im gesellschaftlichen Dialog mit dem Staat und anderen gesellschaftlichen Institutionen zur Sprache bringt. Von seiten der Gesellschaft und des Staates wird die kirchliche Tätigkeit besonders in diesen beiden Bereichen generell anerkannt und gefördert, und es besteht oft beinahe selbstverständlich ein Wille zur Kooperation und zum Erfahrungsaustausch. Nur in totalitären Staaten ist dies aufgrund des ideologischen staatlichen Universalanspruches nicht der Fall.

Der Bildungsbereich und der soziale Sektor sind essentiell wichtige Elemente der menschlichen Grundkultur, und besonders in den armen und unterentwickelten Ländern kann die Kirche durch die Arbeit ihrer dortigen Einrichtungen wichtige Schrittmacherdienste für die Gesellschaft leisten und damit auch das Selbstbewußtsein der einheimischen Bevölkerung stärken.

Auch das neue Kirchenrecht betont die Wichtigkeit des caritativ-sozialen Bereichs für die Kirche. Für den Bildungsbereich gilt Entsprechendes; an dieser Stelle kann auf die Ausführungen über die Bedeutung der kirchlichen Schulen und Universitäten im Abschnitt über die kirchlichen Grundrechte verwiesen werden. Es soll hier noch einmal an die Grundnormen der cann. 215 und 216 CIC sowie des can.

222 § 1 und 2 CIC erinnert werden, die jedem Gläubigen ein Recht auf caritative Betätigung zusichern, auf die allgemeine Pflicht zur Förderung der sozialen Gerechtigkeit und der Armenfürsorge verweisen und gesamtkirchlich eine finanzielle Garantie für die sozial-caritativen kirchlichen Einrichtungen geben, indem sie die allgemeine Beitragspflicht aller Gläubigen ausdrücklich auf diesen Bereich beziehen.

Die Kirche verfügt im sozial-caritativen Bereich über ein reiches Erbe an Erfahrungen und Traditionen, das sie mit Engagement und dem stets erneuerten Bemühen um fachliche und menschliche Kompetenz bewahren und pflegen kann.

5. Anhang: Ausgewählte Themen gegenwärtiger kirchlicher Öffentlichkeitsarbeit in Deutschland (seit 1970)

Im folgenden Abschnitt soll in der gebotenen Kürze ein Überblick über die Themen der von der Deutschen Bischofskonferenz publizierten Erklärungen und Hirtenschreiben gegeben werden, der ein Spiegelbild der jeweils aktuellen gesellschaftlichen Diskussionen und Problematiken darstellt.

Der summarische Überblick gliedert sich formal nach der von den jeweiligen kirchlichen Autoritäten gewählten Form der Lehräußerung – Hirtenschreiben, Erklärung oder Arbeitshilfe.

Dabei umfassen die hier angegebenen Veröffentlichungen des Sekretariates der Deutschen Bischofskonferenz auch Publikationen gesamtkirchlicher Organe, des Apostolischen Stuhles, der Glaubenskongregation und des Päpstlichen Rates »Iustitia et Pax«. Es wird jeweils eine kurze Inhaltsangabe des betreffenden Dokumentes gegeben, wobei Einzelaussagen aus Raumgründen nicht durch Zitatangaben belegt werden. Die hier besprochenen Druckschriften sind alle vom Sekretariat der Deutschen Bischofskonferenz herausgegeben worden.

Inhaltlich ist die hier vorgelegte exemplarische Auswahl der bischöflichen Dokumente nach der gesellschaftlichen und politischen Aktualität bzw. Dringlichkeit der zugrundeliegenden Thematik, aber auch nach ihrem Gewicht für Bischofskonferenz und Kirche in Deutschland getroffen worden. Die Auswahl der Themen bleibt trotzdem, darüber ist sich der Autor im klaren, notgedrungen subjektiv.

5.1 Aus der Öffentlichkeitsarbeit der deutschen Bischöfe – einzelne exemplarische Themenkomplexe der Hirtenschreiben und Erklärungen

5.1.1 Zum Schutz des ungeborenen Lebens

In mehreren Erklärungen haben die deutschen Bischöfe zur staatlichen Neuregelung der Strafbarkeit der Abtreibung Stellung genommen, zuerst in Erklärungen vom Januar und vom Mai 1976.

In der Erklärung des Ständigen Rates der DBK vom 26.1.1976 aus Würzburg,[1] die sich besonders an die Abgeordneten des Deutschen Bundestages richtete, wird die Notwendigkeit ausreichenden gesetzgeberischen Schutzes für das menschliche ungeborene Leben betont. Der Zusammenhang von Recht und Sittengesetz wird hervorgehoben und der Schutz des Grundwertes und fundamentalen Menschenrechts auf Leben vom Empfängniszeitpunkt an gefordert, ausgehend vom fünften Gebot des Dekaloges. Auf den staatlichen Strafanspruch könne nur in eng umgrenzten, genau beschriebenen Fällen, in denen eine nicht behebbare Konfliktsituation vorliege, verzichtet werden.

---

1 Herausgegeben von der DBK unter dem Titel »Zur Neuregelung des § 218« als Nr. 6 in der Reihe »Die Deutschen Bischöfe – Hirtenschreiben, Erklärungen«.

Konkret wenden sich die Bischöfe gegen eine extensive Auslegung der sog. medizinischen Indikation, wenn eine bestehende Gefahr für Leib und Leben der Mutter durch andere medizinische Maßnahmen als einen Schwangerschaftsabbruch abgewendet werden kann.

Die sog. soziale und die eugenische Indikation werden mit dem Hinweis auf den Vorrang des Lebensrechtes des Ungeborenen abgelehnt. Dabei wird der Staat an seine Verpflichtung als Sozialstaat erinnert und ihm und der Gesellschaft das Recht abgesprochen, über den Wert oder Unwert menschlichen, auch beginnenden Lebens zu richten. Im übrigen verlangen die Bischöfe den Ausbau von Maßnahmen des präventiven Lebensschutzes, der neben einer qualifizierten Beratung auch staatliche Hilfen einschließt, in Ergänzung des durch das Strafrecht abgedeckten Bereiches.

In einer weiteren Erklärung vom 7. Mai 1976[2] wandten sich die deutschen Bischöfe in einem pastoralen Wort besonders an die Gläubigen, an werdende Mütter, an Väter und Familien, und bekräftigten das Anliegen des umfassenden Lebensschutzes auch nach der inzwischen erfolgten staatlichen Strafgesetzänderung. Diese Erklärung enthält ferner Empfehlungen für die Ärzte und das medizinische Fachpersonal in den Krankenhäusern, die betonen, daß die moralische Bewertung der Abtreibung sich auch nach dem Abbau des bisherigen strafrechtlichen Schutzes nicht geändert und der Schutz des Lebens vom Zeitpunkt der Empfängnis an weiterhin größte Priorität hat.

Die Bischöfe heben hervor, daß neben der notwendigen Hilfe für werdende Mütter in Not- und Konfliktsituationen unvermindert auch auf die sittliche Verwerflichkeit der Abtreibung und Kindestötung hingewiesen werden muß. Das Bewußtsein der menschlichen Verantwortung für den Schutz des werdenden Lebens könne nur so in der Gesellschaft wach gehalten werden. Dies wird durch den Hinweis auf die weiterhin bestehende kirchliche Strafe der Exkommunikation bei einer Abtreibung verdeutlicht.

Diese Verantwortung für das werdende Leben tragen auch die Väter der Kinder und die Familien der Schwangeren. Die Ärzte und das medizinische Fachpersonal werden an ihre menschliche und sittliche Verpflichtung gemahnt, hilfesuchenden schwangeren Frauen ihren fachlichen und menschlichen Rat zu gewähren, und an ihr Recht erinnert, die Mitwirkung an einer Abtreibung aus Gewissensgründen zu verweigern.

Schließlich wird die Verantwortung der Massenmedien betont, durch eine faire, nicht auf Sensationshascherei ausgerichtete Berichterstattung zu einer Festigung der Wertschätzung des fundamentalen Wertes Leben und zu einem Abbau der bestehenden Kinderfeindlichkeit in der Gesellschaft beizutragen.

Ein weiteres Schreiben der deutschen Bischöfe vom Mai 1976[3] enthält Empfeh-

---

2 Herausgegeben von der DBK unter dem Titel »Zur Novellierung des § 218. Pastorales Wort. Empfehlungen für Ärzte und medizinische Fachkräfte in Krankenhäusern« als Nr. 7 in der Reihe »Die Deutschen Bischöfe – Hirtenschreiben, Erklärungen«.

3 Herausgegeben von der DBK unter dem Titel »Zur Novellierung des § 218. Empfehlungen für

lungen für Seelsorger und Religionslehrer, die als Hilfen für das pastorale Gespräch und den Unterricht konzipiert sind. Es wird hier besonders der Unterschied zwischen der Ebene des staatlichen Rechtes und der moralischen Bewertung eines Sachverhaltes hervorgehoben und auch die wichtige Unterscheidung zwischen absoluten und relativen Lebenswerten betont.

In einer weiteren Denkschrift unter dem Titel »Dem Leben dienen« aus dem Jahre 1979[4] äußern sich die deutschen Bischöfe noch einmal zum Thema des Lebensschutzes für die ungeborenen Kinder. Sie beziehen Stellung im Konflikt zwischen dem Lebensrecht des ungeborenen Kindes und dem Recht der Frau auf Selbstbestimmung und gesellschaftliche Emanzipation. Zugleich ziehen sie nach drei Jahren Erfahrung mit dem neuen Strafrechtsgesetz eine negative Bilanz hinsichtlich des staatlichen Reformvorhabens. Es hat nicht wie erhofft zu einer Senkung der Abtreibungszahlen geführt. Vielmehr haben extensiv auslegbare Ausnahmetatbestände und die Ermöglichung der Krankenkassenfinanzierung bei einer Abtreibung zu dem gesellschaftlich verbreiteten Bewußtsein der »Legalität« der Abtreibung beigetragen. Zudem reklamieren manche Gruppen aufgrund der neuen Gesetzesregelung bereits eine Art Anspruch auf Abtreibung im Not- und Konfliktfall.

Die neue gesetzliche Regelung hat, so die Bischöfe, zu einer Schwächung des ethischen Bewußtseins in der Bevölkerung beigetragen, die sich in einer Verstärkung eines rein subjektiv motivierten Nutzdenkens, das sich oft unter dem Deckmantel von Selbstverwirklichung und Emanzipation verbirgt, manifestiert.

Einer weiteren Verbreitung einer solchen Mentalität könne man nur durch die Stärkung des gesellschaftlichen Bewußtseins der Solidarität und der Verantwortung für Menschen in Notsituationen sowie durch eine familienfreundlichere staatliche Politik entgegenwirken.

Die Bischöfe rufen hierzu besonders die katholischen Christen auf, die durch ihr Lebenszeugnis in den christlichen Ehen und Familien die Vorreiter einer Bewegung für das Leben sein können und so zu einer wirklichen Verstärkung und Vertiefung des gesellschaftlichen Bewußtseins für den Wert des menschlichen Lebens beitragen.

Die Stärke der bischöflichen Erklärungen besteht ganz sicher darin, daß sie sich klar und unzweideutig als Anwälte des werdenden Lebens verstehen. Hierdurch machen sie gegenüber der Gesamtgesellschaft bewußt, daß es ethische Grenzen menschlicher Selbstverwirklichung gibt.

Seelsorgern und Religionslehrer« als Nr. 8 in der Reihe »Die Deutschen Bischöfe – Hirtenschreiben, Erklärungen«.

4 Herausgegeben von der DBK unter dem Titel »Dem Leben dienen. Zur Situation nach der Änderung des § 218.« als Nr. 21 in der Reihe »Die Deutschen Bischöfe – Hirtenschreiben, Erklärungen« unter dem Datum vom 27. 8. 1979.

5.1.2 Zur Grundwertediskussion

In Deutschland wurde die Diskussion um die für die gesamte Gesellschaft tragenden Grundwerte vor allem in den siebziger Jahren intensiv geführt, nach den gesellschaftlichen Umwälzungen und Erschütterungen, die sich durch die Studentenbewegung gegen Ende der sechziger Jahre ergeben hatten. Dies geschah aber auch unter dem Eindruck der Gewaltakte des Terrorismus (»Rote-Armee-Fraktion«), der wichtige Persönlichkeiten und Repräsentanten von Staat und Gesellschaft zum eigentlichen Angriffsziel hatte.

Der erste Beitrag der deutschen Bischöfe zur Grundwertediskussion findet sich in dem Wort »Gesellschaftliche Grundwerte und menschliches Glück«, das am 7. Mai 1976 als ein Wort zu Orientierungsfragen der Gesellschaft veröffentlicht wurde.[5]

In ihrer Situationsanalyse gehen die Bischöfe aus von einer verbreiteten Angst vor der Zukunft aufgrund der Erfahrung der zunehmenden Brüchigkeit der wirtschaftlichen Gesamtsituation. Diese zeigt sich in einer steigenden Unsicherheit der Arbeitsplätze, einer Zunahme von Gewaltverbrechen, und global gesehen einer Vervielfachung des Konfliktpotentials und der Krisenherde. Das weltweite Problem von Hunger, Krankheit und Armut (»Dritte Welt«) bleibt strukturell weiter ungelöst.

Die Frage richtet sich sodann, ausgehend von diesem empirischen Befund, auf die tragenden ethischen Fundamente von Staat und Gesellschaft; die Bischöfe stellen diese in einem eigenen Abschnitt unter dem Titel »Unverzichtbare Werte« heraus.

Der Katalog der Grundwerte beginnt mit der Würde und Freiheit der menschlichen Person. Die Bischöfe betonen, daß die Entwicklung der menschlichen Personalität individuell und sozial vor den Fehlformen des Individualismus und des Kollektivismus bewahrt werden müsse. Nur so können sich Personalität und Gemeinschaft wechselseitig ergänzen und kann es zu einem gesunden Gleichgewicht von individueller und sozialer Wertverwirklichung im Gemeinwesen kommen.

Das Prinzip Freiheit bedarf in der sozialen Lebenswirklichkeit der Ergänzung durch das Prinzip Verantwortung, damit individuelle Persönlichkeitsentfaltung und gesellschaftliche Solidarität nebeneinander noch Raum finden können und das Gemeinwohl gewahrt bleibt.

Die Notwendigkeit der immer neuen Bemühung um einen Wertekonsens der tragenden gesellschaftlichen Kräfte wird ausdrücklich betont. Die Bischöfe heben hervor, daß in der Werteerziehung und -vermittlung der Staat auf die Hilfe der gesellschaftlichen Institutionen und Gruppen angewiesen ist. Der Staat bedarf der Unterstützung, weil er in einer pluralistischen Gesellschaft gegenüber den unterschiedlichen Institutionen und Gruppen in der Frage der die Werte tragenden Grundüberzeugungen nicht einseitig Partei ergreifen darf, sich also gerade in wertgebundenen Fragen und Themen zurückhaltend äußern muß. Zugleich muß er aber

---

5 Herausgegeben von der DBK unter dem Titel »Gesellschaftliche Grundwerte und menschliches Glück« als Nr. 9 in der Reihe »Die Deutschen Bischöfe – Hirtenschreiben, Erklärungen«.

Sorge dafür tragen, daß das Wertefundament der Verfassung durch das gesamtgesellschaftliche Wertebewußtsein abgestützt bleibt. Denn auch verfassungsrechtlich garantierte Fundamentalwerte sind in ihrer Akzeptanz Verschiebungen im gesellschaftlichen Bewußtsein ausgesetzt. Zudem besteht in einer freiheitlichen, pluralistischen Gesellschaft immer die Tendenz, daß gesellschaftliche Mißstände und Fehlentwicklungen allein auf strukturelle Ursachen zurückgeführt werden, wobei der Einzelne aus seiner subjektiven Perspektive heraus die Verantwortung nicht unbedingt bei sich selbst sucht.

Die Bischöfe betonen die erzieherische Funktion der Familie, die Werte entdekken, anerkennen und gemeinschaftlich vorleben kann und so als gesellschaftlicher Ordnungsfaktor unverzichtbar ist. Die Familie kann auch eine erste Schule der Solidarität sein, die in unserer Gesellschaft immer dringender gebraucht wird, besonders im Engagement für alte und kranke Menschen, Behinderte und Suchtkranke, entlassene Straffällige oder Obdachlose.

Nach einer Kritik an einer zunehmenden Ideologisierung und Begriffsunklarheit bei der Formulierung der fundamentalen Bildungsziele weisen die Bischöfe auch auf positive Neuentwicklungen in der Gesellschaft hin. Es gibt in manchen Gruppen eine neue Sensibilität für zwischenmenschliche Werte, die die Privatsphäre wieder neu als personalen Lebens- und Entfaltungsraum zu gestalten versucht. Zugleich ist das Bewußtsein des Bestehens einer globalen Verantwortung des Menschen für die Bewahrung seiner natürlichen Lebensgrundlagen gestiegen, das sich gegen eine Ausbeutung der Natur aus einer rein ökonomisch orientierten Grundhaltung heraus wehrt.

In einem Hirtenschreiben vom 22. 9. 1977 mit dem Titel »Grundwerte verlangen Grundhaltungen«[6] haben die deutschen Bischöfe ihren Beitrag zur Grundwertediskussion noch ergänzt. Standen im ersten Hirtenschreiben die Zielwerte im Vordergrund der Erörterungen, so wird nunmehr der Frage nach der Verwirklichung der Grundwerte nachgegangen. Gelebte Grundwerte erfordern nach der Auffassung der Bischöfe Grundhaltungen wie Liebe und Gerechtigkeitssinn, Friedensbereitschaft und Wahrheitstreue. Diese in der menschlichen Geschichte erprobten Grundhaltungen oder Tugenden können und müssen für die heutige Lebenswirklichkeit nach der Auffassung der Bischöfe neu erschlossen werden.

Ihre Auffassung erläutern die Bischöfe am Grundgerüst der Kardinaltugenden Klugheit, Gerechtigkeit, Tapferkeit und Maß. Die Tugend der Klugheit wird als Mut zur Wahrheit charakterisiert, der sich in konsequent durchgetragenen Gewissensentscheidungen im Alltag manifestiert. Notwendig ist die Bereitschaft zur Ehrlichkeit sich selbst und den Mitmenschen gegenüber, sodaß man zunehmend fähiger wird, sich von Illusionen und Wunschdenken zu lösen. Dies bedeutet, wie die Bischöfe klarstellen, kein Plädoyer für einen reinen Pragmatismus als Lebenshaltung,

---

6 Herausgegeben von der DBK unter dem Titel »Grundwerte verlangen Grundhaltungen« als Nr. 12 in der Reihe »Die Deutschen Bischöfe – Hirtenschreiben, Erklärungen«.

sondern für einen Realismus, der das Wachhalten von humanen Utopien miteinschließt.

Die Tugend der Gerechtigkeit wird charakterisiert als Fähigkeit, dem Mitmenschen in seiner Grundhaltung und in seinen Lebensäußerungen gerecht zu werden. Hier wird zu Recht konstatiert, daß weltweit das Bewußtsein für den Schutz der Menschenwürde und für die Rechte der Minderheiten gewachsen ist. Dennoch ist nicht das Bewußtsein letztlich das entscheidende Moment, wie die Verfasser betonen, sondern das praktische Tun des sittlich Richtigen, wodurch sich die Menschen wechselseitig Gerechtigkeit gewähren.

Die Kardinaltugend der Tapferkeit wird umschrieben als die Bereitschaft, Nachteile auf sich zu nehmen; sie ist gewissermaßen die praktische Seite der Klugheit, ihre Umsetzung in den konkreten Entscheidungssituationen des Alltags. Die Entscheidung für das angestrebte Gut, dem man auf Dauer und im Ganzen gerecht werden will, ist mitunter mit der Inkaufnahme materieller oder ideeller Nachteile, wie beispielsweise dem Verlust an Ansehen in der Öffentlichkeit, verbunden.

Die letzte der vier Kardinaltugenden, die Bereitschaft zu Zucht und Maß, wird als Kunst des Verzichtes umschrieben, die heutzutage im Bereich von Gesundheit, körperlicher Bewegung und Ernährung zu neuem gesellschaftlichen Ansehen gekommen ist. Die Bischöfe betonen, daß die Haltung der Zucht und des Maßes sich naturgemäß nicht in einzelnen Kraftakten verwirklichen läßt, sondern eine lange, geduldige und oft unspektakuläre Einübung benötigt. Als Beispiele für sinnvollen Verzicht nennen die Bischöfe denjenigen auf einen gewissen Lebensstandard aus Liebe zum Kind, ferner den Dienst im caritativen und sozialen Bereich und die Bereitschaft zum spürbaren finanziellen Opfer für die Sofort- und Katastrophenhilfe für Menschen in Not.

Abschließend betonen die Bischöfe, daß die Kardinaltugenden den Blick öffnen wollen für die gesellschaftlichen Lebenswerte, für Menschenwürde, Freiheit und Frieden.

Als Arbeitshilfe erschien im Jahre 1979 eine gemeinsame Erklärung der evangelischen und katholischen Kirche in Deutschland unter dem Titel »Grundwerte und Gottes Gebot«.[7] Sie stellt die Zehn Gebote als Grundelemente menschlicher Lebensführung in einer aktualisierten Auslegung für den individuellen und gesellschaftlichen Kontext dar. Dieses Dokument, das die zeitlich gesehen letzte Stellungnahme der Bischöfe zum Thema Grundwerte enthält, wird im Abschnitt »Arbeitshilfen« (unter 5.2.2) vorgestellt.

Die Bischöfe haben in ihren Erklärungen zum Thema der Grundwerte ein Gespür für neuere gesellschaftliche Entwicklungen bewiesen und zugleich versucht, durch ihre Denkschriften einen Impuls zum Nachdenken zu geben. Man hat versucht, mit

---

7 Gemeinsam herausgegeben von der Kirchenkanzlei der EKD und dem Sekretariat der DBK, erschienen unter dem Titel »Grundwerte und Gottes Gebot« als Nr. 11 in der Reihe der »Arbeitshilfen« der deutschen Bischöfe.

Verantwortungsträgern in Politik und Gesellschaft in einen kritischen Dialog zu treten, um so das Bewußtsein und die Verantwortung für die Notwendigkeit eines gesamtgesellschaftlichen Konsenses in Fragen der Grundwerte und menschlichen Grundhaltungen wachzuhalten und zu vertiefen.

5.1.3 Zu Gewalt und Terrorismus

Die Erklärung der Deutschen Bischofskonferenz »Gegen Gewalttat und Terror in der Welt«, die von der Vollversammlung der DBK in Fulda am 27.9.1973 verabschiedet wurde,[8] stellte sich kirchlicherseits erstmals der Tatsache, daß Gewalttat und Terrorismus globale Dimensionen angenommen hatten. Flugzeugentführungen und Geiselnahmen, Bombenanschläge und Attentate, Folterungen und Massaker, willkürliche Verhaftungen und Verschleppungen bis hin zum Völkermord sind zu einem weltweit beobachtbaren, beängstigenden Phänomen geworden, das Menschen in allen Erdteilen in Schrecken versetzt. Die blutige Spur von Gewalt und Terror zieht sich, um nur wenige Beispiele herauszugreifen, heutzutage in Europa durch Nordirland und das Baskenland, über weite Teile Afrikas (z. B. Ruanda, Somalia, Angola, Mozambique, Südafrika) und Lateinamerikas über Afghanistan bis in den Nahen Osten, nach Palästina und Israel.

Aber auch Gewalt und Terror im eigenen Land bleibt nicht unerwähnt; einerseits die Zuspitzung der Situation an den deutschen Universitäten als Folge der von Extremisten gesäten Saat der Gewalt, andererseits Mauer und Schießbefehl an der deutsch-deutschen Grenze, einhergehend mit der Verweigerung des Selbstbestimmungsrechtes für die Menschen in Ostdeutschland. Dazu kommt die Ablehnung der Familienzusammenführung der getrennt lebenden Deutschen in Ost und West seitens der Regierung in Ostberlin.

Eingehend beschäftigen sich die Bischöfe mit der Folter, die ein Zeichen barbarischer Inhumanität und auch im 20. Jahrhundert noch nicht verschwunden ist. Sie wird als »Zersetzung der menschlichen Kultur« (Pastoralkonstitution, Nr. 27) gebrandmarkt.

Eine Rechtfertigung von Gewalt aus politischen oder sozialen Motiven oder Zielsetzungen heraus wird mit dem Hinweis auf die zutiefst destruktive Natur der Gewalt abgelehnt. Nur wenn die Gewalt das einzige Mittel darstellt, um eine eindeutige und lang anhaltende Gewaltherrschaft zu beenden, die die Grundrechte der menschlichen Person schwer verletzt und dem Gemeinwohl des Landes schweren, gefährlichen Schaden zufügt, ist sie als sittlich erlaubtes Mittel zu betrachten. Sind diese Voraussetzungen aber nicht gegeben, so ist Gewalt als Mittel der politischen oder sozialen Auseinandersetzung abzulehnen, da sie nur neues Unrecht und neue Störungen des empfindlichen gesellschaftlichen Gefüges mit sich bringt.

---

8 In der Reihe »Die Deutschen Bischöfe – Hirtenschreiben, Erklärungen« als Nr. 1 unter dem Titel »Gegen Gewalttat und Terror in der Welt« erschienen.

Entwürdigende soziale und politische Mißstände sollen aber keineswegs passiv und apathisch-resigniert hingenommen, sondern mit gewaltlosen Mitteln bekämpft werden; die katholischen Bischöfe, aber auch die christlichen Kirchen, die Regierungen und die Verantwortlichen in den Massenmedien bis hin zur UNO werden aufgefordert, sich eindeutig auf die Seite der Rechtlosen und der unterdrückten Bevölkerungsschichten zu stellen, Menschenrechtsverletzungen und Repressionen anzuprangern und sich Verharmlosungs- und Beschwichtigungsversuchen entgegenzustellen.

Fünf Jahre später äußerten sich die deutschen Bischöfe in einer Erklärung ihres Ständigen Rates vom 10.4.1978 unter dem Titel »Ursachen des Terrorismus und Voraussetzungen seiner Überwindung«[9] noch einmal zum Thema, wobei sie die neue terroristische Bedrohung des demokratischen Rechtsstaates und seiner führenden Repräsentanten mit in ihre Überlegungen einbeziehen.

Die zu Beginn der Ausführungen aufgeworfene Frage nach den Ursachen des Terrorismus ist in dem Bewußtsein gestellt, daß die Zeit zu einem abschließenden Fazit und zu einer endgültigen Antwort noch nicht reif ist. Es können allenfalls Versuche einer Erklärung als Anstöße zum Weiterdenken gegeben werden.

Die Bischöfe fragen bei ihrer Ursachenforschung zunächst nach Veränderungen in der Gesellschaft, die die Entstehung des Terrorismus ermöglicht haben. Die Täter waren ja keine Einzelgänger, sondern bewegten sich in einem Umfeld von Sympathisanten, die ihre Aktionen aus den verschiedensten Motiven befürworteten oder geistig unterstützten und mittrugen.

Gewalt und Terror müssen als Akte der Ablehnung der faktisch existierenden Gesellschaft gedeutet werden, als eine Verweigerung des Dialogs mit den diese Gesellschaft gestaltenden und prägenden Kräften, Institutionen und Personen. Die Bischöfe stellen sich in diesem Zusammenhang auch die Frage nach den Versäumnissen der Kirchen, nach Mängeln unserer gewachsenen und bestehenden Kultur und Erziehung.

Die Zukunftsvision der Terroristen und ihres geistigen Umfeldes sei, so die Bischöfe, vom Ideal einer Gesellschaft der totalen Gerechtigkeit und Gleichheit geprägt gewesen, von der Idee der Machbarkeit, der praktischen Erreichbarkeit menschlichen Glückes für alle. In ihrer radikalen Konsequenz führt diese Überzeugung dazu, daß es letztlich keine Schranken mehr geben darf, die der Erreichung dieser innerweltlichen Utopie im Wege stehen. So fällt schließlich auch die letzte ethische Hemmschwelle gegenüber der Gewaltanwendung. Die Bischöfe betonen in diesem Zusammenhang, daß einige Vertreter der marxistischen Gesellschaftstheorie auch Gewalt gegen Sachen und sogar gegen Menschen auf dem Weg zum Ziele der Gesellschaftsveränderung nicht gänzlich ausgeschlossen haben. Die Gefahr besteht, daß so bei Anhängern der marxistischen Gesellschaftsutopie ein Rausch der Ver-

9 Veröffentlicht in der Reihe »Die Deutschen Bischöfe – Hirtenschreiben, Erklärungen« als Nr. 16 unter dem Titel »Ursachen des Terrorismus und Voraussetzungen seiner Überwindung«.

änderung entstehen kann, in dem die Gewalt und Zerstörung des Bestehenden zu einer Art Kult, einer Feier dieses Rausches werden kann.

Terror und Gewalt sind nach den Bischöfen immer eine Zersetzung der Menschlichkeit. Sie stellen eine Negation der menschlichen Würde und Grundrechte dar, selbst dort, wo der Terrorist bereit ist, sein eigenes Leben zur Erreichung seiner Ziele einzusetzen. Selbst in einem solchen aus einem gewissen Idealismus heraus erfolgten extremen Akt negiert der Täter faktisch die eigene Menschenwürde, das eigene Recht auf Leben, enge menschliche familiäre und freundschaftliche Bindungen zugunsten eines absolut gesetzten, innerweltlichen Zieles. Die Bereitschaft zum Opfer als Akt persönlicher Hingabe wird dort pervertiert, wo sie sich nicht positiv für jemand engagiert, sondern nur negativ gegen Bestehendes richtet und so eine Vergeudung von Lebenswerten, einen Akt der Sinnleere darstellt.

Geistiger Nährboden solcher terroristischer Taten ist eine Haltung der radikalen Ablehnung gesellschaftlicher Institutionen, wie sie leider als geistige Modeströmung in bestimmten Bevölkerungskreisen kultiviert wurde. Das geschah im Namen einer Bewegung für Freiheit und Emanzipation, die die Institutionen von Ehe und Familie, Staat und Kirche von vornherein dem Verdacht aussetzte, die individuelle Freiheit einschränken zu wollen, und ihnen so eine repressive Tendenz zuschrieb. Man unterstellte gleichsam den hergebrachten sozialen Institutionen prima facie, nur für eine Zementierung bestehender Verhältnisse zu arbeiten und jede gesellschaftliche Reform, jede Idee eines Neuansatzes im Keime zu ersticken. Vertreter einer solchen Geisteshaltung sind zwar nicht für die konkreten Taten von Terroristen verantwortlich zu machen, müßten sich aber, so die Bischöfe, ihrer Verantwortung für die geistigen und ethischen Konsequenzen der von ihnen geäußerten Gedanken und Ideen bewußt sein.

Demgegenüber verweisen die Bischöfe auf die gesellschaftliche Schutz- und Sicherungsfunktion, die die Institutionen dem Individuum bieten, das vor allem in der pluralistisch-demokratischen Gesellschaft mit ihren divergierenden Tendenzen und rivalisierenden Wertvorstellungen Orientierung und Halt finden kann und so in gewissem Maße der Aufgabe enthoben wird, im sich wandelnden sozialen Kontext sein Dasein immer neu zu interpretieren und zu definieren.

In der verbreiteten Philosophie eines bloßen Pragmatismus und einer Konsumhaltung, in der sich eine Haltung der ethischen Unverbindlichkeit entwickeln kann und menschliche Grundwerte eine lediglich relative Rolle spielen und häufig nur insoweit Bedeutung genießen, als sie sich mit den Hauptlebenswerten und -zielen Wohlstand und Freiheit vereinbaren lassen, sehen die Bischöfe ebenfalls eine Ursache für die Entstehung von Orientierungslosigkeit und existentieller Unzufriedenheit bis hin zum Zynismus, Nihilismus und Terrorismus. Leistungsdruck und Konsumzwang können ein Gefühl von Sinnleere erzeugen oder verstärken und in ihrer radikalen Konsequenz auch zu Tendenzen der Lebensflucht führen (Rausch, Drogen bis hin zum Selbstmord).

Auf der Ebene von Religion und Glauben sehen die Bischöfe die Ursachen für eine Entstehung bzw. Verbreitung einer solchen Geisteshaltung in einer Verkürzung des Anspruches Gottes und des in ihm zugesagten Heiles auf das Diesseits, in einer Reduktion des Glaubens mit seiner ihm zugehörigen transzendenten Dimension auf bloßen Humanismus. Dies geschah unter dem Einfluß des Fortschrittsdenkens im 19. Jahrhundert und des Rückzugs der Religion in den Raum privater, bürgerlicher Innerlichkeit.

Schließlich wenden sich die Bischöfe der Frage nach den praktischen Konsequenzen des Phänomens des Terrorismus zu, besonders der Herausforderung, die es für die Glaubwürdigkeit von Staat und Gesellschaft und die sie tragenden Kräfte und Institutionen mit sich bringt. Die Grundwerte und Grundhaltungen im individuellen und sozialen Lebensumfeld müssen wieder überzeugender gelebt und vermittelt werden, in einer Haltung der Ehrfurcht vor dem Leben und vor der Schöpfung Gottes. Dabei kommt besonders den Verantwortlichen im Erziehungs- und Bildungsbereich eine Schlüsselrolle für die Herausbildung eines neuen Bewußtseins zu. Das Evangelium stellt, so die Bischöfe, in diesem Zusammenhang eine lebendige geistige Quelle dar, die eine Alternative gegenüber den im Grunde historisch längst gescheiterten Modellen des reinen Pragmatismus und innerweltlicher Heilslehren bildet.

Zur Würdigung dieses bischöflichen Dokumentes sei angemerkt, daß in der Kritik und in der Reflexion auf die Ursachen des Terrorismus die typischen Schwächen einer zu pragmatisch orientierten kapitalistischen Konsumgesellschaft deutlich zu Tage getreten sind. Es fragt sich aber, ob die Bischöfe nicht in einigen Passagen ihrer Erklärung, besonders dort, wo sie wachsende Sinnleere und Nihilismus in der Gesellschaft beklagen, mit den konkreten Menschen zu sehr ins Gericht gegangen sind. Man vermißt eben auch ein Wort zur menschlichen Tragik der gescheiterten Versuche zur Veränderung der Gesellschaft, die letztlich in den Terrorismus einmündeten. Es gab ja innerhalb der Jugend- und Studentenbewegung Versuche, aus dem gesellschaftlichen System des Leistungsdrucks und Konsumzwangs auszubrechen und Utopien eines anderen Gesellschaftssystems zu entwickeln. Gewiß ist zuzugeben, daß manche dieser Versuche in der Sackgasse von Gewalt und Terrorismus endeten.

Im nachhinein hat aber diese ernste Krise in der deutschen Nachkriegsgeschichte positiv zu einer größeren Offenheit und Flexibilität hergebrachter gesellschaftlicher Institutionen und der Gesellschaft insgesamt beigetragen.

5.1.4 Zur Sexualerziehung

Die allgemeine Frage der menschlichen Sexualität und innerhalb dieses Komplexes die Frage nach einer zeitgemäßen Sexualethik und nach den zentralen Werten einer verantwortungsbewußten Sexualerziehung stellt nach wie vor ein gesellschaftspolitisch heftig diskutiertes und umstrittenes Thema dar. In einem von der Vollversammlung der DBK am 15.3.1973 verabschiedeten Hirtenbrief mit dem Titel »Zu

Fragen der menschlichen Geschlechtlichkeit« nehmen die deutschen Bischöfe ausführlich Stellung.[10]

Ein tiefgreifender Wandel in den hergebrachten Denk- und Verhaltensweisen hat, so die Bischöfe, gerade den Bereich der menschlichen Geschlechtlichkeit erfaßt. Die jeweiligen Antworten und ethischen Modellentwürfe müssen sich vor dem mündigen Gewissen des Einzelnen bewähren, der nach einem verantwortbaren Mittelweg zwischen den Extremformen von Körperfeindlichkeit, Sündenangst und Skrupulosität einerseits und andererseits einer aus vorwiegend kommerziellen Interessen medienwirksam propagierten sexuellen Freizügigkeit sucht.

Der Schlüssel zu einer humanen und ethisch verantwortbaren Sicht der Sexualität liegt nach der Auffassung der Bischöfe in einem Menschenbild, das grundsätzliche Aussagen über das Wesen und die Bedeutung der menschlichen Sexualität ermöglicht. Der Entwurf eines solchen Menschenbildes ist heutzutage, so die Bischöfe, nicht mehr ohne Zuhilfenahme der Erkenntnisse der Humanwissenschaften möglich, die ihrerseits in Relation zu den bleibend gültigen Aussagen des kirchlichen Lehramtes über Wesen und Würde des Menschen gesehen und beurteilt werden müssen.

Die Bischöfe stellen im folgenden zur Verdeutlichung und Illustration ihres Menschenbildes vier Wesenszüge menschlicher Sexualität heraus:

Zuallererst wird die Sexualität als eine Grundkraft des menschlichen Lebens beschrieben, die alle wichtigen Lebensbereiche, Denkkraft und Entscheidungsfähigkeit, Empfindungskraft und Phantasie durchdringt und prägt und nach bewußter Bejahung verlangt. Die Bischöfe stellen in diesem Zusammenhang fest, daß mit dieser primären und fundamentalen Feststellung die Haltung einer grundsätzlichen Leibfeindlichkeit, Verachtung oder Herabwürdigung der Geschlechtskraft nicht vereinbar ist. Der Mensch muß vielmehr dazu befähigt werden, seine Geschlechtlichkeit bewußt anzunehmen und in seinen gesamten Lebensvollzug in verantwortungsbewußter Weise zu integrieren.

Der zweite Wesenszug besteht in der menschlichen Hinneigung zum andersgeschlechtlichen Menschen, die in der Polarität der Geschlechter wurzelt und ein Zeichen seiner Fähigkeit darstellt, die Grenzen seines eigenen Ichs zu übersteigen und hierdurch seine eigene Anlage zur Liebes- und Gemeinschaftsfähigkeit zu entwickeln. Kennzeichen gelungener Beziehungsfähigkeit sind Verantwortungsbewußtsein und Fairneß, gegenseitige Wertschätzung und Achtung gegenüber dem anderen Geschlecht. In allen Menschheitskulturen gibt es darum, so die Bischöfe, gesellschaftlich anerkannte Normen und Verhaltensregeln für den Bereich menschlicher Sexualität.

Der dritte Wesenszug besteht in der Komplementarität von Mann und Frau, die von den Bischöfen als Gleichwertigkeit in Verschiedenheit umschrieben wird. Diese für das familiäre und gesellschaftliche Leben wertvolle Eigenschaft bedarf immer

10 Erschienen in der Reihe »Die Deutschen Bischöfe – Hirtenschreiben, Erklärungen« als Nr. 0.5 unter dem Titel »Zu Fragen der menschlichen Geschlechtlichkeit«.

neu der gesellschaftlichen Anerkennung und Förderung, je nach dem Wandel der zugrundeliegenden Lebensverhältnisse. Die Bischöfe räumen ein, daß die Kirche die Gleichwertigkeit von Mann und Frau in ihrer eigenen Geschichte nicht immer genügend anerkannt hat.

Das vierte Wesenselement ist der durch die Bibel bezeugte Fruchtbarkeitsauftrag für den Menschen, der eine leibliche und eine geistige Seite aufweist und so nicht nur die Zeugung, sondern auch die Pflicht zur Erziehung der Kinder umfaßt. Er ist nach der Heiligen Schrift eng verbunden mit dem Auftrag zur Weltgestaltung; die Bischöfe sehen die Eltern als Deuter der Liebe Gottes, denen es obliegt, ihren Kindern Heimat und Geborgenheit zu schenken.

Die Bischöfe weisen aber auch auf die Schattenseite der menschlichen Existenz hin, den Egoismus, der sich in den vielen Formen der Sünde manifestiert und oft in Mißbrauch und Erniedrigung von Menschen durch andere Menschen äußert, aber auch in der grundsätzlichen Ablehnung jeder ethischen Weisung und Norm im Bereich menschlicher Sexualität. Die Bischöfe betonen hier deutlich, daß die Heilige Schrift Fehlformen menschlicher Sexualität benennt und insbesondere vor Ehebruch, Ausschweifungen und Unzucht warnt. Der Begriff der Unzucht wird von den Bischöfen als eigenmächtiges bzw. liebloses Ausnutzen der Geschlechtskraft, somit als Instrumentalisierung des Geschlechtspartners zur Befriedigung des eigenen Genusses definiert.

Auch im Bereich der Geschlechtlichkeit ist das Herz, die Gesinnung des Menschen letztlich maßgebend für die Unterscheidung zwischen Gut und Böse. Dies wird beispielsweise dort deutlich, wo die geschlechtliche Lust ohne jede Beziehung zum Partner gesucht wird, und dort, wo mit den Gefühlen des Partners gespielt wird.

Im übrigen widmen sich die Bischöfe auch Einzelfragen wie dem Problem intimer Beziehungen zwischen Jugendlichen und dem vorehelichen Geschlechtsverkehr.

Abschließend wird die Ehe als Vollform personaler Lebensgemeinschaft gewürdigt, die es den Ehepartnern in einer Grundhaltung von Treue und Verantwortung ermöglicht, füreinander die Lasten zu tragen und einander am eigenen Glück teilhaben zu lassen. Durch die Kraft des Glaubens lassen sich Krisen und Unzulänglichkeiten und auch menschliche Enttäuschungen im Alltag der Ehe leichter bewältigen.

Das Dokument der Bischöfe macht deutlich, daß sie von einer verantwortlichen christlichen Sexualerziehung im Raume von Familie, Schule oder Jugendarbeit ein wertorientiertes Profil erwarten, das sich klar von manchen libertinistisch-unverbindlichen Strömungen des Zeitgeistes unterscheidet.

5.1.5 Zum Verhältnis der Kirche zum Judentum

Eine erste detaillierte Beschreibung und Analyse des Verhältnisses der Kirche zum Judentum enthält die Erklärung der deutschen Bischöfe über das Verhältnis der Kirche zum Judentum vom 28. April 1980.[11]

Das Dokument beginnt mit einem Abschnitt, in dem die jüdische Abstammung Jesu, seine Prägung durch die Religion der Väter und die Neuentdeckung des Jude-Seins Jesu gerade durch zeitgenössische jüdische Autoren hervorgehoben wird. In einem weiteren Abschnitt wird das geistliche Erbe Israels gewürdigt, aus dem die christliche Völkerwelt in vielen Traditionen noch heute schöpft. Besonders hervorgehoben werden die Heilige Schrift des Alten Bundes, der Bundesgedanke und die Erwählung des Volkes als Träger der einzigartigen Verheißungen Gottes. Aber auch die Schöpfungsvorstellung und das Menschenbild des Alten Testamentes, die Gottesebenbildlichkeit des Menschen als Zeichen seiner ewigen Bestimmung und die Zehn Gebote als Zusammenfassung eines guten Lebens nach der Weisung (Thora) des Herrn werden eingehend dargestellt.

Als weitere kostbare Tradition aus der jüdischen Glaubensüberlieferung weisen die Bischöfe auf die messianische Hoffnung hin, die die statische Vorstellungswelt der im Umkreis Israels herrschenden zyklisch geprägten Heilserwartungen aufgebrochen und der Menschheit über die Geschichte Israels hinaus in Jesus Christus eine heilsgeschichtliche Dimension gegeben hat.

Auch der traditionelle Gebetsschatz der Kirche hat seine Wurzeln im Judentum. Die Bischöfe erwähnen besonders die Psalmen, die im Stundengebet und in der Liturgie der Kirche eine bedeutende Rolle spielen. Auch das Vaterunser, das Benedictus und das Magnificat sind hervorragende Zeugnisse und markante Kurzfassungen der Gebets- und Glaubenserfahrung Israels. Die katholische Kirche hat hier ein reiches spirituelles Erbe vom Gottesvolk des Alten Bundes übernommen, sozusagen eine »geistliche Mitgift«, die auch in den überlieferten Grundhaltungen des Glaubens wie Gottesfurcht, hoffender Erwartung des Reiches Gottes, stetiger Suche nach der Erkenntnis des Willens Gottes und in der Bereitschaft, seinen Willen zu erfüllen in Gehorsam und Umkehr, ihren Ausdruck findet.

Ebenso wie die großen jüdischen Feste sind auch die christlichen Hauptfeste Gedächtnisfeiern, Erinnerung an das Heilshandeln Gottes in der Geschichte und Erfassen der Verbindung zwischen Heilsvergangenheit, Heilsgegenwart und Heilszukunft.

Schließlich stellen die Bischöfe eine Auswahl positiver Zeugnisse aus der Heiligen Schrift des Neuen Testamentes über das Volk der Juden und das Judentum zusammen, die in der paulinischen Aussage gipfeln, daß dem Volk des Alten Bundes zuerst das Wort Gottes anvertraut wurde, daß ihnen die Bundesordnungen, der

---

11 Veröffentlicht als Nr. 26 in der Reihe »Die Deutschen Bischöfe – Hirtenschreiben, Erklärungen«.

Gottesdienst, die Verheißungen, die Patriarchen und die Propheten als unwiderrufliche Gnadengaben Gottes geschenkt wurden.

In einem weiteren Abschnitt erwähnen die Bischöfe neuere kirchliche Lehraussagen, besonders seit dem Zweiten Vaticanum, die Ausdruck einer neuen positiven Sicht und Wertschätzung des Judentums durch die Kirche sind. An der Spitze dieser Aussagen steht die Konzilserklärung »Nostra aetate«, deren 4. Kapitel in beträchtlichem Umfang wörtlich zitiert wird. Entscheidender Leitgedanke ist hier die bleibende geistliche Verbundenheit zwischen dem Gottesvolk des Alten und des Neuen Bundes, der in der Wiederaufnahme des Begriffs »Volk Gottes« für die Kirche in den Konzilsdokumenten seinen Ausdruck gefunden hat. Die Bischöfe verweisen außerdem auf die Zeitbedingtheit zahlreicher negativer und polemischer Aussagen über die Juden im Neuen Testament und auch in der kirchlichen Tradition, versuchen aber nicht, diese Aussagen vorschnell zu relativieren oder zu bagatellisieren. Die Konzilserklärung »Nostra aetate« wird als ein Wendepunkt in den Beziehungen zwischen dem Judentum und der Kirche bezeichnet, der eine Abkehr von judenfeindlichen Stereotypen seitens der Kirche gebracht hat. Sie stellt einen bedeutsamen Versuch dar, den im Laufe der Geschichte immer breiter und tiefer gewordenen Graben zwischen den beiden Religionen wieder zuzuschütten, um dadurch neben der Wiederherstellung der historischen Gerechtigkeit auch Begegnungen wieder leichter zu machen.

Es sind somit erste Schritte zu einem künftigen Dialog gemacht worden, der auch wegen seiner Schwierigkeit, nicht nur wegen der langen leidvollen Vergangenheit mit Takt und Behutsamkeit und geistiger Weite geführt werden muß.

Auf die Gründung einer besonderen Kommission für die Beziehungen der Kirche zum Judentum durch Papst Paul VI. im Jahre 1974 wird ausdrücklich hingewiesen, ebenso auf die bisherigen Initiativen zum Dialog, schließlich auch auf Verlautbarungen anderer christlicher Kirchen zum Thema.

In einem eigenen Abschnitt beschäftigen sich sodann die Verfasser mit dem Unterscheidenden und dem Trennenden zwischen den beiden Religionen. Denn jeder sinnvolle Dialog kann nur in Wahrhaftigkeit und Offenheit geführt werden kann.

Der Dissens, so führt das Dokument aus, bezieht sich auf die Person Jesu, der vom Judentum nicht als der verheißene Messias anerkannt wird. Die divergierenden Glaubensüberzeugungen von Christen und Juden kommen hier schon deutlich in den unterschiedlichen Namensgebungen für dieselbe historische Persönlichkeit zum Ausdruck. Zugespitzt gesagt: für die einen ist er der Erlöser Jesus Christus, für die anderen der Jude Jesus von Nazareth. Der Glaube an Jesus als den Sohn Gottes und die zweite Person der göttlichen Trinität erscheint vielen Juden als etwas radikal Unjüdisches, er wird als Widerspruch zur strengen monotheistischen jüdischen Gottesvorstellung empfunden.

Aber auch die Stellung Jesu zum jüdischen Gesetz, seine Neudefinition von Glaube und Gesetz, die Betonung der persönlichen Glaubensentscheidung und die besondere Bedeutung des Doppelgebotes der Gottes- und Nächstenliebe sind Punkte, über die im christlich-jüdischen Dialog nach der Überzeugung der Bischöfe gesprochen werden sollte.

In einem weiteren Abschnitt appellieren die Bischöfe an Mitchristen, sich um ein Umdenken gegenüber den jüdischen Glaubensgeschwistern zu bemühen und von bestimmten Klischees und traditionell festgehaltenen Fehldeutungen des Judentums zu lösen. Gemeint sind damit der allzu pauschale Umgang mit dem – oft negativ gebrauchten – Sammelbegriff der Juden, auch und gerade im theologischen Kontext, die allzu negative Sicht der Gruppe der Pharisäer sowie der traditionellen jüdischen Gesetzesfrömmigkeit und schließlich das Festhalten an der These der Kollektivschuld der Juden am Tode Jesu. Dies ist besonders vor dem Hintergrund des millionenfachen Mordes an den Juden in diesem Jahrhundert, dem Holocaust, von Bedeutung, in bezug auf den die Bischöfe ausdrücklich ihre Mitschuld eingestehen und die jüdischen Glaubensbrüder um Verzeihung bitten.

In einem abschließenden Abschnitt wird der Blick auf zukünftige Aufgaben gelenkt, die von Juden und Christen gemeinsam erfüllt werden könnten. Hierzu zählt die prophetische Aufgabe der Kirche, ihr Einsatz für die Armen, Schwachen und Benachteiligten unserer Gesellschaft, der Kampf gegen menschenfeindliche Ideologien und rein säkulare Heilslehren sowie der Einsatz für einen Frieden in Gerechtigkeit (Schalom).

Das Dokument bedeutet nach dem konziliaren Neubeginn mit »Nostra aetate« einen weiteren Schritt und hoffnungsvollen Neuansatz zu einem künftig zu führenden Dialog zwischen Christentum und Judentum.

Unter dem Titel »Die Last der Geschichte annehmen« erschien am 20. Oktober 1988 ein weiteres Dokument, ein gemeinsames Hirtenwort der deutschen und der österreichischen Bischöfe, das aus Anlaß des 50. Jahrestages der Novemberpogrome verfaßt worden ist.[12]

Der Hirtenbrief beginnt mit einem historischen Rückblick auf die schmerzlichen und tragischen Ereignisse von 1938, der das wahre Ausmaß der von Deutschen begangenen Verbrechen nicht verharmlost, sondern in seinem ganzen Ausmaß vergegenwärtigt und sich insbesondere mit der Tatsache auseinandersetzt, daß sich damals in den christlichen Kirchen nur sehr vereinzelt Widerstand und Protest gegen die Judenverfolgungen erhoben. Trotz der entschiedenen und betonten Gegnerschaft der Kirche zur nationalsozialistischen Rassenideologie war ihr der Kampf um das eigene Überleben wichtiger, sodaß die Mehrheit der Christen auch angesichts brennender Synagogen und der Verschleppungsaktionen gegen jüdische Mitbürger schwieg. Es gab keine bischöflichen Protestworte, ja nicht einmal ein ge-

12 Veröffentlicht als Nr. 43 unter dem Titel »>Die Last der Geschichte annehmen.< Wort der Bischöfe zum Verhältnis von Christen und Juden aus Anlaß des 50. Jahrestages der Novemberpogrome 1938« in der Reihe »Die Deutschen Bischöfe – Hirtenschreiben, Erklärungen« als Hirtenwort der Berliner Bischofskonferenz, der Deutschen Bischofskonferenz und der österreichischen Bischofskonferenz.

meinsames Gebet aus Solidarität mit den verfolgten Glaubensbrüdern, was trotz aller Gefährlichkeit und Dramatik der damaligen Situation ein Zeichen der Hoffnung in dunkler Zeit gewesen wäre.

Die Bischöfe bekennen ausdrücklich ihre Schuld und stellen sich hinter das Schuldbekenntnis der Fuldaer Bischofskonferenz von 1945 und der Deutschen Bischofskonferenz von 1980.

In einem zweiten Abschnitt betonen die Verfasser, daß die Last der Geschichte angenommen und das Gedächtnis an die Opfer wach gehalten werden müsse, damit aus der leidvollen Geschichte Lehren für die Zukunft gezogen werden könnten. Hierzu gehören das notwendige Bemühen um eine faire und redliche Darstellung des Judentums in allen kirchlichen Publikationen, besonders in Theologie und Katechese, und eine Auseinandersetzung mit dem auch unter Katholiken verbreiteten Phänomen des Antijudaismus. Notwendig ist aber auch das Bemühen um Aussöhnung in persönlichen Begegnungen und Kontakten, wobei man sich hier um eine Öffnung der vielerorts noch bestehenden engen konfessionellen Mentalität, um gegenseitige Achtung und Toleranz bemühen sollte.

Die Bischöfe haben mit diesem Dokument einen weiteren wichtigen Schritt zur Entspannung des Verhältnisses zwischen Christen und Juden getan und damit einen Anfang gesetzt, der auf den unteren kirchlichen Ebenen fortgesetzt werden muß.

5.1.6 Zur Stellung der Frau in Kirche und Gesellschaft

Die aktuelle politische und gesellschaftliche Diskussion um eine Neubewertung der Stellung und der Aufgabe der Frau in Staat und Gesellschaft wurde durch ein pastorales Wort der deutschen Bischöfe vom 21. September 1981 auch für den Bereich der Kirche aufgegriffen.[13] Die Frau ist sich in diesem Jahrhundert ihrer Menschenwürde und ihres Rechtes auf Teilnahme am öffentlichen Leben in besonderer Weise bewußt geworden, wie Papst Johannes XXIII. bereits 1963 in der Enzyklika »Pacem in terris« festgestellt hatte.[14] Die Entwicklung hin zur vollen Gleichberechtigung der Frau in allen Bereichen des öffentlichen und gesellschaftlichen Lebens ist ein Zeichen der Zeit, das nach den Worten des letzten Konzils die gläubige Deutung und Antwort der Christen verlangt.

Im Anschluß an eine kurze Situationsbeschreibung geben die Bischöfe zu Beginn einen knappen Abriß der Geschichte der Bewegung für die Rechte der Frauen. Sie bekräftigen ihre Absicht, durch ihr pastorales Wort Frauen zu ermutigen, ihren spezifischen Beitrag für die Gesellschaft in Kenntnis ihrer Verantwortung zu leisten.

---

13 Unter dem Titel »Zu Fragen der Stellung der Frau in Kirche und Gesellschaft« veröffentlicht als Nr. 30 in der Reihe »Die Deutschen Bischöfe – Hirtenschreiben, Erklärungen«.

14 Vgl. »Pacem in terris«, Nr. 41; Papst Johannes XXIII. fügt hinzu, daß die Frau »weit davon entfernt« ist, »sich als seelenlose Sache oder als bloßes Werkzeug einschätzen zu lassen«, und vielmehr ihre personalen Rechte selbstbewußt in Anspruch nimmt, vgl. dazu die deutsche Übersetzung in: Herder-Korrespondenz 17 (1962 / 63), S. 476–491.

In einem anschließenden kurzen Überblick über das Menschenbild der Bibel weisen die Bischöfe darauf hin, daß in den großen Männer- und Frauengestalten der Bibel die Züge Gottes sichtbar werden.

Diese grundlegende Heilsperspektive gilt es in der menschlichen Lebenswirklichkeit für jede Zeit neu, persönlich und gesellschaftlich, zu entdecken. In der Sprache der biblischen Offenbarung wird die Personalität und Würde des Menschen durch den Begriff der Gottesebenbildlichkeit verdeutlicht, der die besondere Berufung des Menschen in der Geschichte hervorhebt.

Unter den biblischen Frauengestalten ragt das Glaubenszeugnis Mariens hervor, aber die Verfasser würdigen auch die heilsgeschichtliche Bedeutung der Jüngerinnen in der Nachfolge Jesu, das Auferstehungszeugnis der Frauen und die Rolle der Frauen als Mitarbeiterinnen in den frühchristlichen Gemeinden.

Eingeräumt wird freimütig die jahrhundertelange Diskriminierung der Frau im gesamten gesellschaftlichen Leben. In der Kirche wurde die Frage der Stellung der Frau durch das Zweite Vaticanum und die charismatische Persönlichkeit von Papst Johannes XXIII. neu ins Bewußtsein der Gläubigen gehoben.

In einem zweiten Abschnitt wird der Frage nach den Unterschieden von Mann und Frau und ihrer kulturellen bzw. wesensmäßigen Verursachung näher nachgegangen. Die Bischöfe halten hier fest, daß die gesellschaftlichen Rollen und das prägende Selbstverständnis von Mann und Frau in den verschiedenen geschichtlichen Epochen auch starken Wandlungen ausgesetzt waren. Skeptisch stellen sich die Bischöfe zu der verbreiteten These von sogenannten typisch männlichen oder weiblichen Tugenden, die als ein gesellschaftliches Klischee ein Hemmnis für die freie Entfaltung der persönlichen Anlagen und Fähigkeiten beider Geschlechter darstellen.

Selbstverständlich gibt es natürliche, leib-seelisch bedingte Unterschiede zwischen den Geschlechtern, die die unterschiedliche Berufung zur Vaterschaft bzw. Mutterschaft beinhalten, aber ihrerseits in ihrer konkreten gesellschaftlichen Ausprägung kulturell geformt sind. Im folgenden konkretisieren die Verfasser die Begriffe der Vater- und der Mutterschaft, in der Ergänzung von Erwerbstätigkeit und familiärer Tätigkeit und im kooperativen Verständnis der Partnerschaft von Mann und Frau. Die traditionelle Überordnung des Mannes wird dabei ebenso abgelehnt wie ein extremer Feminismus, der von familiären Bindungen nichts mehr wissen will.

In einem weiteren Abschnitt fragen die Bischöfe nach der Aufgabe der Kirche und sehen diese zunächst in einer umfassenden, gezielten und kontinuierlichen Bewußtseinsbildung. Diese bezieht sich auf die spezifische Rolle der Frau und deren aktuelle gesellschaftliche Veränderung, aber auch auf deren Auswirkung auf die herkömmlichen Formen der Partnerschaft von Männern und Frauen. Handlungsfelder sind zunächst die Pfarreien und die kirchlichen Verbände sowie die kirchlichen Dienste der Frauen, aber auch die Glaubensvermittlung in der Familie und die Beratung und Hilfe im Bereich der Berufswelt.

Schließlich wird die Rolle und die Tätigkeit der Frau in der Politik positiv gewürdigt und die katholischen Frauenverbände und -gruppen werden aufgefordert, politische Verantwortung zu übernehmen.

Im Schlußwort danken die Bischöfe allen Frauen für ihr gesellschaftliches und kirchliches Engagement als einen Dienst am Gemeinwohl, der der besonderen Berufung der Frau zur Humanisierung der Gesellschaft entspreche.

Insgesamt zeigt die bischöfliche Stellungnahme, daß die Kirche sich in die aktuelle Diskussion um Rolle und Aufgabe der Frau in Staat und Gesellschaft eingeschaltet hat. Diese Diskussion ist allerdings in vielen Lebensbereichen längst noch nicht an ein Ende gelangt.

5.2 Arbeitshilfen der Deutschen Bischofskonferenz – eine Auswahl exemplarischer Themen

5.2.1 Kirche und Rassismus

Mit dem Thema »Kirche und Rassismus« beschäftigt sich ein von der Päpstlichen Kommission »Iustitia et Pax« am 10. Februar 1988 veröffentlichtes Dokument.[15]

Die Verfasser betonen in der Einleitung, daß die Kirche nicht schweigen darf, wo Rassenvorurteile und -diskriminierung der menschlichen Würde und dem friedlichen und gleichberechtigten Neben- und Miteinander der Völker und Rassen direkt widersprechen. Im folgenden wird zunächst ein kurzer historischer Überblick über Entstehung und Geschichte des Rassismus und der Rassenvorurteile gegeben.

Den Ursprung des Rassenvorurteils als Idee einer biologisch gerechtfertigten Überlegenheit der eigenen Rasse oder Volksgruppe im Vergleich zu anderen, zunächst mehr faktisch durchgesetzt und noch nicht theoretisch begründet, siedeln die Verfasser in der Praxis der Zeit der Kolonisation, der Zeit der Entdeckung der sog. Neuen Welt an.

Die Vorstellung einer biologischen Überlegenheit ist nicht gleichbedeutend mit dem Bewußtsein einer kulturellen und geistigen Überlegenheit, einer Vormachtsstellung gegenüber anderen Völkern oder einer religiös begründeten Ausnahmestellung in der Völkerwelt. Ein solches Bewußtsein einer kulturellen Überlegenheit gab es in der Antike etwa bei den Griechen (im Verhältnis zu den Nachbarvölkern als »Barbaren«) oder den Römern (aufgrund der Sonderstellung des Imperium Romanum) oder beim jüdischen Volk (aufgrund der besonderen göttlichen Auserwählung und Berufung ins Gelobte Land).

Die Kolonisationspolitik der christlichen iberischen Eroberer in der Neuen Welt berief sich zur Rechtfertigung der eigenen Vormachtstellung auf eine ethnisch und rassisch geprägte Vorstellung, in der die nichtchristlichen einheimischen Ureinwohner wie nicht vernunftbegabte Wesen behandelt werden und so nach Belieben zum

---

15 Veröffentlicht mit Datum vom 3. 11. 1988 unter dem Titel »Die Kirche und der Rassismus – Für eine brüderliche Gesellschaft« als Nr. 67 der Reihe der Arbeitshilfen der DBK.

eigenen Gewinn oder Sklavendienst benutzt werden konnten. Evangelisierung und Kolonisation waren im damaligen Bewußtsein noch keine getrennten Begriffe und Tatbestände. Trotz des mutigen Widerstandes von Missionaren und Ordensleuten (Las Casas) konnte die Kirche die Brutalität der Eroberer gegen die indianische Urbevölkerung nicht entscheidend eindämmen, weil sie selbst auf das repressive Patronatsystem angewiesen war, das das Wirtschaftsleben in den Neuen Ländern prägte.

Im 18. Jahrhundert findet sich dann erstmals der Versuch einer wissenschaftlichen Begründung einer Rassentheorie, die biologisch vererbte »Wesensunterschiede« zwischen den einzelnen menschlichen Rassen postulierte, die ihrerseits die Grundlage einer sittlichen, sozialen und geistigen Rangfolgeskala der einzelnen Rassen bildete. Diese Theorie konnte von den europäischen Staaten natürlich aufgegriffen und zur Rechtfertigung ihrer Kolonialpolitik, konkret der Unterwerfung angeblich rassisch minderwertiger Völker benutzt werden.

Der zweite Teil des Dokuments beschäftigt sich dann mit den heutigen, modernen Erscheinungsformen des Rassismus, der institutionell, national oder auch sozial geprägt sein kann. Als Prototyp des institutionellen Rassismus wird die Apartheid Südafrikas genannt, bei der die rassisch geprägte Überlegenheitsvorstellung durch die Verfassung und die Gesetze des Landes sanktioniert ist. Diese Form ist glücklicherweise in Südafrika in ihrer institutionellen Ausprägung, die das Land als Bastion des Rassismus erscheinen ließ, abgeschafft worden, wenngleich man wohl noch von dem Bestehen von Relikten faktischer Diskriminierung ausgehen muß (beispielsweise dem Bestehen der sog. Homelands). Ähnlich institutionell ausgeprägt und durch Separationsdenken gekennzeichnet ist der Rassismus gegenüber den Ureinwohnern (z. B. in den USA oder Australien), der, so das Dokument, in gewisser Weise eine Verlängerung der rassistischen Mentalität der Kolonialzeit in die Gegenwart hinein darstellt. Eine Überwindung dieser bestehenden Diskriminierung der Ureinwohner ist nach dem Dokument nur dann möglich, wenn ihnen in ihrem Ursprungsland volle Niederlassungsfreiheit und das uneingeschränkte Recht, Landeigentum und Besitz zu erwerben, gesetzlich zugestanden wird. Die Art der Wahrung ihrer kulturellen Identität und die Weise ihrer Integration in die Gesellschaft des jeweiligen Landes muß ihnen im Rahmen ihres Rechtes auf Selbstbestimmung überlassen bleiben.

Diskriminierung erfahren oft ethnische Minderheiten auch deshalb, weil sie zugleich religiöse Minderheiten darstellen; die Mehrheitsbevölkerung wird hier häufig durch das demagogische Schüren von Überfremdungs- und Identitätsängsten gegenüber der Minderheit zu Akten eines spontanen Rassismus verleitet.

Der soziale Rassismus oder auch Feudalismus ist eine moderne Spielart der Versklavung, wie sie vor allem in einigen Ländern der Dritten Welt durch Besitzer von Latifundien gegenüber der Masse der lohnabhängig arbeitenden Kleinbauern praktiziert wird, oft bei Untätigkeit oder sogar unter stillschweigender Duldung der jeweiligen Regierungs- oder Verwaltungsorgane.

Schließlich macht das Dokument auf die schwierige Situation der Flüchtlinge aufmerksam, deren Zahl global stark zugenommen hat. Hier besteht in manchen Ländern die Gefahr einer Ghettoisierung der Flüchtlinge aus ethnischen und kulturellen Gründen, besonders wenn im Gastland aus Populismus die Fremdenangst geschürt wird.

In einem dritten Hauptabschnitt kommen die Verfasser schließlich zu einer positiven Grundlegung der Würde und der Rechte der menschlichen Person, die sie als notwendig erachten für die noch zu leistende globale Überzeugungsarbeit im Kampf gegen rassistische Vorstellungen und Vorurteile jeglicher Art. Der christliche Glaube setzt in der universalen Einheit der Berufung der Menschheit die gleiche Würde aller Menschen voraus; daraus ergibt sich, daß jede Über- oder Unterordnung von Menschen aus rassischen Gründen dem Plan des Schöpfers widerspricht. Diese Lehre wird im folgenden naturwissenschaftlich, philosophisch und ethisch näher fundiert. Aus den neuesten Erkenntnissen der Abstammungslehre folgt beispielsweise nach einhelliger Auffassung unter den biologischen Fachwissenschaftlern, daß sich der heutige Mensch auf einen einheitlichen biologischen Ursprung zurückführen läßt. Die neuen biologischen Erkenntnisse bedürfen wegen ihrer spezifischen methodischen Erkenntnisvoraussetzungen der Ergänzung durch die philosophischen Erkenntnisse über die Personalität des Menschen. Personalität meint einen einheitlichen Wesensbegriff des Menschen und meint die unbedingte Gültigkeit des ethischen Anspruches für ihn, wie er in seiner Einheitlichkeit für alle Menschen exemplarisch im Anruf des Gewissens zum Ausdruck kommt.

Das christliche Spezifikum in der ethisch-philosophischen Begründung der Würde und der Grundrechte der Menschen stellt die biblische Gottesebenbildlichkeit des Menschen dar, die ebenfalls ein Gegengewicht gegen alle theoretischen Versuche von Ideologien, eine Manipulation und Instrumentalisierung von Menschen ideell zu rechtfertigen, bildet. Das Christentum kann darum von einer inneren Einheit oder auch einer geistigen Geschwisterlichkeit in der Menschheit ausgehen, die durch den konziliaren Begriff der Menschheitsfamilie zum Ausdruck gebracht wird.

Diese innere Einheit ist personal geprägt und begründet und durch das Glaubensmysterium der Inkarnation zutiefst versinnbildlicht; Christus ist das sichtbare Zeichen des universalen göttlichen Heilswillens und damit innerer Einheitspunkt der neuen Menschheit.

Die im Kampf gegen rassistische Ideologien notwendige Grundhaltung erfordert die Achtung der bestehenden Unterschiede zwischen den Menschen der verschiedenen Weltkulturen, aber auch das stete, ehrliche Bemühen um den Geist der Geschwisterlichkeit und der Solidarität. Die verschiedenen Menschheitstraditionen sollen sich nicht ausschließen und nicht gegeneinander ausgespielt werden, sondern in ihrer Vielfalt und Komplementarität als Bereicherung, nicht als Bedrohung der jeweils eigenen Identität gesehen werden.

Eine weitere Stufe stellt die Geschwisterlichkeit dar und ebenso die Solidarität, die nach gerechten Lebensumständen, Frieden, Freiheit und Entwicklung strebt;

dieser Beitrag ist, so das Dokument, den Christen besonders aufgetragen, aber nicht in exklusiver Weise, sondern in Zusammenarbeit mit Menschen anderer Überzeugungen, die mit dem Christentum dieselben Zukunftsvisionen teilen.

Hierdurch kann das Rassenvorurteil, kann überhaupt das rassistische Denken an seiner Wurzel, im menschlichen Bewußtsein bekämpft werden; dies ist wirksamer als alle äußerlichen, administrativen oder legislativen, institutionell gesteuerten Maßnahmen, die oft nicht das Herz des Menschen erreichen.

Die Bischöfe weisen auf die besondere Bedeutung der religiösen Erziehung, aber auch des Lebenszeugnisses der Erwachsenen hin. Hervorgehoben wird in diesem Zusammenhang besonders die Bereitschaft zur Verteidigung der Opfer rassistischer Akte, der gewaltlose Kampf gegen den Rassismus, aber auch die entschiedene Ablehnung des Rachegedankens.

Schließlich werden die Bemühungen der Vereinten Nationen ausdrücklich gewürdigt, die seit 1973 in zwei Dekaden einen wichtigen Beitrag zur globalen Bewußtseinsbildung und zur Bekämpfung von Rassismus und faktischer Rassendiskriminierung geleistet haben, ebenso wie das weltweite Engagement von Christen aller Konfessionen.

Im Schlußabschnitt betonen die Verfasser, daß trotz punktueller Verbesserungen der Rassismus in seinen unterschiedlichen Formen immer noch eine offene Wunde der Menschheit darstellt. Die Kirche hat in einer durch die moderne Kommunikation immer mehr zusammengeführten Menschheit die Aufgabe, Zeichen und Instrument der Einheit des Menschengeschlechts zu sein, und universal offener Ort menschlicher Begegnung.

Es ist angesichts dieses Dokumentes, dem inhaltlich nur zugestimmt werden kann, besonders zu wünschen, daß gerade auch die Christen in Zeiten eines wieder stärker werdenden Nationalismus Widerstand leisten gegen jede Form von offenem oder verstecktem Rassismus.

5.2.2 Grundwerte und Gottes Gebot

Die gemeinsame Erklärung der evangelischen und katholischen Kirche in Deutschland aus dem Jahre 1979[16] war als ökumenisch erarbeiteter und verantworteter Beitrag zur Grundwertediskussion der Versuch einer Antwort auf eine in der Gesellschaft verbreitete Unsicherheit in der Frage nach individuellen und gesellschaftlichen Werten vor dem Horizont sich verstärkender Lebens- und Zukunftsängste.

Die Verfasser möchten bei der Suche nach den Grundlinien menschlicher Lebensführung die Bedeutung hervorheben, die die Zehn Gebote für den gesamten Bereich des gegenwärtigen politischen und gesellschaftlichen Lebens haben. Die Erklärung wendet sich darum über den Kreis der Christen hinaus an alle Bürger und

16 Arbeitshilfe der DBK, Nr. 11 »Grundwerte und Gottes Gebot«, vgl. hierzu Abschnitt 5.1 Fn 7 S. 243.

gesellschaftlichen Gruppen in Deutschland und will an die sittlichen Grundlagen unseres Zusammenlebens erinnern.

In einem ersten Hauptabschnitt beschäftigt sich die Erklärung mit der Frage nach den Grundwerten im spezifischen gesellschaftlichen und kirchlichen Kontext. Erinnert wird besonders an die durch die Technisierung und die neuen Formen der Kommunikation mitbedingte Änderung bisher allgemein akzeptierter Verhaltensregeln, die zu Unsicherheiten im gesellschaftlichen Zusammenleben geführt hat. Diese Unsicherheiten zeigen sich, so die Verfasser, in einer Lockerung der bisher üblichen Formen gesellschaftlicher Verbindlichkeit, so beispielsweise in einem Nachlassen des allgemeinen Rechtsbewußtseins, einer Zunahme der Ehescheidungen, einem gesunkenen Bewußtsein für gesellschaftliche Verantwortlichkeit und Solidarität.

Dahinter steht vielfach die generelle Schwierigkeit der Begründung und Anerkennung ethischer, nicht bloß technischer oder funktionaler Normen und Regeln. Ethische Normen werden im Kontext der modernen pluralistischen Lebensgesellschaft immer wieder und immer neu kritisch hinterfragt und in ihrer Verbindlichkeit in den Raum des privaten Gewissens verwiesen; der Pluralismus macht so den Konsens über gesellschaftlich verbindliche positive Zielangaben immer schwieriger.

Die Grundwertediskussion in Deutschland war, das verdeutlichen die Bischöfe in einem weiteren Abschnitt, eine Reaktion auf den Protest von Teilen der jüngeren Generation gegen eine sich verbreitende, rein pragmatisch und technokratisch orientierte Mentalität in der Politik. Sie war aber auch Ausdruck der Suche nach zielbestimmenden Werten für das politische Handeln in Staat und Gesellschaft. Die sich in den Parteien in den siebziger Jahren entwickelnde Grundwertediskussion hatte aber nach der Auffassung der beiden Kirchen mit der Schwierigkeit zu kämpfen, daß die modernen politischen Parteien durch das sehr weite innerparteiliche geistige Spektrum kaum in der Lage sind, einen breiten Konsens in grundsätzlichen, wertbegründenden Fragen zu erreichen. Dies zeigt sich in einer gewissen, von Pragmatismus und Konsensbemühen diktierten Oberflächlichkeit der Begründung sowie in der Tendenz, sich für die Frage der Bedeutsamkeit von Wertvorstellungen bloß auf historisch begründete Antworten (etwa im Anschluß an die Ideale der Französischen Revolution) zu berufen.

Grundwerte sind aber keine bloßen politischen Handlungsmaximen, die sich aus historischen Traditionen entwickelt haben. Andererseits kann eine Basis gesellschaftlich anerkannter Grundwerte nicht das persönlich geprägte und gewachsene Wertsystem des Einzelnen ersetzen. Die Wertverwirklichung des Einzelnen muß sich, so die Verfasser, auf ein System von ethischen Sollenssätzen gründen können, die aus sich heraus evident sind und ihre Dauerhaftigkeit so aus ihrer inneren Überzeugungskraft beziehen. Die praktische Umsetzung ethischer Forderungen bedarf zusätzlich immer wieder der rationalen und erfahrungsorientierten Begründung aus dem jeweiligen gesellschaftlichen und politischen Kontext heraus. Die Letztbegründung ethischer Forderungen muß aus Einsichten der sittlichen Vernunft und humanen Grunderfahrungen heraus geschehen.

Bei der Frage nach den konkreten, gesellschaftlich anerkannten Grundwerten konstatiert die Erklärung, daß es trotz der beschriebenen Orientierungskrise noch eine breite Übereinstimmung in ethischen Grundgrößen gibt, so die allgemeine Anerkennung der Bedeutung der Menschenwürde und des Gewissens, die Erwartung einer ausgleichenden Gerechtigkeit, die Wertschätzung von Brüderlichkeit und Gleichrangigkeit von Mann und Frau. Viele gesellschaftlich anerkannte und in Feiertagsreden beschworene Wertvorstellungen werden aber im Alltag nicht in der Weise gelebt und verwirklicht, wie es dem in ihnen enthaltenen Anspruch entspricht. Hieraus spricht, so das Dokument, bei allen äußerlichen, oft aus Gründen gesellschaftlicher Opportunität erfolgten Bekenntnissen zu den Grundwerten doch ein steigender Grad der inneren Distanzierung von diesen Grundwerten. Die gesellschaftliche Säkularisierung hat zu einer Entflechtung von religiösen und ethischen Kriterien geführt, die für die Kirchen neu die Verpflichtung begründet, den Anruf des Evangeliums wieder deutlicher zu machen und seine Bedeutung für die Begründung der fundamentalen Werte neu ins Bewußtsein zu heben. Die gemeinsame Aufgabe der christlichen Konfessionen und der beiden Volkskirchen in Deutschland besteht heute insbesondere darin, wieder zu verdeutlichen, daß der Glaube an Jesus Christus praktische ethische Konsequenzen hat für die individuelle und soziale Lebensführung. Die Kirche darf daher in ihrem Auftrag in der modernen Gesellschaft nicht auf die Funktion einer Instanz zur Pflege traditioneller Kulturformen, zur Vermittlung von Gesellschaftsethos oder zu einer reinen Sinnvermittlungsinstanz reduziert werden. Über die Forderungen des christlichen Glaubens und ihre jeweilige praktische Relevanz muß daher immer wieder neu der Dialog und die Zusammenarbeit von Christen auch mit Menschen außerhalb der Kirchen gesucht werden.

Als ethisches Orientierungskriterium für die gesamte Gesellschaft, also nicht nur für den Kreis der Christen beider Konfessionen, bietet die Erklärung die Zehn Gebote des Alten Testamentes, die als Anruf und Verheißung Gottes allen Menschen gelten und den ethischen Erfahrungskern Israels bilden. Der Anspruch Gottes, der vom Dekalog ausgeht, soll in seiner überzeitlich gültigen Verbindlichkeit in die heutige gesellschaftliche Situation hinein ausgelegt werden und so ein spezifisch christlich geprägter Beitrag zur gemeinsamen Erkenntnis und Verwirklichung unverzichtbarer Werte geleistet werden.

Es folgt dann in einem gesonderten Abschnitt die Erklärung und Aktualisierung der einzelnen Gebote des Dekalogs im modernen gesellschaftlichen Kontext, beginnend mit dem ersten Gebot, das ein universal gültiges Heils- und Sinnangebot für den Menschen darstellt. Die innerweltlichen Sinnerfahrungen leiden, so das Resümee des Dokuments, immer wieder an ihrer Vorläufigkeit und Zerbrechlichkeit und an der schließlichen Unerfülltheit der menschlichen Glückssehnsucht. Die Erfahrung der Grenze, des Todes und des Scheiterns menschlicher Träume überschattet schließlich auch die Erfahrungen gelungenen, geglückten Lebens und bereichernder menschlicher Beziehungen.

Erst die unbedingte Zuwendung Gottes zum Menschen und die Erfahrung dieser Gnade in seiner geschichtlichen Offenbarung transzendiert die Todesgrenze und zeigt, obwohl der Glaube nie ohne Anfechtungen bleibt, einen letzten tragenden Halt auf, der alle zerbrechlichen säkularen Hoffnungen übersteigt. Das Leben des Menschen nach den Geboten Gottes stellt darum die Annahme der göttlichen Verheißungen dar und bedeutet die Anerkennung der Souveränität Gottes als des alleinigen Herrn über Leben und Tod.

Das erste Gebot warnt den Menschen davor, sich Götzen zu machen und der Versuchung zu verfallen, geschaffene Dinge anzubeten und von ihm selbst geschaffene Strukturen zu verabsolutieren. Hierhin gehören nach der Auffassung der Autoren auch die jüngsten historischen Erfahrungen mit dem Totalitarismus, der Vergötzung von Weltanschauung, Volk und Rasse, Nation und Staat und der den Staat tragenden Partei, die millionenfachen Tod und unendliches Leid über Europa, ja die ganze Welt gebracht hat.

Es ist auch die Versuchung, an die Stelle des im Letzten unbegreiflichen Mysteriums Gottes, der in seiner Unvergleichlichkeit vom Menschen nicht erfaßt werden kann, Idole und Ideologien zu setzen, deren Absolutheitsansprüche im Konfliktfall mit brutaler Gewalt durchgesetzt werden müssen.

Das alttestamentliche Bilderverbot stellt den Menschen im Gegenteil immer wieder vor die Herausforderung, sich kritisch seinem eigenen Gottesbild zu stellen, den Namen Gottes nicht als Vorwand für die Durchsetzung der eigenen Interessen und Ziele zu mißbrauchen und Distanz zu der immer wieder spürbaren Faszination der geschaffenen Dinge zu bewahren. Hier ist die Fähigkeit zur Selbstkritik angesichts der bleibenden Grundversuchungen zu Reichtum, Macht und Ansehen und des Strebens, andere Menschen für eigensüchtige Ziele zu instrumentalisieren, immer wieder eine notwendige und ernste Aufgabe.

Das zweite Gebot hebt die Heiligkeit Gottes und seines Namens besonders hervor, der vor jedem Mißbrauch und jeder Profanierung bewahrt werden muß. Es geht hier nicht um einen generellen Verzicht auf den Gebrauch des Gottesnamens, der ja im Gebet und in der Gottesverehrung durchaus angerufen und ausgesprochen werden darf. Vielmehr soll der Gottesname vor Inanspruchnahme durch eidliche Beteuerungen und vergleichbare feierliche Versprechen geschützt werden.

Das dritte Gebot, die Pflicht zur Sabbat- bzw. Sonntagsheiligung, macht dem Menschen klar, daß er nicht Herr über die Zeit ist, sondern sie als Geschenk aus der Hand seines Schöpfers empfangen hat. Die Zeit der Ruhe und der inneren Einkehr und des Dankes gegenüber dem Schöpfer soll nicht verzweckt und auch nicht durch Produktion und Konsum vermarktet werden. Der Sonntag soll dazu dienen, den Bannkreis des Alltäglichen zu durchbrechen und Distanz zur eigenen Arbeit und den Zwängen des Erwerbslebens zu gewinnen. Die Identität des Menschen hängt, so der Sinn des Sonntags, nicht allein an seiner Arbeit und seinem Lohn. Durch das

Freiwerden von den Zwängen des Alltags soll der Sonntag als Tag der Verkündigung der Feier des Herrenmahles auch ein Zeugnis der christlichen Zukunftshoffnung sein; er ist, so die Bischöfe, Vorauszeichen der ewigen Fülle und Seligkeit bei Gott.

Die erste Tafel der Zehn Gebote hat zum Gegenstand das Verhältnis des Menschen zu Gott. Demgegenüber regelt die zweite Tafel in ihren Forderungen und Verboten die sittlichen Erfordernisse des menschlichen Zusammenlebens. Sie will Ausdruck einer gerechten sozialen und humanen Ordnung sein und spiegelt das alte Ethos Israels in seinen repräsentativen Werten wider.

Die beiden Tafeln machen den Zusammenhang von Glaube und Ethos deutlich.

Das vierte Gebot als erstes Gebot der zweiten Tafel soll den jungen Israeliten an seine Familienpflichten erinnern, nämlich den Schutz des Lebensrechtes und der Lebensmöglichkeiten durch die würdige und angemessene Versorgung der alten, nicht mehr arbeitsfähigen Generation. Als Kern des Gebotes für die heutige, veränderte Familiensituation bleibt weniger die Anerkennung einer formalen elterlichen Autorität als vielmehr der Respekt und die Achtung vor dem Erfahrungsvorsprung der Älteren, der der jüngeren Generation zur Bewältigung ihrer Lebensprobleme eine wichtige Hilfe sein kann.

Das fünfte Gebot umfaßt nach dem Alten Testament nicht das generelle Verbot jeder Tötung, sondern nur der gesetz- und gemeinschaftswidrigen Tötung. Die Verfasser sehen im heutigen Kontext eine Verletzung des Schutzgutes des fünften Gebotes nicht nur dann als gegeben an, wenn Leben physisch vernichtet wird. Ein Verstoß gegen das fünfte Gebot liegt auch dann vor, wenn dem Menschen die Lebensmöglichkeit entzogen wird, wenn versucht wird, ihn als Person physisch und psychisch zu vernichten (so durch Folter, körperliche Qualen und bewußte Zuteilung von Hungerrationen in Konzentrationslagern).

Das Leben bestimmter Menschengruppen ist naturgemäß besonders gefährdet und bedarf daher des ausdrücklichen Schutzes der Gesellschaft: die Ungeborenen, die unheilbar Leidenden und die Sterbenden. Zu beklagen ist in diesem Zusammenhang die hohe Zahl der Menschenleben, die bereits vor der Geburt getötet werden. Bedenklich ist zudem die allgemeine Verdrängung des Todes aus dem menschlichen Bewußtsein und die nachlassende Hilfsbereitschaft für die Sterbenden wie auch die sinkende Geburtenrate.

Das sechste Gebot beinhaltete ursprünglich den Schutz der Ehe vor ihrer Zerstörung durch den Ehebruch. Unverheiratete gab es – auch aufgrund des frühen Heiratsalters – selten. In der christlichen Tradition wurde das Verständnis des Schutzbereiches des Gebotes, besonders seit Augustinus, auf den gesamten Bereich der Sexualität erweitert.

Die Verfasser vertreten demgegenüber den Standpunkt, es sei heute wieder wichtig, an den Ursprungssinn des Gebotes, den Schutz der ehelichen Treue, zu erinnern, im Blick auf die steigenden Scheidungszahlen und die zunehmenden Beziehungsschwierigkeiten, die in der modernen Gesellschaft ziemlich offen zutage treten. Im christlichen Verständnis darf zudem die Sexualität nicht von der menschlichen Personalität abgespalten werden, wie dies im Zuge der Kommerzialisierung aller Lebensbereiche geschieht.

Das siebte Gebot umfaßte zunächst das Verbot des Menschenraubes, erstreckte sich aber bald auch auf den Diebstahl beweglichen Gutes, einschließlich der für den Nomaden so wichtigen Tiere. Das Eigentumsrecht umfaßt von seinem Schutzgutbereich her vor allem die Verwirklichung der menschlichen personalen Freiheit, aber auch die Möglichkeit zur Selbstdarstellung der eigenen Person. In der modernen Gesellschaft hat das Eigentum eine nicht unerhebliche volkswirtschaftliche Bedeutung, was auch für den Bereich des geistigen Eigentums gilt. Auch für diese Form des Eigentums gilt das Solidarprinzip der Sozialpflichtigkeit, das die Gesellschaft vor einer rein materialistischen und utilitaristischen Mentalität bewahren soll.

Das achte Gebot, das den Schutz der Ehre und des guten Rufes des Mitbürgers bezweckt, stammt ursprünglich aus dem praktischen Rechtsleben und ist für das Anliegen der Wahrheitsfindung und gerechten Streitentscheidung von unverzichtbarer Bedeutung. Das Dokument hebt hervor, wie gravierend die gesellschaftlichen Auswirkungen einer Rufschädigung und Ehrverletzung gerade heute sein können und wie bedeutend in diesem Schutzgutbereich die gesellschaftliche Macht, aber auch die Verantwortung der Massenmedien geworden ist. Die Erklärung hebt die Notwendigkeit der Wahrung von Diskretion und des Schutzes der Intimsphäre vor purer Neugierde oder Sensationslust der Medien hervor.

Das neunte wie das zehnte Gebot des Dekalogs wendet sich gegen Manipulationen auf Kosten des Mitmenschen. Habsucht und Selbstsucht sind die Hauptmotive solchen Handelns, die sich in der Wohlstandsgesellschaft oft durch das sture und unsoziale Beharren auf Eigen- und Gruppeninteressen und das verbreitete Anspruchs- und Besitzstanddenken manifestieren.

Die Zehn Gebote sind auch heute noch Maßstab und Wegweiser für eine menschenwürdige Gesellschaft. Die zweite Tafel weist Staat und Gesellschaft auf die sie tragenden Grundwerte und Rechtsgüter hin und auf ihre Verantwortung, diese Werte in ihrem Bestand ungeschmälert zu erhalten.

Die Aufgabe der Wertvermittlung, zu deren Erfüllung alle verantwortlichen gesellschaftlichen Gruppen aufgerufen sind, kann nicht in einem rationalen oder auch ethisch-religiös geprägten Diskurs allein gelöst werden, sondern setzt das überzeugende Lebensbeispiel voraus. Die in den Zehn Geboten enthaltenen und geschützten Grundwerte wie Menschenwürde, Leben, Freiheit, Ehre und Wahrhaftigkeit, Ehe, Familie und Besitz des Menschen sind das gemeinsame Wertefundament für Christen und Nichtchristen in der Gesellschaft, unabhängig davon, ob die erste Tafel des Dekalogs von ihnen mitgetragen wird oder nicht. Die Verfasser heben aber hervor, daß die Zehn Gebote über den Kernbestand des Humanum hinaus den bleibenden Verweis auf Gott als notwendige Mahnung und als Korrektiv für den Menschen enthalten.

Die Legitimation der Erklärung liegt jedoch nicht nur darin, verläßliche Orientierung in der verwirrenden Vielfalt einer pluralistischen Gesellschaft anzubieten.

Die Kirche hat aus ihrem Öffentlichkeitsauftrag heraus vielmehr die Pflicht, Staat und Gesellschaft immer wieder auf die zur Transzendenz hin offenen Dimensionen menschlichen Lebens hinzuweisen, auf die Bereiche des Lebensbeginns, der Erzeugung und Erziehung neuen Lebens, der Schuld, des Leides und des Todes, die aus einer säkular orientierten ethischen Verantwortung heraus im tiefsten nicht bewältigt werden können. Die Kraft des Evangeliums als Zusage des göttlichen Trostes und Heiles für alle Menschen ist dabei nicht nur in diesen Grenzsituationen menschlichen Lebens unerläßlich. Es ist das bleibende Verdienst der gemeinsamen Erklärung, Staat und Gesellschaft auf die Schranken staatlicher Autorität und gesellschaftlicher Machbarkeit verwiesen zu haben.

5.2.3 Muslime und Christen in Deutschland

Im Jahre 1982 erschien unter dem Titel »Muslime in Deutschland« erstmals eine Arbeitshilfe der deutschen Bischöfe, die sich dem gesellschaftlich und kirchlich wichtigen und brisanten Thema der ständigen Präsenz von Muslimen in Deutschland widmete.[17]

Das Dokument ist ein Situationsbericht und zugleich eine wichtige Informationshilfe für die Gemeinden und alle engagierten Kirchenmitglieder.

Die Arbeitshilfe beginnt mit einem allgemeinen statistischen Überblick über die Situation der in Deutschland wohnenden Ausländer. Die Pflege der Vielfalt der Kulturen in Europa und das Recht der Auswanderer, ihre kulturelle Identität auch im Gastland zu pflegen und zu bewahren, bedeutet, daß dem Glauben und dem Brauchtum der muslimischen Mitbürger in Deutschland mit Achtung begegnet werden muß. Dies gilt, so die Aussage des Papiers, insbesondere unter den heutigen gesellschaftlichen Bedingungen steigender Fremdenfeindlichkeit und wachsender Unsicherheit der Arbeitsplätze. Dabei ist zu bedenken, daß das Arbeitsplatzrisiko der Ausländer allgemein höher als das der Inländer einzuschätzen ist.

Es folgt eine Darstellung der theologischen und konfessionellen Ausprägung des Islams in seinen verschiedenen Heimatländern, seiner religiösen Bewegungen, überlieferten Bräuche und Rechtstraditionen und der islamischen Organisationen.

Ein weiterer Abschnitt ist den spezifischen Problemen der Muslime in Deutschland gewidmet, insbesondere der Diasporasituation mit ihrer Trennung zwischen profaner und religiöser Kultur, die sich gravierend von der Situation in den Heimatländern unterscheidet, wo islamische Gesellschaft eine weitgehende Einheit von sozialer, religiöser und politischer Kultur aufweist. Die sehr verschiedene familiäre Kultur und die Unterschiede im Verständnis der gesellschaftlichen und rechtlichen

17 Arbeitshilfe der DBK, Nr. 26 »Muslime in Deutschland« vom Juni 1982.

Stellung von Mann und Frau sind Ursache weiterer Schwierigkeiten, die sich auch im alltäglichen Leben zeigen.

Ein kurzer Abriß der Geschichte des Islams und des wechselvollen Verhältnisses von Christentum und Islam schließt sich an; er wird mit einer Würdigung des bisherigen Dialogs zwischen den Religionen, der durch das Zweite Vaticanum starke Impulse erhalten hat, abgeschlossen.

Die kirchlichen Aufgaben in Diakonie und Pastoral gegenüber den Muslimen beschränken sich nicht mehr nur auf Eingliederungshilfen und praktische Hilfesleistungen. Der Wert der Begegnungen von Muslimen und Christen und die Notwendigkeit vertiefter Informationen über des Islam werden deutlich herausgestellt. Hinweise auf die Bereiche der Sozialarbeit, der Freizeit und des Bildungswesens runden diesen Abschnitt ab.

Eingehend wird die religiöse, rechtliche und kulturelle Problematik der Ehen zwischen Christen und Muslimen behandelt. Die Unterschiede im Verständnis der Wesenselemente der Ehe, der Monogamie und der Unauflöslichkeit, aber auch die Unterschiede im Verständnis der Familienordnung lassen es ratsam erscheinen, so das Dokument, sich das Wagnis einer christlich-islamischen Ehe sehr genau vor Augen zu halten. Ein Hinweis auf schulische und pädagogische Fragen steht am Schluß des Dokumentes.

Eine neue, aktualisierte Arbeitshilfe mit einer wesentlichen Erweiterung und Vertiefung der Problemstellung und wichtigen neuen Informationen und Anregungen erschien im März 1993 unter dem Titel »Christen und Muslime in Deutschland«.[18] Die neue Broschüre bringt vertiefte historische und theologische Hinweise zum Islam, würdigt die Fortführung des begonnenen Dialoges und enthält detaillierte Hinweise zum islamischen Brauchtum und zu den Festen.

Sehr viel ausführlicher als im Dokument aus dem Jahre 1982 wird der Bereich der religionsverschiedenen Ehe in allen seinen praktischen und rechtlichen Problemen beschrieben, und es werden konkrete Hinweise zur Gestaltung der Eheschließungsfeier, zur Taufpastoral und zur Frage der religiösen Kindererziehung gegeben.

Neu gegenüber dem Vordokument ist auch ein kurzer Abriß über den Islam im Staat-Kirche-Verhältnis, der die Frage des muslimischen Religionsunterrichtes ebenso wie organisationsrechtliche Fragen umfaßt.

Der gegenüber dem ersten Dokument erheblich erweiterte Anhang bringt nicht nur weiterführende Literaturhinweise und eine Liste von christlich-islamischen Vereinigungen und Einrichtungen, sondern auch Hinweise auf den muslimischen Festkalender und die Bedeutung islamischer Namen und schließlich das Muster eines christlich-islamischen Ehevertrages.

Es zeigt sich im Inhalt der dargestellten kirchlichen Dokumente, daß die Kirche die Realität der dauerhaften Anwesenheit von Muslimen in Deutschland mitsamt der damit verbundenen rechtlichen und soziokulturellen Problematik zur Kenntnis ge-

18 Arbeitshilfe der DBK, Nr. 106 »Christen und Muslime in Deutschland« vom 4. März 1993.

nommen hat. Das Bemühen um sachgemäße Information und Darstellung der Situation der Muslime in Deutschland ist ohne Zweifel vorhanden. Allerdings sind wichtige Problemfelder zwischen den Religionen praktisch ausgespart geblieben: so die Frage danach, welche Dialogpartner es auf muslimischer Seite gibt, welche Ziele ein muslimisch-christlicher Dialog haben kann und wie sich das praktische Zusammenleben verschiedener Religionen und Kulturen gestalten kann. Schließlich ist die aus christlicher Sicht besorgniserregende Zunahme militanter und fundamentalistischer islamischer Gruppen eine Tatsache, die für die Zukunft nicht optimistisch stimmt. Es bleibt fraglich, ob das Modell einer multikulturellen Gesellschaft verwirklicht werden kann, wenn ein Grundkonsens, der den Respekt vor der religiösen und kulturellen Tradition der andern Religion beinhaltet und so dem Angehörigen der andern Religion Religionsfreiheit zubilligt, nicht vorausgesetzt werden kann.

5.2.4 Arbeitslosigkeit

Im November 1982 erschien als Arbeitshilfe zum Problem der Arbeitslosigkeit eine Erklärung der Gemeinsamen Konferenz der deutschen Bischöfe und des Zentralkomitees der deutschen Katholiken auf der Basis eines Fachgutachtens eines zu dieser Frage eingesetzten sachverständigen Beirates.[19] Die Erklärung der kirchlichen Leitungsgremien in Deutschland und die fachlich fundierte Stellungnahme des Beirates wollen die Sorge der Kirche um die von Arbeitslosigkeit betroffenen oder bedrohten Mitbürger verdeutlichen, die aktuelle Situation am Arbeitsmarkt beleuchten und Ansatzpunkte für die Zukunft aufzeigen.

Die Erklärung betont die tiefe menschliche und soziale Problematik der Arbeitslosigkeit und warnt vor einer verkürzten, rein ökonomischen Sicht und Beurteilung des Problems. Sie enthält im folgenden eine komprimierte Wiedergabe der Situationsbewertung und der Lösungsvorschläge ihres wissenschaftlichen Beirates, der eine Kombination von investiven politischen Maßnahmen, wachstumsorientierter Wirtschaftspolitik und Maßnahmen zur Flexibilisierung des Arbeitsmarktes anregt.

Die konkreten Forderungen der Erklärung zielen darauf ab, daß der Staat seine Rahmenverantwortung für den Arbeitsmarkt wahrnimmt und daß diese von den Unternehmen und Gewerkschaften anerkannt wird. Zudem wird es als notwendig erachtet, die unternehmerische Initiative zu stärken, sich für eine angemessene und sozial verantwortliche Tarif- und Arbeitszeitpolitik der Sozialpartner einzusetzen und die schulische und berufliche Ausbildung zu fördern und zu modernisieren. Die gestiegenen Anforderungen an die gesamtgesellschaftliche Solidarität erfordern eine kritische Überprüfung des staatlichen Systems der Subventionen und Sozialleistungen. Der Forderungskatalog schließt mit dem Hinweis auf die Notwendigkeit eines Sozialpaktes zwischen den Sozialpartnern und den Verantwortlichen in Bund, Län-

19 Veröffentlicht als Arbeitshilfe der DBK, Nr. 29 »Arbeitslosigkeit« vom 5. November 1982.

dern und Gemeinden, der sich auf einen breiten gesellschaftlichen Konsens zum Zweck einer gemeinsamen Aktion stützen kann.

Die anschließend abgedruckte Stellungnahme des sachverständigen Beirates geht davon aus, daß die gegenwärtige Arbeitslosigkeit strukturelle und nicht nur konjunkturelle Ursachen hat. Sie geht in ihrer Zukunftsprognose von einer eher noch wachsenden Arbeitslosigkeit bzw. jedenfalls einer weiterhin hohen Sockelarbeitslosigkeit aus. Hierauf muß sich die Gesellschaft einstellen.

Im Anschluß an einige statistische Angaben über die Situation auf dem Arbeits- und Ausbildungssektor, die allgemeine Lage der Unternehmen und die Situation spezieller Branchen folgt eine Analyse möglicher Ursachen der Arbeitslosigkeit. Die kirchlichen Sachverständigen sprechen hier von einem Ursachengeflecht, das den gesamten Anpassungsprozeß an die global veränderte wirtschaftliche und technische Situation betrifft. Erwähnt werden die Erhöhung der Energie- und Rohstoffpreise, die insgesamt gestiegene Kostenbelastung der Unternehmen und der Strukturwandel in vielen Abnehmerländern. Auf dem inländischen Verbrauchsgütermarkt ist zudem in vielen Bereichen ein Sättigungsgrad erreicht.

Eine Lösung der anstehenden Aufgaben kann nach Auffassung der kirchlichen Experten nur in einer gemeinsamen langfristigen Anstrengung erfolgen. Es ist notwendig, sich um Wachstum und zukunftsträchtige Technologien zu bemühen und um den Schutz der natürlichen Umwelt. Es gilt, die Lebensarbeitszeit zu verkürzen und die vorhandene Arbeit gerechter zu verteilen.

Kritik findet die zunehmende Tendenz der Arbeitsmarktparteien, das Beschäftigungsrisiko auf den Staat abzuwälzen. Zwar trifft den Staat als Vertreter der gesellschaftlichen Solidargemeinschaft die Verantwortung für die Rahmenbedingungen für einen funktionierenden Arbeitsmarkt, aber er müßte schon mit zentralistisch-dirigistischen Kompetenzen ausgestattet sein, um die Arbeitsmarktverantwortung allein tragen zu können. Ohnedies wäre hierin praktisch ein Verzicht auf unsere freiheitliche Wirtschaftsordnung zu sehen. Die Lösung der Arbeitsmarktprobleme kann innerhalb unseres Wirtschaftssystems nicht durch Zentralisierung geschehen, sondern nur dadurch, daß alle am Arbeitsmarkt beteiligten Kräfte ihre Verantwortung erkennen und gestaltend mitwirken.

Erforderlich ist eine Stärkung der Eigeninitiative, der Investitionen und Innovationen durch eine zielbewußte und klare, eindeutig richtungsorientierte Wirtschaftspolitik. Die staatliche Wirtschaftspolitik muß ihre Ergänzung finden in einer gesamtwirtschaftlich solidarischen und verantwortlichen Tarifpolitik, die im Bereich der Arbeitszeit besonderes Augenmerk darauflegt, Überstunden abzubauen und die Schwarzarbeit einzudämmen. Eine Stärkung der Eigenkapitalbasis der Unternehmen ist zusätzlich erforderlich.

Die Bildungs- und Beschäftigungspolitik muß im Bereich der schulischen und beruflichen Bildung stärker auf die tatsächlichen Bedürfnisse des Arbeitsmarktes abgestimmt werden, wobei praxisnahe Ausbildungsformen Vorrang genießen sollten.

Eine kritische Überprüfung des staatlichen Systems der Subventionen und Sozialleistungen ist angezeigt, weil in den letzten Jahren das Anspruchs- und Besitzstandsdenken, das zu der hohen Staatsverschuldung mit den hiermit verbundenen Belastungen für die Solidargemeinschaft geführt hat, in erschreckendem Maße zugenommen hat.

Angesichts des Problems der Arbeitslosigkeit ist eine gemeinsame Kraftanstrengung erforderlich, die einen Sozialpakt notwendig erscheinen läßt.

Die kirchliche Stellungnahme zeigt, daß die Kirche sich bemüht, ihre Verantwortung gerade im sozialen Bereich mit Kompetenz und Sensibilität wahrzunehmen. Die letzten Jahre haben gezeigt, daß es angesichts der Globalisierung des Absatz- und Arbeitsmarktes offenbar keine Patentrezepte zum Abbau struktureller Arbeitslosigkeit gibt. Auch die Erfolgsaussichten gemeinsamer Anstrengungen der Sozialpartner, dauerhafte Arbeitsplätze zu schaffen, werden zunehmend skeptisch beurteilt. Es muß allerdings hinzugefügt werden, daß einige der kirchlichen Forderungen wie die Modernisierung der beruflichen Bildung und die Überprüfung des Systems der Subventionen und Sozialleistungen noch nicht in ausreichendem Maße verwirklicht worden sind.

5.2.5 Frieden und Sicherheit

Einen Überblick über die kirchliche Position zur Friedens- und Sicherheitspolitik gibt eine Arbeitshilfe der deutschen Bischöfe unter dem Titel »Frieden und Sicherheit«, die aktuelle Erklärungen der Deutschen Bischofskonferenz und des Zentralkomitees der deutschen Katholiken enthält, ergänzt durch thematisch passende Auszüge aus dem Beschluß der Gemeinsamen Synode der deutschen Bistümer von 1975 und aus der Pastoralkonstitution des Zweiten Vatikanischen Konzils.[20]

Die Presseerklärung der deutschen Bischöfe knüpft an die weit verbreitete Unruhe über das erneute Anwachsen der Rüstungspotentiale und die hierdurch weltweit enstandenen Ängste und Spannungen an. Die Situation wird zusätzlich verschärft durch die Zuspitzung der globalen Umwelt- und Energiekrise und des weltweiten Armutsproblems. Die Bischöfe fordern konkrete Schritte zum Abbau der gefährlichen Eskalation durch allseitig kontrollierte Abrüstungsmaßnahmen. Sie äußern ihre Sorge und Enttäuschung über das bisherige Mißlingen aller wirklichen Abrüstungsbemühungen angesichts der gigantischen und die Erfordernisse einer legitimen Selbstverteidigung erheblich überschreitenden Waffenarsenale. Scharf verurteilt wird aber auch jede ideologische oder nationalistisch oder rassistisch bedingte Kriegshetze. In der Streitfrage zwischen Wehrdienst und Kriegsdienstverweigerung sprechen sich die Bischöfe für eine Wahlmöglichkeit aus. Der Wehr- und

---

20 Erschienen 1981 als Arbeitshilfe der DBK, Nr. 21 »Frieden und Sicherheit«; die Frühjahrs-Vollversammlung der Deutschen Bischofskonferenz, die sich mit diesem Thema beschäftigte, fand vom 9.–12. März 1981 statt.

Kriegsdienst ist ebenso wie die Kriegsdienstverweigerung aus einer Haltung der prinzipiellen Gewaltlosigkeit heraus eine legitime Möglichkeit für Christen.

Für den christlichen Politiker stellt – insbesondere in der gegenwärtigen Situation der Hochrüstung – Gewaltlosigkeit sowie höchstmögliche Gewaltminderung ein unverzichtbares politisches Prinzip dar, das zwar die legitimen Bedürfnisse der Landesverteidigung nicht ausschließt, aber für die Beurteilung der Problematik von Nachrüstung und Waffenexport von Bedeutung ist. Echte Schritte zur Eindämmung des weltweiten Bedrohungspotentials können, so die Bischöfe, nur in wechselseitigem Vertrauen erfolgen.

Den zweiten Teil der Arbeitshilfe bildet eine Erklärung einer Kommission des Zentralkomitees der deutschen Katholiken zu den ethischen Grundlagen der Außen- und Sicherheitspolitik. Die Erklärung betont die Bedeutung vernunftgeleiteter, friedensfördernder zwischenstaatlicher Politik, die sich an den Richtlinien des universalen Gemeinwohls orientiert und in den bilateralen Beziehungen das Prinzip der Gegenseitigkeit und des gerechten Ausgleichs der wechselseitigen Ansprüche und Forderungen beachtet. Im Konfliktfall ist das Gebot der Verhältnismäßigkeit zu beachten, das erfordert, den Streit begrenzt zu halten und es bei der Verteidigung der legitimen eigenen Interessen nicht zu unnötigen Eskalationen kommen zu lassen.

Im Rahmen der Sicherheitspolitik, die als eine unabdingbare Voraussetzung für die Erhaltung des Friedens angesehen wird, wird das System der Sicherheitspartnerschaft durch Bündnisse, nichtmilitärische Verteidigungskonzepte und Rüstungskontrolle gegenüber neutralistischen Konzepten bevorzugt.

Die Bischöfe weisen auf das hohe Risikopotential der Massenvernichtungswaffen hin, halten aber eine Entschärfung der durch die Hochrüstung ausgelösten globalen Spannung nur bei einer grundlegenden Veränderung der politischen Weltlage für möglich. Die durch den Umbruch im Jahre 1989 ausgelösten historischen Veränderungen, die zur Auflösung des Antagonismus zwischen den beiden militärischen Blöcken geführt haben, haben den realistischen Ansatz dieser Position im nachhinein bestätigt.

Politische wie religiös motivierte Intoleranz und schematisches Freund-Feind-Denken bilden eine weitere Gefahr für den Frieden. Dies schließt aber nicht die Legitimität politischen Drucks gegenüber Staaten aus, die in evidenter Weise die Menschenrechte verletzen und vor Terror und Gewalt zur Durchsetzung ihrer politischen und ideologischen Ziele nicht zurückschrecken.

Der Synodenbeschluß über den kirchlichen Beitrag zur Förderung der Entwicklung und des Friedens weist in Ergänzung zu den vorhergehenden Dokumenten auf die Notwendigkeit des politischen Einsatzes für eine umfassende Entwicklung der Staaten und die globale Durchsetzung der Friedensbemühungen hin. Besonders notwendig erscheint der geduldige, aber nachhaltig geführte Kampf gegen Unrecht, Armut und Ausbeutung überall auf der Welt, der integraler Bestandteil des kirchlichen Evangelisierungsauftrags ist.

Neben dem Ost-West-Konflikt wird hier besonders auf die Tragik des Nord-Süd-Konfliktes verwiesen, der eine immer tiefere Kluft nicht nur zwischen den reichen Staaten des Nordens und den armen Ländern des Südens, sondern auch innerhalb der armen Länder zwischen den oft skrupellos herrschenden Eliten und der Masse der abhängigen und armen Bevölkerungsschichten erkennen läßt. Aber auch die vielfältigen regional oder lokal begrenzten Konflikte werden erwähnt, die oft aus nationalistischen oder rassistischen Motiven zur Unterdrückung, Vertreibung oder gewaltsamen Verfolgung ethnischer oder religiöser Minderheiten führen.

Auf den weitgehend erzielten Konsens in der internationalen Friedensarbeit wird ausdrücklich hingewiesen. Er umfaßt die Notwendigkeit der praktischen, nicht nur rechtlichen Anerkennung der Menschenrechte, besonders des Rechts auf Leben, auf freie Entfaltung und auf Selbstbestimmung. Entscheidend wichtig ist aber auch der Einsatz für soziale Gerechtigkeit und Freiheit auf der Basis der Gewaltlosigkeit. Die Friedensarbeit bietet besonders nichtstaatlichen Organisationen ein weites und fruchtbares Betätigungsfeld, da sie unmittelbar, ohne diplomatische Rücksichten nehmen zu müssen, zugunsten der von Konflikten, Gewalt oder Diskriminierung betroffenen Personen und Gruppen intervenieren können. Der Bereich der Bewußtseinsbildung darf insgesamt auch in der Zukunft nicht vernachlässigt werden; hier bietet sich auch den Kirchen von ihrem Auftrag und Selbstverständnis her ein wichtiges Arbeitsfeld.

Konsequenter Einsatz für den Frieden auch innerhalb der Kirche umfaßt die Bereitschaft, im Konfliktfall gegebenenfalls auf Distanz zu den politisch vertretenen, vermeintlichen Interessen des eigenen Volkes und der eigenen Regierung zu gehen. Ein Abschnitt über Inhalte und Ziele der Friedenserziehung und des sozialen Engagements in der kirchlichen Arbeit schließt die Darstellung der wesentlichen Inhalte der Friedenspädagogik ab.

Bedeutsam ist die Forderung, humanitäre Aktionen in Kriegs- oder Krisengebieten auf eine tauglichere völkerrechtliche Basis zu stellen, die es Kriegsparteien oder Aggressoren nicht mehr erlaubt, lebenswichtige Maßnahmen und Hilfeleistungen zugunsten notleidender Menschen unter dem Vorwand der Einmischung in die inneren Angelegenheiten zu verhindern. Dazu gehört auch die gewaltsame Vertreibung von Menschen oder ganzen Volksgruppen aus nationalen oder politischen Gründen aus ihren angestammten Gebieten, die das völkerrechtlich anerkannte Recht auf den Wohnsitz verletzt und in unseren Tagen unter der makabren Bezeichnung »ethnische Säuberung« eine tragische Aktualität erlangt hat.

Der Blick auf die neuere Entwicklung seit dem für die europäische Staatenordnung bedeutsamen Jahr 1989 zeigt, daß die Aktivitäten von Nichtregierungsorganisationen im Bereich von Frieden und Sicherheit stark zugenommen haben. In Zusammenarbeit mit dem UN-Hochkommissariat für die Flüchtlinge ist hier eine neue Ebene des Engagements entstanden, auf der versucht wird, Einfluß auf nationale Regierungen bzw. supranationale Organisationen wie die EU zu nehmen, um gefährdeten Menschen in Kriegs- bzw. Bürgerkriegssituationen besser helfen zu können. Demgegenüber ist das vorliegende bischöfliche Dokument noch der klassischen Linie der kirchlichen Politik verpflichtet, der Einflußnahme bei der Regierung auf der nationalen Ebene. In Zukunft wird es wohl für die Kirche immer wichtiger werden, für ihre humanen Anliegen auf den verschiedenen politischen Ebenen Bündnispartner aus dem Kreis der Nichtregierungsorganisationen zu finden.

5.2.6 Pornographie und Gewalt in den Kommunikationsmedien

Im Mai 1989 erschien als Arbeitshilfe der deutschen Bischöfe ein pastorales Schreiben des Päpstlichen Rates für die sozialen Kommunikationsmittel.[21]

Die neuen Kommunikationsmedien spielen im Leben des modernen Menschen eine zunehmend wichtige Rolle und haben Teil an dem raschen Wandel gerade im Bereich moralischer Wertvorstellungen. Dieser Wandel hängt aber auch mit der gestiegenen Mobilität, der hierdurch verursachten Verunsicherung im Wertesystem traditionell gewachsener menschlicher Siedlungsgemeinschaften und dem neuen Phänomen des Zusammenlebens von Menschen aus verschiedenen Religionen und Kulturkreisen, besonders in den Großstädten, zusammen. Die Medien spiegeln häufig neue Lebensstile und Haltungen wider, zeigen neue gesellschaftliche und kulturelle Tendenzen und bringen neue Fragestellungen aus diesen Bereichen in das Bewußtsein einer größeren Öffentlichkeit.

Mit der gestiegenen Vielfalt und Zahl der neuen Medien ist aber auch, so stellt das päpstliche Dokument fest, ein alarmierendes Ansteigen der Darstellung von Pornographie und Gewalt in ihren verschiedenen Formen zu konstatieren. Pornographie und Gewalt gehören nun zwar zur Wirklichkeit des menschlichen Lebens, aber zu ihrer dunklen, sündhaften Seite, und deshalb muß eine breite, ausführliche Darstellung dieser moralischen Fehlformen menschlichen Verhaltens zu einer weiteren Zersetzung moralischer Wertvorstellungen führen.

Die personale Würde des Menschen und sein Recht auf Wahrung seiner Intimsphäre werden bei pornographischen Darstellungen aus rein kommerziellen Gründen verletzt, indem die menschliche Person als Sexualobjekt der Öffentlichkeit präsentiert wird.

Die mediale Darstellung von menschlicher Gewalt und ihren Opfern verletzt die menschliche Würde durch die Weckung aggressiver menschlicher Instinkte und Leidenschaften sowie durch eine ihn seiner Subjekthaftigkeit und Selbstbestimmung entkleidenden Sicht des Menschen als Objekt von Gewalt.

Das Dokument betont, daß niemand sich von vornherein für immun gegenüber den Einflüssen von Pornographie und Gewalt halten soll, daß aber insbesondere Jugendliche, unreife oder emotional labile Menschen gefährdet sind. Aber auch das

---

21 Veröffentlicht als Arbeitshilfe der DBK, Nr. 71 »Pornographie und Gewalt in den Kommunikationsmedien«, mit Datum vom 7. Mai 1989, aus Anlaß des 23. Welttages der sozialen Kommunikationsmittel.

sittliche Fundament der grundlegenden menschlichen Beziehungen in Ehe und Familie wird durch ihre Einflüsse gefährdet.

Auch die Beteiligung an der Herstellung und Verbreitung pornographischer Erzeugnisse wird verurteilt, doch weisen die Autoren darauf hin, daß auch die Konsumenten sich schuldig machen durch die Perpetuierung der schädlichen Folgen dieser Erzeugnisse.

Die Darstellung von Gewalt ist besonders deswegen problematisch, weil sie bei Kindern und auch zum Teil bei Jugendlichen die Grenzen zwischen Phantasie und Wirklichkeit verwischen und auch die Hemmschwelle gegenüber der Gewalt herabsetzen kann. Mitunter gibt es auch Zusammenhänge psychologischer Art sowie Übergänge zwischen Pornographie und Gewalt, wenn brutale und entwürdigende Darstellungen gezeigt werden.

Bei der Frage nach den Ursachen der weiten Verbreitung von Pornographie und Gewalt wird darauf verwiesen, daß es sich hier auf der Konsumentenseite um Formen der oft versteckten und verzweifelten Sinnsuche handelt. Menschen versuchen, in der persönlichen Befriedigung und im Rausch der Leidenschaft ein Heilmittel gegen die Erfahrung innerer Leere zu finden. Die Produzenten und Verkäufer solchen Materials schlagen Profit aus menschlichen Schwächen, oft unter dem Vorwand der Berufung auf die Freiheit des künstlerischen und ästhetischen Ausdrucks. Eine Legalisierung oder faktische Duldung bestimmter Formen der Pornographie verstößt, so die Bischöfe, gegen die staatliche und gesellschaftliche Pflicht zum Jugendschutz, zum Schutz der Privatsphäre und des öffentlichen Anstandes.

Die Bischöfe appellieren schließlich eigens an die verschiedenen gesellschaftlichen und staatlichen Verantwortungsträger, vorab an die beruflich im kommunikativen Bereich Tätigen.

Es bedarf hier gemeinsam formulierter und verantworteter ethischer Normen, die für den gesamten Bereich der Kommunikationsmedien Gültigkeit haben müssen, als Ausdruck der Selbstkontrolle der Medien. Hindernisse bilden hier oft kommerzielle Zwänge und Konkurrenzdruck.

Die Verantwortung der Eltern insbesondere für eine kluge Erziehung im Medienbereich wird herausgestellt, ebenso wie die Vorbildfunktion des eigenen Verhaltens der Eltern und die Notwendigkeit des familiären Gesprächs über diese Fragen. Eine vergleichbare Verantwortung tragen die Lehrer und Erzieher, insbesondere für die Herausbildung eigenverantwortlicher Haltungen bei den Jugendlichen.

Das Dokument hebt schließlich die wichtige Funktion der interessierten Öffentlichkeit hervor, die ihre Chance, im Dialog mit den Kommunikatoren und den staatlichen Verantwortungsträgern ihre Wertvorstellungen und Interessen darzulegen und auf gravierende Mißstände hinzuweisen, entschlossen nutzen muß, um der exzessiven Darstellung von Pornographie und Gewalt wirksam entgegentreten zu können.

Die staatlichen Organe haben die Pflicht, im Interesse des Gemeinwohls die Einhaltung bestehender Gesetze zu überwachen und eventuelle Gesetzeslücken im

Bereich neuer Medien sinnvoll zu schließen. Wegen der internationalen Dimension des Handels und der Verbreitung von pornographischem und gewaltverherrlichendem Material gewinnt dic internationale Zusammenarbeit der zuständigen amtlichen Stellen mehr und mehr an Bedeutung.

Die Kirchen haben die Aufgabe, gegenüber einer sich immer mehr verbreitenden permissiven Haltung auf die bleibende Bedeutung der ethischen Prinzipien für die Humanität einer Gesellschaft hinzuweisen. Dies gilt auch im Bereich der Sexualmoral, wobei es notwendig erscheint, Widerstand zu leisten gegen eine Haltung der prinzipiellen Unverbindlichkeit sexualethischer Normen und der Propagierung einer rein bedürfnisorientierten Mentalität.

Abschließend wird konstatiert, daß das Phänomen der steigenden medialcn Darstellung von Pornographie und Gewalt noch weiterer, vertiefender Reflexion bedarf.

5.3 Verlautbarungen des Apostolischen Stuhles – ausgewählte Themenbereiche

Aus der Reihe der Veröffentlichungen von Dokumenten des Apostolischen Stuhles zu kirchlich und gesellschaftlich bedeutsamen und aktuellen Themen sollen hier einige exemplarisch vorgestellt werden. Sie haben oft eine besondere Nähe zur gesellschaftlichen und kulturellen Situation in Deutschland und greifen zum Teil dieselbe Thematik wie die Schreiben der deutschen Bischöfe auf.

5.3.1 Evangelisierung in der Welt von heute

Im Dezember 1975 erschien das Apostolische Schreiben Papst Pauls VI. »Evangelii nuntiandi« über die Evangelisierung in der Welt von heute in der Reihe der Verlautbarungen des Apostolischen Stuhles mit einem einführenden Kommentar von Weihbischof Scheele.[22]

Scheele betont in seiner Einführung, daß dem päpstlichen Schreiben ein drcifacher Anlaß zugrundeliegt: das Heilige Jahr 1975, die Bischofssynode und die Erinnerung an das vor zehn Jahren beendete Zweite Vatikanische Konzil. Der Papst möchte mit seinem Schreiben den Blick für das Wesen und die Sendung der Kirche öffnen, und dies zu einem Zeitpunkt, in dem, so Bischof Scheele, die Impulse des Konzils Gefahr laufen, mißverstanden bzw. für die eigenen partikulären kirchenpolitischen Zielsetzungen vereinnahmt zu werden.

Die zentrale Aussage des Papstes ruft der gesamten Kirche in Erinnerung, daß Evangelisation zuerst und wesentlich Christuszeugnis und Christusverkündigung ist. Die Kirche muß sich daher in allen ihren Gliedern immer wieder und immer neu

---

22 Veröffentlicht mit Datum vom 8. Dezember 1975 in der Reihe »Verlautbarungen des Apostolischen Stuhls« als Nr. 2 »Apostolisches Schreiben >Evangelii nuntiandi< Papst Pauls VI. über die Evangelisierung in der Welt von heute«, außerdem enthalten in Nr. 66 der Arbeitshilfen der DBK (Nachkonziliare Texte zu Katechese und Religionsunterricht) von 1989.

der Botschaft des Evangeliums stellen und sie in ihrer besonderen Bedeutung für die heutige Zeit erschließen.

Die Echtheit und Überzeugungskraft ihrer Jüngerschaft hängt dabei maßgeblich davon ab, wieweit sie in ihren Gliedern selbst vom Evangelium durchdrungen ist und wie einmütig sie davon Zeugnis zu geben vermag.

Die Evangelisierung muß alle Bereiche des Lebens des Menschen erfassen und durchdringen, die Maßstäbe seines Urteilens und Handelns, die Quellen seiner Inspiration, sein Wertbewußtsein und sein ganzes Denken. Erschwerend wirkt heute der dramatische Bruch zwischen Evangelium und Kultur, auf den der Papst hinweist. Evangelisierung bedeutet eine vielschichtige und ganzheitliche Aufgabe, die nicht auf die katechetische, homiletische oder sakramentale Dimension reduziert werden kann.

Inhaltlich faßt Papst Paul VI. Evangelisierung als Botschaft der universalen Befreiung des Menschen zusammen, die sein ganzes individuelles und soziales Leben umfaßt und sich in Frieden, Gerechtigkeit und Entwicklung konkretisiert. Die innere Bekehrung des Menschen, die ihn von der Versuchung zur Gewalt befreit, ist die Voraussetzung dafür, daß sich die Evangelisierung in ihrer dynamischen Kraft entfalten kann. Als umfassende Befreiung beinhaltet sie für den Menschen die Gewährleistung aller Grundrechte; hierbei kommt der Religionsfreiheit eine erstrangige Bedeutung zu.

Die Art und Weise der Evangelisierung lebt von der bleibenden Kraft des Wortes Gottes und von dem in Einfachheit und innerer Freiheit gelebten Zeugnis, das auf die jeweiligen Umstände von Zeit, Ort und Kultur Rücksicht nimmt. Besondere Bedeutung für die ausdrückliche Evangeliumsverkündung haben neben der Homilie die Katechese und die Massenmedien. Diese mindern aber nicht die nach wie vor große Bedeutung des persönlichen seelsorglichen Kontaktes und der geistlichen Führung.

Getragen wird die Evangelisierung zunächst durch die Teilkirche, der die wichtige Aufgabe der Übersetzung des Evangeliums in den Kontext der einheimischen Kultur (Inkulturation) bei ungeschmälerter Bewahrung des universalen Glaubenserbes obliegt. Die einander ergänzenden Aufgaben und Tätigkeitsbereiche der Bischöfe, Priester, Ordensleute und Laien werden in dem Dokument im einzelnen herausgestellt und gewürdigt.

Evangelisierung ist von ihrem tiefsten Wesen und Verständnis her Dienst an der umfassenden Wahrheit, die frei macht für den selbstlosen Dienst am Menschen, einer Wahrheit, die alle menschlichen Lebensbereiche erfaßt. Wahre Evangelisierung achtet stets die personale Würde des Menschen und respektiert seine freie Gewissensentscheidung.

Das Apostolische Schreiben Papst Pauls VI. hat, das darf im Rückblick festgestellt werden, besonders auf dem lateinamerikanischen Subkontinent, aber auch in Afrika und Asien ein reiches Echo gefunden. Insbesondere das ganzheitliche Verständnis der Evangelisierung, die Verbindung von Evangeliumsverkündung und

Einsatz für die Gerechtigkeit hat starke Energien für die Ortskirchen freigesetzt. Es führte zu einer tieferen Besinnung auf die wahren Herausforderungen in der Pastoral und mancherorts zu einer Reorganisation des kirchlichen Lebens. »Evangelii nuntiandi« hat Grundgedanken, die bereits in manchen Konzilsdokumenten enthalten waren, noch einmal zusammengefaßt und für die aktuelle kirchliche Situation neu dargestellt. Darin liegt ohne Frage das Hauptverdienst Papst Pauls VI., der mit diesem Schreiben der Kirche ein Vermächtnis hinterlassen hat.

5.3.2 Zur geschlechtlichen Erziehung

Aufnahme in die Reihe der Verlautbarungen des Apostolischen Stuhles fand auch eine Erklärung der römischen Glaubenskongregation zu einigen Fragen der Sexualethik aus dem Jahre 1975, die von der Deutschen Bischofskonferenz zusammen mit einer Stellungnahme des damaligen Vorsitzenden Kardinal Döpfner sowie einem moraltheologischen Kommentar von Prof. Stoeckle aus Freiburg veröffentlicht wurde.[23]

Kardinal Döpfner hebt in seinem Vorwort die Übereinstimmung der Lehraussagen der Glaubenskongregation mit den vorliegenden Lehräußerungen der deutschen Bischöfe und der Gemeinsamen Synode der deutschen Bistümer hervor und betont ausdrücklich, daß eine erneute Darlegung und Betonung sittlicher Werte und Haltungen gerade im Bereich der Sexualethik notwendig ist, da es um wichtige Zukunftsfragen der Menschheit geht.

Die Erklärung beginnt mit einer knappen Analyse der gesellschaftlichen Grundsituation im Bereich der Sexualethik. Man konstatiert, daß sich generell eine Mentalität der Unverbindlichkeit ausgebreitet hat, die Sexualität vorwiegend als Mittel zur Steigerung des eigenen Vergnügens ansieht; im Bereich der ethischen Wertvorstellungen und Normen stoßen verbindliche Weisungen oftmals auf Skepsis und Ablehnung.

Die kirchliche Sittenlehre stößt wegen des Drucks der entgegenstehenden öffentlichen Meinung auf beträchtliche Schwierigkeiten und es verstärkt sich so die Gewissensnot vieler Gläubiger. Dennoch hat die Kirche wegen des objektiven Geltungsanspruches des Sittengesetzes die Pflicht, die ethischen Normen auch im Bereich der Sexualethik immer wieder in Erinnerung zu rufen, gleich, ob ihre Position in der gesellschaftlichen Diskussion willkommen ist oder nicht. Die Kritik an der naturrechtlichen Begründung der sittlichen Forderungen der Kirche wird mit dem Hinweis auf die überzeitlich gültige, innere, dem Gewissen zugängliche und erkennbare, werthafte Evidenz des objektiven Sittengesetzes zurückgewiesen, die auf konstitutive sittliche Elemente der menschlichen Natur verweist.

---

23 Erschienen als Nr. 1 der Reihe der Verlautbarungen des Apostolischen Stuhls unter dem Titel »Erklärung der Glaubenskongregation zu einigen Fragen der Sexualethik« mit Datum vom 29. Dezember 1975; der Kommentar Kardinal Döpfners datiert vom 15. Januar 1976.

Im Bereich konkreter Einzelfragen der Sexualethik beschränkt sich die Erklärung auf einige wichtige Punkte. Zunächst wird betont, daß es nach kirchlicher Lehre kein Recht auf vorehelichen Geschlechtsverkehr gibt, auch nicht im Falle einer Verlobung oder einer ähnlich intensiven Bindung. Es fehlt in diesen Formen menschlicher Beziehungen an dem die Ehe wesentlich kennzeichnenden öffentlichen Treueversprechen sowie an der Ausrichtung auf die Nachkommenschaft. Die leibliche Hingabe setzt aber die beiderseitig willensmäßig besiegelte Entscheidung für eine endgültige Lebensgemeinschaft voraus.

In der Frage der Homosexualität wendet sich die Glaubenskongregation gegen bestimmte Auffassungen, die die menschliche Homosexualität besonders aus entwicklungspsychologischer Sicht bewerten und insgesamt subjektiv differenziert beurteilen. Demgegenüber betont die Kongregation, daß Homosexualität immer einen Verstoß gegen die objektive, natürlich vorgegebene Zuordnung menschlicher Sexualität darstellt. Daher ist eine generelle subjektive Rechtfertigung nicht möglich, und die persönliche und soziale Problematik muß im Bereich der Schuldbewertung Berücksichtigung finden. Gleichwohl ist aber im pastoralen Bereich mit größtmöglicher Klugheit und mit Verständnis vorzugehen; Homosexuelle dürfen nicht von vornherein den Eindruck gewinnen, auf Ablehnung zu stoßen.[24]

Masturbation wird im Gegensatz zu verbreiteten Auffassungen als schwerer Verstoß gegen die Ordnung in der Sexualethik gewertet, da sie der objektiven Zielsetzung menschlicher Sexualität widerspricht. Die Erkenntnisse der modernen Psychologie sind jedoch auch hier für die Frage nach der moralischen Verantwortlichkeit und der Schuld, insbesondere für die Beurteilung der Freiwilligkeit der Handlung gültig und maßgeblich.

Die Erklärung wendet sich im übrigen gegen eine verbreitete Tendenz, die Existenz schwerer Verfehlungen im Bereich der Sexualität zu verdrängen oder gar zu leugnen, eine Tendenz, die durch eine permissive und bagatellisierende Grundhaltung in Kreisen der Gesellschaft beeinflußt ist. Menschliche Schuld ereignet sich nicht nur als einzelne, bewußte Grundentscheidung in direkter Ablehnung der sittlichen Forderung des göttlichen Gebotes. Sie manifestiert sich auch in vielen, nicht immer eindeutig und bewußt vollzogenen Einzelhandlungen, die einer einmal getroffenen positiven Wertentscheidung widersprechen und so die frühere sittliche Grundorientierung verändern. Gleichwohl räumt die Glaubenskongregation ein, daß auch bei einem objektiven Verstoß gegen die Sittenordnung nicht immer schwere Schuld vorliegt.

Weitere Abschnitte sind schließlich der persönlichkeitsprägenden Kraft der Keuschheit gewidmet, die für das rechte sittliche Urteilsvermögen von erheblicher

---

24 Die pastorale Problematik wird eingehend behandelt in einem »Schreiben der Glaubenskongregation an die Bischöfe der katholischen Kirche über die Seelsorge für homosexuelle Personen« (Nr. 72 der Reihe der Verlautbarungen des Apostolischen Stuhles vom Oktober 1986), das im übrigen dieselben sexualethischen Positionen wie das 1975 veröffentlichte Dokument vertritt.

Bedeutung ist, sowie einer Spiritualität der Nachfolge Christi, in der man imstande ist, die christliche Haltung der Selbstbeherrschung und des Verzichtes vorzuleben und im existentiellen Zeugnis an andere zu vermitteln.

Die Notwendigkeit einer sorgfältigen Gewissensbildung und Erziehung unter Berücksichtigung der konkreten gesellschaftlichen Lebensumstände ist umso dringender, als die kirchlichen Normen im Bereich der Sexualität häufig als Ausdruck veralteter Tabus und einer von überholter Leibfeindlichkeit geprägten Mentalität abgetan werden. Sie sind vielmehr, so die Verfasser, Ausdruck der Grundwerte der göttlichen Schöpfungsordnung und der personalen Würde des Menschen.

Der moraltheologische Kommentar von Prof. Stoeckle betont die Notwendigkeit eindeutiger kirchlicher Stellungnahmen im Bereich der Sexualethik. Gerade die heutige, in Moralfragen verunsicherte und gespaltene Gesellschaft benötige das klare Wort. Er kritisiert die ungenügende humanwissenschaftliche Fundierung der bezogenen moraltheologischen Positionen, die die Erklärung insgesamt trotz eingehender schrifttheologischer Begründung als zu abstrakt und deduktiv erscheinen läßt. Dieser Mangel kann sich besonders bei einer unmittelbaren Verwendung in der pastoralen Praxis nachteilig auswirken.

Eine Würdigung des Dokumentes muß Prof. Stoeckles Beobachtung, daß die Erkenntnisse der Humanwissenschaften, insbesondere der Psychologie und auch der Humanbiologie sowie der Medizin nicht genügend berücksichtigt sind, bestätigen. Immerhin finden die Humanwissenschaften allgemein in kirchlichen Dokumenten in den letzten Jahren stärkere Beachtung als zuvor. Daher ist zu hoffen, daß die Mahnung des Konzils, die Erkenntnisse der empirischen Wissenschaften nicht zu vernachlässigen, bei den Verantwortlichen der Kirche in Zukunft noch mehr Gehör finden wird.

5.3.3 Über die menschliche Arbeit

Zum 90. Jahrestag der kirchlichen Sozialenzyklika »Rerum Novarum« erschien im September 1981 die päpstliche Enzyklika »Laborem exercens« über die menschliche Arbeit, die eine Bilanz der allgemeinen Situation der menschlichen Arbeit knapp ein Jahrhundert nach der ersten päpstlichen Enzyklika zur sozialen Frage sein will.[25]

Papst Johannes Paul II. widmet sein Rundschreiben nicht nur dem Thema der menschlichen Arbeit, sondern, genauer gesagt, der menschlichen Existenz in der Welt der Arbeit. Das menschliche Arbeitsleben ist eine Grunddimension menschlicher Wirklichkeit.

Es ist eingebettet in eine gesellschaftliche Situation, die durch revolutionierende Auswirkungen neuer Technologien gekennzeichnet ist, aber auch durch eine neue und vertiefte globale Einsicht in die Begrenztheit menschlicher Ressourcen. Die

---

25 Nr. 32 in der Reihe der Verlautbarungen des Apostolischen Stuhls unter dem Titel »Enzyklika >Laborem exercens< von Papst Johannes Paul II. über die menschliche Arbeit zum 90. Jahrestag der Enzyklika >Rerum Novarum<« mit Datum vom 14. September 1981.

Kirche versteht sich in dieser Situation als Anwalt des arbeitenden Menschen, seiner Würde und seiner Rechte. In der Geschichte des sozialen Engagements der Kirche ist in den letzten Jahren die Beachtung der globalen Dimension von Gerechtigkeit und sozialem Frieden neben die Sorge für benachteiligte und von Ausbeutung bedrohte gesellschaftliche Gruppen und Schichten getreten.

Es folgt eine eingehende biblische, historische und technische Beschreibung der Arbeit, deren handelndes Subjekt, der Mensch, durch seine Tätigkeit den zivilisatorischen, kulturellen und ökonomischen Fortschritt erreicht hat.

Der Vorrang der personalen Qualität und der subjektiven Prägung menschlicher Arbeit wird gegenüber den objektivierenden materialistischen und ökonomistischen Arbeitstheorien, die die Arbeit einseitig und verkürzt als Ware oder ökonomische Potenz betrachten, verteidigt. Die Subjektivität menschlicher Arbeit ist auch das ethische Fundament des Solidaritätsprinzips und des Vereinigungsrechts im Bereich der Arbeitswelt.

Der Schutz der Subjektivität menschlicher Arbeit verlangt einen humanen und sozialen Rahmen, in dem der Mensch nicht als ein bloßes Objekt eines vorgegebenen Arbeitsprozesses erscheint. Kapital und Produktionsmittel haben einen lediglich instrumentalen Charakter und müssen der menschlichen Arbeit als einem subjektiv geprägten Gestaltungsprozeß den Vorrang lassen. Die soziale Bindung des Privateigentums schließt seine Indienstnahme für die Arbeit ein und ist so Ausdruck dieses Gedankens.

Die Rechte des arbeitenden Menschen können nicht isoliert von den allgemeinen Menschenrechten gesehen werden, haben aber wegen der gesellschaftlichen und individuellen Notwendigkeit der Arbeit einen spezifischen Charakter. Das Arbeitsverhältnis des arbeitenden Menschen ist, so der Papst, entscheidend durch eine zweifache Relation geprägt: erstens zu seinem direkten Arbeitgeber als dem Vertragspartner seines Arbeitsvertrages und zweitens zu den indirekten Arbeitgebern als den Personen und Institutionen, die von ihrer gesellschaftlichen und staatlichen Funktion her das Arbeitsverhältnis beeinflussen.

Indirekte Arbeitgeber sind Gewerkschaften und Unternehmensverbände als Vertragspartner der maßgeblichen kollektiven Arbeitsverträge, die jeweiligen für die Arbeitspolitik und das Arbeitsrecht auf den verschiedenen Ebenen zuständigen staatlichen Organe und auch die multinationalen Unternehmen.

Im Bereich der einzelnen Rechte erwähnt der Papst zuerst das Recht auf einen geeigneten und den persönlichen Fähigkeiten entsprechenden Arbeitsplatz. Dieses Recht kann heute aufgrund der globalen Konkurrenzsituation, des Arbeitsplatzmangels, der unternehmerischen Rationalisierung und Automatisation und der hierdurch bedingten Arbeitslosigkeit offenbar immer schwerer realisiert werden. Die besondere Verantwortung der direkten und indirekten Arbeitgeber für eine realistische Zukunftsplanung und eine sinnvolle Vorsorge auch für die in die Arbeitswelt drängenden jungen Menschen wird in diesem Abschnitt sehr deutlich.

Bei den im Verhältnis zum direkten Arbeitgeber geltenden Rechten des Arbeitnehmers ist zunächst das Recht auf Lohn und die gesetzlich garantierten Sozialleistungen zu erwähnen. Die Gewährung eines angemessenen Lohnes ist ein Gradmesser für die Verwirklichung des Solidarprinzips der Gerechtigkeit im gesamten sozioökonomischen System. Der gerechte Lohn für alle ist zudem notwendig zur Verwirklichung des Prinzips der gemeinsamen Nutznießung aller an den Gütern der Erde.

Die besondere Bedeutung der Erwerbsarbeit für die Erhaltung der Familie spiegelt das Prinzip des familiengerechten Lohnes wider, das auch in Form von Sozialleistungen oder Familienbeihilfen verwirklicht werden kann. Die Frau muß in der Lage sein, so der Papst, Erwerbs- und Familienarbeit in angemessener Weise miteinander zu verbinden.

Die Gewerkschaften werden in der Enzyklika als legitime Vertretung der Arbeitnehmerschaft und als ein wichtiger Gestaltungsfaktor des sozialen Lebens bewertet, keinesfalls als ein Relikt aus einer überholten Zeit des dogmatischen gesellschaftlichen Klassenverständnisses. Der Kampf der Gewerkschaften dient vielmehr der Verwirklichung der sozialen Gerechtigkeit und steht damit im Dienst des Gemeinwohls. Dies bedeutet, daß die Gewerkschaften in ihren Lohnforderungen und ihren Vorschlägen zur Arbeitszeit, aber auch in ihrer Streikpolitik auf die Erfordernisse der allgemeinen Wirtschaftslage Rücksicht zu nehmen haben.

Ein eigener Abschnitt ist den Problemen der Land- und Feldarbeit gewidmet, die ja von großer Bedeutung für die Grundbedürfnisse des Menschen ist. Der Papst prangert hier die ungerechte Situation für die Landarbeiter in den Entwicklungsländern an, die sich im Lohnniveau, aber auch im fehlenden Rechtsschutz gegenüber den großen Landeigentümern zeigt. Er setzt damit die Linie fort, die die Pastoralkonstitution des Zweiten Vaticanums vorgezeichnet hatte.

Ein besonderes Anliegen ist der Kirche die Rechtsstellung des behinderten Menschen in der Arbeitswelt. Das Dokument hebt hervor, daß volle körperliche und geistige Leistungsfähigkeit nicht das entscheidende Kriterium für die Zuerkennung der vollen Rechtsstellung im Arbeitsleben sein darf, weil sonst die personale Würde des Menschen der ökonomischen Effizienz untergeordnet würde. Eine solche Mentalität hätte schließlich eine verhängnisvolle und inhumane Spaltung der Gesellschaft in die Reichen und Gesunden auf der einen Seite und die Benachteiligten und Schwachen auf der andern Seite zur Folge. Die direkten und indirekten Arbeitgeber tragen daher die Verantwortung dafür, daß das Recht aller behinderten Menschen auf berufliche Ausbildung und Arbeit respektiert wird und daß alle rechtlichen, ökonomischen und praktischen Hindernisse beseitigt werden. Der behinderte Mensch soll sich als vollwertiges Subjekt in der Arbeitswelt begreifen können.

Das Problem von Arbeit und Emigration wird differenziert beurteilt. Die Arbeitsemigration bedeutet häufig für das Heimatland einen Verlust, für den betroffenen Emigranten aber oft eine eindeutige Verbesserung seiner beruflichen Position und menschlich eine Bereicherung durch die Erfahrung der neuen Kultur des Gastlandes. Die Politik und Gesetzgebung des Gastlandes hat aber jede Diskriminierung der Gastarbeiter zu vermeiden und dafür Vorsorge zu treffen, daß sprachliche Unkenntnis und wirtschaftliche Not der Emigranten nicht ausgenutzt werden.

Der Schlußabschnitt ist der Spiritualität der Arbeit gewidmet, die Teilnahme am Werk des Schöpfers ist und in dem Zimmermann Jesus Christus, dessen Lehre und Geisteshaltung tief von seiner Arbeits- und Berufserfahrung geprägt ist, ein Vorbild findet. Der Apostel Paulus setzt diese Linie fort, indem er Elemente einer Spiritualität der Arbeit entwickelt. Die Mühsal der Arbeit ist nicht nur sichtbares Zeichen des Fluches, der nach der Ursünde des Menschen auf seiner Arbeit lastet, sondern ist integraler Bestandteil der menschlichen Berufung und Teilnahme am Leidens- und Erlösungswerk Jesu Christi. Sie gibt aber auch Anteil an der Gemeinschaftserfahrung des Menschen und läßt ihn seiner Würde tiefer bewußt werden.

Die Stärke der Enzyklika »Laborem exercens« liegt besonders darin, daß sie – eigentlich in einem gewissen Widerspruch zu ihrer Überschrift! – sich nicht so sehr mit der Arbeit befaßt wie mit dem arbeitenden Menschen. Der Zugang Papst Johannes Pauls II. zum Thema ist zutiefst personal und gerade nicht von einer dinglich-objekthaften Perspektive geprägt. Nicht die ökonomischen Sachzwänge oder die Eigengesetzlichkeiten des Marktes oder spezifischer Sektoren der Wirtschaft – genannt sei hier nur als aktuellstes Stichwort »Globalisierung« – bestimmen den Duktus, sondern die Würde des Menschen als Person und Subjekt.

5.3.4 Zur Frage der Euthanasie

Mit dieser aktuellen Frage beschäftigt sich ein Dokument der römischen Glaubenskongregation vom Mai 1980.[26] In ihrer Einleitung betonen die Verfasser, daß die Respektierung des menschlichen Rechtes auf Leben in allen seinen Phasen von grundlegender Bedeutung für den humanen Charakter einer Gesellschaft ist.

Die Fortschritte der Medizin und insbesondere die neuen Möglichkeiten der Lebensverlängerung werfen einige ethische Fragen auf, beispielsweise die Frage nach einem gnädigen, das menschliche Leben abkürzenden Tod. Die Glaubenskongregation will mit ihrer vorgelegten Erklärung auf die Fragen einiger Bischofskonferenzen antworten. Sie wendet sich insbesondere an Christen, aber auch an Gläubige anderer Religionen und wegen der unverzichtbaren Rechte der menschlichen Person schließlich an alle Menschen guten Willens.

Der Wert des menschlichen Lebens als unverfügbare Gabe des Schöpfers ist Grundlage für seine Heiligkeit und Unverletzlichkeit. Der Mensch ist Hüter des Lebens als eines Rechtsgutes, das heilig und unverletzlich ist. Ausdrücklich ausgeklammert werden an dieser Stelle aber die Fragen des Krieges und der Todesstrafe, die das Thema der Erklärung sprengen. Das freiwillige Lebensopfer zum Zeugnis des Glaubens wird in seinem herausragenden ethischen und religiösen Wert positiv

26 Herausgegeben in der Reihe der Verlautbarungen des Apostolischen Stuhls als Nr. 20 unter dem Titel »Erklärung der Glaubenskongregation zur Euthanasie« mit Datum vom 5. Mai 1980.

hervorgehoben. Der Selbstmord stellt dagegen objektiv einen Verstoß gegen die göttliche Schöpfungsordnung und Vorsehung dar, wenngleich im Einzelfall subjektive Schuldminderungs- bzw. -ausschlußgründe anerkannt werden.

Der Begriff der Euthanasie stand ursprünglich für den sanften, sich ohne große Schmerzen vollendenden Tod. Er wird heute vorwiegend für eine ärztliche Linderung der Schmerzen des menschlichen Todeskampfes verwendet, wobei der Arzt eine Lebensverkürzung in Kauf nimmt. Euthanasie nennt man aber auch eine Tötung aus Barmherzigkeit zur Beendigung extremer Schmerzen oder eines allzu schweren langen Leidens, beispielsweise bei einer unheilbaren Krankheit.

Die Verfasser beziehen sich in ihrer Erklärung auf einen Euthanasiebegriff, der jede Handlung oder Unterlassung umfaßt, die ihrer Natur nach oder mit Absicht den Tod herbeiführt, um so jeden Schmerz des betroffenen Menschen zu beenden.

Sie betonen klar, daß es kein Recht auf Euthanasie gibt, weder in der aktiven noch in der passiven Form. Niemand hat grundsätzlich das Recht, unschuldiges menschliches Leben auszulöschen, auch nicht das Recht, einen andern dazu zu verpflichten, ihn selbst oder einen Dritten zu töten, selbst wenn eine Anordnung einer staatlichen oder gesellschaftlichen Autorität vorliegt.

Die Verfasser verweisen auf das christliche Verständnis des Leidens und des Todes, wonach der Mensch die Endlichkeit des Lebens akzeptiert und seine eigene Krankheit und seinen Tod als Teilnahme am Kreuzesopfer Christi begreift. Der Schmerz ist ein wichtiger Hinweis auf die Endlichkeit und Brüchigkeit menschlichen Lebens und will so den Menschen vor gefährlichen Illusionen über die Grundsituation seines Lebens bewahren.

Eine allzu intensive Anwendung schmerzstillender Mittel ist dann bedenklich, wenn sie dem Menschen die Möglichkeit einer letzten Auseinandersetzung mit den fundamentalen Lebenstatsachen wie Endlichkeit, Leben und Tod faktisch nimmt. Dennoch ist es ein einfaches Gebot der Vernunft, unerträgliche Schmerzen ärztlich zu lindern.

Der Patient hat seinerseits das Recht, auf bestimmte Therapien zu verzichten, wenn im Hinblick auf seinen körperlichen und seelischen Zustand Aufwand und Heilungsaussichten in einem unvertretbaren Verhältnis zueinander stehen. Falls andere Heilmittel nicht verfügbar sind, hat der Patient das Recht, mit seiner Zustimmung auch noch nicht genügend erprobte oder nicht ungefährliche Heilmittel auf sich anwenden zu lassen. Falls diese Mittel nicht den erwünschten Erfolg bringen, darf ihre Anwendung ausgesetzt oder abgebrochen werden. Niemand ist verpflichtet, sich im Interesse seiner Heilung einer riskanten und aufwendigen oder noch nicht genügend erprobten Therapie zu unterziehen. In diesem Fall sind neben dem berechtigten Wunsch des Kranken und auch seiner Angehörigen das Urteil medizinischer Fachleute und der Grundsatz der Verhältnismäßigkeit zu beachten.

Das Dokument hebt in seinem Schlußteil hervor, daß der menschliche Tod in Würde angenommen werden muß und weder verdrängt noch bagatellisiert, aber auch nicht beschleunigt werden darf. Die Notwendigkeit einer bewußten Vorbereitung auf die eigene Sterbestunde ist ebenso wichtig wie der fachliche und medizinische Beistand für die Leidenden und Sterbenden.

Das Dokument setzt die klare Linie kirchlicher Dokumente, nämlich den Schutz menschlichen Lebens von Beginn an bis zu seinem Ende zu fordern, konsequent fort. Zu der schwierigen medizinischen Fachfrage der methodisch exakten Feststellung des Eintritts und des Zeitpunkts des Todes (Herztod oder Hirntod) äußert sich das Dokument verständlicherweise nicht.

5.3.5 Zur Würde und Berufung der Frau

Im August 1988 wurde das Apostolische Schreiben »Mulieris Dignitatem« von Papst Johannes Paul II. über die Würde und Berufung der Frau anläßlich des Marianischen Jahres veröffentlicht.[27] In seiner Einleitung betont der Papst die Aktualität der Frage der Berufung der Frau in Kirche und Gesellschaft und verweist dazu auf die Lehre des letzten Konzils, insbesondere auf Gaudium et Spes Nrn. 8,9 und 60 und Apostolicam Actuositatem Nr. 9. Die Förderung der Würde und der Verantwortung der Frau gehört, das zeigen eine Reihe von Ansprachen der letzten Päpste, zu den bedeutenden Zeichen der Zeit. Als Beleg dafür möge eine Äußerung Papst Pauls VI. genügen: »Im Christentum besaß die Frau mehr als in jeder anderen Religion schon von den Anfängen an eine besondere Würdestellung, wofür uns das Neue Testament nicht wenige und nicht geringe Beweise bietet [...]; es erscheint ganz offenkundig, daß die Frau dazu bestimmt ist, an der lebendigen, tätigen Struktur des Christentums so stark teilzunehmen, daß vielleicht noch nicht alle Kräfte und Möglichkeiten dafür freigelegt worden sind«.[28]

Mit seinem Schreiben antwortet der Papst auf eine Anfrage der vorhergehenden Vollversammlung der Bischofssynode, die sich mit der Berufung und Sendung der Laien in Kirche und Welt auseinandergesetzt hat. Eine Hauptforderung der Synode bestand darin, die theologischen und anthropologischen Grundlagen zu vertiefen, die die Würde, aber auch die Verschiedenheit des Menschseins als Mann bzw. Frau verstehen helfen. Der Papst kleidet seine Antwort auf diese fundamentale Frage in die Form einer theologischen Meditation, die im Licht des Christusgeheimnisses inhaltlich in sieben Punkten entfaltet wird, die teilweise aus – methodisch bedingten – Gegenüberstellungen bestehen. Es sind die Leitgedanken Frau – Gottesmutter (Theotokos), Abbild und Gleichnis Gottes, Eva – Maria, Jesus Christus, Mutterschaft – Jungfräulichkeit, Kirche – Braut Christi und Liebe.

---

27 Herausgegeben vom Sekretariat der Deutschen Bischofskonferenz (1988) als Nr. 86 »Apostolisches Schreiben >Mulieris dignitatem< von Papst Johannes Paul II. über die Würde und Berufung der Frau anläßlich des Marianischen Jahres« in der Reihe der Verlautbarungen des Apostolischen Stuhles (15. 8. 1988).

28 Vgl. Paul VI., Ansprache an die Teilnehmer des Nationaltreffens des italienischen Frauenzentrums vom 6. 12. 1976, abgedruckt in: Insegnamento di Paolo VI, XIV (1976), 1017; in deutscher Sprache zitiert in: »Mulieris Dignitatem«, Einleitung, S. 5.

Der erste Leitgedanke geht der Rolle der Frau beim Heilsgeheimnis der Menschwerdung Gottes, dem Schlüsselereignis der Heilsgeschichte, nach. Maria ist die Frau, die am Herzen dieses Heilsereignisses steht, das den endgültigen Höhepunkt der Selbstoffenbarung Gottes an die Menschheit bildet. Das griechische Wort »Theotokos« steht so für die außerordentliche Würde und die innige Verbundenheit Mariens mit Gott. Diese Würde ist Geschenk des Geistes Gottes. Sie ist aber auch, wie die Verkündigungsszene verdeutlicht, Beweis dafür, daß das freie Handeln Gottes den freien Willen des Menschen achtet, den Menschen also nicht durch seine Allmacht überwältigt. Maria wird durch ihre Antwort Teilnehmerin am messianischen Dienst Christi.

Der zweite Gedanke geht auf die alttestamentlichen Wurzeln des biblischen Anfangs der Menschheitsgeschichte zurück. Die Erschaffung des Menschen als Person und nach dem Ebenbild Gottes, der Kern seiner Menschenwürde, bildet das unveränderliche Fundament der gesamten christlichen Lehre vom Menschen. Das Personsein wird als Existenz in Beziehung zum anderen Ich im gemeinsamen Menschsein definiert. Existenz als Berufung zur Gemeinschaft der Liebe ist, so der Papst, eine Vorausahnung des Geheimnisses Gottes: Einheit in dreifaltiger Gemeinschaft. Ein solches gelebtes Personsein bildet dann auch die Grundlage der Gemeinschaft der Kirche, der communio.

Der dritte Hauptpunkt geht unter der Gegenüberstellung Eva-Maria dem Verhältnis von Gottebenbildlichkeit und Sündhaftigkeit des Menschen nach. Sünde ist die Kehrseite der Würde des Menschen, soweit diese seine Freiheit, seinen freien Willen beinhaltet. In ihrer eigentlichen theologischen Bedeutung meint die Sünde aber die Verneinung des Willens Gottes für den Menschen. Der Sünder weist also das Geschenk Gottes für den Menschen, die Fülle des Guten zurück; darum bewirkt die Sünde das Zerbrechen der ursprünglichen harmonischen Einheit des Menschen mit Gott (vgl. Gen 3,1–5). Wenn Ebenbildlichkeit die Ähnlichkeit des Menschen mit Gott meint, so die Sünde das Gegenteil, die Nicht-Ähnlichkeit. Von daher stellt jede bewußte Sünde einen Verstoß gegen den Schöpfungsplan Gottes dar und ist eine Beleidigung Gottes. Durch die Geschichte des Menschen, die immer auch eine Geschichte der Sünde des Menschen ist, ist damit auch das Bild und Gleichnis Gottes im Menschen getrübt, ist der Abglanz des Göttlichen gemindert.

Die Sünde hat aber eine zweifache Wirkung: durch sie ist nicht nur das Verhältnis des Menschen zu Gott, sondern auch die Beziehung zwischen Mann und Frau tiefgreifend gestört. Die ursprüngliche Einheit der zwei hat einen Bruch bekommen und ist von nun an durch das sexuelle Verlangen und das Streben nach Herrschaft und Macht (Gen 3,16) ständig bedroht. Diese Störung des grundlegenden Verhältnisses ist, so betont der Papst, besonders für die Frau von Nachteil. Da die Frau nicht zum Objekt männlichen Herrschafts- und Besitzdenkens werden darf, bedarf die Ehe der gegenseitigen Achtung voreinander, des Respektes vor der Person und der Menschenwürde des anderen. Dies betrifft nicht nur die Ehe, sondern sämtliche Bereiche des sozialen Zusammenlebens der Geschlechter.

Eva-Maria meint, so der Papst, kein Gegensatzpaar, sondern eine Fortführung der Berufung der Frau. Eva ist als Mutter alles Lebendigen Zeugin des biblischen Anfangs, während Maria als Mutter der Glaubenden die Zeugin des neuen Anfangs, des neuen, endgültigen Bundes Gottes mit dem Menschen ist. Maria ist darum, so der Schlußgedanke dieses Meditationspunktes, der neue Anfang der Würde und Berufung aller Frauen.

Der vierte Punkt geht mit dem Titel »Jesus Christus« ins Zentrum der Botschaft des Evangeliums. Jesus erscheint nach dem Zeugnis der Evangelien als Förderer der Würde und Sendung der Frau. Aus vielen Begegnungen Jesu mit Frauen leuchtet die Wirklichkeit der Erlösung auf in der Herausstellung der Berufung der Frau: z. B. in der Begegnung Jesu mit der Samariterin am Jakobsbrunnen (vgl. Joh 4). Das Verhalten Jesu gegenüber Frauen löste demgegenüber gerade bei seinen männlichen Zeitgenossen Verwunderung, ja sogar Befremden aus (vgl. Lk 7,39: Begegnung Jesu mit der Sünderin).

Es folgt ein eigener Abschnitt über die »Frauen des Evangeliums«, der Frauen verschiedensten Alters und sozialen Standes umfaßt. Gemeinsam ist allen Begegnungen, daß Jesus die zu seiner Zeit und Kultur übliche Diskriminierung der Frau durch sein Auftreten vielfach durchbricht, daß er in Wort und Tat die der Frau gebührende Achtung und Ehrfurcht zur Geltung bringt. Dies ist eindrucksvoll besonders in Extremsituationen wie bei der Begegnung mit der beim Ehebruch ertappten Frau (Joh 8,3–11). Die Frau ist außerdem, so der Papst, »Hüterin der evangelischen Botschaft«, sie wird Jüngerin, bekennt ihren Glauben an die Auferstehung (vgl. Joh 11,21–27 Martha) und verkündet die Frohe Botschaft (vgl. Joh 4,39–42 Samariterin). Das eindrucksvolle Gespräch Jesu mit Martha ist eines der herausragendsten Zeugnisse und Glaubensgespräche des Evangeliums.

Die Frau ist schließlich Erstzeugin und Botschafterin der Auferstehung. Hier ist in besonderer Weise Maria von Magdala zu erwähnen, die von Jesus den Auftrag zur Verkündigung der Auferstehungsbotschaft an die Apostel erhält (Joh 20,16–18). Die Kirche verlieh ihr den Ehrentitel der »Apostelin der Apostel«.

Der fünfte Meditationspunkt wendet sich unter der Überschrift »Mutterschaft-Jungfräulichkeit« den zwei Dimensionen der Berufung der Frau zu, die in der prägenden Gestalt Marias die Fülle ihrer Bedeutung und ihres Wertes zeigen. Der Papst erläutert den Begriff der Mutterschaft von der Personalität des Menschen her: Mutterschaft weist auf den Sinn des Menschseins hin, weil in ihr der Wert menschlicher Hingabe und Fürsorge zeichenhaft sichtbar wird.

Die gegenseitige Hingabe zweier Personen in der Ehe eröffnet den Weg für das Geschenk neuen Lebens, für die Entstehung eines neuen Menschen, der Person ist wie seine Eltern. Die Ehegatten partizipieren so an der schöpferischen Kraft Gottes. Die Mutterschaft ist, so der Papst, der anspruchsvollere Teil der gemeinsamen Elternschaft, insbesondere, weil er grundlegend für die weitere Entwicklung des Kindes ist. Zur vollen Entwicklung des Kindes bedarf er aber der Ergänzung durch die verantwortlich ausgeübte Vaterschaft, so daß zu jeder vollen menschlichen Erziehung der doppelte Beitrag der Eltern wesentlich dazugehört.

Die Jungfräulichkeit um des Himmelreiches willen muß als freiwillige Ehelosigkeit unterschieden werden von der Ehelosigkeit aus natürlichen Gründen (vgl. Mt 19,11–12). Sie findet ihre Begründung im Hinblick auf die eschatologische Berufung des Menschen zur Gemeinschaft mit Gott und ist darum ein besonderes Zeichen des Reiches Gottes, das kommen soll.

Sie beruht darum nicht nur auf der freien Entscheidung des Menschen, sondern ist ein Gnadenakt Gottes, der Menschen zu einem Leben in Ehelosigkeit um des Himmelreiches willen beruft. Sie kann im tiefsten nur aus dem Glauben und dem Heilsereignis der Menschwerdung Gottes heraus verstanden werden: »Wer es erfassen kann, der erfasse es!« (Mt 19,12). Ein Abschnitt über die Formen geistiger Mutterschaft beschließt diese Meditation.

Der sechste Meditationsimpuls trägt die Überschrift »Die Kirche – Braut Christi.« Die Wahrheit über die Kirche hat, so Papst Johannes Paul, ihren Ursprung in der biblischen Wahrheit über die Erschaffung des Menschen und in dessen grundlegender Berufung zur Einheit von Mann und Frau (vgl. Eph 5,25,32: »Darum wird der Mann Vater und Mutter verlassen und sich an seine Frau binden, und die zwei werden ein Fleisch sein. Dies ist ein tiefes Geheimnis; ich beziehe es auf Christus und die Kirche.«). Die Sprache, in der die Liebe Gottes zum Menschen ausgedrückt wird, ist menschlich. Sie verwendet menschlich vertraute Bilder und Zeichen wie die Brautmystik und die Ehesymbolik. Die Liebe selbst ist Gabe Gottes, ist göttlich, auch wenn sie nur in der Analogie der Liebe des Mannes zur Frau ausgedrückt werden kann. Auch dieses Bild der Kirche als Frau aus dem Epheserbrief enthält eine sehr positive Sicht der Frau, die in ihrer Personalität und Würde voll und ganz bejaht, ja hervorgehoben wird. Der Papst sieht im Verhältnis Christi zur Kirche, seiner Braut, das Urbild für den rechten, würdigen Umgang des Mannes mit der Frau. Zugleich sind aber, das ist der weitere Inhalt dieses Geheimnisses des Urbilds der Kirche, durch die Kirche alle Menschen dazu berufen, »Braut« Christi, des Erlösers der Welt zu werden. Ein Abschnitt über die Eucharistie als Sakrament des Bräutigams und der Braut ergänzt dieses Kapitel. Hier bestätigt der Papst noch einmal die kirchliche Lehre der Erklärung »Inter Insigniores« der Glaubenskongregation, die Antwort auf die Frage nach der Zulassung der Frauen zum Priesteramt gegeben hat.[29] Denn der Priester handelt – als Nachfolger im Dienst der Apostel – im sakramentalen Akt der Eucharistie »in persona Christi« und bringt damit in zeichenhafter Weise die gottgewollte Beziehung zwischen Mann und Frau zum Ausdruck.

Im Schlußgedanken bringt der Papst die Teilhabe aller Menschen, und hier besonders der Frauen, am allgemeinen Priestertum zum Ausdruck. Der Dienst des

---

29 Vgl. Kongregation für die Glaubenslehre, Erklärung zur Frage der Zulassung der Frauen zum Priesteramt »Inter Insigniores« (15.10.1976, in: AAS 69 (1977), S. 98–116).

allgemeinen Priestertums ist Antwort auf das Geschenk der Liebe des Bräutigams Christus, er ist marianisch als Antwort der Liebe in aufrichtiger Hingabe. Besonderes und allgemeines Priestertum ergänzen und vollenden sich so wechselseitig als Gabe Gottes und liebende Antwort des Menschen; die Kirche ist damit von ihrem Wesen her zugleich marianisch und apostolisch-petrinisch.

Der letzte Meditationspunkt wendet sich ganz dem Thema der Liebe zu, die ihrerseits grundlegend für die Wahrung der Würde der Frau ist. Die Liebe ist ein zugleich ontologisch und ethisch grundlegendes Prinzip des menschlichen Lebens und der Menschenwürde. Die Ordnung der Liebe ist eine Ordnung der Gerechtigkeit und der Nächstenliebe, und durch ihren zutiefst personalen Charakter wird die Würde der Frau bestimmt. Die Sendung der Frau, so der Papst, besteht eigentlich darin, die Ordnung der Liebe im Leben sichtbar zu machen, für sie einzutreten, sie zu schützen und zu verteidigen, in Familie und Beruf. Der Frau ist der Mensch in besonderer Weise anvertraut, und ihr Genius besteht in ihrer Sensibilität für den Menschen und für das Menschliche in unserem Leben.

Das Dokument schließt mit einem besonderen Dank des Papstes an alle Frauen, für alles, was die Würde der Frau ausmacht, aber auch für alle ihre Dienste und für alles Engagement in Beruf und Familie.

Es handelt sich hier um ein außergewöhnliches päpstliches Dokument, das durch seinen Charakter als theologische Meditation aus der normalen Reihe päpstlicher Lehrschreiben herausfällt. Sicherlich ist es aufgrund seiner Eigenart besonders auf die gläubigen Leser / innen zugeschnitten. Dennoch ist die besondere Hochschätzung der Frau und ihrer spezifischen fraulichen Gaben ein wertvoller Impuls, der auch seine Wirkung in die säkulare Gesellschaft hinein nicht verfehlen dürfte.

5.3.6 Zur Aufgabe der christlichen Familie heute

Im November 1981 erschien das Apostolische Schreiben »Familiaris Consortio« Papst Johannes Pauls II. über die Aufgaben der christlichen Familie in der Welt von heute.[30]

In seiner Einleitung betont der Papst, daß die Familie wie auch andere gesellschaftliche Institutionen zunehmend in den umfassenden gesellschaftlichen Wandlungsprozeß hineingezogen werden, der insbesondere die fundamental bedeutsamen gemeinsamen Wertvorstellungen und die Sinnhaftigkeit des menschlichen Zusammenlebens betrifft.

Das päpstliche Schreiben greift die Anliegen und Vorschläge der Bischofssynode von 1980 auf, die sich ausführlich mit dem Thema der Familie befaßte.

Der erste Teil des Dokumentes weist auf die ambivalente gesellschaftliche Grundsituation hin, die auch die heutige Familie beeinflußt. Das gestiegene Bewußt-

---

30 Nr. 33 »Apostolisches Schreiben >Familiaris Consortio< von Papst Johannes Paul II. über die Aufgaben der christlichen Familie in der Welt von heute« in der Reihe der Verlautbarungen des Apostolischen Stuhls.

sein für den Wert persönlicher Freiheit und für die Qualität zwischenmenschlicher Beziehungen, das wache Interesse für die Notwendigkeit gesellschaftlicher Gerechtigkeit, insbesondere auch für die Würde und Gleichberechtigung der Frau, für verantwortete Elternschaft und die differenzierten Erfordernisse moderner Erziehung sind positiv zu bewerten. Demgegenüber steht aber vielfach eine Verkümmerung familiärer Bindungen als Folge einer überzogenen Auffassung von der Freiheit und Unabhängigkeit der Eheleute voneinander, eine Zunahme der Ehescheidungen, eine Konsenskrise im Verständnis und in den Formen der Ausübung elterlicher Autorität und eine hiermit verbundene Schwierigkeit familiärer Wertevermittlung. Der Papst kritisiert auch die weitgehende Verbreitung einer libertinistischen und ethisch unverbindlichen Gesamthaltung im Bereich menschlicher Sexualität und einer regelrecht empfängnisfeindlichen Mentalität, die sich in der zunehmenden Zahl von Abtreibungen und Sterilisierungen manifestiert.

Der Aufbau einer neuen humanen Familienkultur setzt eine Deutung der Zeichen der Zeit voraus, die im Wissen um den Vorrang menschlicher personaler Werte und der persönlichen, im Gebet fundierten Gottesbeziehung wurzelt. Daher wird besonderes Augenmerk auf eine sorgfältige Gewissensbildung und auf ein gesellschaftliches Wachstum des Wertbewußtseins und der diesen Werten entsprechenden Grundhaltungen gelegt.

Die menschliche Berufung zur Hinwendung zum Mitmenschen und zur Liebe als der integralen Vollendung der eigenen Personalität kann sich prinzipiell in zwei verschiedenen Formen realisieren, in der Ehe und in der Jungfräulichkeit.

Die Gottesebenbildlichkeit des Menschen und seine Berufung zur Liebe als personale, geistige und leibliche Ganzhingabe, die auf die Weitergabe des Lebens ausgerichtet ist, finden in christlicher Perspektive ihre Verwirklichung in der Ehe als bewußter und freier, vor Gott gewollter und öffentlich bejahter dauerhafter Lebensgemeinschaft. Der institutionelle Charakter der Ehe ergibt sich aus der sozialen Dimension, die die von ihr bejahten und praktisch gelebten Wertvorstellungen und Haltungen aufweisen. Er hat zudem die Funktion, die Ehe vor einem subjektivistischen und relativistischen Verständnis zu schützen.

In der christlichen Vorstellung der Ehe als eines festen unauflöslichen Bundes bildet die Ehe den Grundstock fundamentaler menschlicher Glaubenserfahrungen.

Die interpersonalen Beziehungen in Ehe und Familie sind so grundlegend für die sich aus ihnen aufbauenden gesellschaftlichen und kirchlichen Beziehungen. Insofern bildet die familiäre Erziehung und die Erfahrung in dieser ursprünglichsten und elementarsten menschlichen Gemeinschaft und Einheit das Fundament für die Einführung des einzelnen in die größeren gesellschaftlichen Kreise und Gruppen.

Der Papst widmet sich im Anschluß an die Reflexion über die Ehe auch der Jungfräulichkeit als dem freiwilligen Verzicht auf die menschliche Grunderfahrung des Ehe- und Familienlebens. Die Entscheidung für die Jungfräulichkeit und die Hervorhebung ihres Wertes darf nicht, so der Papst, als Herabsetzung des Wertes der Ehe verstanden werden. Die Jungfräulichkeit erhält in ihrem Verzicht auf leibliche Fruchtbarkeit ihren besonderen, auch kirchlichen Wert als Ganzhingabe des Menschen aus geistlicher Motivation für das Reich Gottes und den Dienst an den Menschen. Daher können Priester und Ordensleute durch die ungebrochene Treue zu ihrer Berufung auch für christliche Eheleute ein Vorbild sein.

Die Aufgabe der christlichen Familie besteht wesentlich darin, als echte Personengemeinschaft gegenseitige Liebe, Zuspruch und Anerkennung vorzuleben, auf die jeder Mensch existentiell angewiesen ist, und so eine lebendige Kernzelle der Gesellschaft zu bilden. Polygamie widerspricht dem Prinzip der Einheit der Ehe und der Totalität und Würde des Eheversprechens. Die von manchen Vertretern der Humanwissenschaften aus psychologischen oder biologischen Gründen vorgetragenen Bedenken gegen eine zu starre Handhabung des Prinzips der Unauflöslichkeit werden wegen ihres Widerspruchs gegen die menschliche Personalität und Würde zurückgewiesen. Die Christen werden auch zum Widerstand gegen manche Einwände aufgerufen, die vorwiegend von bestimmten Modeströmungen des Zeitgeistes beeinflußt sind.

Der Zusammenhalt der Familie gewinnt täglich neu durch das gemeinsame Teilen der Güter, den selbstverständlichen Dienst aneinander und durch das Zusammenstehen in Freude und Leid Gestalt. Die Pflicht zur Wahrung des Bandes der Familiengemeinschaft setzt Verständnis und Vergebung, Opferbereitschaft und Anerkennung der maßvoll ausgeübten Autorität voraus.

Die Notwendigkeit stärkerer Anerkennung und Respektierung der Frau in ihrer menschlichen und personalen Würde ist nach wie vor aktuell, ebenso wie die stärkere gesellschaftliche Anerkennung der Haus- und Familienarbeit im Verhältnis zur Erwerbsarbeit.

Eine auffällige Absenz des Vaters wird ebenso wie seine zu starke Dominanz als defizitäre Gestalt der Familie betrachtet, ebenso wie die zunehmende Tendenz, alte Menschen aus der familiären Lebensgemeinschaft auszugrenzen.

Das zweite wichtige Wesenselement der Familie ist der Dienst am Leben. Die Weitergabe des Lebens entspricht dem biblischen Auftrag zur Fruchtbarkeit, den der Mensch von Gott erhalten hat.

Trotz oder gerade wegen der entgegenstehenden geistigen und kulturellen Zeitströmungen wird das Verbot künstlicher empfängnisverhütender Mittel, das das Fundamentalprinzip der ehelichen Fruchtbarkeit unterstreicht, besonders hervorgehoben. Aufgrund einer allzu materialistischen Lebenseinstellung wird vielfach der geistige und ideelle Wert neuen menschlichen Lebens nicht mehr in seiner Tiefe und seinem Reichtum verstanden, so daß der Glanz dieser Wahrheit neu erhellt und verteidigt werden muß. Von daher sind staatliche Sterilisierungs- und Abtreibungskampagnen oder administrative Maßnahmen zur Beschränkung der Kinderzahl ausdrücklich zu verurteilen und abzulehnen, ebenso wie die Verknüpfung staatlicher Wirtschaftshilfe mit Bedingungen dieser Art.

Die dringenden Probleme der dramatischen globalen Bevölkerungszunahme, verbunden mit immer stärkerer Verbreitung von Hunger und Krankheit, können nicht durch Maßnahmen der künstlichen Empfängnisverhütung gelöst werden, sondern nur durch entschlossene und tatkräftige internationale Hilfe und durch Solidarität und Zusammenarbeit in den Handels- und Wirtschaftsbeziehungen.

Das Verbot kontrazeptiver Mittel erfaßt nicht die natürliche Methode der Zeitwahl, die auf den menschlichen hormonellen Rhythmus Rücksicht nimmt und keinen medikamentösen Eingriff in den biologischen Haushalt des Menschen erfordert.

Der folgende Abschnitt ist den Erfordernissen der elterlichen Erziehung gewidmet.

Der originäre Charakter des elterlichen Erziehungsrechtes wird gegenüber allen staatlichen, auch ideologisch begründeten Ansprüchen verteidigt. Wenngleich sich der Text hierzu nicht ausdrücklich äußert, liegt es in der Konsequenz seiner Argumente, daß jede Anordnung einer staatlichen Zwangserziehung das Elternrecht verletzt. Dies war in der früheren DDR bei Kindern von sogenannten Republikflüchtlingen der Fall. Die elterliche Liebe und die Erziehung im Einklang mit den menschlichen Grundwerten sind Seele und Norm des Erziehungsauftrages. Bei den Erziehungsinhalten wird die notwendige Distanz zu materiellen Gütern nach dem Prinzip des Vorrangs des Seins vor dem Haben betont, ebenso die Erziehung zu Solidarität und Gerechtigkeit und zur Achtung vor der personalen Würde jedes Menschen. Die Hinführung zu einer Haltung der Nächstenliebe und der Selbstlosigkeit soll in eine klare, taktvolle und diskrete Sexualerziehung einmünden, die die Tugend der Keuschheit fördert. Hierbei wird man eine Überbewertung ebenso wie eine Verdrängung, aber auch jede Banalisierung oder Trivialisierung menschlicher Geschlechtlichkeit klugerweise vermeiden.

Die schulische Sexualerziehung hat gegenüber dem primären elterlichen Erziehungsrecht das Subsidiaritätsprinzip zu beachten.

Die religiöse Kindererziehung muß im Einklang mit der jeweiligen Reifestufe des Kindes stehen und das Ziel verfolgen, in die Tiefe und den Reichtum des christlichen Glaubens einzuführen. Dabei bedürfen elterliche Katechese und authentisches Lebenszeugnis der wechselseitigen Ergänzung. Die Bedeutung eines geeigneten Familienkatechismus wird eigens hervorgehoben.

Weitere Abschnitte des Dokumentes widmen sich dem Verhältnis des elterlichen Erziehungsauftrages zu den übrigen gesellschaftlichen Instanzen und zum gesellschaftlichen und politischen Auftrag der Familie. In diesem Zusammenhang ist die von der Bischofssynode erstellte Charta der Familienrechte zu würdigen, deren Adressaten die staatlichen und internationalen Regierungen und Verantwortungsträger sind.[31] Sie umfaßt unverletzliche familiäre Rechte wie das Recht auf Familiengründung und Familienleben (Art. 1, 3 und 6), auf Kindererzeugung und -erziehung in eigener Verantwortung (Art. 3 und 5), die institutionelle Gewährleistung der ehelichen Bindung (Art. 1c), schließlich die Garantie der Glaubensfreiheit im

---

31 Veröffentlicht als Nr. 52 »Charta der Familienrechte« der Verlautbarungen des Apostolischen Stuhles im Jahre 1983.

familiären und im Erziehungsbereich (Art. 5 und 7), das Recht auf Schulbildung und schulische Kindererziehung entsprechend der Überzeugung der Eltern (Art. 5b und c) und nicht zuletzt das Recht auf Wahrung kultureller Traditionen und Werte (Art. 5a, 6c, 8b), auch für Immigranten und Flüchtlinge (Art. 12). Die Charta umfaßt aber auch das Recht auf die zu einem menschenwürdigen Leben notwendigen Mindeststandards wie das Recht auf eine angemessene und geeignete Wohnung (Art. 11), auf Nahrung, Kleidung, soziale Unterstützung und die notwendigen Angebote im Gesundheitswesen (Art. 9), auf einen für den Unterhalt einer Familie hinreichenden Lohn und die Möglichkeit, als Familie zusammenzuleben (Art. 10), auf die öffentliche Wahrnehmung eigener Interessen und Anliegen (Art. 8), auf staatlichen und gesellschaftlichen Jugendschutz (Art. 5f) sowie das Recht auf Emigration (Art. 11 und 12).

Schließlich enthält »Familiaris Consortio« noch wichtige Hinweise zur Familienpastoral in den verschiedenen Lebensphasen.

Besondere Aufmerksamkeit wird der pastoralen Behandlung einiger irregulärer Situationen im Ehe- und Familienbereich geschenkt. Die sog. »Ehe auf Probe« widerspricht wegen dem nur bedingt gegebenen Jawort der personalen Qualität und Würde einer auf Dauer angelegten Lebensgemeinschaft, die keinen Vorbehalt irgendwelcher Art duldet.

Auch die mitunter aus bewußtem Protest gegen herrschende gesellschaftliche Konventionen, aber auch aus wirtschaftlichen Gründen, mitunter auch aus Armut oder mangelnder Bildung eingegangenen freien Verbindungen von Paaren widersprechen der Notwendigkeit der Verbindlichkeit endgültiger menschlicher Lebensgemeinschaften.

Die Pastoral muß hier in diskreter und einfühlsamer Weise versuchen, den Weg dafür freizumachen, daß diese irregulären Situationen zivilrechtlich und kirchlich geordnet werden können, damit sie eine rechtlich und gesellschaftlich festere Basis erhalten.

Auch auf die Situation von Katholiken, die nur zivilrechtlich verheiratet sind, wird eigens eingegangen. Es besteht hier, so das Dokument, zumindest ein stillschweigender Dissens zum Prinzip der Unauflöslichkeit der Ehe. Eine reine Zivilehe unter Gläubigen steht zu der nach christlichem Verständnis notwendigen und nach außen hin zu dokumentierenden Haltung, daß die Ehe eines Katholiken als Entscheidung für eine definitive und endgültige personale Lebensgemeinschaft auch eine bewußte Glaubensentscheidung darstellt, in Widerspruch. Die Ehe von Katholiken hat wesentlich eine soziale und eine kirchliche Dimension und geht somit die Glaubensgemeinschaft, der man zugehört, an und betrifft sie. Für die nur zivilrechtlich verheirateten Katholiken ist damit zwar die allgemeine Teilnahme am Leben der Kirche möglich, nicht jedoch die Zulassung zu den Sakramenten.

Im Falle von Scheidung und Wiederverheiratung muß die Pastoral in differenzierter Weise vorgehen, und insbesondere berücksichtigen, wer infolge seines eigenen Verhaltens die Lebensgemeinschaft zerstört hat und wer zu Unrecht verlassen wurde. Die Bischofssynode hat die besondere seelsorgliche Verantwortung der Kirche auch für geschiedene Wiederverheiratete betont. Sie sollen weiterhin am Leben der Kirche in Gebet und Gottesdienst teilnehmen dürfen, können aber wegen ihrer objektiv irregulären Situation nicht zur Kommunion zugelassen werden, soweit sie der Pflicht zur Trennung oder zur Aufhebung der vollen ehelichen Lebensgemeinschaft nicht nachkommen. Eine Zulassung zum Sakrament der Eucharistie würde dem Prinzip der Unauflöslichkeit widersprechen und unter den Gläubigen Verwirrung über die kirchliche Lehre stiften.

In seinem Schlußwort betont der Papst die entscheidende Rolle, die die Familie bei der Gestaltung der menschlichen Zukunft spielt. Dies erfordert, daß jeder Christ seine Verantwortung erkennt und wahrnimmt, sich für die Erhaltung und Vertiefung der fundamental wichtigen familiären Grundwerte und Grundhaltungen einzusetzen.

Die Stärke von »Familiaris Consortio« liegt eindeutig darin, daß hier ein allgemeiner Überblick über die Aufgaben der Familie in der heutigen Zeit gegeben wird und so Grundlinien und Grundlagen christlichen Lebens in der Familie sichtbar gemacht werden. Damit wird ein wertvoller Dienst an der inneren Einheit der Universalkirche geleistet. Natürlich kann in einer generellen Darstellung nicht jedes Einzelproblem erschöpfend behandelt werden. Dies gilt umso mehr für die je nach Kontinent unterschiedlich gewachsene Familienkultur und Tradition; daher kann die Ortskirche in diesem besonderen Themenbereich von einem gesamtkirchlichen Dokument naturgemäß keine exakten Antworten auf spezielle Problemfragen erwarten.

6. Ergebnis

Der Überblick über das sehr breite Spektrum der kirchlicherseits behandelten Themen verdeutlicht die wichtige gesellschaftliche und politische Funktion, die die Kirche jedenfalls in öffentlichen Stellungnahmen ausübt. Sie kann im gesamtgesellschaftlichen Dialog wichtige Akzente setzen, auf bedrohte Werte und Grundhaltungen ebenso wie auf Mißstände hinweisen und so einen wichtigen Beitrag zum Gemeinwohl leisten.

Dabei haben die Dokumente des Zweiten Vaticanums, und hier insbesondere die Pastoralkonstitution, durch die auf gesellschaftlichen Dialog angelegte Form der Verkündigung und das erklärte Ziel, die kirchliche ethische Lehre stärker empirisch und humanwissenschaftlich zu fundieren, ohne Zweifel eine Vorbildfunktion für spätere kirchliche Dokumente ausgeübt.

Bei der hier vorgestellten Auswahl bischöflicher und universalkirchlicher nachkonziliarer Dokumente sind einige Punkte bemerkenswert und verdienen es, festgehalten zu werden.

1. Zunächst hat sich die kirchliche Problemperspektive erheblich erweitert. Im Zentrum der kirchlichen Öffentlichkeitsarbeit stehen jetzt nicht mehr vornehmlich die Themen, die traditionell von kirchlichem Interesse waren, wie Fragen des Glaubens und der Moral. Die Kirche versucht vielmehr, in möglichst vielen menschlichen Lebensbereichen durch ihren Dienst, aber auch durch ihre ethische Urteilskompetenz präsent zu sein und zu bleiben. Es besteht natürlich bei diesem Verständnis der kirchlichen Sendung die Gefahr, wenn man hinsichtlich der Arbeitsbereiche keine klaren Prioritäten setzt, daß man sich in zuviele verschiedene Spezialbereiche einmischt und damit auch sein gewachsenes Profil verliert. Die Kirche kann und soll sich natürlich nicht zu allem und jedem äußern. Eine sachgerechte Wahrnehmung ihres Öffentlichkeitsauftrags setzt darum für die Zukunft voraus, daß man sich die Kompetenz von Sachverständigen und Fachwissenschaftlern kontinuierlich zunutze macht und auch den interdisziplinären Dialog der Theologen fördert. Die Kirche versteht sich so in der Tradition des Zweiten Vaticanums als Anwalt des gesamtgesellschaftlichen Dialoges. Es bleibt aber bei allem Bemühen um fachliche Kompetenz ein wichtiges Desiderat, daß die Kirche das Spezifikum ihres Weltauftrages, nämlich die christliche Durchdringung der weltlichen Lebensbereiche, nicht aus den Augen verliert. Die Ausübung des Öffentlichkeitsauftrages in säkularisierter Gesellschaft setzt also, auch wenn dies zunächst paradox klingen mag, eine im Inneren nichtsäkularisierte, d. h. von der christlichen Botschaft und ihrem Geist überzeugte und erfüllte Kirche voraus.
2. Durch die Anerkennung und Aufwertung der bedeutenden Rolle der Humanwissenschaften für das tägliche Leben in der modernen Gesellschaft ergibt sich für die Kirche die Notwendigkeit einer stärkeren fach- und humanwissenschaftlichen Fundierung ihrer Stellungnahmen. Um gesamtgesellschaftlich weiterhin Gehör

zu finden und ihre gewachsene Rolle als kompetente Gesprächspartnerin von Staat und gesellschaftlichen Gruppen zu behalten, kann sich die Kirche in ihren öffentlichen Äußerungen nicht mehr auf rein ethisch oder naturrechtlich begründete Positionen zurückziehen. Sie muß hier versuchen, in sokratischer Tradition den Dingen auf den Grund zu gehen und dafür auch lernen, die richtigen Fragen zu stellen. Ein spezifisches Problem ergibt sich dort, wo die fachwissenschaftliche Diskussion noch unabgeschlossen ist, dennoch aber fundamentale Lebens- bzw. Rechtswerte auf dem Spiel stehen (z. B. in der Frage der Gentechnologie). Hier ist jedenfalls ein ständiger Kontakt mit kompetenten Fachwissenschaftlern notwendig, der auf Zukunft hin vermutlich institutionalisiert werden sollte. Dennoch kann es auch in einer solchen Situation geboten sein, die bleibende Gültigkeit fundamentaler ethischer Grundwerte erneut gesellschaftlich in Erinnerung zu rufen.

3. In der jetzigen krisenhaften Weltsituation, die sich besonders in Kriegen, Bürgerkriegen, Hunger und zunehmdendem Flüchtlingselend zeigt, ist die mutige Wahrnehmung der Option für die Armen und gesellschaftlich Ausgegrenzten durch die Kirche ein wichtiges gesellschaftliches Zeichen. In der prophetischen Realisierung dieser Option geht es wesentlich darum, fundamental bedrohte menschliche Grundwerte wie Leib und Leben, Gesundheit, Eigentum und Besitz wirksam zu schützen. Die Kirche versteht sich also als Anwalt der Menschenwürde und der personalen Rechte des Menschen. Es geht um die Wahrung wichtiger Persönlichkeitsrechte und -werte wie der Ehre, des guten Rufes und der Privatsphäre. Das Bundesverfassungsgericht hat anläßlich einer Beschwerde gegen das Volkszählungsgesetz von 1983 für Deutschland eine wichtige Grundsatzentscheidung für den Schutz des menschlichen Persönlichkeitsrechtes getroffen. Es verbietet in seinem Urteil aus Gründen des Datenschutzes die datenmäßige Erstellung von präzisen Persönlichkeitsprofilen sowie die Herstellung von Datenverbindungen zum Zwecke einer sog. datenmäßigen Teilabbildung bzw. Totalabbildung der menschlichen Persönlichkeit.[1] Dies ist angesichts zunehmender aggressiver werdender Marktstrategien und Verteilungskämpfe in der Konsumindustrie, aber auch im Bereich der Medien ein wichtiger Schritt zum Schutz des Normalbürgers.
   Das kirchliche Engagement für den Schutz bedrohter menschlicher Grundwerte und -rechte ist somit eine Form gesellschaftlicher Diakonie, die als ein modernes Wiederaufgreifen der alten kirchlichen Tradition der intercessio, der Beistandspflicht für die Armen und Rechtlosen der Gesellschaft, verstanden werden kann.
4. Aufgrund ihrer Orientierung am Gemeinwohl ist der Dienst der Kirche an der Gesellschaft, auch wenn er in Einzelfragen gesellschaftskritisch ist, von seinen Zielwerten her an der Integration der gestaltenden gesellschaftlichen Kräfte interessiert. Die Kirche ist bereit, ihren spezifischen Beitrag zur Stärkung des

1 Vgl. hierzu BVerfGE 65, 1ff, 43ff.

Bewußtseins für gesellschaftliche Solidarität und Toleranz und zur gesamtgesellschaftlichen Konsensbildung zu leisten. Auch aus der speziellen Perspektive der Verantwortungsträger in Staat und Gesellschaft wird diese Funktion des kirchlichen Öffentlichkeitsauftrags gesehen und in konkreten Einzelfragen aufgegriffen. Dies geschah beispielsweise vor Jahren in der Grundwertediskussion und neuerdings in den zunehmend aktuellen Fragen der Sozialpolitik und speziell der Zukunft der sozialen Sicherungssysteme in der Gesellschaft. Die Kirche selbst muß im Dialogprozeß besonders daran interessiert sein, über partikulare gesellschaftliche Verbandsinteressen hinaus den Blick immer wieder auf das universale Gemeinwohl und seine fundamentalen Erfordernisse hin zu weiten.

Die Kirche muß sich immer wieder, und dies in zunehmendem Maße, den gesellschaftlich aktuellen Fragen der Lebensorientierung und Sinnstiftung und der Vermittlung ethischer Werte stellen. Sie hat aber durch ihr gesellschaftliches und sozialpolitisches Engagement auch zu verdeutlichen, daß sie sich nicht in den Innenraum einer reinen Sinnstiftungsagentur zurückdrängen lassen will. Dabei wird sie in wichtigen Fragen nicht auf den Rat und die Hilfeleistung von Fachleuten verzichten, um im Dialog der gesellschaftlichen Kräfte, der immer weniger von traditionellen Rollenzuweisungen und deren rein institutionellem Gewicht geprägt ist, weiterhin in kompetenter und glaubwürdiger Weise präsent sein zu können. In Deutschland wird in Zukunft aufgrund der zunehmenden Säkularisierung ein abgestimmtes Vorgehen beider Volkskirchen in wichtigen gesellschaftlichen Fragen ebenso wie der Dialog und auch die Kooperation mit anderen gesellschaftlichen Kräften an Bedeutung gewinnen.

Dennoch führt gerade aufgrund der spezifischen Situation in Deutschland – wie generell in West- und Mitteleuropa – kein Weg daran vorbei, nicht nur die kirchliche gesellschaftliche Präsenz beizubehalten, sondern auch das kirchliche Profil in der Öffentlichkeit, in Glaubensfragen wie in caritativen und ethischen Fragen, zu stärken und deutlicher herauszustellen.

7. Literaturverzeichnis

ABELLI, A.: Kirchenrecht im Geist des Konzils? in: Her-Korr 32 (1978) 623–632.

AYMANS, W.: Erwägungen zu Geist und Gestalt des neuen CIC, in: A. Gabriels, H. Reinhardt (Hrsg.), Ministerium Iustitiae – Festschrift für H. Heinemann zum 60. Geburtstag, Essen 1985, S. 35–50.

– Kirchliche Grundrechte und Menschenrechte, in: AKathKR 149 (1980), S. 389–409.

– Munus und sacra potestas, in: E. Corecco, N. Herzog, A. Scola (Hrsg.), Die Grundrechte des Christen in Kirche und Gesellschaft, Akten des IV. Internationalen Kongresses für Kirchenrecht, Fribourg 1981, S. 185–202.

AYMANS, W. / MÖRSDORF, K.: Kanonisches Recht. Lehrbuch aufgrund des Codex Juris Canonici (1983), Band 1, Paderborn – München 1991.

BAUM, G.: Der Mensch in seiner Welt, in: J. Chr. Hampe (Hrsg.), Die Autorität der Freiheit. Gegenwart des Konzils und Zukunft der Kirche im ökumenischen Disput, Band 3, München 1967, S. 68–86.

BENN, G.: Soll die Dichtung das Leben bessern? in: Dem lebendigen Geist, Reinhold Schneider, Gesammelte Werke, E. M. Landau (Hrsg.), Band 9, Frankfurt 1987, S. 267–276.

BROCKHAUS ENZYKLOPÄDIE: Band 5, 19. Aufl., Mannheim 1988, Band 10, 17. Aufl., Mannheim 1971, Band 12, 19. Aufl., Mannheim 1990, Band 16, 19. Aufl., Mannheim 1991.

CHENU, M.-D.: Die Aufgabe der Kirche in der Welt von heute, in: G. Barauna (Hrsg.), Die Kirche in der Welt von heute. Untersuchungen und Kommentare zur Pastoralkonstitution »Gaudium et spes« des II. Vatikanischen Konzils, dt. Bearbeitung von V. Schurr, Salzburg 1967, S. 226–247.

CODEX JURIS CANONICI: Codex des kanonischen Rechts, Lateinisch – deutsche Ausgabe, Kevelaer 1984.

COMMUNICATIONES, Band 12, (Nr. 1), hrsg. von der Pontificia Commissio Codici Iuris Canonici recognoscendo, Vatikanstadt 1980, S. 26–47.

CONGAR, Y.: Der Laie, Stuttgart 1956.

CONRAD, W.: Der Öffentlichkeitsauftrag der Kirche, Göttingen 1964.

CORECCO, E.: Der Katalog der Pflichten und Rechte der Gläubigen im CIC, in: A. Gabriels, H. Reinhardt (Hrsg.), Ministerium Iustitiae – Festschrift für H. Heinemann zum 60. Geburtstag, Essen 1985, S. 179–202.

– Erwägungen zum Problem der Grundrechte des Christen in Kirche und Gesellschaft, in: AKathKR 150 (1981), S. 421–453.

DAECKE, S.: Das Ja und das Nein des Konzils zu Teilhard, in: J. Chr. Hampe (Hrsg.), Die Autorität der Freiheit. Gegenwart des Konzils und Zukunft der Kirche im ökumenischen Disput, Band 3, München 1967, S. 98–112.

DUDEN. DAS GROSSE WÖRTERBUCH DER DEUTSCHEN SPRACHE, G. Drosdowski u. a. (Hrsg.), Band 2 u. 5, 2. Aufl., Mannheim, Leipzig 1993, 1994.

DULLES, A.: Lehramt und Unfehlbarkeit, in: W. Kern, H. J. Pottmeyer, M. Seckler (Hrsg.), Handbuch der Fundamentaltheologie, Band 4, Freiburg 1988, S. 153–178.

– Models of the Church, 2. Aufl., Dublin 1988.

ENZYKLIKA »PACEM IN TERRIS«: in: Her - Korr 17 (1962 / 63), 476–491.

EVANGELISCHES SOZIALLEXIKON: F. Karrenberg (Hrsg.), 4. Aufl., Stuttgart 1963.

FEINER, J.: Freiheit des Glaubens für alle, in: J. Chr. Hampe (Hrsg.), Die Autorität der Freiheit. Gegenwart des Konzils und Zukunft der Kirche im ökumenischen Disput, Band 3, München 1967, S. 218–231.

FRIEDBERG, E. (HRSG.): Corpus Juris Canonici, 2 Teile, (unv. Nachdruck der Ausgabe Leipzig 1879) Graz 1955, 1959.

GANTIN, B.: Kirche und pluralistische Welt, Konzilsintervention des Erzbischofs von Cotonou vom 9.11.1964, in: J. Chr. Hampe (Hrsg.), Die Autorität der Freiheit. Gegenwart des Konzils und Zukunft der Kirche im ökumenischen Disput, Band 3, München 1967, S. 524.

GLAUBE UND HANDELN. Grundprobleme evangelischer Ethik. Texte aus der evang. Ethik der Gegenwart, ausgewählt von H. H. Schrey, Sammlung Dieterich, Bremen 1961.

GÖBEL, G.: Das Verhältnis von Kirche und Staat nach dem neuen CIC / 1983, Staatskirchenrechtliche Abhandlungen, Band 21, Berlin 1993.

GRILLMEIER, A.: Die Rolle der Kirche in der modernen Welt, in: J. Chr. Hampe (Hrsg.), Die Autorität der Freiheit. Gegenwart des Konzils und Zukunft der Kirche im ökumenischen Disput, Band 3, München 1967, S. 138–156.

GRUNDRISS DES NACHKONZILIAREN KIRCHENRECHTS, J. Listl, H. Müller, H. Schmitz (Hrsg.), Regensburg 1979.

GUTIERREZ, G.: Theologie der Befreiung, 2. Aufl., München 1976.

HÄRING, B.: Frei in Christus. Moraltheologie für die Praxis des christlichen Lebens, Band 3, Freiburg - Basel - Wien 1989.

HAFNER, F.: Kirchen im Kontext der Grund- und Menschenrechte, Fribourg 1992.

HAMPE, J. CHR.: Das Konzil und die Juden, in: ders. (Hrsg.), Die Autorität der Freiheit. Gegenwart des Konzils und Zukunft der Kirche im ökumenischen Disput, Band 3, München 1967, S. 483–485.

- Kultur und Bildung, in: ders. (Hrsg.), Die Autorität der Freiheit. Gegenwart des Konzils und Zukunft der Kirche im ökumenischen Disput, Band 3, München 1967, S. 317–323.

HANDBUCH DER FUNDAMENTALTHEOLOGIE, W. Kern, H. Pottmeyer, M. Seckler (Hrsg.), Band 4, Freiburg - Basel - Wien 1988.

HANDBUCH DES KATHOLISCHEN KIRCHENRECHTS, J. Listl, H. Müller, H. Schmitz (Hrsg.), Regensburg 1983.

HEIMERL, H.: Zum kirchlichen Grundgesetz, in: ÖAKR 25 (1974), S. 195-237.

– Menschenrechte, Christenrechte und ihr Schutz in der Kirche, in: ThPQ 121 (1973), S. 26–35.

HEINEMANN, H.: Lex Ecclesiae Fundamentalis - eine verpaßte Chance? in: J. Pfammatter, F. Furger (Hrsg.), Die Kirche und ihr Recht, Theologische Berichte Band 15, Zürich - Einsiedeln - Köln 1986, S. 133–144.

HEYLEN, V.: Die Würde der Ehe und Familie, in: J. Chr. Hampe (Hrsg.), Die Autorität der Freiheit. Gegenwart des Konzils und Zukunft der Kirche im ökumenischen Disput, Band 3, München 1967, S. 248–270.

HINDER, P.: Die Grundrechte in der Kirche, Fribourg 1977.

HÖFFNER, J.: Für mehr Klarheit und weniger Optimismus, Konzilsintervention des Bischofs von Münster vom 4.10.65, in: J. Chr. Hampe (Hrsg.), Die Autorität der Freiheit. Gegenwart des Konzils und Zukunft der Kirche im ökumenischen Disput, Band 3, München 1967, S. 385–387.

HOLLERBACH, A.: Grundwerte und Grundrechte in der Gesellschaft und im Staat, in: E. Corecco, N. Herzog, A. Scola (Hrsg.), Die Grundrechte des Christen in Kirche und Gesellschaft, Akten des IV. Internationalen Kongresses für Kirchenrecht, Fribourg 1981, S. 811-833.

HUBER, W.: Kirche und Öffentlichkeit, Habilitation Heidelberg 1972, Stuttgart 1973.

KOCH, K.: Öffentlichkeitsauftrag oder Globalprivatisierung der Kirchen?, in: Schweizerische Kirchenzeitung, 7. September 1995 (Nr. 36), 493–501.

KRÄMER, P.: Kirchenrecht, Band 1: Wort - Sakrament - Charisma, Band 2: Ortskirche - Gesamtkirche, Stuttgart - Berlin - Köln 1992, 1993.

– Zur Problematik der Bestimmung von Grundrechten in der Kirche, in: ÖAKR 27 (1976), 133–144.

LEXIKON FÜR THEOLOGIE UND KIRCHE (LThK), J. Höfer, K. Rahner (Hrsg.), Band 5, 8–10, 2. Aufl., Freiburg - Basel - Wien 1957-1967.

LEXIKON FÜR THEOLOGIE UND KIRCHE (LThK), Ergänzungsband: Das Zweite Vatikanische Konzil. Konstitutionen, Dekrete und Erklärungen, Lateinisch und Deutsch, Kommentare, H. Brechter, B. Häring u. a. (Hrsg.), 2. Aufl., Freiburg - Basel - Wien 1966–1968.

LINZ, M.: Alte Formeln oder neue Erkenntnis, in: J. Chr. Hampe (Hrsg.), Die Autorität der Freiheit. Gegenwart des Konzils und Zukunft der Kirche im ökumenischen Disput, Band 3, München 1967, S. 553–562.

LISTL, J.: Aufgabe und Bedeutung der kanonischen Teildisziplin des Ius Publicum Ecclesiasticum, in: W. Aymans, A. Egler, J. Listl (Hrsg.), Fides et Jus, Festschrift für G. May zum 65. Geburtstag, Regensburg 1991.

- Die Aussagen des Codex Juris Canonici vom 25.01.1983 zum Verhältnis von Kirche und Staat, in: Essener Gespräche zum Thema Staat und Kirche, Band 19, Münster 1985, S. 9–37.
- Staat und Kirche in den Aussagen des Zweiten Vatikanischen Konzils, in: J. Isensee, W. Rüfner, i. V. m. W. Rees (Hrsg.), Kirche im freiheitlichen Staat, Band 2 / 2, Schriften zum Staatskirchenrecht und Kirchenrecht, Berlin 1996, S. 968–988.

LOMBARDIA, P.: Die Grundrechte der Gläubigen, in: Concilium 5 (1969), S. 608–611.

LUF, G.: Grundrechte im CIC / 1983, in: ÖAKR 35 (1985), S. 107–131.

MOELLER, CH.: Der Aufstieg der Kultur, in: G. Barauna (Hrsg.), Die Kirche in der Welt von heute, Salzburg 1967, S. 271–332.

MÜLLER, H.: Zur Frage nach der Stellung des Laien im CIC / 1983, in: A. Gabriels, H. Reinhardt (Hrsg.), Ministerium Iustitiae – Festschrift für H. Heinemann zum 60. Geburtstag, Essen 1985, S. 203–216.

MULDER, TH.: Das Wirtschaftsleben, in: G. Barauna (Hrsg.), Die Kirche in der Welt von heute, Salzburg 1967, S. 333–368.

MYSTERIUM SALUTIS (MYSAL), Grundriß heilsgeschichtlicher Dogmatik, J. Feiner, M. Löhrer (Hrsg.), Band 5, Zürich – Einsiedeln – Köln 1976.

NEUES HANDBUCH THEOLOGISCHER GRUNDBEGRIFFE, P. Eicher (Hrsg.), Band 3, Müchen 1991.

NEUMANN, J.: Menschenrechte auch in der Kirche?, Zürich – Einsiedeln – Köln 1976.

PIRSON, D.: Grundrechte in Recht und Tradition der reformatorischen Kirchen, in: E. Corecco, N. Herzog, A. Scola (Hrsg.), Die Grundrechte des Christen in Kirche und Gesellschaft, Akten des IV. Internationalen Kongresses für Kirchenrecht, Fribourg 1981, S. 683–712.

POTTMEYER, H.: Kontinuität und Innovation in der Ekklesiologie des Zweiten Vaticanums, in: G. Alberigo, Y. Congar, H. Pottmeyer (Hrsg.), Kirche im Wandel. Eine kritische Zwischenbilanz nach dem Zweiten Vaticanum, Düsseldorf 1982.

PUZA, R.: Der Laie im neuen CIC, in: ThQ 164 (1984), S. 88–102.

RAHNER, K.: Christentum und nichtchristliche Religionen, in: J. Chr. Hampe (Hrsg.), Die Autorität der Freiheit. Gegenwart des Konzils und Zukunft der Kirche im ökumenischen Disput, Band 3, München 1967, S. 568–573.

RAHNER, K. / VORGRIMLER, H.: Kleines Konzilskompendium, 21. Aufl., Freiburg 1989.

RAMSELAAR, A.: Die Verlegenheit der Kirche gegenüber der Kultur, in: J. Chr. Hampe (Hrsg.), Die Autorität der Freiheit. Gegenwart des Konzils und Zukunft der Kirche im ökumenischen Disput, Band 3, München 1967, S. 339–345.

RAUSCHER, A.: Die natürlichen Grundlagen des gesellschaftlichen Lebens, in: G. Barauna (Hrsg.), Die Kirche in der Welt von heute, Salzburg 1967, S. 188–200.

RELIGION IN GESCHICHTE UND GEGENWART (RGG): Hans von Campenhausen u. a. (Hrsg.), Band 4, 3. Aufl., Tübingen 1960.

RETHMANN, A.: Asyl und Migration - Ethik für eine neue Politik in Deutschland. Schriften des Instituts für christliche Sozialwissenschaften, Band 33, Münster 1995.

RIEDEL-SPANGENBERGER, I.: Der Rechtsschutz des Asyls im Kirchenrecht, in: TThZ (100) 1991, S. 126–142.

ROEGELE, O.: Ein vorkonziliarer Konzilstext, in: J. Chr. Hampe (Hrsg.), Die Autorität der Freiheit. Gegenwart des Konzils und Zukunft der Kirche im ökumenischen Disput, Band 3, München 1967, S. 349–355.

RÜFNER, W.: Die Geltung von Grundrechten im kirchlichen Bereich, in: Essener Gespräche zum Thema Staat und Kirche, Band 7, Münster 1972, S. 9–27.

SACRAMENTUM MUNDI. Theologisches Lexikon für die Praxis, K. Rahner, A. Darlap (Hrsg.), Band 2, Freiburg - Basel - Wien 1968.

SCHEFFLER, G.: Staat und Kirche, Die Stellung der Kirche im Staat nach dem Grundgesetz, 2. Aufl., Hamburg - Frankfurt 1973.

SCHEUNER, U.: Die staatskirchenrechtliche Tragweite des Kirchenvertrages von Kloster Loccum, in: ZEvKR, Band 6 (1957 / 58), S. 1–37.

SCHLAICH, K.: Der Öffentlichkeitsauftrag der Kirchen, in: HSKR, Band 2, Berlin 1975, S. 231–272.

SCHNEIDER, R.: Soll die Dichtung das Leben bessern? in: Dem lebendigen Geist, ders., Gesammelte Werke, E. M. Landau (Hrsg.), Band 9, Frankfurt 1987, S. 277–289.

SCHNIZER, H.: Individuelle und gemeinschaftliche Verwirklichung der Grundrechte, in: E. Corecco, N. Herzog, A. Scola (Hrsg.), Die Grundrechte des Christen in Kirche und Gesellschaft, Akten des IV. Internationalen Kongresses für Kirchenrecht, Fribourg 1981, S. 419–448.

SCHREY, H. H.: Konzil und evangelische Ethik, in: J. Chr. Hampe (Hrsg.), Die Autorität der Freiheit. Gegenwart des Konzils und Zukunft der Kirche im ökumenischen Disput, Band 3, München 1967, S. 120–127.

SCHWARZ, R.: Grundrechtsstrukturen im Bereich von Weihe- und Hirtengewalt, in: E. Corecco, N. Herzog, A. Scola (Hrsg.), Die Grundrechte des Christen in Kirche und Gesellschaft, Akten des IV. Internationalen Kongresses für Kirchenrecht, Fribourg 1981, S. 351–361.

SEBOTT, R.: Das neue kirchliche Eherecht, 2. Aufl., Frankfurt 1990.

SMEND, R.: Der Niedersächsische Staatskirchenvertrag und das heutige deutsche Staatskirchenrecht, in: JZ 1956, S. 50–53.

– Staat und Kirche nach dem Bonner Grundgesetz, in: ZEvKR 1 (1951), 4–14.

SOETENDORP, J.: Eine jüdische Antwort, in: J. Chr. Hampe (Hrsg.), Die Autorität der Freiheit. Gegenwart des Konzils und Zukunft der Kirche im ökumenischen Disput, Band 3, München 1967, S. 512–517.

SOZIALENZYKLIKA PAPST JOHANNES XXIII. »MATER ET MAGISTRA«: in: Her – Korr 16 (1960 / 61), 536–558.

SPÜLBECK, O.: Teilhard de Chardin und die Pastoralkonstitution, in: J. Chr. Hampe (Hrsg.), Die Autorität der Freiheit. Gegenwart des Konzils und Zukunft der Kirche im ökumenischen Disput, Band 3, München 1967, S. 86–97.

SUGRANYES DE FRANCH, R.: Die Völkergemeinschaft und die internationalen Institutionen, in: G. Barauna (Hrsg.), Die Kirche in der Welt von heute, Salzburg 1967, S. 435–458.

THEOLOGISCHE REALENZYKLOPÄDIE (TRE), G. Krause, G. Müller (Hrsg.), Band 4, 5, 18, 19 u. 22, Berlin – New York 1977ff.

THIELICKE, H.: Kirche und Öffentlichkeit, Tübingen 1947.

WALDENFELS, H.: Kontextuelle Fundamentaltheologie, Paderborn – München – Wien – Zürich 1985.

WEBER, W.: Die menschliche Gemeinschaft – sozialtheologischer Gehalt, in: G. Barauna (Hrsg.), Die Kirche in der Welt von heute, Salzburg 1967, S. 180–188.

WIEDENHOFER, S.: Ekklesiologie, in: T. Schneider (Hrsg.), Handbuch der Dogmatik, Band 2, Düsseldorf 1992.

WÖRTERBUCH DES CHRISTENTUMS, V. Drehsen, u. a. (Hrsg.), Gütersloh – Zürich 1988.

ZULEHNER, P.: Fundamentalismus in der katholischen Kirche, in: Materialdienst des konfessionskundlichen Instituts Bensheim, 46. Jahrgang (1995), S. 90–94.

7.1 Schriften der Deutschen Bischofskonferenz

Herausgeber der Schriften der Deutschen Bischofskonferenz ist das Sekretariat der Deutschen Bischofskonferenz, Kaiserstr. 163, 53113 Bonn.

7.1.1 DIE DEUTSCHEN BISCHÖFE – HIRTENSCHREIBEN, ERKLÄRUNGEN

0.5. Zu Fragen der menschlichen Geschlechtlichkeit, 1973.
0.6. Zum Schutz des ungeborenen Lebens, 1973.
1. Gegen Gewalttat und Terror in der Welt, 1973.
6. Zur Neuregelung des § 218, 1976.
7. Zur Novellierung des § 218. Pastorales Wort. Empfehlungen für Ärzte und medizinische Fachkräfte in Krankenhäusern, 1976.
8. Zur Novellierung des § 218 – Empfehlungen für Seelsorger und Religionslehrer.
9. Gesellschaftliche Grundwerte und menschliches Glück, 1976.
12. Grundwerte verlangen Grundhaltungen, 1977.

16. Ursachen des Terrorismus und Voraussetzungen seiner Überwindung, 1978.
21. Dem Leben dienen. Zur Situation nach der Änderung des § 218, 1979.
30. Zu Fragen der Stellung der Frau in Kirche und Gesellschaft, 1981.
43. »Die Last der Geschichte annehmen.« Wort der Bischöfe zum Verhältnis von Christen und Juden aus Anlaß des 50. Jahrestages der Novemberpogrome 1938, 1988.

7.1.2 Arbeitshilfen der Deutschen Bischofskonferenz

11. Grundwerte und Gottes Gebot, 1979.
21. Frieden und Sicherheit, 1981.
26. Muslime in Deutschland, 1982.
29. Arbeitslosigkeit, 1982.
42. Orientierungsrahmen für die Ehe- und Familienpastoral, 1985.
67. Päpstliche Kommission Justitia et Pax: Die Kirche und der Rassismus. Für eine brüderliche Gesellschaft, 1989.
71. Päpstlicher Rat für die Sozialen Kommunikationsmittel: Pornographie und Gewalt in den Kommunikationsmedien, 1989.
115. Kunst und Kultur in der theologischen Aus- und Fortbildung, 1993.
135. Päpstlicher Rat für die Sozialen Kommunikationsmittel: Ethik in der Werbung, 1997.

7.1.3 Verlautbarungen des Apostolischen Stuhles

1. Erklärung der Glaubenskongregation zu einigen Fragen der Sexualethik, 1975.
2. Apostolisches Schreiben »Evangelii nuntiandi« Papst Pauls VI. über die Evangelisierung in der Welt von heute, 1975.
3. Erklärung der Glaubenskongregation »Inter Insigniores« zur Frage der Zulassung von Frauen zum Priesteramt, 1976.
20. Erklärung der Glaubenskongregation zur Euthanasie, 1980.
32. Enzyklika »Laborem exercens« von Papst Johannes Paul II. über die menschliche Arbeit zum 90.Jahrestag der Enzyklika »Rerum Novarum«, 1981.
33. Apostolisches Schreiben »Familiaris Consortio« von Papst Johannes Paul II. über die Aufgaben der christlichen Familie in der Welt von heute, 1981.
52. Charta der Familienrechte, 1983.
72. Schreiben der Glaubenskongregation an die Bischöfe der katholischen Kirche über die Seelsorge für homosexuelle Personen, 1986.
86. Apostolisches Schreiben »Mulieris dignitatem« von Papst Johannes Paul II. über die Würde und Berufung der Frau anläßlich des Marianischen Jahres, 1988.
115. Päpstliche Bibelkommission. Die Interpretation der Bibel in der Kirche, 1994.